权威·前沿·原创

皮书系列为
"十二五""十三五""十四五"国家重点图书出版规划项目

BLUE BOOK

智库成果出版与传播平台

房地产蓝皮书
BLUE BOOK OF REAL ESTATE

中国房地产发展报告 No.19（2022）
ANNUAL REPORT ON THE DEVELOPMENT OF CHINA'S REAL ESTATE No.19 (2022)

中国社会科学院国家未来城市实验室
中国房地产估价师与房地产经纪人学会 / 编

社会科学文献出版社
SOCIAL SCIENCES ACADEMIC PRESS (CHINA)

图书在版编目(CIP)数据

中国房地产发展报告 . No. 19，2022/中国社会科学院国家未来城市实验室，中国房地产估价师与房地产经纪人学会编. — 北京：社会科学文献出版社，2022.6
（房地产蓝皮书）
ISBN 978-7-5228-0075-2

Ⅰ.①中⋯　Ⅱ.①中⋯ ②中⋯　Ⅲ.①房地产业-经济发展-研究报告-中国-2022　Ⅳ.①F299.233

中国版本图书馆 CIP 数据核字（2022）第 072473 号

房地产蓝皮书
中国房地产发展报告 No. 19（2022）

编　　者／	中国社会科学院国家未来城市实验室 中国房地产估价师与房地产经纪人学会
出 版 人／	王利民
责任编辑／	陈　颖
责任印制／	王京美
出　　版／	社会科学文献出版社·皮书出版分社（010）59367127 地址：北京市北三环中路甲 29 号院华龙大厦　邮编：100029 网址：http://www.ssap.com.cn
发　　行／	社会科学文献出版社（010）59367028
印　　装／	三河市东方印刷有限公司
规　　格／	开　本：787mm×1092mm　1/16 印　张：25.5　字　数：427 千字
版　　次／	2022 年 6 月第 1 版　2022 年 6 月第 1 次印刷
书　　号／	ISBN 978-7-5228-0075-2
定　　价／	168.00 元

读者服务电话：4008918866

▲▲ 版权所有 翻印必究

《中国房地产发展报告 No.19（2022）》
编 委 会

顾　问　牛凤瑞　柴　强

主　编　赵鑫明　王业强

副主编　董　昕　张　智　邹琳华　王　霞

编　委　（按姓氏拼音排序）

蔡　真　曹晶晶　柴　强　陈　北　程敏敏
崔光灿　董　昕　冯长春　韩　晶　黄征学
回建强　焦怡雪　李恩平　李景国　李君甫
李伟军　李永乐　廖俊平　刘　琳　刘寅坤
牛凤瑞　潘家华　尚教蔚　宋迎昌　唐　燕
汪为民　王　欢　王　霞　王先柱　王业强
魏后凯　许小乐　闫金强　杨开忠　杨现领
杨泽轩　张　波　张永生　张　智　赵奉军
赵庆祥　赵　松　赵鑫明　邹琳华

主编单位简介

中国社会科学院国家未来城市实验室 （以下简称"国家未来城市实验室"，原中国社会科学院城市信息集成与动态模拟实验室）成立于2010年，是中国社会科学院最早设立的18家实验室之一，是中国社会科学院从事城市与区域科学研究的主要载体，成立以来持续发布"城市蓝皮书""房地产蓝皮书"，产生了较大影响。国家未来城市实验室依托于中国社会科学院生态文明研究所，实行理事会领导下的主任负责制。国家未来城市实验室以习近平生态文明思想为指导，积极争取社会各界支持，紧密围绕党和国家发展战略需求，接轨联合国《新城市议程》，主动响应全球和国家城市与区域发展的关键科学问题和重大现实问题，为国家重大城市和区域发展战略制定提供决策支持，打造中国城市和区域科学研究的重要基础设施，构建中国城市和区域科学研究的学科体系、学术体系、话语体系。

中国房地产估价师与房地产经纪人学会 （以下简称"中房学"，其前身是成立于1994年8月的中国房地产估价师学会）是全国性的房地产估价、经纪、住房租赁行业自律管理组织，由从事房地产估价、经纪、住房租赁活动的专业人士、机构组成，依法对房地产估价、经纪、住房租赁行业进行自律管理。首任会长为周干峙先生，第二任会长为宋春华先生，第三任会长为杜鹃女士。现任会长为柴强博士，副会长兼秘书长为赵鑫明先生。中房学的主要宗旨是团结和组织从事房地产估价、经纪和住房租赁活动的专业人士、机构，开展有关房地产估价、经纪、住房租赁的研究、交流、教育和宣传活动，接受政府部门委托拟订并推行房地产估价、经纪、住房租赁的执业标准、规则，加强自律管理及国际交往与合作，不断提高房地产估价、经纪、住房租赁专业人员及机构的服务水平，反映其诉求，维护其合法权益，促进房地产估价、经纪、住房租赁行业规范、健康、持续发展。目前承担全国房地产估价师、房地产经纪专业人员职业资格考试、注册、登记、继续教育等工作。

摘 要

《中国房地产发展报告 No. 19（2022）》继续秉承客观公正、科学中立的宗旨和原则，追踪中国房地产市场最新动态，深度剖析市场热点，展望2022年发展趋势，积极谋划应对策略。全书分为总报告、市场篇、服务篇、热点篇。总报告对当前房地产市场的发展态势进行全面、综合的分析，其余各篇分别从不同的角度对房地产市场发展和热点问题进行深度分析。

2021年，房地产市场调控政策前后变化较为明显。从年初的"三道红线"到9月中国人民银行和银保监会提出"两个维护"，政策风向开始变暖。房地产市场运行呈现以下特点：销售市场方面，商品房平均销售价格涨幅持续回落，下半年市场下行趋势明显，商品房销售面积增幅进一步收窄，住宅待售面积6年来首次增加；租赁市场方面，住房租金微涨，涨幅已经连续3年低于CPI涨幅；土地市场方面，土地购置面积连续3年缩减，成交价格在优质地块、热点城市的带动下结构性上涨；投融资方面，房地产开发投资增幅6年来最低，国内贷款占开发企业到位资金比例创历史新低；房屋供给方面，房屋新开工面积大幅下降，各类物业新开工面积均已连续两年全线下降。

当前房地产市场面临的主要问题是市场信心不足，结构性过剩严重。在房地产市场调控方面，建议进一步完善因城施策目标与手段，改进完善住房需求管控政策，积极化解房地产企业风险，推进房贷利率的合理下调，优化住房交易增值税和个人所得税优惠政策，促进市场信心的恢复和预期的理性化，推动房地产业良性循环和健康发展。在房企发展方面，建议改变"高负债、高杠杆、高周转"的固有发展模式，降低对金融杠杆的依赖程度，防范金融风险传染。在行业发展方面，建议房地产行业各主体把握行业机遇，提升自身综合能力。

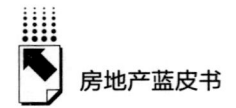

2022年，在坚持"房住不炒"目标定位的前提下，面对更为严峻的稳增长形势，"稳地价、稳房价、稳预期"的"三稳"目标的重要性更加凸显，"支持商品房市场更好满足购房者的合理住房需求"将是贯穿全年的主题。展望2022年，房地产调控政策预期持续改善，土地拍卖规则或在2021年三批次基础上持续优化，保证金比例、配套公建等或将有所改善，在"三稳"政策总基调下，土地拍卖市场预计仍将以"稳"为主。随着2021年年底信贷环境的改善以及2022年第一季度信贷额度相对宽松，预计2022年房地产交易市场逐步修复：在第一季度成交量完成筑底的基础上，第二季度成交价格实现止跌；二手房市场率先启动，加快换房需求进入新房市场，带动新房成交量筑底回升，销售端去化加快叠加房企融资压力缓解，房企周转效率回归正常化，资金流动性压力得到实质性缓解，拿地信心逐步恢复带动土地市场修复。预计2022年全国房地产市场将呈现"销售面积增速平稳回落，销售均价小幅上涨，新开工面积持续下降，投资增速明显回落"的特点。

关键词： 房地产业　土地市场　商品房销售　房地产开发投资　房屋供给

目 录

Ⅰ 总报告

B.1 2021年中国房地产市场回顾及2022年趋势预测
　　……………………………………"房地产蓝皮书"编写组 / 001
　　一　2021年房地产市场总体运行特征………………… / 002
　　二　2021年房地产市场存在的问题及对策…………… / 017
　　三　2022年房地产市场发展趋势预测………………… / 021
B.2 2022年中国房地产市场主要指标预测 ………… 张　智 / 028

Ⅱ 市场篇

B.3 2021年全国土地市场分析报告 …………… 中指研究院 / 051
B.4 2021年住宅市场分析报告 ……………… 许小乐　刘丽杰 / 069
B.5 2021年住房租赁市场发展报告 ………… 王　霞　魏　杨 / 087
B.6 2021年商业不动产市场分析报告 ……… 杨泽轩　孟　磊 / 106
B.7 2021年房地产开发企业运营报告 ……… 回建强　屈雁翎 / 137

Ⅲ 服务篇

B.8 2021年房地产经纪行业发展报告 ……… 程敏敏　涂　丽 / 153
B.9 2021年房地产估价行业发展报告 ……… 宋梦美　刘　朵 / 167

房地产蓝皮书

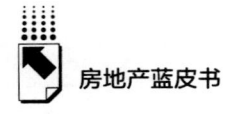

B.10 2021年物业管理行业发展报告 …………………… 刘寅坤 吴一帆 / 186
B.11 2021年房地产投融资分析报告 ………………………… 刘　琳 / 198
B.12 2021年房地产金融市场运行分析报告 …………………… 蔡　真 / 210

Ⅳ 热点篇

B.13 存量更新时代的房地产发展转型
　　　　…………………………………… 唐　燕 邵旭涛 刘思璐 / 226
B.14 2021年中国高标准物流仓库市场现状及发展趋势 ……… 韩　晶 / 241
B.15 社区居家养老现状及趋势调研报告 …………… 闫金强 曹凤娟 / 263
B.16 我国就业现状分析及其对房地产的影响
　　　　………………………………………… 赵彤阳 张　波 盛福杰 / 290
B.17 住房公积金运行情况和发展展望 ……………… 汪为民 吴义东 / 319
B.18 恒大风险事件及房企违约形势研判 ……………………… 蔡　真 / 347
B.19 我国房地产政策的逻辑分析 ……………………………… 牛凤瑞 / 363

Abstract …………………………………………………………………… / 373
Contents …………………………………………………………………… / 376

总报告

General Reports

B.1
2021年中国房地产市场回顾及 2022年趋势预测

"房地产蓝皮书"编写组*

摘　要： 2021年影响房地产市场的政策前后变化较为明显，商品房价格涨幅持续回落，下半年市场下行趋势明显。当前住房政策以直接的行政管制手段为主，政策手段缺乏弹性。建议进一步明确因城施策目标与制定相关策略，完善住房需求管控政策，积极化解房地产企业风险，推进房贷利率的合理下调，优化住房交易增值税和个人所得税优惠政策，促进市场信心的恢复和预期的理性化，推动房地产业良性循环和健康发展。随着2021年年底信贷环境

---

* 执笔人：赵鑫明、王业强、董昕、邹琳华、张智。赵鑫明，中国房地产估价师与房地产经纪人学会副会长兼秘书长，研究方向为房地产经济；王业强，研究员，中国社会科学院国家未来城市实验室副主任，中国区域科学协会副理事长，中国城市经济学会房地产专业委员会主任，研究方向为房地产经济与政策；董昕，中国社会科学院生态文明研究智库资源节约与综合利用研究部主任，研究方向为城市可持续发展、住房与土地政策；邹琳华，中国社会科学院财经战略研究院住房大数据项目组组长，中国社会科学院竞争力模拟实验室副主任，中国城市经济学会房地产专业委员会秘书长，研究方向为房地产经济与政策；张智，天津社会科学院研究员，研究方向为宏观经济预测、房地产经济、城市经济。

的改善以及2022年第一季度信贷额度相对宽松，房地产市场将继续走向复苏。预计2022年全国房地产市场将呈现"销售面积增速平稳回落，销售均价小幅上涨，新开工面积持续下降，投资增速明显回落"的特点。

关键词： 土地市场　房地产政策　商品房销售

一　2021年房地产市场总体运行特征[①]

2021年影响房地产市场的政策前后变化较为明显，先是严格调控，后转向维护市场稳定，其中对房地产市场影响最大的是房地产金融方面的政策。从全国层面来看，2021年房地产市场运行的总体特征主要体现在以下几个方面：销售市场方面，商品房平均销售价格涨幅持续回落，下半年市场下行趋势明显，商品房销售面积增幅进一步收窄，住宅待售面积6年来首次增加；租赁市场方面，住房租金微涨，涨幅已经连续3年低于CPI涨幅；土地市场方面，土地购置面积连续3年缩减，成交价格在优质地块、热点城市的带动下结构性上涨；投融资方面，房地产开发投资增幅六年来最低，国内贷款占开发企业到位资金比例创历史新低；房屋供给方面，房屋新开工面积大幅下降，各类物业新开工面积均已连续两年全线下降。

（一）政策背景：调控政策以金融端发力为主，从严格调控转向维护市场稳定

2021年的房地产政策包括房地产信贷、保障性租赁住房和共有产权住房供给、土地管理、整治规范房地产市场秩序、城市更新、绿色低碳建设、学区房等多方面，但对房地产市场影响最大的还是房地产金融方面的政策（见表1）。

[①] 本文的资料来源，除特殊注明以外均来自国家统计局。

表1 2021年房地产领域相关政策回顾

时间	机构/会议	要点
1月	住房和城乡建设部、中国人民银行	住房和城乡建设部、中国人民银行2020年提出的重点房企资金监测和融资管理的"三道红线"于2021年1月1日起正式实施,即剔除预售款后的资产负债率不超过70%,净负债率不超过100%,现金短债比不小于1
	中国人民银行、银保监会	中国人民银行和银保监会发布《关于建立银行业金融机构房地产贷款集中度管理制度的通知》,要求银行业金融机构房地产贷款余额占该机构人民币各项贷款余额的比例(即房地产贷款占比)和个人住房贷款余额占该机构人民币各项贷款余额的比例(即个人住房贷款占比)不得高于人民银行、银保监会确定的房地产贷款占比上限和个人住房贷款占比上限,即"两个上限",自2021年1月1日起实施
2月	深圳市住房和建设局	深圳市住房和建设局发布《关于建立二手住房成交参考价格发布机制的通知》,在深圳市建立二手住房成交参考价格发布机制
3月	全国两会	政府工作报告提出,保障好群众住房需求。坚持"房子是用来住的、不是用来炒的"定位,稳地价、稳房价、稳预期。解决好大城市住房突出问题,通过增加土地供应、安排专项资金、集中建设等办法,切实增加保障性租赁住房和共有产权住房供给,规范发展长租房市场,降低租赁住房税费负担,尽最大努力帮助新市民、青年人等缓解住房困难
	中国银保监会办公厅、住房和城乡建设部办公厅、中国人民银行办公厅	发布《关于防止经营用途贷款违规流入房地产领域的通知》,从加强借款人资质核查、加强信贷需求审核、加强贷款期限管理、加强贷款抵押物管理、加强贷中贷后管理、加强银行内部管理等方面,督促银行业金融机构进一步强化审慎合规经营,严防经营用途贷款违规流入房地产领域。同时要求进一步加强中介机构管理,建立违规行为"黑名单",加大处罚问责力度并定期披露
4月	住房和城乡建设部等部门	发布《关于加强轻资产住房租赁企业监管的意见》,从加强从业管理、规范住房租赁经营行为、开展住房租赁资金监管、禁止套取使用住房租赁消费贷款、合理调控住房租金水平、妥善化解住房租赁矛盾纠纷、落实城市政府主体责任等方面,加强住房租赁企业监管,引导住房租赁企业回归住房租赁服务本源,防范化解金融风险,促进住房租赁市场健康发展
	中央政治局会议	中央政治局会议召开,会议强调坚持"房子是用来住的、不是用来炒的"定位,增加保障性租赁住房和共有产权住房供给,防止以学区房等名义炒作房价

续表

时间	机构/会议	要点
7月	国务院办公厅	发布《关于加快发展保障性租赁住房的意见》，明确提出，保障性租赁住房主要解决符合条件的新市民、青年人等群体的住房困难问题，以建筑面积不超过70平方米的小户型为主，租金低于同地段同品质市场租赁住房租金
	国务院	公布《中华人民共和国土地管理法实施条例》，在新修订的《中华人民共和国土地管理法》的法律框架下，对国土空间规划、耕地保护、土地征收、宅基地管理、集体经营性建设用地管理等都进行了细化，增强了法律的可操作性
	住房和城乡建设部等部门	发布《关于持续整治规范房地产市场秩序的通知》，提出加大房地产市场秩序整治力度。以问题为导向，重点整治房地产开发、房屋买卖、住房租赁、物业服务等领域人民群众反映强烈、社会关注度高的突出问题。力争用3年左右时间，实现房地产市场秩序明显好转。违法违规行为得到有效遏制，监管制度不断健全，监管信息系统基本建立，部门齐抓共管工作格局逐步形成，群众信访投诉量显著下降
8月	住房和城乡建设部	针对有些地方在城市更新中出现继续沿用过度房地产化的开发建设方式、变相抬高房价等问题，住房和城乡建设部发布《关于在实施城市更新行动中防止大拆大建问题的通知》提出，原则上城市更新单元（片区）或项目内拆除建筑面积不应大于现状总建筑面积的20%；原则上城市更新单元（片区）或项目内拆建比不应大于2；城市更新单元（片区）或项目内居民就地、就近安置率不宜低于50%
9月	中国人民银行、银保监会	中国人民银行、银保监会联合召开房地产金融工作座谈会。会议要求，金融机构要按照法治化、市场化原则，配合相关部门和地方政府共同维护房地产市场的平稳健康发展，维护住房消费者合法权益
10月	国务院	发布《关于印发2030年前碳达峰行动方案的通知》，要求推广绿色低碳建材和绿色建造方式，加快推进新型建筑工业化，大力发展装配式建筑，推广钢结构住宅，推动建材循环利用，强化绿色设计和绿色施工管理。加强县城绿色低碳建设。推动建立以绿色低碳为导向的城乡规划建设管理机制，制定建筑拆除管理办法，杜绝大拆大建。加快更新建筑节能、市政基础设施等标准，提高节能降碳要求。到2025年，城镇新建建筑全面执行绿色建筑标准

续表

时间	机构/会议	要点
12月	中央经济工作会议	会议要求，要坚持"房子是用来住的、不是用来炒的"定位，加强预期引导，探索新的发展模式，坚持租购并举，加快发展长租房市场，推进保障性住房建设，支持商品房市场更好满足购房者的合理住房需求，因城施策促进房地产业良性循环和健康发展
	中国人民银行、银保监会	出台《关于做好重点房地产企业风险处置项目并购金融服务的通知》，鼓励银行稳妥有序开展并购贷款业务，重点支持优质的房地产企业兼并收购出险和困难的大型房地产企业的优质项目
	中国人民银行	中国人民银行工作会议召开，要求坚持推动金融风险防范化解。稳妥实施好房地产金融审慎管理制度，更好满足购房者合理住房需求，促进房地产业良性循环和健康发展

资料来源：根据相关部门官方网站公开资料整理。

2021年影响房地产市场的政策前后变化较为明显。2021年初，住房和城乡建设部、中国人民银行提出的"三道红线"，中国人民银行和中国银保监会要求的"两个上限"皆自2021年1月1日起开始实施。2月，深圳市住房和建设局发布《关于建立二手住房成交参考价格发布机制的通知》，在深圳市建立二手住房成交参考价格发布机制，同时要求各大银行在办理二手房屋按揭贷款业务时，须以住建部门备案的网签合同作为审核依据，并以网签备案合同价款和房屋评估价的最低值作为计算基数确定贷款额度，即所谓的"三价合一"。[1] 这使按揭贷款可贷额度缩减而购房者所需支付的首付款明显提升，房地产市场交易受到进一步限制。随后上海、深圳、成都、东莞、无锡、西安、宁波、广州、三亚等多个城市均在2021年内推出本地二手房指导价机制。3月的两会和4月的中央政治局会议均再次强调坚持"房子是用来住的、不是用来炒的"定位，增加保障性租赁住房和共有产权住房供给，中央政治局会议还罕见地提到了"学区房"的问题。[2] 6月，部分热点城市出现了银行房贷业

---

[1] 《深圳市住房和建设局关于建立二手住房成交参考价格发布机制的通知》，http://www.sz.gov.cn/cn/xxgk/zfxxgj/tzgg/content/post_8545768.html，最后检索时间：2022年4月12日。

[2] 《政府工作报告》，http://www.xinhuanet.com/politics/2022lh/2022-03/12/c_1128464987.htm，最后检索时间：2022年4月12日；《中央政治局会议强调：坚持"房住不炒"，防止以学区房等名义炒作房价》，https://www.sohu.com/a/464046245_121106991，最后检索时间：2022年4月12日。

务收紧的情况，部分银行暂停了二手房贷款业务，甚至有银行暂停受理新房的房贷业务。① 7月，纳入"三道红线"试点的房企，被要求买地金额（包括房企在公开市场拿地、通过收并购方式获地的支出）不得超过年度销售额的40%。至此可见，房地产调控主要在金融端发力，并逐渐趋于严格。

随着房地产市场情况的变化，房地产调控政策也出现了明显的变化。2021年9月，中国人民银行和银保监会提出"两个维护"，即维护房地产市场的平稳健康发展、维护住房消费者合法权益。② 政策风向开始偏暖。其后，控制恒大集团风险事件对资本市场稳定运行的外溢影响，满足购房者合理住房需求，支持房地产企业合理正常融资，成为中国人民银行、银保监会、证监会等相关部门的共识。12月，中央经济工作会议，除了重申坚持"房子是用来住的、不是用来炒的"定位，还提出要加强预期引导，探索新的发展模式，支持商品房市场更好满足购房者的合理住房需求，因城施策促进房地产业良性循环和健康发展；中国人民银行、银保监会出台《关于做好重点房地产企业风险处置项目并购金融服务的通知》，鼓励银行稳妥有序开展并购贷款业务，重点支持优质的房地产企业兼并收购出险和困难的大型房地产企业的优质项目。③ 由此可见，截至2021年底，房地产调控的重心已从严格调控转向维持市场稳定、促进房地产业良性循环和健康发展。

（二）销售价格：商品房平均销售价格涨幅持续回落，下半年市场下行趋势明显

房地产市场销售价格方面，从总体来看，2021年全国房地产市场的商品房平均销售价格涨幅连续4年持续减小；从区域来看，东部地区商品房销售价格与其他地区的差距进一步拉大，东北和西部地区房价出现了负增长；从城市

---

① 《多地银行暂停新房、二手房房贷业务》，https：//www.sohu.com/a/475182335_120121400，最后检索时间：2022年4月12日。
② 《维护房地产市场健康发展，维护住房消费者合法权益》，https：//baijiahao.baidu.com/s?id=1712825524500671156&wfr=spider&for=pc，最后检索时间：2022年4月12日。
③ 《2021中央经济工作会议："房住不炒"定位不变，房地产首提探索新的发展模式》，http：//news.sohu.com/a/507111442_415900，最后检索时间：2022年4月12日；《关于做好重点房地产企业风险处置项目并购金融服务的通知》，https：//www.sohu.com/a/534131628_121118715，最后检索时间：2022年4月12日。

来看，一、二、三线城市下半年住宅价格增幅均呈下行态势，住宅价格环比下跌的城市逐渐增加。

1. 商品房平均销售价格涨幅连续4年持续减小，住宅价格已逼近商业营业用房价格

2021年全国商品房的平均销售价格为10139元/米²，比2020年上涨2.8%，同比涨幅进一步缩小，从2018年起价格涨幅持续收窄（见图1）。其中，商品住宅平均销售价格上涨4.2%，达到10396元/米²；办公楼平均销售价格下跌8.0%，降至13929元/米²；商业营业用房平均销售价格微涨0.6%，为10714元/米²。近10年来，商品住宅平均销售价格与办公楼、商业营业用房平均销售价格的差距逐渐缩小，2012年办公楼、商业营业用房的平均销售价格分别是商品住宅平均销售价格的2.3倍和1.7倍，2021年办公楼、商业营业用房的平均销售价格分别是商品住宅平均销售价格的1.3倍和1.0倍，商品住宅均价基本追平商业营业用房的均价。

图1 2012~2021年全国商品房销售价格及其变化情况

资料来源：根据国家统计局数据计算得到。

2. 东部地区商品房销售价格与其他地区的差距进一步拉大，东北和西部地区房价出现负增长

从区域差异来看，2021年东部地区的商品房平均销售价格为14105元/米²，比2020年上涨5.1%；中部地区的商品房平均销售价格为7374元/米²，比

2020年上涨0.9%；西部地区的商品房平均销售价格为7370元/米^2，比2020年下跌1.2%；东北地区的商品房平均销售价格为7880元/米^2，比2020年下跌4.2%。① 东部地区的商品房销售均价大致为其他地区的2倍，而且增速最快，与其他地区的价格差距进一步拉大；而东北地区和西部地区的商品房销售均价则进入负增长状态（见表2）。

表2 2017~2021年全国商品房销售价格及其变化情况

单位：元/米^2，%

地区	商品房平均销售价格					比上年增长			
	2017年	2018年	2019年	2020年	2021年	2018年	2019年	2020年	2021年
全国	7892	8737	9310	9860	10139	10.7	6.6	5.9	2.8
东部地区	10455	11717	12586	13419	14105	12.1	7.4	6.6	5.1
中部地区	6040	6677	7096	7306	7374	10.5	6.3	3.0	0.9
西部地区	5942	6857	7274	7456	7370	15.4	6.1	2.5	-1.2
东北地区	6475	7246	7862	8222	7880	11.9	8.5	4.6	-4.2

资料来源：根据国家统计局数据计算得到。

3. 一、二、三线城市下半年住宅价格增幅均呈下行态势，住宅价格环比下跌的城市逐渐增多

从不同城市来看，2021年上半年一、二、三线城市的住宅价格增幅保持平稳。② 其中，三线城市住宅价格的增幅最高，二线城市住宅价格的增幅次

---

① 东部地区包括北京、天津、河北、上海、江苏、浙江、福建、山东、广东、海南10个省（市）；中部地区包括山西、安徽、江西、河南、湖北、湖南6个省；西部地区包括内蒙古、广西、重庆、四川、贵州、云南、西藏、陕西、甘肃、青海、宁夏、新疆12个省（区、市）；东北地区包括辽宁、吉林、黑龙江3个省。
② 一线城市包括北京、上海、广州、深圳4个城市；二线城市包括天津、重庆、杭州、南京、武汉、沈阳、成都、西安、大连、青岛、宁波、苏州、长沙、济南、厦门、长春、哈尔滨、太原、郑州、合肥、南昌、福州，共22个城市；三线城市包括邯郸、菏泽、湘潭、呼和浩特、廊坊、湖州、洛阳、潍坊、连云港、扬州、昆山、常州、昆明、徐州、日照、烟台、新乡、镇江、泉州、营口、东莞、桂林、南宁、金华、马鞍山、东营、株洲、无锡、德州、西宁、赣州、保定、常熟、银川、泰州、盐城、威海、乌鲁木齐、宿迁、贵阳、湛江、鞍山、衡水、吉林、鄂尔多斯、包头、南通、珠海、嘉兴、石家庄、中山、聊城、秦皇岛、淮安、柳州、温州、惠州、绵阳、唐山、海口、北海、淄博、江阴、宝鸡、芜湖、张家港、兰州、台州、江门、绍兴、宜昌、佛山、三亚、汕头，共74个城市。

之，一线城市住宅价格的增幅最低；2021年下半年一、二、三线城市的住宅价格增幅均转为下行态势，其中，三线城市住宅价格增幅的下行幅度最大，一线城市和二线城市住宅价格增幅的下行趋势较为相似（见图2）。在全国百城①住宅价格追踪中，下半年住宅价格环比下跌的城市逐渐增多，截至2021年12月，已经有58个城市的住宅价格环比下跌，占比超过半数（见图3）。

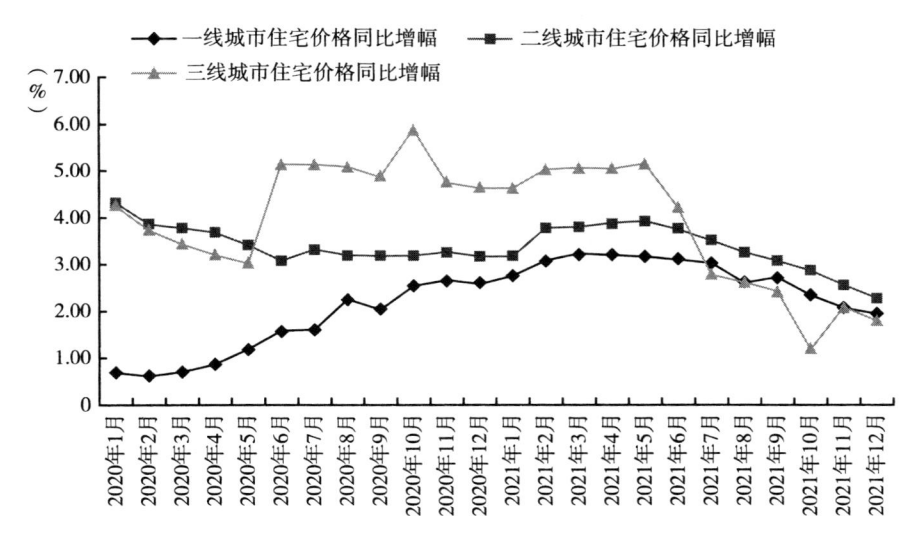

图 2　2020~2021年一、二、三线城市住宅价格增幅的月度变化情况

资料来源：Wind数据库。

（三）销量与库存：商品房销售面积增幅进一步收窄，住宅待售面积6年来首次增加

2021年全国房地产市场的商品房销售面积小幅增加，增幅比2020年进一步收窄。从物业类型来看，住宅和办公楼的销售面积小幅增加，商业营业用房的销售面积小幅负增长。从区域市场来看，中部地区的商品房销售面积增幅最大，东北地区的商品房销售面积降幅最大。同时，商品住宅待售面积增幅由负

---

① 百城包括上述一、二、三线的全部100个城市。

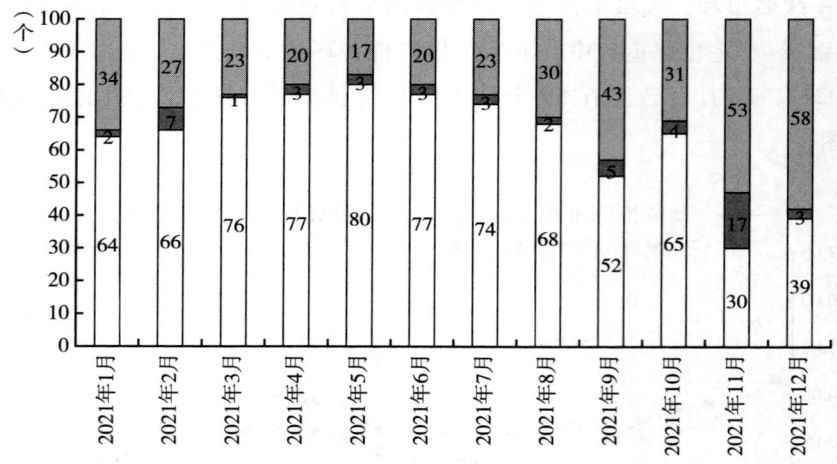

图3　2021年百城住宅价格指数环比涨跌城市数月度变化情况

资料来源：Wind数据库。

转正，出现了自2016年以来的首次增加，全国商品房待售面积增幅也较2020年的增幅有所扩大。

1. 商品房销售面积小幅增加，商业营业用房负增长，东北地区降幅最大

2021年，全国商品房销售面积为17.94亿平方米，比2020年小幅增加了1.9%，增幅比2020年的2.6%进一步收窄（见图4）。从物业类型来看，住宅和办公楼的销售面积小幅增加，商业营业用房的销售面积小幅下降。2021年全国商品房销售面积中，住宅的销售面积为15.65亿平方米，比2020年增长了1.1%；办公楼的销售面积为0.34亿平方米，比2020年增长了1.2%；商业营业用房的销售面积为0.90亿平方米，比2020年下降了2.6%；其他商品房的销售面积为1.05亿平方米，比2020年增长了22.1%。从区域市场来看，中部地区的商品房销售面积增幅最大，东北地区的商品房销售面积降幅最大。2021年全国商品房销售面积中，东部地区的商品房销售面积为7.33亿平方米，比2020年增长了2.7%；中部地区的商品房销售面积为5.17亿平方米，比2020年增长了5.4%；西部地区的商品房销售面积为4.78亿平方米，比

2020年下降了1.7%；东北地区的商品房销售面积为0.66亿平方米，比2020年下降了6.4%。

图4 2012~2021年全国商品房销售面积及其变化情况

资料来源：根据国家统计局数据计算得到。

2. 商品房待售面积增幅有所扩大，住宅待售面积6年来首次增加

2021年全国商品房待售面积为5.10亿平方米，比2020年增长了2.4%。其中，住宅待售面积为2.28亿平方米，占44.7%；办公楼待售面积为0.38亿平方米，占7.5%；商业营业用房待售面积为1.28亿平方米，占25.0%。从2015年全国商品房待售面积创下7.19亿平方米的历史高点后，商品房待售面积开始逐年减少，直至减到2019年的4.98亿平方米；2020年全国商品房待售面积比2019年增长了0.2%，增至4.99亿平方米，但商品住宅待售面积仍小幅减少；2021年商品住宅待售面积增幅由负转正，出现了自2016年以来的首次增加，全国商品房待售面积增幅也较2020年的增幅有所扩大（见图5）。

（四）租金：住房租金微涨，涨幅已连续3年低于CPI涨幅

2021年全国住房租金类居民消费价格（以下简称"住房租金"）比2020年微涨0.4%，依然低于全国商品住宅平均销售价格的同比涨幅。2020年居民住房租金比2019年下降了0.6%，是自1998年以来首次出现的住房租金负增

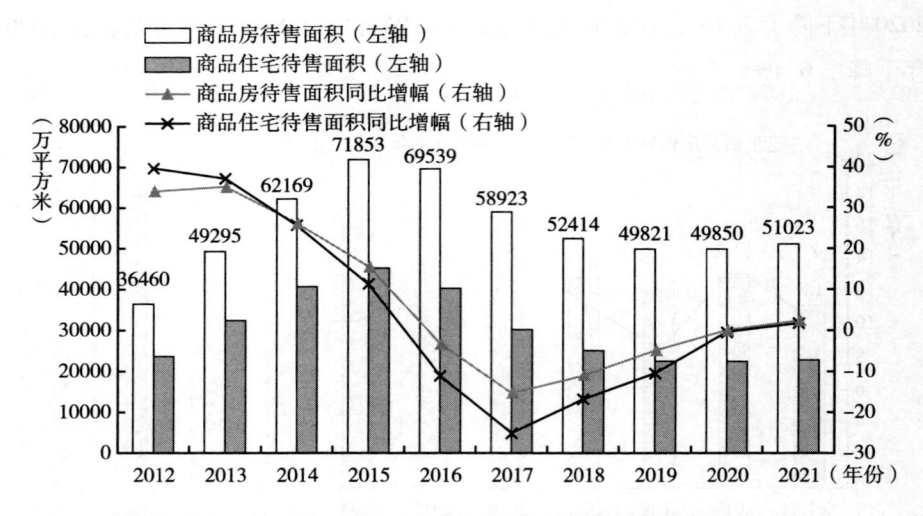

图 5　2012~2021 年全国商品房和商品住宅待售面积及其变化情况

资料来源：根据国家统计局数据计算得到。

长；2021 年住房租金涨幅虽然由负转正，但住房租金涨幅低于 CPI 涨幅，自 2019 年开始住房租金涨幅已经连续 3 年低于 CPI 涨幅（见图 6）。

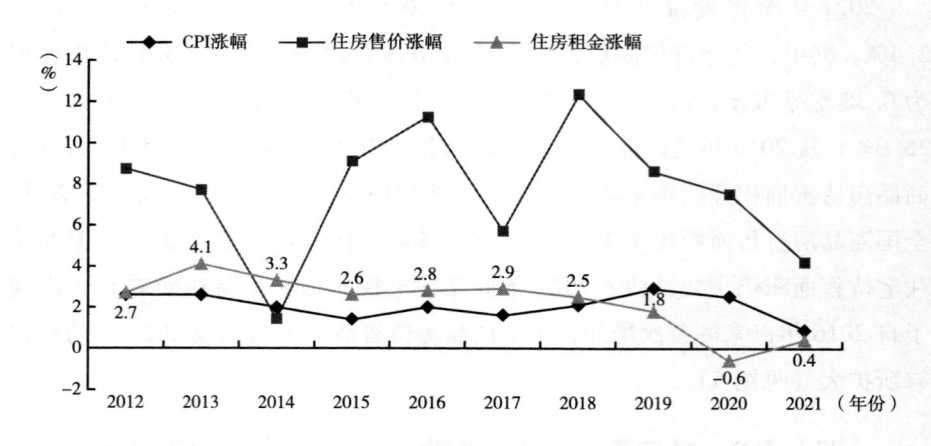

图 6　2012~2021 年 CPI、住房售价、住房租金同比涨幅

注：住房售价是指全国商品住宅的平均销售价格。
资料来源：根据国家统计局数据计算得到。

（五）土地市场：土地购置面积连续3年缩减，成交价格在优质地块、热点城市的带动下结构性上涨

2021年全国土地购置面积为21590万平方米，土地成交价款为17756亿元，土地平均成交价格为8224元/米^2。2021年的土地购置面积比2020年下降了15.5%，土地购置面积已经从2019年开始连续3年下降；同时，2021年的土地平均成交价格则比2020年上涨了21.6%（见图7）。需要注意的是，土地平均成交价格的上涨与土地供给结构的变化有关。从100个大中城市的土地供应与成交情况[①]来看，成交土地规划建筑面积中一线城市的占比由2020年的5.2%增加到2021年的6.7%，二线城市的占比由2020年的39.1%略增到2021年的39.4%，而三线城市的占比则由55.7%下降到53.9%。100个大中城市未成交土地数量占供应土地数量的比重由2020年的26.7%进一步上升至2021年的30.5%，2021年的未成交比例约为2018年的2倍。为了避免土地市场的流标，各城市近两年推出的优质地块数量也相应增加。优质地块的推出、一二线城市土地成交占比的提升都是土地价格结构性上涨的原因。

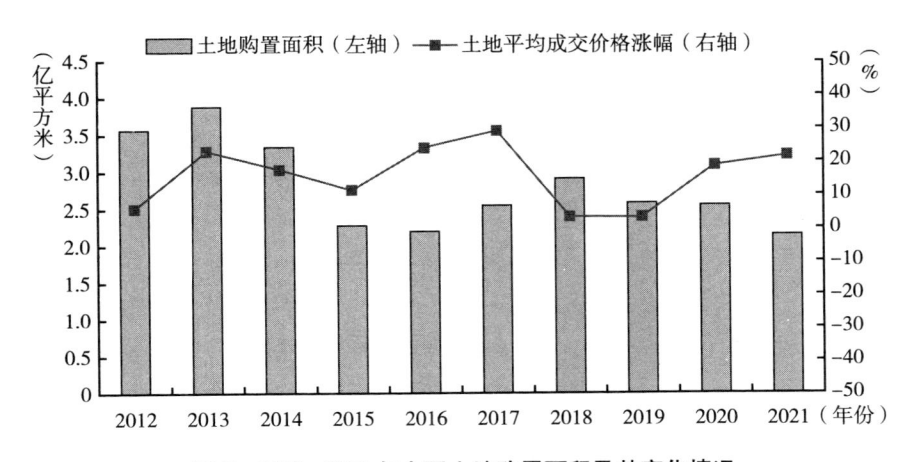

图7 2012~2021年全国土地购置面积及其变化情况

资料来源：根据国家统计局数据计算得到。

---

① 资料来源：Wind数据库。

（六）投融资：房地产开发投资增幅6年来最低，国内贷款占开发企业到位资金比例创历史新低

2021年，全国房地产开发投资小幅增加，为自2016年以来的最低增幅，办公楼和商业营业用房投资、东北地区投资都出现了负增长；资金来源方面，国内贷款占房地产开发企业实际到位资金的比例创下自1998年以来的历史新低，定金及预收款、个人按揭贷款的占比合计已超过房地产开发企业实际到位资金的一半，意味着销售回款对于房地产企业融资愈加重要。

1.房地产开发投资小幅增加，办公楼和商业营业用房投资、东北地区投资负增长

2021年全国房地产开发投资147602亿元，比2020年增长了4.4%，是自2016年起6年来的最低增幅。从物业类型来看，2021年房地产开发投资中，住宅开发投资为111173亿元，比2020年增长6.4%；办公楼开发投资5974亿元，增幅由正转负，比2020年下降了8.0%；商业营业用房开发投资12445亿元，比2020年下降了4.8%，是自2017年以来的连续第5年负增长（见图8）。从区域来看，2021年东部地区房地产开发投资额为77695亿元，比2020年增长了4.2%；中部地区房地产开发投资额为31161亿元，比2020年增

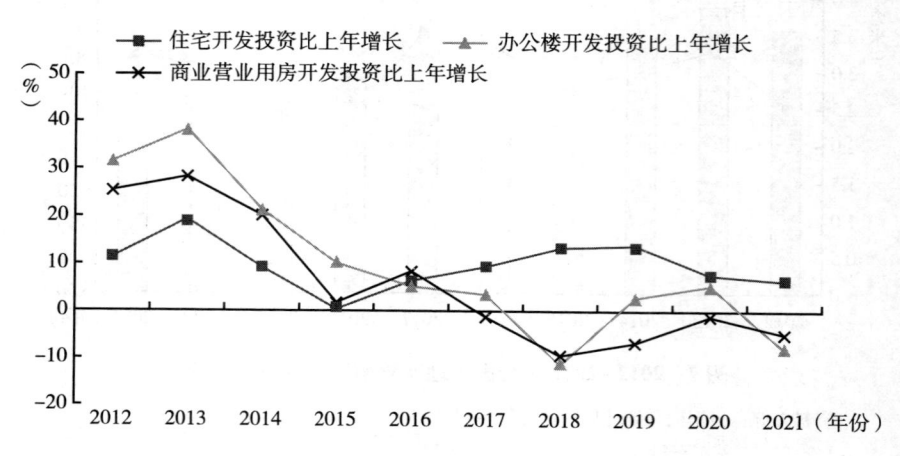

图8 2012~2021年各类房地产开发投资变化情况

资料来源：根据国家统计局数据计算得到。

长了8.2%；西部地区房地产开发投资额为33368亿元，比2020年增长了2.2%；东北地区房地产开发投资额为5378亿元，比2020年下降了0.8%，是近5年来首次出现负增长（见表3）。

表3 2017~2021年全国房地产开发企业完成投资及其变化情况

单位：亿元，%

地区	房地产开发企业完成投资额					比上年增长				
	2017年	2018年	2019年	2020年	2021年	2017年	2018年	2019年	2020年	2021年
全国	109799	120264	132194	141443	147602	7.0	9.5	9.9	7.0	4.4
东部地区	58023	64355	69313	74564	77695	7.2	10.9	7.7	7.6	4.2
中部地区	23884	25180	27588	28802	31161	11.6	5.4	9.6	4.4	8.2
西部地区	23877	26009	30186	32654	33368	3.5	8.9	16.1	8.2	2.2
东北地区	4015	4720	5107	5423	5378	1.0	17.5	8.2	6.2	-0.8

资料来源：根据国家统计局数据计算得到。

2. 国内贷款占比创下自1998年以来的历史新低，销售回款对于房地产企业融资愈加重要

2021年全国房地产开发企业实际到位资金201132亿元，比2020年增长了4.2%。其中，国内贷款23296亿元，比2020年下降了12.7%；利用外资107亿元，比2020年下降了44.3%；自筹资金65428亿元，比2020年增长了3.2%；定金及预收款73946亿元，比2020年增长了11.1%；个人按揭贷款32388亿元，比2020年增长了8.0%。由于房地产金融方面的调控政策严格，房地产开发企业实际到位资金中的国内贷款大幅减少，国内贷款占比降至11.6%，创下自1998年以来的历史新低；同时，定金及预收款、个人按揭贷款的占比进一步提升，分别占到房地产开发企业实际到位资金的36.8%和16.1%，两者合计超过房地产开发企业实际到位资金的一半，意味着销售回款对于房地产企业融资愈加重要（见图9）。

（七）房屋供给：房屋新开工面积大幅下降，各类物业新开工面积均已连续两年全线下降

2021年全国房屋新开工面积198895万平方米，比2020年下降11.4%。其

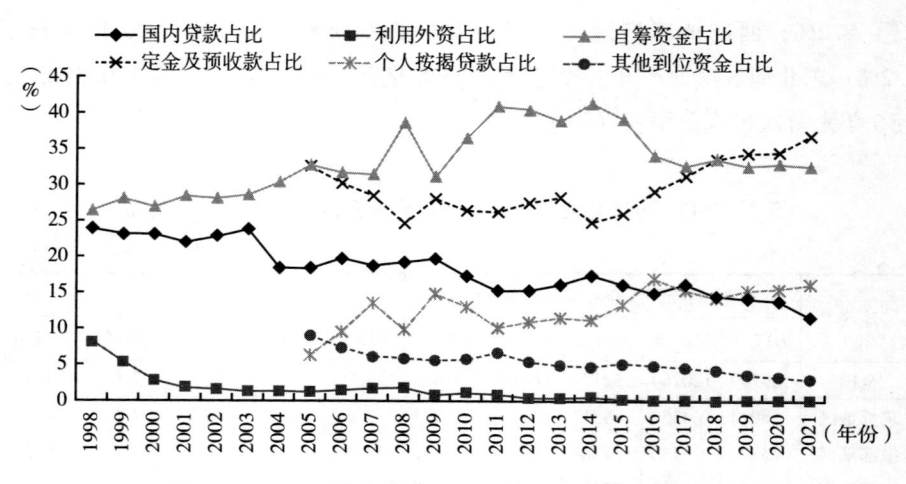

图9　1998~2021年房地产开发企业各类到位资金占比

资料来源：根据国家统计局数据计算得到。

中，住宅新开工面积146379万平方米，比2020年下降10.9%；办公楼新开工面积5224万平方米，比2020年下降20.9%；商业营业用房新开工面积14106万平方米，比2020年下降21.7%。可见，各类物业新开工面积均出现下降，而且降幅均在10%以上，办公楼和商业营业用房的新开工面积降幅更大，都在20%以上（见图10）。

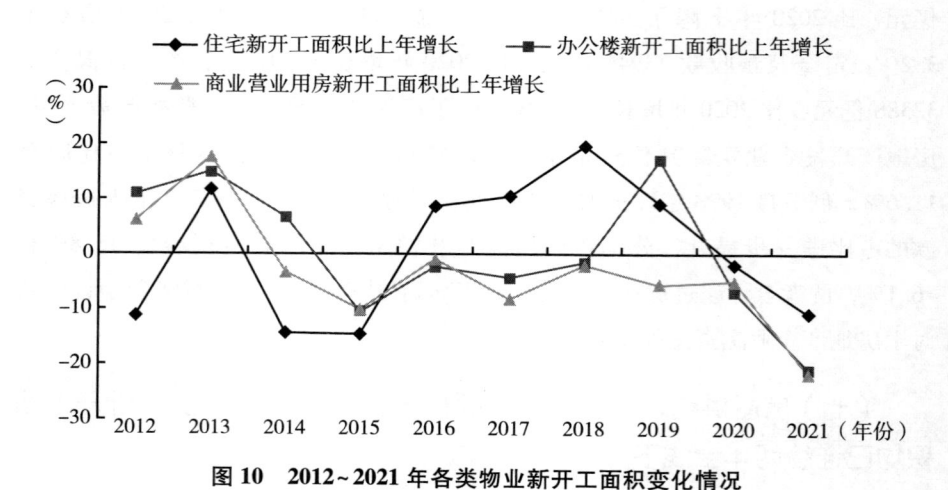

图10　2012~2021年各类物业新开工面积变化情况

资料来源：根据国家统计局数据计算得到。

二 2021年房地产市场存在的问题及对策

（一）存在的问题

在疫情冲击下，外部经济环境和房地产市场基本面都发生了较大的变化。房地产市场初步实现了稳定，但在新形势下也存在一些问题。当前房地产市场面临的主要问题是市场信心不足，结构性过剩严重；政策手段缺乏弹性，难以根据市场形势变化及时调整。

1. 涉房信贷刹车过快，未充分考虑市场承受能力

2020~2021年，金融监管部门成为调控新主力，促成房价稳中有降。2020年新冠肺炎疫情突袭而至，给我国经济发展带来较大冲击，经济下行压力不断增加，但并未改变楼市调控的总基调，坚持"房子是用来住的，不是用来炒的"定位保持不变。与此同时，金融监管强化态势并未放松，努力保持房地产金融政策的连续性、一致性和稳定性。调控政策先松后紧，"房住不炒"继续成为2021年我国楼市调控的总基调，全国房地产调控政策逐渐呈收紧态势。在信贷资金存在流入房地产市场苗头、部分城市房价过快上涨的背景下，2020~2021年，金融监管部门先后出台了"三线四档"和银行业房地产贷款集中度管理等制度，对稳定房价、降温市场起了积极有效的作用。全国基本实现稳地价、稳房价、稳预期的"三稳"目标。

但在执行层面，部分金融机构和金融市场对政策存在一定程度的误读，导致金融机构和金融市场涉房信贷刹车过快，房地产企业和购房者贷款与融资难度短期大幅提升，房地产信贷压力较大。叠加市场本身的回调，购房者置业节奏放缓，房价下跌的城市数量明显增加。商品房成交规模大幅下降，土地流拍、撤牌量增多，全国房地产市场和土地市场热度"双降"。

2. 房地产企业普遍出现流动性困难，部分头部企业风险暴露

2021年下半年开始，在融资渠道收紧、销售不畅、负债率居高不下的背景下，加上受疫情冲击的影响，房地产企业普遍出现资金紧张、流动性困难。相当数量的房地产企业到期债务不能如约偿还，在建工程趋于停工。以恒大为代表的部分头部房地产企业风险暴露，资金链接近断裂。到期债务无力偿还，

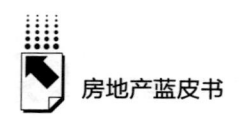

经营出现极度困难,对市场预期形成较大冲击。房地产企业风险暴露,给上下游如建筑施工企业、设计企业、建材商、提供信贷的金融企业都带来较大的拖累,甚至关联农民工工资的拖欠。部分房地产企业还存在规模不小的社会及内部集资,无力偿还到期债务容易引发社会问题。

2021年10月20日,中共中央政治局委员、国务院副总理刘鹤表示"目前房地产市场出现了个别问题,但风险总体可控,合理的资金需求正在得到满足,房地产市场健康发展的整体态势不会改变"。① 中国人民银行副行长、国家外汇管理局局长潘功胜指出:"在金融管理部门的预期引导下,金融机构和金融市场风险偏好过度收缩的行为逐步得以矫正,融资行为和金融市场价格正逐步恢复正常。"② 随着中央的关注及政策执行的纠偏,房地产行业融资偏紧收紧的状况得以缓解,房地产企业和购房者的合理资金需求将得以改善。

3. 市场预期一边倒,过度乐观与普遍的信心缺乏交替

长期以来,我国的房地产市场预期都处于"一边倒"的情形之下,极大影响了房地产市场的稳定。在房价上涨时,市场预期房价将进一步上涨,进而争相购房,造成房价短期内暴涨。而在房价下跌时,又普遍预期房价将进一步下跌,从而出现全面观望,市场成交量降至极低。2021年下半年以来,受政策、疫情和市场环境的综合影响,人们普遍预期房价下跌,市场信心较为缺乏。在市场下行的背景下,扩大房地产税改革试点范围等政策消息,使市场信心进一步下降。2022年3月16日,财政部有关负责人表示,年内不具备扩大房地产税改革试点城市的条件,在一定程度上避免了房地产市场信心的继续快速下降。

4. 政策微调的束缚过多,难以及时反映市场变化

稳定房价包含避免过快上涨和防止过快下跌两方面的内容,实际上是双向调节。但现实中,紧缩性的房地产调控政策一旦出台,就很难被撤销或改变,否则,很容易被媒体或自媒体解读为刺激购房、鼓励投机,这不仅影响市场预期,也给决策者带来较大压力。一些地方政府对政策的合理微调,也往往因各方压力变成"一日游"。有些城市出台的限购政策,对于稳定房价起了积极作

---

① https://baijiahao.baidu.com/s?id=1714143712294588326&wfr=spider&for=pc.
② http://www.stcn.com/kuaixun/egs/202110/t20211020_3777358.html.

用。但此后随着房价的进一步下滑，限购政策已经不再适宜当地市场需求。但迫于舆论压力，当地过时的限购政策仍然无法退出。各地政策灵活性不够，微调受到较多的束缚与压力，导致调控政策不能及时对市场变化做出反应，人为加大了市场波动性。2022年4月29日，中央政治局会议提出"支持各地从实际出发完善房地产政策"，有利于提升调控政策灵活性。

5. 房贷利率相对固化，不能根据市场供求及时适当浮动

出于对房地产炒作卷土重来的担忧等原因，近年来房贷利率趋于固化，不再根据市场下行的变化及时调整。当前的房贷利率由5年期以上LPR加成产生。自2020年4月存量房贷利率形成机制开始转变为LPR加成以来，5年期以上LPR一直固定在4.65%的水平，直到2022年1月20日，才下降了5个基点到4.60%。LPR加上加成点数，房贷利率水平普遍在5%以上。2020年以来，受疫情冲击，经济下行压力增大，社会平均利润水平下降，金融市场利率水平也同步下降。目前的无抵押消费贷款，最低利率都已经下降至4%以下，与房贷利率水平形成显著倒挂。房贷利率水平居高不下，与目前的收入增长水平不匹配，造成还贷压力被动增加。社会收入水平难以承受较高的房贷利率，这也是部分城市房地产市场低迷的重要原因。

6. 房地产交易税费政策未能发挥鼓励长期持有的作用，反而降低了市场效率

为了抑制住房投资投机，按现行的住房交易税收政策，一般持有时间不满两年的普通住宅交易需要征收增值税，持有时间不满五年且非家庭唯一住房的交易需要征收个人所得税。但由于普通住宅标准过低、阴阳合同避税等原因，从住房交易频率分布看，这些规定并没有发挥预计的鼓励长期持有作用，反而增加了交易成本、降低了市场效率。特别是对持有时间满五年房产交易的税费政策，在二手房价中没有得到显著体现。较高的房地产交易税费，也不利于居民住房条件的改善。

（二）对策建议

2021年12月，中央经济工作会议要求坚持"房子是用来住的、不是用来炒的"定位，加强预期引导，探索新的发展模式，坚持租购并举，加快发展长租房市场，推进保障性住房建设，支持商品房市场更好满足购房者的合理住房需求，因城施策促进房地产业良性循环和健康发展，为房地产调控和房地产业发展指明了方向。

1. 在房地产市场调控方面，建议进一步明确因城施策目标与制定相关策略，促进房地产业良性循环和健康发展

一是完善住房需求管控政策。调整完善住房限购政策，在继续抑制投资投机的同时，进一步满足购房者的合理住房需求，包括改善性购房需求。对于居民家庭合理的住房条件改善与居住升级，应给予相应的信贷、税费及交易政策支持，促进居民家庭住房水平的不断提升。并通过住房过滤机制，顺序带动更多家庭住房水平的提高。在风险可控的条件下，根据市场变化调整按揭条件与首付比例。调整优化相关住房限购政策，避免对居民改善住房条件形成不合理的限制。增加地方房地产调控政策灵活性，及时根据市场变化双向调节。

二是积极化解房地产企业风险。鼓励有实力的企业参与房地产企业股权并购，支持金融机构提供相应的并购贷款，促进风险暴露房地产企业及项目的并购与优化重组；当房地产企业无力偿还到期债务时，通过组织多方友好协商，帮助企业实现债务展期；适度放宽房地产企业融资管控，支持房地产企业合理融资需求；加强预售资金管理，在保障购房者合法权益、确保已售期房按期按质交房的基础上，提升资金利用效率。

三是推进房贷利率的合理下调。住房信贷政策应支持合理住房消费，改变房贷利率倒挂现象。当前房贷利率偏高，是房地产市场下行压力大的重要原因之一。在疫情冲击下经济下行压力增大、收入增长乏力的背景下，推动存量房贷利率和新增房贷利率的合理下调，有利于降低购房者的还贷压力，进一步稳定市场，消除房地产市场潜在系统性风险。

四是优化住房交易增值税和个人所得税优惠政策，更好地支持居民家庭通过低成本换购提升住房条件。合理设定非普通住宅认定标准，建立相关标准的动态调整机制。由于近年房价上涨而相关标准未能及时跟进更新，很多居民普通住宅被认定为"非普通住宅"，从而造成税费过高、换购困难。这既不利于居民改善住房条件，也不利于存量住房资源的有效利用。优化住房交易中"满二"增值税和"满五"个人所得税优惠政策。各地区和个人家庭情形千差万别，很难用"一刀切"式的持有时间满两年或五年来判定住房投机行为。研究出台相关政策，对于合理的住房换购与改善，可以不受"满二"或"满

五"的限制享受相关税收优惠。与老龄化及社区养老、家庭养老相适应，通过相应住房财税政策，进一步支持鼓励居民家庭与老人合住或相邻居住。

五是促进市场信心的恢复和预期的理性化。在市场总体下行、信心不足的背景下，要谨慎出台紧缩性政策，同时也要避免出台刺激性购房政策。通过微调政策的逐步推出，增强市场信心。鼓励真实市场信息数据发布，增加市场信息透明度。

2. 在房企发展方面，建议改变"高负债、高杠杆、高周转"的固有发展模式，降低对金融杠杆的依赖程度，防范金融风险传染

短期内，建议更加注意控制负债规模，关注自身现金流，加大商品房促销力度，加快资金回笼速度，提升企业短期流动性水平，完善公司治理，加强风控体系建设，促进企业安全运营和稳健发展。

长期内，需要把握政策机遇，积极参与相关领域建设。如房企在集体建设用地建设租赁住房、自持租赁住房等方面存在潜在空间，为大力支持发展住房租赁市场，国家给予了较大力度的优惠政策，住房租赁有关贷款也暂不被纳入房地产贷款占比计算；城市更新是房企转型潜在领域，积极融入相关上下游产业发展，可以为房企补充现金流；智慧城市建设前景广阔；保障性住房建设领域值得关注。

3. 在行业发展方面，建议房地产行业各主体把握行业机遇，提升自身综合能力

一是加强大数据、5G、VR、AI、物联网等科技的深度应用，大幅提升管理、运营和服务能力；二是在风险可控的前提下，探索构建多元化生态，主要潜在板块包括物业服务、基建、消费、金融、康养、旅游、科创等，这些板块既存在新的机会，也具有较大的风险与挑战；三是加强房地产金融创新，包括房地产股权基金、房地产资产证券化、蓝筹物业、拆分业务板块上市等。

三 2022年房地产市场发展趋势预测

（一）宏观经济形势

2021年，一季度中国GDP增长率是18.3%，二季度是7.9%，三季度是

4.9%，四季度是4%，虽然全年增速为8.1%，但从移动平均和边际增速来看，整体经济增长速度处于下行趋势。根据国家统计局数据，2021年中国经济增量中：消费贡献65.4%，投资贡献13.7%，净出口贡献20.9%。投资贡献大幅下降，净出口贡献也有所回落。由此可见，当前中国经济下行压力较大，主要体现在三个方面，一是外部需求变弱，出口增速将会大幅下行；二是房地产和基建投资大幅收缩；三是疫情冲击造成消费能力减弱。

从不同研究机构的判断看，2022年经济增速大概率会继续下移。投资端，土地购置费的滞后效应和建安费用的疲弱对2022年房地产开发投资构成压力，财政约束下基建投资发力有限；消费端，制约消费复苏的疫情反复、收入预期及通胀压力依然存在；出口端，2022年海外对消费者的消费补贴将逐步退出，海外消费意愿放缓、就业意愿提高、海外供需缺口收窄将使我国出口增速边际放缓。

按照2021年中央经济工作会议的定调，当前中国经济面临的问题包括"需求收缩、供给冲击、预期转弱"。尽管当前中国经济面临需求收缩、供给冲击、预期转弱三重压力，但2022年宏观经济稳中向好的趋势没有变。持续降低的失业率、基本稳定的价格水平、稳中有降的宏观杠杆率、持续强化的科技创新、不断提升的国际竞争力、全面强化的人力资本都决定了中国经济增长潜能在不断强化，2022年我国经济仍有望保持较快增长。基于"三驾马车"下行的压力及稳增长诉求，预计2022年实际GDP增速为5.0%~5.5%，考虑通胀因素后的2022年名义GDP增速在8%左右，与名义GDP增速基本匹配的M2增速在9%左右，对应的全年信贷增量约21万亿元。

但是，在当前经济面临三重压力之下，"稳"本身就是最大的"进"。在经济下行压力根本缓解之前，进要服务于稳，不利于稳的政策不出台，有利于稳的政策多出台，做到以进促稳。2021年中央经济工作会议重提"坚持以经济建设为中心是党的基本路线的要求"，2022年经济工作要"稳字当头，稳中求进"，供给侧方面已经明确提出不搞"碳冲锋"，不把长期目标短期化、不把持久战打成突击战，避免合成谬误，不能层层加码。在中央出台一系列稳经济重大措施的情况下，2022年经济增速大概率呈现前低后高的态势。一、二季度稳住经济下行趋势，三、四季度趋势走好。

（二）房地产新模式逐步确立

2020年，我国实现了全面建成小康社会的目标，我国社会的主要矛盾是人民日益增长的美好生活需要与不平衡不充分的发展之间的矛盾，经济进入高质量发展阶段。在这样一个大的经济社会转型发展的时期，中央提出要坚持新发展理念，构建新发展格局，房地产发展模式也需要创新，实现高质量发展。尤其是双碳目标、生态文明建设、共同富裕等，客观上也在推动房地产市场需求发生新的变化。房地产本身经过20多年的粗放发展，城镇居民人均住房面积已达到40平方米，增量市场逐步转向存量市场，行业发展模式亟待改变，以探索新的发展模式，实现高质量发展。

1. 房地产新模式的本质

传统的房地产市场突出表现为"高房价、高地价"的发展模式，地价上涨推动房价上涨，进而带动市场预期看涨，预期上涨反过来进一步推动新一轮地价和房价上涨。2016年，中央提出"房住不炒"的定位，彻底改变了房地产市场预期。在当前房地产市场逐步进入存量发展阶段，轻资产的运营模式逐渐兴起，房地产行业将呈现专业化、服务化的特征，房企业务重心从前端开发向后端服务和资产管理转移是房企发展必然趋势。2021年中央经济工作会议提出要"探索新的发展模式"，实质上就是要打破由地价上涨到房价上涨的传导模式，建立人—房—地联动机制，实现投资、开发、运营逐步分离，推动房企由开发商向服务商转型，促进房地产市场良性循环和健康发展。

2. 房地产新模式的内涵

2022年的《政府工作报告》指出："探索新的发展模式，坚持租购并举，加快发展长租房市场，推进保障性住房建设，支持商品房市场更好满足购房者的合理住房需求，稳地价、稳房价、稳预期，因城施策促进房地产业良性循环和健康发展。"在住房保障体系建设方面要"加快发展长租房市场，推进保障性住房建设"；在市场体系建设方面要"支持商品房市场更好满足购房者的合理住房需求"。当前房地产新模式的重点是要通过供给侧改革，供应较低成本、配套完善、居住体面及适合新市民住房需求的住房产品。在提升住房品质、实现全体人民住有所居的目标下，加快建立集保障性租赁住房建设，推进实施城市更新、老旧小区改造，建设公租房、保租房、共有产权住房和长租房

等形式于一体的住房保障体系。

3.房地产新模式的特点

过去房地产企业遵循的是"高负债、高杠杆、高周转"的房地产开发经营模式，随着房价的不断上涨，这种模式越来越不可持续。在房地产市场进入存量阶段，伴随着人民日益增长的美好生活需要，住房服务需求，尤其是物业、租赁、代建服务需求，以及文化娱乐需求等都在不断增长，房企业务重心将从前端开发向后端服务和资产管理转移，房地产企业由开发商向服务商转型是必然趋势。房地产低负债、低杠杆经营模式将会受到鼓励，特别是轻资产模式，顺应政策方向及行业发展趋势，是房企探索新发展模式的重要方向。在存量房时代，租赁迅速发展，为资产管理发展带来机遇。这些资产管理机构通过不断提升市场化、专业化的管理能力，最大限度地盘活存量资产。在探索新发展模式鼓励下，房地产代建、资产管理、REITs 等未来发展可期。

（三）2022年房地产调控政策分析

2021年中央经济工作会议对2022年房地产工作的部署是，继续坚持"房子是用来住的、不是用来炒的"定位，加强预期引导，探索新的发展模式，坚持租购并举，加快发展长租房市场，推进保障性住房建设，支持商品房市场更好满足购房者的合理住房需求，因城施策促进房地产业良性循环和健康发展。由此可见，2022年房地产政策将有4个明显的特点。

一是更好满足合理住房需求。本轮房地产调控，各地以房价稳定作为政策目标，出台了一系列限制性政策，不可避免地误伤了一部分真实的住房需求。这种人为压制市场需求的做法甚至直接导致市场交易的萎缩。新的住房制度改革，明确提出要建立住房市场体系和住房保障体系，就是要划分不同的住房需求，对于真实的住房需求，可以通过不同的市场体系予以满足。2021年底中央经济工作会议提出"支持商品房市场更好满足购房者住房需求"，强调了商品房市场功能和作用，可以更好地满足购房者住房需求，不能因噎废食，为了稳定房价，而抹杀住房市场应有的功能。作为国内经济的支柱产业，房地产市场的良性循环也是改善民生、构建双循环格局的重要基础。在促进内需转型和迈向共同富裕的新时代，强调住房产品的公共属性，降低住房、通勤、教育、创业等全方位成本，让新市民扎根城市，分享到城市发展红利。预计2022年各地将加大对合理住房需求的支持力度，刚需和改善性住房的资金需求将得到更好的满足，各地在因城施策下，资金端、政策端等均将发力，促进房地产业实现良性循环。

二是加强市场预期的引导。过去我们提出要"合理引导市场预期"，但没有受到重视，没有真正将市场预期纳入政策工具箱里去。中央经济工作会议提出"加强预期引导"，意味着未来房地产调控不仅仅以房价作为调控目标，市场预期也将成为房地产调控的一个重要目标，未来围绕这一政策目标将出台一系列相应的政策措施。2021年2月，在深圳率先推出二手房成交参考价政策，发挥了价格的"价值尺度"作用，对二手房市场平稳运行起到明显作用。2021年9月24日，中国人民银行货币政策委员会提出要"维护房地产市场的平稳健康发展，维护住房消费者的合法权益"，释放了维稳信号，对稳定市场预期、提振市场信心发挥了重要作用。2022年的房地产调控政策强调"加强预期引导"，重点要关注那些房地产市场出现严重过剩、销售萎缩的城市可能出现房价下跌，从而引起市场预期完全逆转，并由此引发局部房地产市场危机和银行危机。

三是改善市场金融环境。2021年上半年，房地产金融监管趋严，严查资金违规流入房地产市场，坚决查处经营贷、消费贷、信用贷违规用于购房。在严格执行企业端"三道红线"和银行端"两条红线"的同时，不断完善房地产企业"三线四档"融资管理规则。下半年，高层持续发声稳定房地产市场预期，10月15日，央行相关负责人指出金融机构对"三线四档"融资规则存在"误解"。12月22日，央行、银保监会要求银行业金融机构稳妥有序开展并购贷款业务，支持优质房地产企业在银行间市场注册发行债务融资工具，募集资金用于重点房地产企业风险处置项目的兼并收购。在房地产金融审慎管理的框架下，监管层对信贷政策执行不断进行"纠偏"，房企融资环境得到实质性改善。2022年，在保障市场稳定的前提下，中央将会持续推进房地产金融环境改善，积极为优质房企提供政策支持。预计房企开发贷款和并购贷款将持续合理发放，房企短期流动资金方面的压力将有所缓解。

四是保障性租赁住房有望成为政策热点。2021年7月，国务院印发《关于加快发展保障性租赁住房的意见》，第一次明确了国家层面住房保障体系的顶层设计，即以公租房、保障性租赁住房和共有产权住房为主体。2022年2

月 8 日，中国人民银行、银保监会发布《关于保障性租赁住房有关贷款不纳入房地产贷款集中度管理的通知》，明确保障性租赁住房项目中有关贷款不被纳入房地产贷款集中度管理，鼓励银行业金融机构按照依法合规、风险可控、商业可持续的原则，加大对保障性租赁住房发展的支持力度。在政策和市场需求支撑下，保障性租赁住房在房地产市场将占据越来越重要的地位，这有助于吸纳更多的社会资本支持我国住房保障体系建设。因此，应进一步完善相关政策法规，以此为住房制度改革的突破点，推动建立多主体供给、多渠道保障、租购并举的住房制度，从而推动房地产行业的良性循环和健康发展。

（四）2022年房地产市场发展趋势

2022 年，在坚持"房住不炒"目标定位的前提下，面对更为严峻的稳增长形势，"稳地价、稳房价、稳预期""三稳"目标的重要性更加凸显，"支持商品房市场更好满足购房者的合理住房需求"将是贯穿全年的主题。信贷环境持续改善，但大幅放松的可能性较小。房地产税试点或将分批推进，短期将会对市场需求产生一定的冲击，但长期市场影响不大。为促进市场复苏，对前期过紧的抑制政策进行局部调整，促进合理住房需求释放。如针对需求端，未来政策可能在首套房认定标准、交易税费、人才购房等层面调整优化，以利于需求释放。供给端，在"三线四档"基本原则不变的前提下对房企融资政策边际可能放松，集中供地的报名和竞拍规则以及新房限价等均有调整空间。

预计 2022 年全国房地产市场将呈现"销售面积增速平稳回落，销售均价小幅上涨，新开工面积持续下降，投资增速明显回落"的特点。在房地产政策相对平稳的条件下，全年商品房销售面积将增速回落，增长 1.7%；房地产开发投资增速下降，增长 0.8%，住宅开发投资由正转负，下降 0.2%；在土地价格上涨的情况下，销售均价将保持小幅上涨，全年增长 2.8%。

展望 2022 年，房地产调控政策预期持续改善，土地拍卖规则或在 2021 年三批次基础上持续优化，保证金比例、配套公建等或将有所改善，在"三稳"政策总基调下，土地拍卖市场预计仍将以"稳"为主。随着 2021 年底信贷环境的改善以及 2022 年第一季度信贷额度相对宽松，房地产市场将继续走向复苏，预计 2022 年房地产交易市场逐步修复，第一季度成交量完成筑底，第二季度成交价格实现止跌。二手房市场率先启动，加快换房需求进入新房市场，带动新房成交量筑底回升，销售端去化加快叠加房企融资压力缓解，房企周转效率回归正常化，资金流动性压力得到实质性缓解，拿地信心逐步恢复带动土地市场修复。

在房地产政策相对平稳的条件下，预计2022年住宅交易规模达到22万亿~23万亿元。2022年新房销售金额为15.3万亿~16.7万亿元，中性情形下销售金额为16万亿元，同比下降2%，销售面积同比下降5%，价格同比上涨3%。预计2022年二手房销售金额为6.3万亿~6.7万亿元，中性情形下销售金额为6.5万亿元，同比下降7%，成交面积同比下降8%，价格同比微涨1%。

城市分化会进一步加大。如杭州、黄冈等新房出清周期不足半年，市场供不应求，且2021年住宅用地成交规模同比下降，2022年新房新增供应较难增长，新房价格上涨的压力较大。长沙、西安、郑州、泉州等城市新房出清周期在12个月以下，且大部分城市住宅用地成交量同比降幅超过20%，预计这类城市新房价格稳中有升。出清周期为12~18个月的城市价格基本保持稳定。出清周期超过18个月的城市库存压力较大，房价有下跌的压力。

B.2
2022年中国房地产市场主要指标预测

张 智[*]

摘 要： 2022年中国房地产市场环境处于动荡和变化之中，疫情中短期影响仍在持续，俄乌地缘冲突将严重冲击全球经济。国内流通领域生产资料价格在前期大幅波动之后仍有持续上升趋势，房地产开发企业建设经营成本上升压力增大。数据分析表明，中国房地产业发展正在转型，中国房地产市场正在步入减量提质的高质量发展新阶段。模型预测2022年固定资产投资和房地产开发投资将分别增长4.6%和0.8%，土地购置面积下降12.7%，但成交均价将上升24.1%，商品房销售面积和销售额增速分别为1.7%和4.5%，新建商品房销售均价将达10419元/米^2，较2021年上升2.8%。

关键词： 大宗商品价格 房地产市场 高质量发展

2021年中央经济工作会议指出"我国经济发展面临需求收缩、供给冲击、预期转弱三重压力"。对于房地产领域来说，"三重压力"对市场环境和企业运营的影响不可忽视。为了加深对房地产市场主要指标变化趋势的理解，本报告从近期大宗商品价格变化入手，分析中国宏观市场环境趋势性变化，随后讨论当前中国房地产市场运行状态特征，最后给出2022年中国房地产主要指标预测结果。

---

[*] 张智，天津社会科学院研究员，主要研究方向为宏观经济预测、房地产经济、城市经济。

一 中国宏观市场价格环境变化预测分析

2020年突如其来的新冠肺炎疫情重创全球经济，世界各主要经济体释放天量流动性以提振经济，资本市场的异常变化和疫情一起深刻地影响着世界经济。

首先，一方面由于新冠肺炎疫情在一定程度上阻断了全球供应链，另一方面，多国企业开工不足造成关键配件短缺，供给不足致使消费市场价格开始明显上涨，如美国CPI同比指数由2021年2月的上涨1.7%快速拉升至2022年3月的上涨8.5%。

其次，资本市场过剩的流动性为大宗商品炒作创造了更加有利的条件，即市场价格特别是大宗商品价格异常波动不仅来源于疫情，也来源于资本炒作。国家统计局调查数据显示，中国工业生产者购进价格同比月度指数，从2020年5月的95快速上升到2021年11月的117.4，在18个月时间里上升22.4个点，升幅和升速都是创纪录的。

再次，全球减碳战略实施加剧能源价格波动，能源价格上升抬高全球通胀水平。由于压缩煤炭占比的去碳化进度较快，在疫情冲击、气候异常条件下，全球多国出现能源短缺引起能源价格上涨和大幅波动。2021年9月14日欧洲期货市场天然气价格突破每千立方米800美元，创出历史新高。由于节能减排计划加快推进和进口大幅下降等原因，2021年第三季度我国煤炭价格出现大幅趋势性上涨，煤价和电价倒挂抑制了发电企业生产意愿，曾出现多地大范围拉闸限电。煤炭、天然气和石油等能源价格上升事实上抬高了商品的基础价格水平。

最后，近期俄乌冲突不仅使世界能源供需矛盾进一步加剧，其对全球粮食安全也产生严重威胁。联合国粮农组织数据显示，俄罗斯和乌克兰分别是世界最大和第五大的小麦出口国。其提供的大麦、小麦和玉米分别占全球谷物出口总量的19%、14%和4%，合计超过总量的1/3。世界粮食计划署已经发出警告，2022年预计将有38个国家的4400万人在饥荒边缘徘徊。包括全球谷物主要出口国在内的多国已出台控制或禁止粮食出口的措施。粮食短缺不仅是国家安全问题、社会问题，同时也是重大经济问题。一旦粮价大幅波动必然严重冲

击原有的市场价格体系，宏观经济也将遭受重创，经济危机在所难免。

不论是地缘冲突还是国内矛盾，"三重压力"也好，供需失衡也罢，其最终落脚点在于市场，其矛盾的平衡点在于价格。这里通过对近年重点大宗商品价格变化的分析预测，给出我们对近期国内宏观市场环境的形势判断。

1. 近年大宗商品价格大幅波动，存在明显趋势性上涨

从2014年第三季度末开始，国家统计局中国经济景气监测中心和卓创资讯定期发布流通领域重要生产资料市场价格变动情况。流通领域重要生产资料市场价格监测内容包括9大类50种产品的价格，监测范围涵盖24个省区市200多个交易市场的近1700家批发商、代理商、经销商等经营企业，每月4日、14日、24日发布上一旬数据。笔者对全部数据进行整理分析后，编制了近年流通领域重要生产资料市场价格变化率计算表。流通领域重要生产资料市场价格，是指重要生产资料经营企业的批发和销售价格。出厂价格与市场价格紧密相关，但与出厂价格不完全相同，生产资料市场价格既包含出厂价格，也包含经营企业的流通费用、利润和税费等。

大多数监测产品价格从2020年第一季度到2021年第三季度都经历了一个大幅波动过程。50种产品价格峰谷差值率均值139.9%，即涨价平均极差率近1.4倍，除稻米差值率小于10%和另3种产品差值率小于50%以外，其余均大于50%，更有22种产品差值率大于1倍甚至数倍。进一步观察可以发现，在9大类产品中价格差值率最高的集中在煤炭类、石油天然气类和化工产品类，而这三类基础能源和原材料产品又具有极强的关联性。煤炭的供给短缺一方面导致其价格上升，另一方面引致市场对石油天然气类替代性产品需求快速增加和价格上升。而煤炭类和石油天然气类价格蹿升直接抬高了化工产品的生产成本。

为了观察近期主要生产资料价格上升是否存在趋势性，表1中也给出了2022年3月中旬价格与2019年和2020年均价平均值之间的差值率，这一比率可反映出到截稿时为止价格是否有持续性上涨。除铅锭、稻米、生猪和花生4种产品价格差值率为负值外，其他46种产品价格均有一定幅度上升，其中多项煤炭产品和液化天然气产品涨幅均超过1倍。根据表1中数据计算50种产品的平均差值率为57.4%。

表1　近年中国流通领域重要生产资料市场价格变化率计算表

序号	监测产品	谷值时间	峰值时间	峰谷差值率（%）	2022年3月中旬与2019年和2020年均价均值差值率（%）
1	螺纹钢	2020年3月上旬	2021年10月上旬	67.5	25.3
2	线材	2020年3月上旬	2021年5月中旬	69.3	25.6
3	普通中板	2020年4月下旬	2021年5月中旬	73.2	32.4
4	热轧普通薄板	2020年4月上旬	2021年5月中旬	86.8	30.9
5	无缝钢管	2020年5月下旬	2021年5月中旬	60.3	30.3
6	角钢	2020年4月下旬	2021年5月中旬	65.0	32.7
7	电解铜	2020年3月下旬	2021年5月中旬	94.8	49.8
8	铝锭	2020年3月下旬	2021年10月中旬	105.7	56.4
9	铅锭	2020年3月下旬	2020年8月中旬	16.7	-3.9
10	锌锭	2020年3月下旬	2022年3月上旬	72.8	31.1
11	硫酸	2020年7月上旬	2021年9月中旬	881.9	227.1
12	烧碱（液碱）	2021年2月下旬	2021年10月下旬	321.2	63.9
13	甲醇	2020年6月中旬	2021年10月中旬	169.1	44.7
14	纯苯（石油苯）	2020年4月上旬	2021年9月中旬	199.0	81.7
15	苯乙烯	2020年3月下旬	2021年5月中旬	133.4	31.6
16	聚乙烯（LLDPE）	2020年4月上旬	2021年10月上旬	58.5	18.5
17	聚丙烯	2020年2月中旬	2021年10月中旬	41.1	3.7
18	聚氯乙烯	2020年4月上旬	2021年10月中旬	147.1	35.8
19	顺丁胶	2020年4月上旬	2021年11月下旬	110.8	33.4
20	涤纶长丝	2020年11月下旬	2021年10月下旬	72.5	15.0
21	液化天然气	2020年6月中旬	2022年2月下旬	238.4	119.3
22	液化石油气	2020年6月中旬	2022年3月上旬	164.6	81.9
23	汽油（95#国Ⅵ）	2020年5月中旬	2022年3月中旬	99.1	60.0
24	汽油（92#国Ⅵ）	2020年5月中旬	2022年3月中旬	102.6	61.8
25	柴油	2020年11月上旬	2022年3月中旬	78.2	44.9
26	石蜡	2020年6月中旬	2022年3月中旬	91.2	56.1
27	无烟煤	2020年8月上旬	2021年10月下旬	220.8	61.4
28	普通混煤	2020年5月中旬	2021年10月中旬	274.6	151.3
29	山西大混	2020年5月中旬	2021年10月中旬	285.2	156.1
30	山西优混	2020年5月中旬	2021年10月中旬	246.4	155.7
31	大同混煤	2020年5月中旬	2021年10月中旬	242.0	158.3
32	焦煤	2019年12月下旬	2021年10月中旬	262.8	137.6

续表

序号	监测产品	谷值时间	峰值时间	峰谷差值率（%）	2022年3月中旬与2019年和2020年均价均值差值率（%）
33	焦炭	2020年4月中旬	2021年10月中旬	163.9	85.7
34	普通硅酸盐水泥（袋装）	2018年3月下旬	2021年10月下旬	83.8	12.2
35	普通硅酸盐水泥（散装）	2021年7月下旬	2021年10月下旬	63.2	9.0
36	浮法平板玻璃	2020年5月上旬	2021年9月上旬	135.4	33.3
37	稻米	2019年8月中旬	2020年5月下旬	8.1	-6.5
38	小麦	2019年7月下旬	2022年3月中旬	42.6	34.3
39	玉米	2019年4月上旬	2021年3月上旬	65.2	35.9
40	棉花（皮棉）	2020年3月下旬	2022年2月上旬	101.8	66.0
41	生猪	2018年5月上旬	2019年10月下旬	318.2	-57.9
42	大豆	2018年7月下旬	2021年11月中旬	54.2	28.1
43	豆粕	2019年3月上旬	2022年3月中旬	95.6	68.5
44	花生	2018年7月下旬	2020年4月中旬	73.0	-7.9
45	尿素	2020年7月下旬	2021年10月下旬	89.1	52.2
46	复合肥	2020年11月上旬	2022年3月中旬	54.7	41.3
47	农药（草甘膦）	2020年2月上旬	2021年12月中旬	295.3	177.3
48	天然橡胶	2020年3月下旬	2021年2月下旬	65.9	124.1
49	纸浆	2020年7月下旬	2022年3月上旬	81.9	59.1
50	瓦楞纸	2020年5月上旬	2021年11月上旬	50.7	6.4

资料来源：国家统计局。

综上可以得到若干基本判断：第一是疫情等因素对基础产品市场价格产生了强烈冲击；第二是大多数基础产品价格在高位回落后与前两年相比仍存在明显的趋势性上升；第三是煤炭、石油天然气等基础能源和原材料产品的价格持续上升将推高全社会生产和生活成本；第四是农产品类价格虽有波动和上升，但目前总体升幅相对偏低，特别是稻米等主粮价格基本稳定，国家粮食安全能够得到坚实保证；第五是从2019~2021年我国规模以上工业企业平均营业利润率分别为5.7%、5.9%和6.7%看，主要生产资料价格超过平均50%的趋势性上涨将给企业生产经营带来巨大压力，其中黑色金属产品和非金属建材价格持续上升将对房地产开发建设产生基础性影响。

2. 与房地产业紧密相关的生产资料价格预测分析

为了进一步分析房地产市场环境的变化，这里选择 4 种有代表性的生产资料产品进行短期价格预测。4 种产品分别为线材（Φ6.5mm，HPB300）、电解铜（1#）、普通硅酸盐水泥（P.O 42.5 散装）和浮法平板玻璃（4.8/5mm）。

这里先根据国家统计局流通领域重要生产资料市场产品价格旬序列计算出月度平均价格序列，再通过月度平均价格序列数据建模，预测出 2022 年 4~12 月价格。图 1~图 4 分别绘制出黑色金属类线材、有色金属类电解铜、非金属建材类的普通硅酸盐水泥和浮法平板玻璃的月度价格曲线。其中，2014 年 9 月至 2022 年 3 月为产品价格历史数据，2022 年 4 月至 2022 年 12 月为模型预测值。

从图 1 看，2021 年 10 月中旬线材市场价格达到 5916.3 元/吨的历史高位，2021 年 11 月线材价格快速回落到 4969.6 元/吨，降幅达 16%。模型预测 2022 年 12 月线材价格将为 4741.2 元/吨，全年平均价格将为 4847 元/吨，预测线材 2022 年均价高于 2019 年和 2020 年两年平均价格 21.7%。

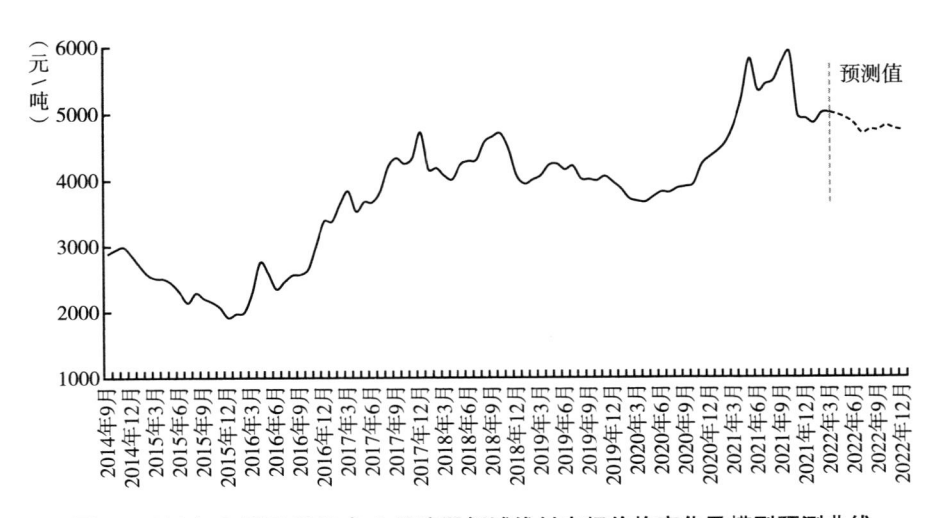

图 1　2014 年 9 月至 2022 年 3 月流通领域线材市场价格变化及模型预测曲线

电解铜价格峰值出现在 2021 年 5 月，为 73938.1 元/吨，随后高位徘徊。由图 2 可见，从 2022 年第二季度开始电解铜价格总体超过 70000 元/吨。模型预测 2022 年 12 月电解铜价格将达 72288 元/吨，全年平均价格将为 71649 元/吨，预

测电解铜2022年均价高于2019年和2020年两年平均价格的48.5%。铝材和铜材均为重要的建筑基础原材料，因篇幅所限这里没有给出铝锭的价格变化曲线图，但从表1中可以看出铝锭的价格波动和上涨幅度均高于电解铜。

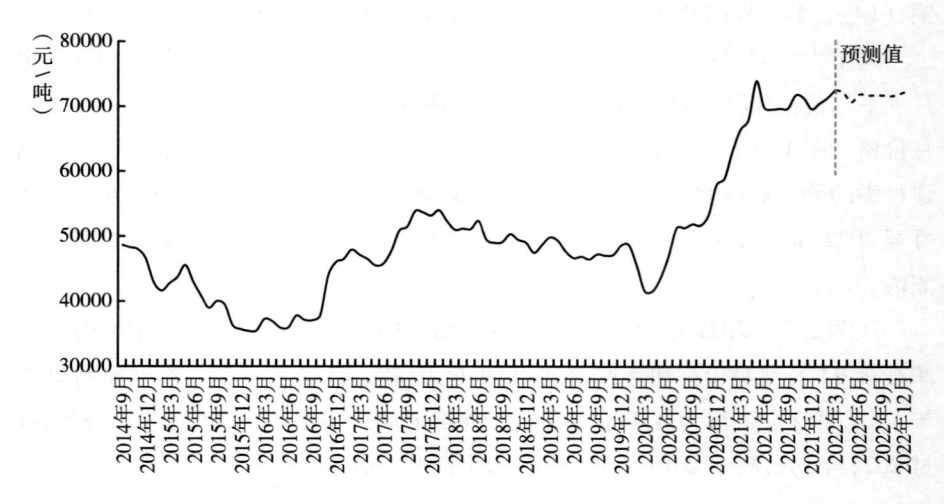

图2　2014年9月至2022年3月流通领域电解铜市场价格变化及模型预测曲线

水泥和玻璃均为最重要的非金属建材，从图3和图4可见，水泥和玻璃市场价格在2021年第三季度前后均有大幅波动，2022年初价格虽明显回落，但比2018~2019年时仍有不同程度的提高。模型预测2022年12月散装水泥价格将达545.7元/吨，全年平均价格将为507.8元/吨，预测散装水泥2022年均价高于2019年和2020年两年平均价格的15.1%。

模型预测2022年12月浮法平板玻璃价格将达2269元/吨，全年平均价格将为2334.4元/吨，预测浮法平板玻璃2022年均价高于2019年和2020年两年平均价格的38.3%。

3. 关于基础能源产品价格与建材成本关联性分析

根据表1数据结合图1~图4曲线形态可知，黑色金属、有色金属和非金属建材类价格峰值出现在2021年5月和2021年10月前后。那么此一轮基础建材价格大幅波动和趋势性上涨的原因和特点是什么呢？

前文提及2021年出现的大宗商品波动上涨有着复杂背景，综合来看，此轮建材类价格变动与煤炭价格变动紧密相关。图5给出了普通混煤的价格变化

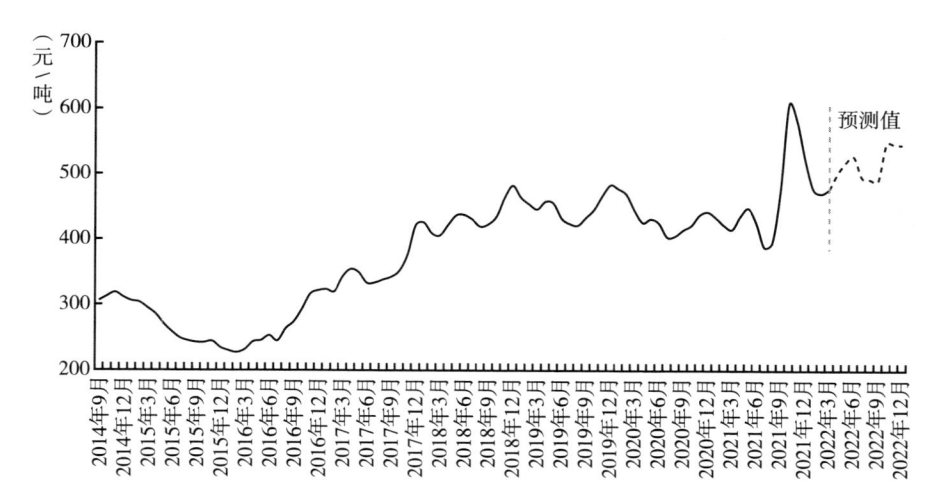

图3 2014年9月至2022年3月流通领域普通硅酸盐水泥市场价格变化及模型预测曲线

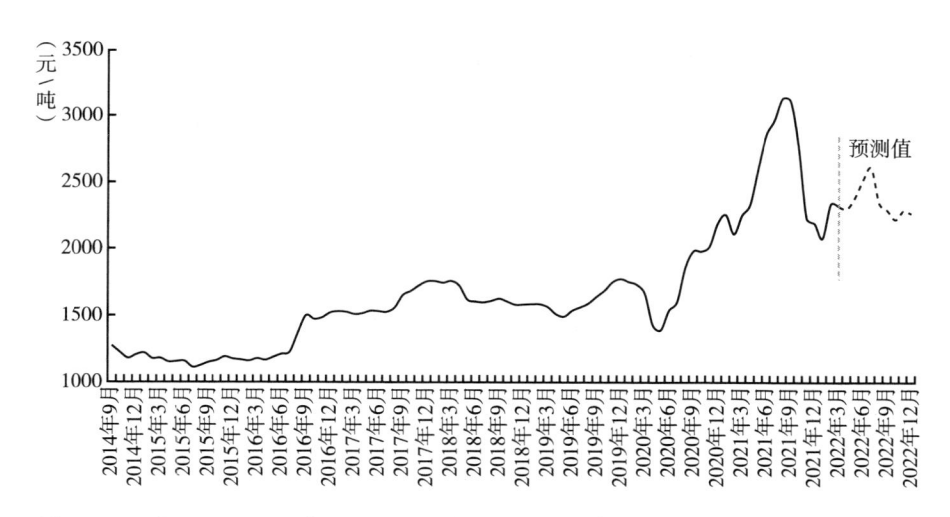

图4 2014年9月至2022年3月流通领域浮法平板玻璃市场价格变化及模型预测曲线

和预测曲线。观察图1~图4,4类建材产品价格在2017~2018年都有一波明显的价格上涨,但图5中煤炭同期价格并没有明显上升,这说明2017~2018年的建材涨价应该属于需求拉动型而非成本推动型。再看2021年情况,如图5所示,2021年1月普通混煤价格快速上升至710.7元/吨,随后2月和3月回落到前期正常水平,3月价格为492.5元/吨。7月开始普通混煤价格异常连续

上升，到10月达到历史峰值的1332.6元/吨，这一价格是2019年和2020年两年平均价格的2.9倍。尽管2022年初普通混煤价格降到每吨700元左右，但2022年3月又再次突破1000元以上。从时间线的吻合度看，上述4类建材2021年价格波动均与煤炭价格变化直接相关。可以断定，2021年开始的建材价格波动上升具有鲜明的成本推动型特征。

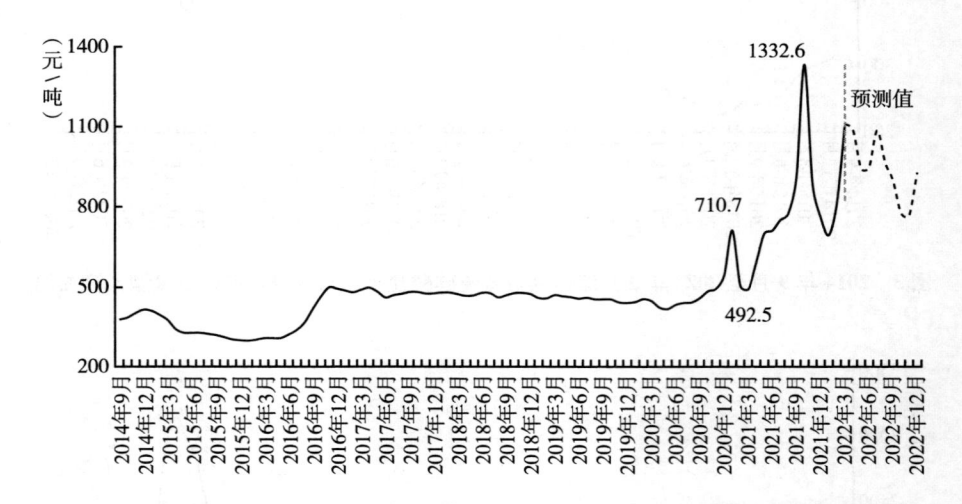

图5　2014年9月至2022年3月流通领域普通混煤市场价格变化及模型预测曲线

资料显示，目前国内吨水泥综合电耗在90千瓦时左右，按照2021年全国水泥产量23.63亿吨计算，水泥单项产品年耗电量超过2100亿千瓦时，占我国2021年发电量的2.63%。云南铜业数据显示，每生产1吨电解铜耗电需要300~400千瓦时。对于浮法平板玻璃来说，燃料成本约占玻璃生产成本的40%左右。

可见，不论是耗煤还是耗电，建材生产企业都是能耗"大户"。如果主要能源产品价格持续上涨，则建材和房屋建设成本必然伴随上升，并将对房地产市场产生不可忽视的基础性影响。

二　中国房地产市场运行状态形势判断

前文讨论了国内外宏观市场环境重大变化，本节拟分析我国房地产领域运行状态变化特征。如果将2000年以来中国房地产市场运行状态进行阶段划分，则2014年必定是一个重要的转折点。从图6房地产开发投资增速曲线看，2000~2014年的15年间投资年均增速23.3%，2015~2021年7年间投资年均增速为6.5%。按照2014年底宏观经济进入新常态前后划分，2014年以前的15年为高速增长阶段，2015年开始为转向高质量发展的过渡阶段。从制度完善和发展方式转变来讲，2022年开始进入高质量发展阶段。

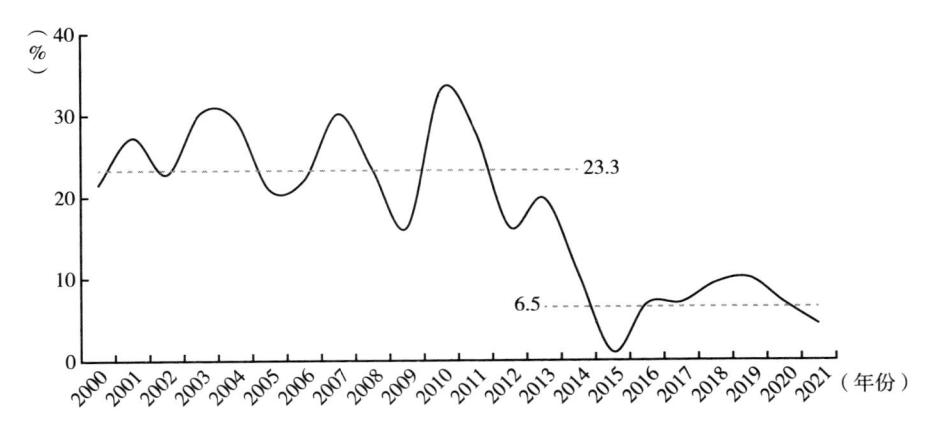

图6 2000~2021年中国房地产开发投资增速曲线与阶段划分

2022年2月24日，在国务院新闻办公室举行的推动住房和城乡建设高质量发展发布会上，住房和城乡建设部部长王蒙徽指出，我国城市发展已经进入城市更新的重要时期，由过去大规模增量建设阶段，向存量的提质改造和增量的结构调整并重转变，从"有没有"向"好不好"转变。2022年3月初，银保监会主席郭树清在国务院新闻办公室新闻发布会上表示，房地产泡沫化、金融化势头得到根本扭转。既然从宏观判断上，房地产业发展已经进入新阶段，那么其在基础性指标上有哪些特征呢？

从房地产开发企业计划总投资变化可以看出，自2003年以来，中国近20年来房地产开发经历了3个阶段。图7是开发企业计划总投资的年增量曲线，历史上的三次增量下降将曲线分为三段。第一阶段是2003~2009年，由于2008年国际金融危机的爆发，随后计划投资增量在第二年的2009年出现下降。第二阶段是2010~2015年，2014年和2015年计划投资增量连续下降是中国宏观经济进入新常态的一个侧面，投资意愿降低既是新常态的原因，也是新常态下企业自我收缩调整的一个结果。与第一次下降不同，此次下降的原因是内生性的。第三阶段是从2016年至今，持续两年多的疫情及地缘冲突使企业计划投资曲线转头向下，预计2022年仍会有所下降。根据模型预测未来5年企业计划投资增量可能是小幅波动上涨，由于未来几年国内外环境复杂多变，计划投资增量大幅提升的可能性很小。

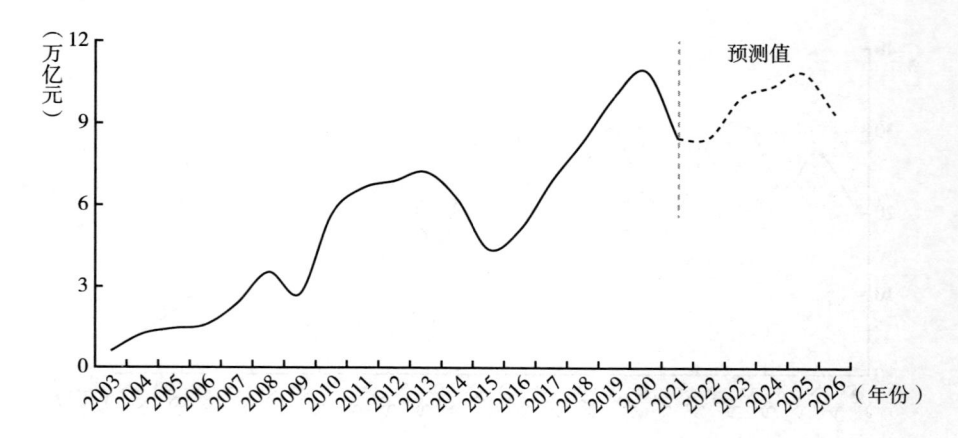

图7　2003~2021年房地产开发企业计划总投资年增量及至2026年模型预测曲线

图8是2000年以来商品房销售面积及未来5年预测曲线。与图7比较可以发现，销售面积曲线在2008年和2014~2015年有两次明显下降，其下降的原因与企业计划总投资年增量下降的原因是一样的。不同的是销售面积变化更具有即时性而企业计划有1年的延迟。模型预测未来商品房年度销售面积将呈现小幅下降趋势。

综上，我国房地产开发销售市场将进入一个相对稳定的平台期，不论施工面积还是销售面积都将在"十四五"期间出现历史性拐点，即总量出现逐年下降，但开发投资和销售金额仍会继续缓慢上升。这一判断的依据是前文所述的房屋建造成本出现趋势性上升，即使不考虑土地价格变化（土地价格大概率不会持续下降），房地产开发投资总额和商品房销售总额将伴随成本和单价的提高而继续上升，主观判断房地产开发投资和销售总额的历史峰值大约会出现在"十五五"期间。总之，中国房地产业发展正在转型，中国房地产市场正在迈入减量提质的高质量发展新阶段。

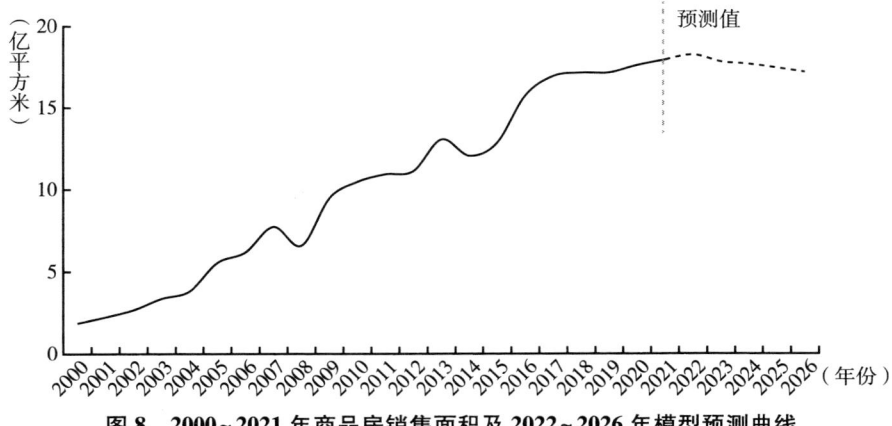

图8 2000~2021年商品房销售面积及2022~2026年模型预测曲线

三 2022年中国房地产主要指标模型预测结果

为便于解读分析预测结果和形势预判，本文将中国房地产市场主要指标建模预测结果按照不同环节分为5组并编制和绘制图表。第一组为投资指标，包括固定资产投资（不含农户）、房地产开发投资和住宅开发投资。投资额及其增速数据列入表2，根据表2数据绘制图9~图11，分别为指标增速及2022年预测曲线。第二组为土地指标，包括土地购置面积、土地成交价款和土地购置成交均价。土地购置面积、土地成交价款和土地购置成交均价及其增速数据列入表3，根据表3数据绘制图12~图14，分别为指标增速及2022年预测曲线。第三组为建设指标，包括房地产房屋施工面积、房屋新开工面积和房屋竣工面积。三项建设面积指标数据及其增速列入表4，根据表4数据绘制图15~图17，分别为指标增速及2022年预测曲线。第四组为商品房销售指标，包括商品房销售面积、商品房销售额和商品房销售均价。三项销售指标总量及其增速数据列入表5，根据表5数据绘制图18~图20，分别为指标增速及2022年预测曲线。第五组为房地产开发企业到位资金指标，包括房地产开发企业到位资金本年资金及其增速，数据列入表6，并根据表6数据绘制图21。图表中数据序列均为月度累计值，由于国家统计局不单独发布1月数据，因此每年度序列包括2~12月的指标数据累计值，全部资料来源均为国家统计局，其中土地购

置成交均价和商品房销售均价为笔者根据国家统计局数据计算得出。图表中2022年3~12月的数据为模型预测值，预测采用的基础模型为ARIMA模型。

表2中模型预测数据显示，2022年中国固定资产投资（不含农户）预期可达569384亿元，增速4.6%，较2021年增速下降0.3个百分点。房地产开发投资可达148823亿元，增速为0.8%，较2021年增速下降3.6个百分点；其占固定资产投资比重将由2021年的27.1%降至26.1%。住宅开发投资可达110967亿元，增速为-0.2%，较2021年增速下降6.6个百分点；其占房地产开发投资比重将由2021年的75.3%降至74.6%。

表2 2021年固定资产投资、房地产开发投资和住宅开发投资及其增速与2022年预测

单位：亿元，%

数据属性	累计月度	固定资产投资 总额	固定资产投资 增速	房地产开发投资 总额	房地产开发投资 增速	住宅开发投资 总额	住宅开发投资 增速
历史统计数据	2021年2月	45236	35.0	13986	38.3	10387	41.9
	2021年3月	95994	25.6	27576	25.6	20624	28.8
	2021年4月	143804	19.9	40240	21.6	30162	24.4
	2021年5月	193917	15.4	54318	18.3	40750	20.7
	2021年6月	255900	12.6	72179	15.0	54244	17.0
	2021年7月	302533	10.3	84895	12.7	63980	14.9
	2021年8月	346913	8.9	98060	10.9	73971	13.0
	2021年9月	397827	7.3	112568	8.8	84906	10.9
	2021年10月	445823	6.1	124934	7.2	94327	9.3
	2021年11月	494082	5.2	137314	6.0	103587	8.1
	2021年12月	544547	4.9	147602	4.4	111173	6.4
模型预测数据	2022年2月	50763	12.2	14499	3.7	10769	3.7
	2022年3月	106926	11.4	28196	2.2	20944	1.6
	2022年4月	157225	9.3	40972	1.8	30447	0.9
	2022年5月	209684	8.1	55271	1.6	40959	0.5
	2022年6月	274524	7.3	73184	1.4	54246	0.0
	2022年7月	322549	6.6	85961	1.3	63940	-0.1
	2022年8月	367990	6.1	99180	1.1	73878	-0.1
	2022年9月	420179	5.6	113747	1.0	84722	-0.2
	2022年10月	469107	5.2	126139	1.0	94113	-0.2
	2022年11月	518160	4.9	138539	0.9	103350	-0.2
	2022年12月	569384	4.6	148823	0.8	110967	-0.2

结合表2数据和图9~图11数据曲线形态看，固定资产投资、房地产开发投资和住宅开发投资三项指标增速变化趋势非常相似，这是因为房地产开发投资占固定资产投资总额的1/4以上，而住宅开发投资又占房地产开发投资的3/4左右。即三项指标在变化趋势上有很强的相关性。

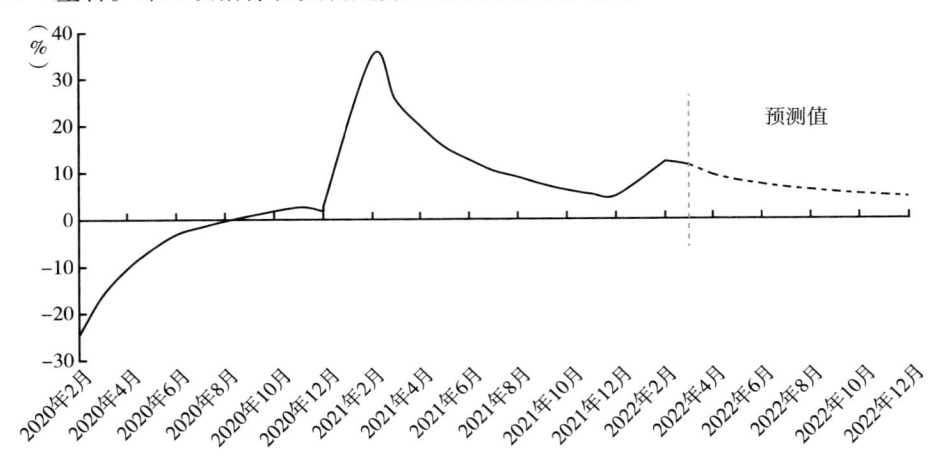

图9　2020年以来固定资产投资（不含农户）月度累计增速与2022年预测曲线

注：2020年2月至2022年2月为统计值，2022年3~12月为模型预测值，下同。

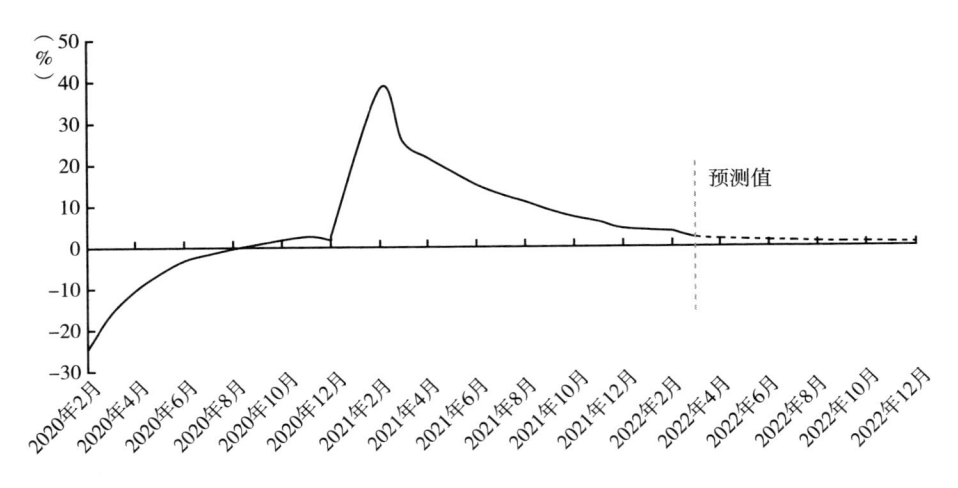

图10　2020年以来房地产开发投资月度累计增速与2022年预测曲线

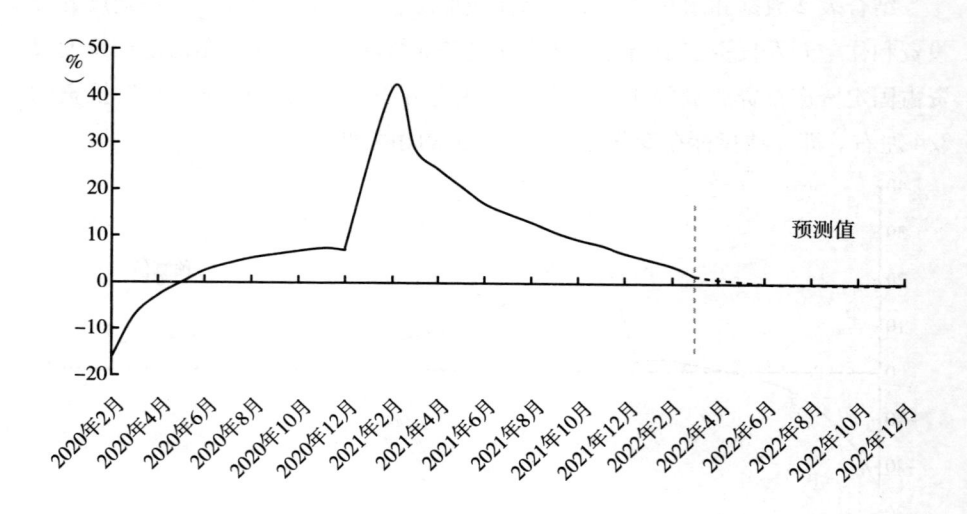

图 11　2020 年以来住宅开发投资月度累计增速与 2022 年预测曲线

近年来，我国固定资产投资增速降至 5% 以下，除新冠肺炎疫情等因素冲击外，其根本原因在于我国已从高速增长阶段进入高质量发展阶段。从数额看，2021 年固定资产投资总量已超过 54 万亿元，与当年 GDP 比值为 47.6%，这样庞大的总量基数必然会出现趋势性增速下降，因为哪怕是 2% 的增速，其增量都是数以万亿计的。预测 2022 年房地产开发投资及住宅开发投资的增速下降甚至小幅负增长的直接原因是宏观调控政策和房地产业发展转型，其根本原因是我国房地产业发展已结束高速增长阶段，正处在由增量发展到存量优化的过程中。

从表 3 可见，三项土地购置指标增速呈现不同的变化趋势，模型预测 2022 年土地购置面积将下降 12.7%，土地成交价款上升 8.3%，土地购置成交均价快速上升 24.1%。从变化趋势看，三项指标总体延续了 2021 年的走势。模型预测 2022 年土地购置成交均价可能达到 10203 元/米^2，如果能突破每平方米万元，则将成为土地成交价格的一个历史性标志。即使 2022 年未能达到每平方米万元的价格水平，但明显上升应该是大概率事件。

表3　2021年土地购置面积、土地成交价款和土地购置成交均价及其增速与2022年预测

数据属性	累计月度	土地购置面积 总量(万平方米)	土地购置面积 增速(%)	土地成交价款 总额(亿元)	土地成交价款 增速(%)	土地购置成交均价 价格(元/米²)	土地购置成交均价 增速(%)
历史统计数据	2021年2月	1453	33.0	503	14.3	3465	-14.1
	2021年3月	2301	16.9	809	-17.3	3515	-29.2
	2021年4月	3301	4.8	1203	-29.2	3645	-32.4
	2021年5月	4396	-7.5	1931	-20.5	4392	-14.1
	2021年6月	7021	-11.8	3808	-5.7	5423	7.0
	2021年7月	8764	-9.3	5121	-4.8	5843	4.9
	2021年8月	10733	-10.2	6647	-6.2	6194	4.4
	2021年9月	13730	-8.5	9347	0.3	6808	9.7
	2021年10月	15824	-11.0	11411	0.2	7211	12.6
	2021年11月	18287	-11.2	14520	4.5	7940	17.7
	2021年12月	21590	-15.5	17756	2.8	8224	21.6
模型预测数据	2022年2月	838	-42.3	369	-26.7	4404	27.1
	2022年3月	1966	-14.6	779	-3.7	3964	12.8
	2022年4月	3253	-1.5	1310	8.9	4026	10.5
	2022年5月	4612	4.9	2218	14.9	4808	9.5
	2022年6月	6075	-13.5	4417	16.0	7270	34.1
	2022年7月	8148	-7.0	6114	19.4	7504	28.4
	2022年8月	9900	-7.8	7959	19.7	8040	29.8
	2022年9月	11749	-14.4	10708	14.6	9114	33.9
	2022年10月	14363	-9.2	13049	14.4	9085	26.0
	2022年11月	16516	-9.7	15982	10.1	9677	21.9
	2022年12月	18842	-12.7	19223	8.3	10203	24.1

由表4可见，模型预测2022年房地产房屋施工面积将达到993618万平方米的历史高位，增速为1.9%；房屋新开工面积172951万平方米，较2021年下降13%，为连续第3年增速下降；房屋竣工面积将达95743万平方米，较2021年下降5.6%。尽管房屋新开工面积和房屋竣工面积均为同比下降，但从总量上看，房屋新开工面积全年总量仍接近房屋竣工面积的大约两倍，这是施工面积总量将继续小幅上升的原因。三项建设指标月度累计增速曲线形态见图15~图17。三项指标中新开工面积和竣工面积的增速变化关系决定

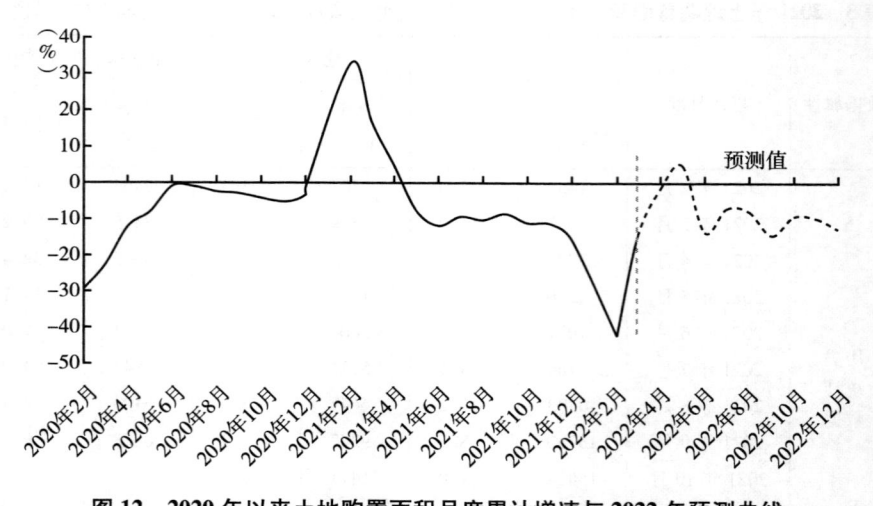

图 12　2020 年以来土地购置面积月度累计增速与 2022 年预测曲线

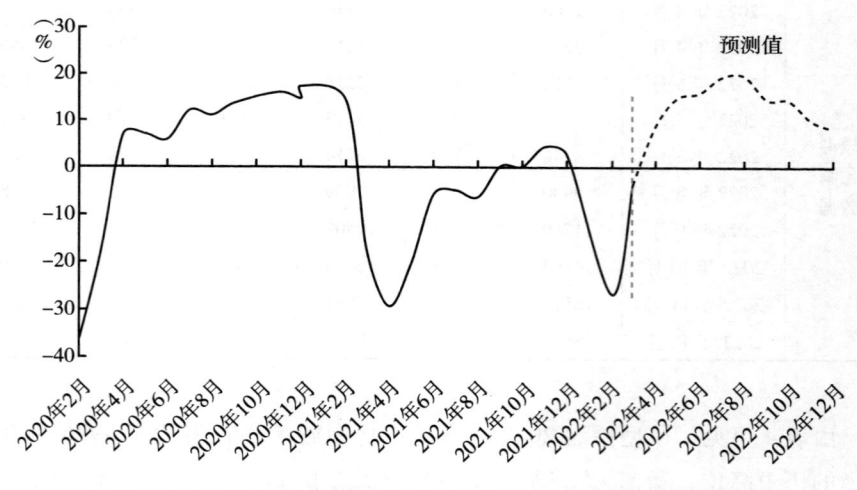

图 13　2020 年以来土地成交价款月度累计增速与 2022 年预测曲线

了施工面积的升降，只有当竣工面积增速连续超过新开工面积，并出现当年竣工面积高于新开工面积时，施工面积总量才会出现下降。从目前趋势看，近期施工面积仍将呈小幅缓慢上升态势。

2022年中国房地产市场主要指标预测

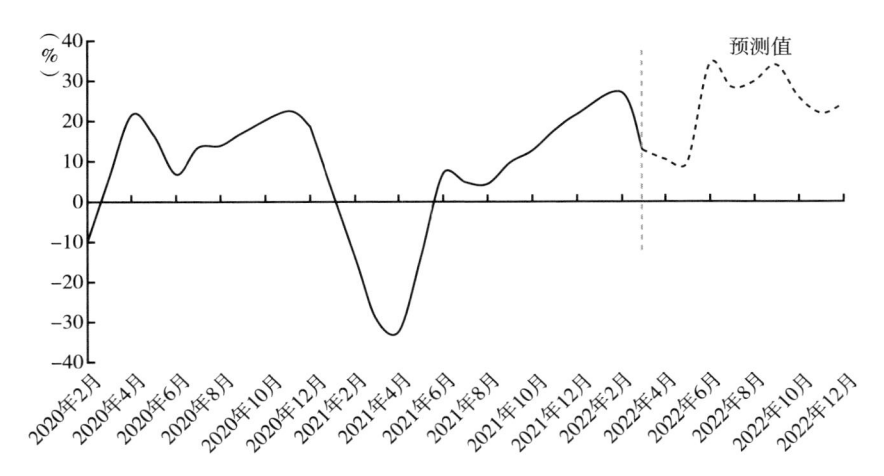

图14 2020年以来土地购置成交均价月度累计增速与2022年预测曲线

表4 2021年房地产房屋施工面积、房屋新开工面积和房屋竣工面积及其增速与2022年预测

单位：万平方米，%

数据属性	累计月度	房地产房屋施工面积 总量	房地产房屋施工面积 增速	房屋新开工面积 总量	房屋新开工面积 增速	房屋竣工面积 总量	房屋竣工面积 增速
历史统计数据	2021年2月	770629	11.0	17037	64.3	13525	40.4
	2021年3月	798394	11.2	36163	28.2	19122	22.9
	2021年4月	818513	10.5	53905	12.8	22736	17.9
	2021年5月	839962	10.1	74349	6.9	27583	16.4
	2021年6月	873251	10.2	101288	3.8	36481	25.7
	2021年7月	891880	9.0	118948	-0.9	41782	25.7
	2021年8月	909992	8.4	135502	-3.2	46739	26.0
	2021年9月	928065	7.9	152944	-4.5	51013	23.4
	2021年10月	942859	7.1	166736	-7.7	57290	16.3
	2021年11月	959654	6.3	182820	-9.1	68754	16.2
	2021年12月	975387	5.2	198895	-11.4	101412	11.2
	2022年2月	784459	1.8	14967	-12.2	12200	-9.8

045

续表

数据属性	累计月度	房地产房屋施工面积		房屋新开工面积		房屋竣工面积	
		总量	增速	总量	增速	总量	增速
模型预测数据	2022年3月	808502	1.3	31318	-13.4	17638	-7.8
	2022年4月	828460	1.2	46939	-12.9	21037	-7.5
	2022年5月	849552	1.1	63968	-14.0	25332	-8.2
	2022年6月	879608	0.7	84108	-17.0	33300	-8.7
	2022年7月	899553	0.9	99686	-16.2	38594	-7.6
	2022年8月	918391	0.9	114662	-15.4	43338	-7.3
	2022年9月	937510	1.0	130121	-14.9	47452	-7.0
	2022年10月	954823	1.3	143524	-13.9	53607	-6.4
	2022年11月	974443	1.5	158239	-13.4	64738	-5.8
	2022年12月	993618	1.9	172951	-13.0	95743	-5.6

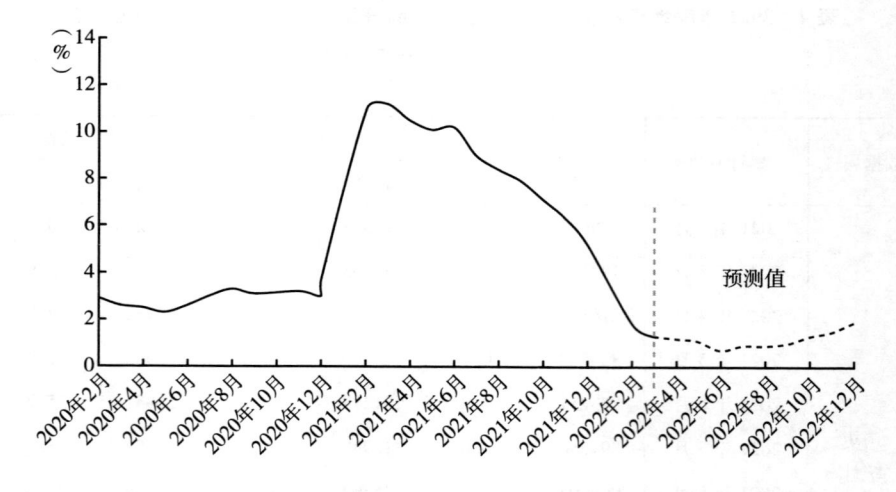

图15 2020年以来房地产房屋施工面积月度累计增速与2022年预测曲线

从表5销售数据看，模型预测2022年商品房销售面积预期可达182535万平方米，其增速为1.7%，较2021年增速下降0.2个百分点；商品房销售额预期可达190184亿元，其增速为4.5%，较2021年增速回落0.3个百分点；全年商品房销售均价为10419元/米^2，价格同比上升2.8%，价格增速与2021年

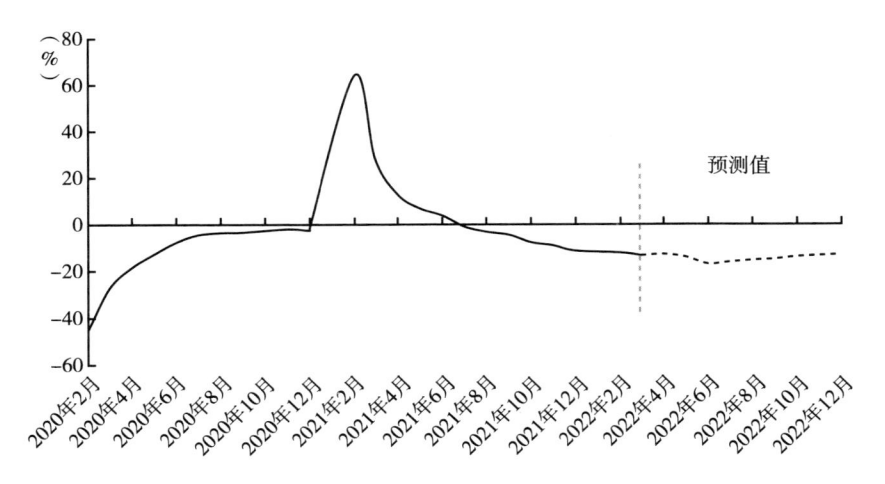

图 16　2020 年以来房地产房屋新开工面积月度累计增速与 2022 年预测曲线

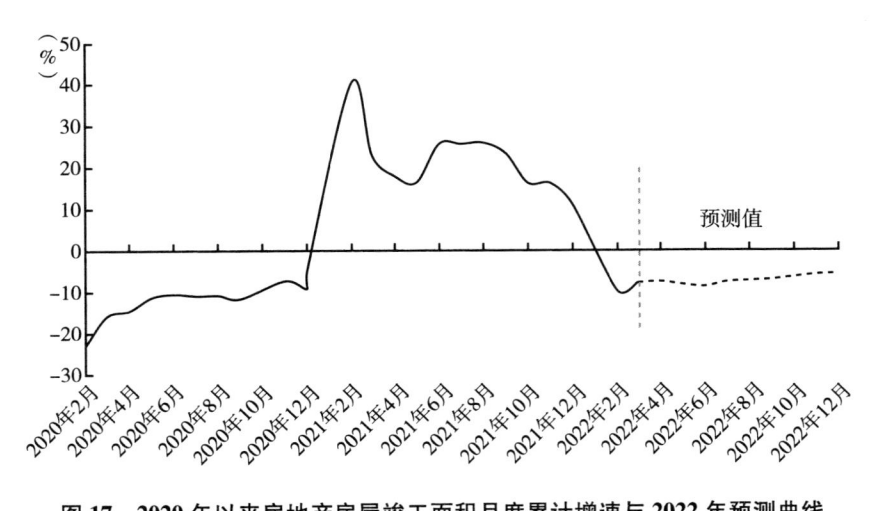

图 17　2020 年以来房地产房屋竣工面积月度累计增速与 2022 年预测曲线

持平。三项销售指标增速曲线形态见图 18～图 20。从曲线形态看，2022 年中国商品房销售市场将保持平稳运行，房地产市场的平稳也给我国宏观经济稳定健康发展创造了有利条件。

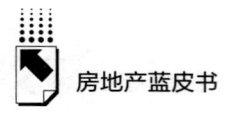

表5　2021年商品房销售面积、商品房销售额和商品房销售均价及其增速与2022年预测

数据属性	累计月度	商品房销售面积 总量（万平方米）	增速(%)	商品房销售额 总额（亿元）	增速(%)	商品房销售均价 价格（元/米²）	增速(%)
历史统计数据	2021年2月	17363	104.9	19151	133.4	11030	13.9
	2021年3月	36007	63.8	38378	88.5	10658	15.0
	2021年4月	50305	48.1	53609	68.2	10657	13.6
	2021年5月	66383	36.3	70534	52.4	10625	11.8
	2021年6月	88635	27.7	92931	38.9	10485	8.8
	2021年7月	101648	21.5	106430	30.7	10470	7.5
	2021年8月	114193	15.9	119047	22.8	10425	5.9
	2021年9月	130332	11.3	134795	16.6	10342	4.7
	2021年10月	143041	7.3	147185	11.8	10290	4.2
	2021年11月	158131	4.8	161667	8.5	10224	3.5
	2021年12月	179433	1.9	181930	4.8	10139	2.8
模型预测数据	2022年2月	15703	-9.6	15459	-19.3	9845	-10.7
	2022年3月	32218	-10.5	32357	-15.7	10043	-5.8
	2022年4月	45591	-9.4	46692	-12.9	10241	-3.9
	2022年5月	60721	-8.5	62616	-11.2	10312	-2.9
	2022年6月	81516	-8.0	84000	-9.6	10305	-1.7
	2022年7月	94636	-6.9	97984	-7.9	10354	-1.1
	2022年8月	107950	-5.5	112143	-5.8	10388	-0.4
	2022年9月	125461	-3.7	130607	-3.1	10410	0.7
	2022年10月	140329	-1.9	146328	-0.6	10427	1.3
	2022年11月	157755	-0.2	164515	1.8	10429	2.0
	2022年12月	182535	1.7	190184	4.5	10419	2.8

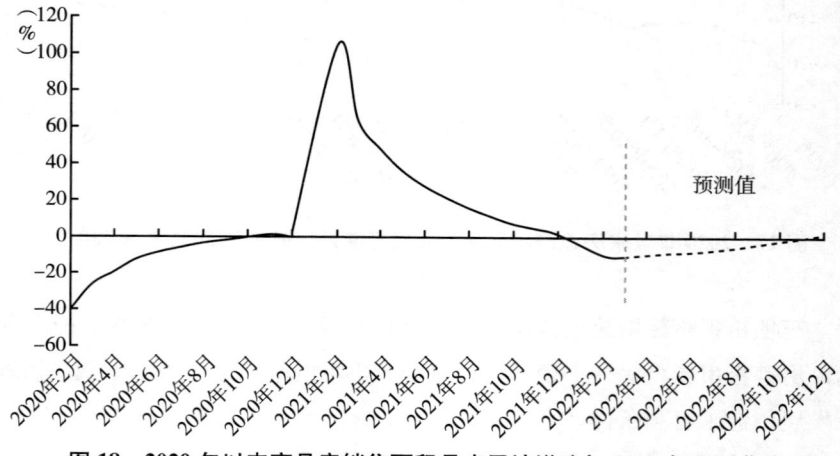

图18　2020年以来商品房销售面积月度累计增速与2022年预测曲线

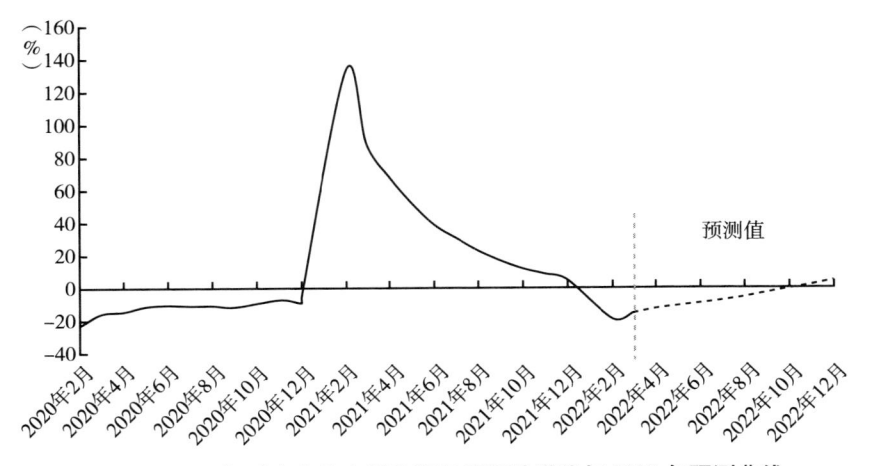

图 19　2020 年以来商品房销售额月度累计增速与 2022 年预测曲线

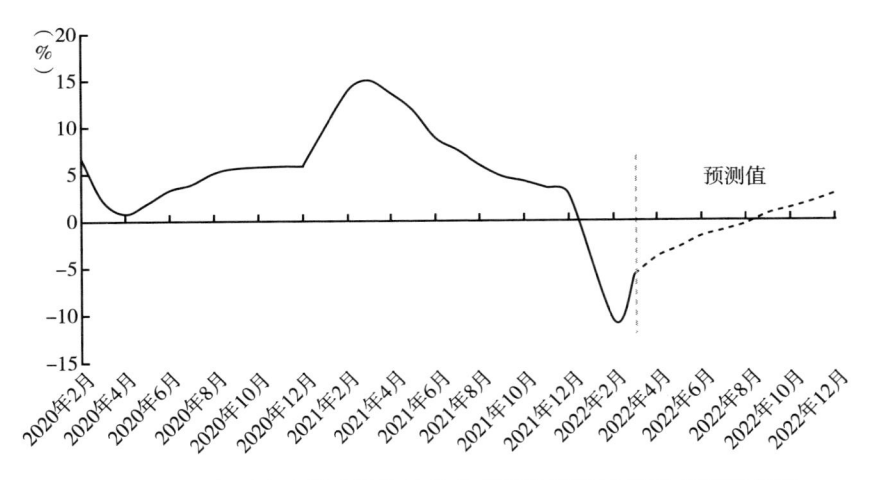

图 20　2020 年以来商品房销售均价月度累计增速与 2022 年预测曲线

从表 6 中房地产开发企业到位资金本年资金及其增速数据看，模型预测 2022 年企业到位资金本年资金来源可达 191620 亿元，增速为 -4.7%，较 2021 年增速下降 8.9 个百分点。尽管增速会出现小幅下降，但 2022 年企业到位资金总量仍将达到近 20 万亿元。2022 年房地产开发投资预测值与到位资金预测值的比值为 77.7%，这将是 2014 年以来比重最低的一年，即 2022 年房地产开发建设资金总体上会较为充裕。到位资金本年资金指标增速数据形态见图 21。

表6 2021年房地产开发企业到位资金本年资金来源及其增速与2022年预测

单位：亿元，%

数据属性	累计月度	房地产开发企业到位资金本年资金 总额	增速
历史统计数据	2021年2月	30560	51.2
	2021年3月	47465	41.4
	2021年4月	63542	35.2
	2021年5月	81380	29.9
	2021年6月	102898	23.5
	2021年7月	118970	18.2
	2021年8月	134364	14.8
	2021年9月	151486	11.1
	2021年10月	166597	8.8
	2021年11月	183362	7.2
	2021年12月	201132	4.2
模型预测数据	2022年2月	25143	-17.7
	2022年3月	39878	-16.0
	2022年4月	54249	-14.6
	2022年5月	70461	-13.4
	2022年6月	90584	-12.0
	2022年7月	106381	-10.6
	2022年8月	121937	-9.2
	2022年9月	139541	-7.9
	2022年10月	155226	-6.8
	2022年11月	172756	-5.8
	2022年12月	191620	-4.7

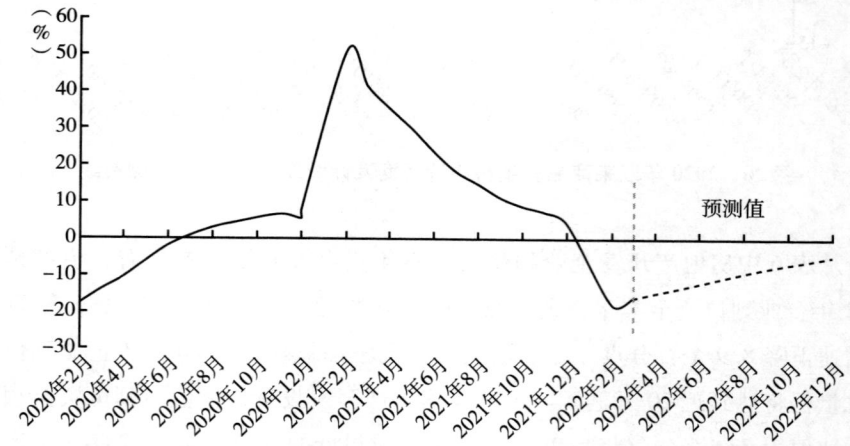

图21 2020年以来房地产开发企业到位资金本年资金月度累计增速与2022年预测曲线

市场篇
Market Reports

B.3
2021年全国土地市场分析报告

中指研究院[*]

摘　要： 2021年，重点城市供地"两集中"政策出台，对土地市场供求两端均产生明显影响，全国300个城市住宅用地供求规模同比缩量，平均成交楼面价出现结构性上涨。其中一线城市推地力度加大，住宅用地推出和成交面积同比均增长；二线和三四线城市供求规模同比均下降，其中全国22个重点城市[①]中二线城市成交面积同比下降9.5%，其他普通二线城市成交面积同比降幅近五成，三四线城市同比下降26.2%。整体来看，2021年上半年土地市场热度较高，下半年受销售市场下行、企业资金压力加大等因素影响，房企拿地更偏谨慎，市场降温明显，部分城市流拍和撤牌地块数量增加，整体溢价率降至近年来最低水平。预计2022年，土地市场依然以"稳"为主。

---

[*] 执笔人：曹晶晶，中指研究院指数事业部总经理，主要从事指数研究、政策研究、市场研究、城市发展潜力研究等；陈文静，中指研究院指数事业部研究总监，主要研究方向为宏观环境、调控政策等。

[①] 22个重点城市：北京、上海、广州、深圳、南京、苏州、杭州、厦门、福州、重庆、成都、武汉、郑州、青岛、济南、合肥、长沙、沈阳、宁波、长春、天津、无锡。

关键词： 土地市场　集中供应　供地规模　土拍规则

2021年，受重点城市供地"两集中"政策影响，全国300个城市住宅用地供求规模同比缩量，推出面积同比下降9.8%，成交面积同比下降23.8%，其中多数一线、二线重点城市加大供地力度，而三四线城市住宅用地供求量缩减明显，带动300个城市平均成交楼面价同比出现结构性上涨。2021年下半年土地流拍和撤牌地块数量增加，全年流拍撤牌率明显提升。

一　住宅用地供求规模同比下降，平均成交楼面价结构性上涨，溢价率明显回落

受供地"两集中"政策影响，多数城市普遍放缓推地节奏，带动住宅用地整体推出面积明显缩减。根据中指数据统计（下同），2021年，全国300个城市各类用地推出面积共25.7亿平方米，同比下降8.0%。其中，住宅用地推出面积12.3亿平方米，同比下降9.8%，绝对规模为近4年最低水平。具体来看，2021年第一季度受重点城市因"两集中"政策落地而短期暂停供地影响，住宅用地推出面积同比微降1.3%；第二季度部分非重点城市延后供地，住宅用地推出面积同比下降13.0%；第三季度、第四季度，土地市场降温，部分城市暂缓供地，叠加重点城市第三批集中供地普遍延期挂牌，住宅用地推出面积低于2020年同期水平（见图1）。

受土地供应缩量和2021年下半年市场降温影响，土地流拍撤牌率上行，住宅用地成交面积和土地出让金同比均明显下滑。据统计，2021年，全国300个城市各类用地成交面积共20.7亿平方米，同比下降15.3%。其中，住宅用地成交面积为8.9亿平方米，同比下降23.8%，绝对规模为近4年最低水平（见图2）。土地出让金方面，2021年，全国300个城市各类用地出让金为5.7万亿元，同比下降7.2%，其中，住宅用地出让金为4.9万亿元，同比下降6.7%。

2021年住宅用地成交楼面均价创历史新高，溢价率为近6年最低水平。据统计，2021年，全国300个城市各类用地成交楼面均价为2756元/米^2，同

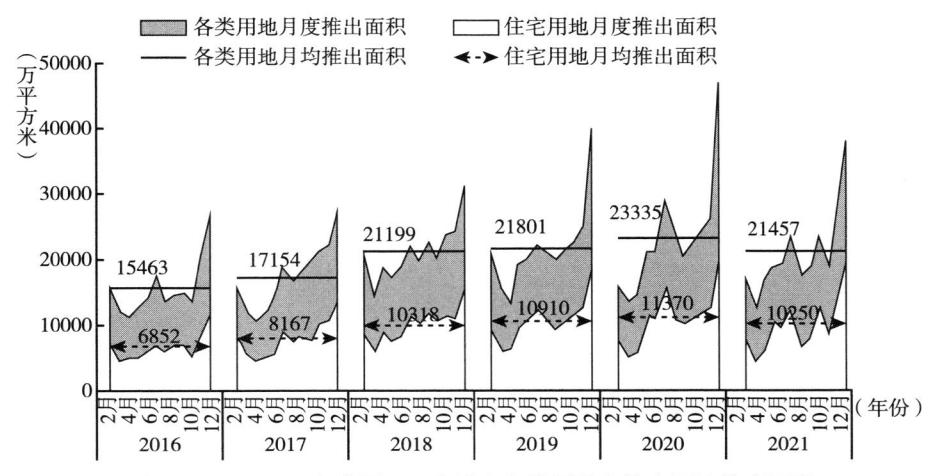

图1 2016～2021年全国300个城市各类用地和住宅用地推出面积

注：如无特殊说明，面积统计口径为规划建筑面积，数据来自公开招拍挂市场，下同。
资料来源：中指数据CREIS。

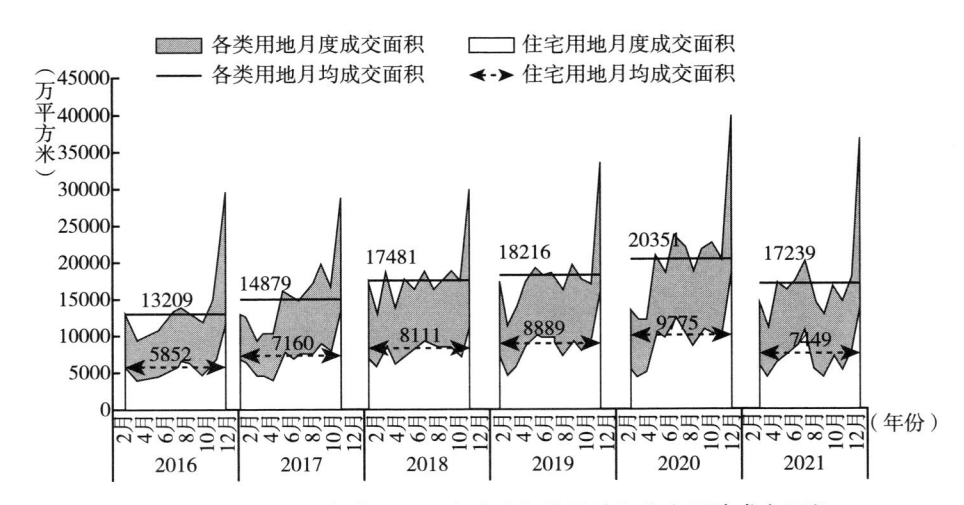

图2 2016～2021年全国300个城市各类用地和住宅用地成交面积

资料来源：中指数据CREIS。

比上涨9.5%，其中住宅用地成交楼面均价为5450元/米^2，同比上涨22.3%。一方面，由于地方政府加大优质地块供应，2021年上半年市场热度较高，拉动地价整体上涨；另一方面，受供地"两集中"政策落地影响，重点城市住

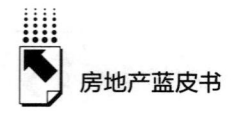

宅用地供应放量，多数非重点城市放缓供地节奏，整体地价结构性上涨趋势明显。溢价率方面，2021年，全国300个城市各类用地平均溢价率为9.9%，较2020年下降3.6个百分点，其中住宅用地平均溢价率为11.0%，较2020年下降4.3个百分点，达到近6年来最低水平（见图3）。

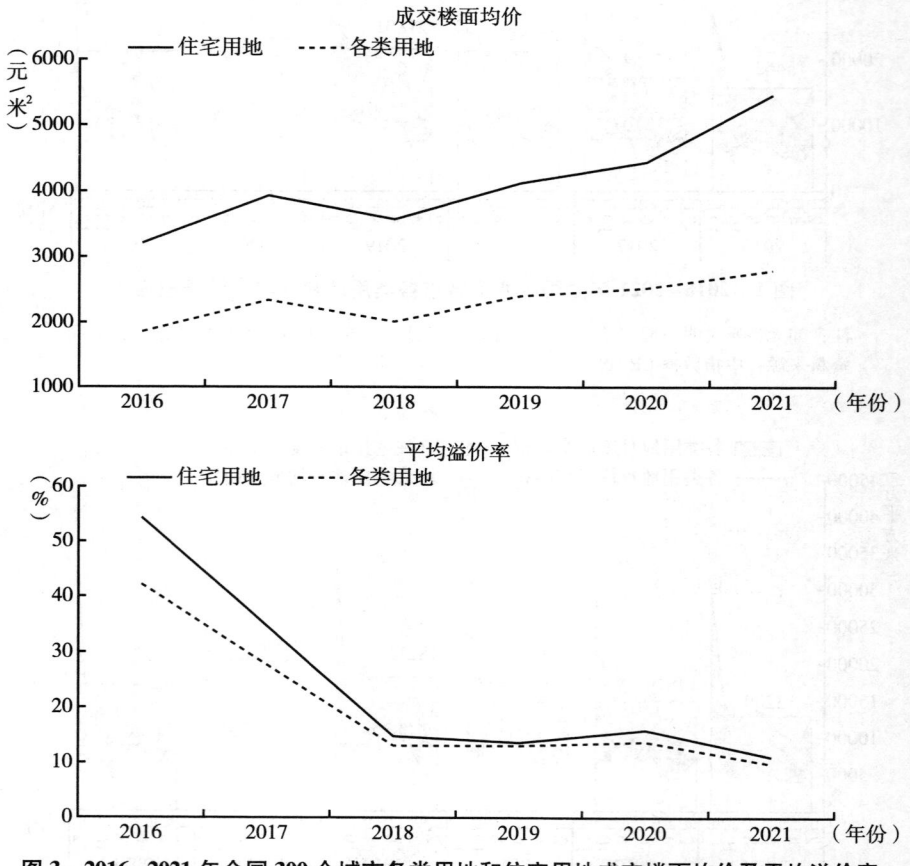

图3　2016~2021年全国300个城市各类用地和住宅用地成交楼面均价及平均溢价率

资料来源：中指数据CREIS。

具体来看，2021年第一季度，在供地"两集中"政策出台背景下，全国22个重点城市延缓供地，但受2020年同期低基数影响，全国300个城市住宅用地推出面积同比微降，成交面积同比增加，房企在热点二线及三四线城市积极拿地推高市场热度；第二季度，重点城市首批集中供地虽竞拍热度高，但受多数非重点城市供地节奏放缓影响，住宅用地整体供求规模缩量；第三季度、第四季度，在密集的政策调控下，房地产市场调整压力增加，房地产金融审慎管理持续发力，叠加重点城市第二批集中供地严查购地自有资金来源等，房企在资金承压下，拿地意愿和拿地能力降低，从而导致土地市场降温明显，流拍和撤牌地块数量增加，全国300个城市住宅用地成交面积同比下滑明显，溢价率快速回落。

二 一线城市住宅用地推出面积放量，二线和三四线城市住宅用地成交量缩价涨

供求方面，一线城市住宅用地供求规模同比增长，二线和三四线城市成交面积同比下降明显。据统计，2021年，一线城市住宅用地供应放量，推出面积达到6351万平方米，同比增长36.4%，成交面积同比上升16.6%；二线和三四线城市受供地"两集中"政策影响，住宅用地供应缩量，叠加2021年下半年以来土地市场降温，流拍和撤牌情况频发，成交面积均较2020年同期出现明显下滑。二线城市住宅用地成交面积整体达3.6亿平方米，同比下降23.9%，其中22个重点城市中18个二线城市成交面积为2.6亿平方米，同比下降9.5%，其他普通二线城市成交面积同比下降47.7%。

价格方面，一线城市成交楼面均价与2020年基本持平，二线和三四线城市成交楼面均价出现结构性上涨。据统计，2021年，一线城市住宅用地成交楼面均价为16222元/米^2，同比微降1.7%；溢价率为6.1%，较2020年下降6.3个百分点。受部分重点城市加大供地面积影响，二线城市成交楼面均价达6753元/米^2，同比上涨23.5%；溢价率为10.6%，较2020年下降3.0个百分点（见图4）。此外，东部地区核心三四线城市住宅用地成交面积占比提升，带动三四线城市整体成交楼面均价结构性上涨15.2%；溢价率为14.1%，较2020年下降4.6个百分点。

土地出让金方面，受供地"两集中"政策影响，一线和二线城市住宅用地出让金占比提升，三四线城市出让金占比下降。2021年，一线城市住宅用地出让金同比增长14.6%，占全国300个城市土地出让金的16.2%，较2020年提升3.0个百分点，提升幅度居各梯队城市之首；二线城市住宅用地出让金

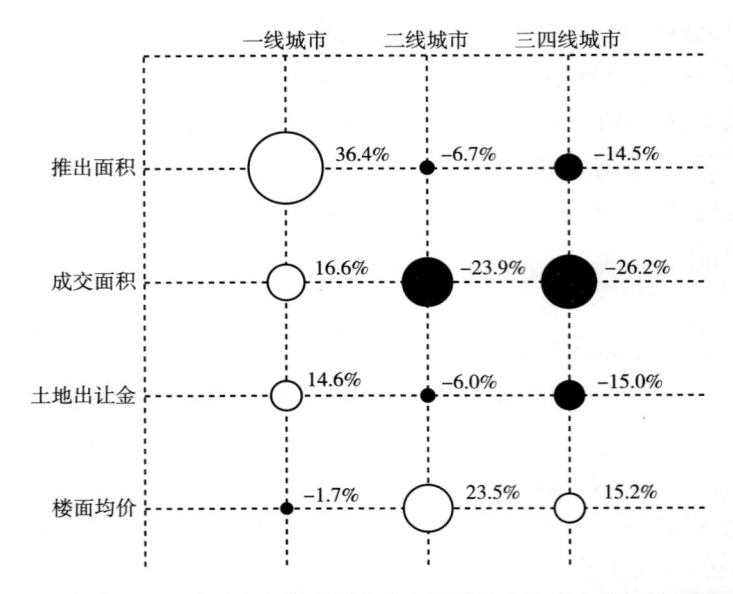

图4 2021年全国300个城市各梯队城市住宅用地推出和成交相关指标同比变化

资料来源：中指数据CREIS。

同比下降6.0%，出让金占比较2020年上升0.4个百分点；三四线城市住宅用地出让金同比下降15.0%，出让金占比较2020年下降3.3个百分点至34.5%（见图5）。

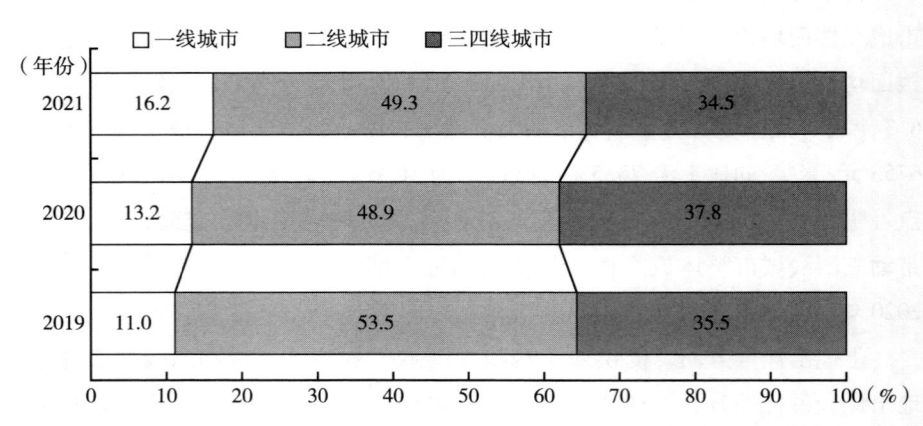

图5 2019~2021年全国300个城市分梯队住宅用地出让金占比变化情况

资料来源：中指数据CREIS。

从2021年住宅用地出让金TOP20城市来看，近半数城市位于长三角地区，拿地总额占TOP20的45.1%。其中，上海、杭州分别以2825亿元、2703亿元列前两位。另外，22个重点城市中16个城市位居TOP20。分梯队来看，一线、二线城市共占17席，三四线城市占3席，分别为常州、南通和佛山（见表1）。总体来看，核心一线、二线城市由于其强大的经济人口支撑和产业吸附力，成为房企拿地热点区域，地方政府审时度势，加大重点城市的供地力度，特别是热点城市群/都市圈内部城市，以保证区域房地产市场稳定发展。

表1 2021年住宅用地出让金TOP20城市（市本级）

单位：亿元，万平方米

排名	城市	土地出让金	成交面积	排名	城市	土地出让金	成交面积
1	上海市	2825	2130	11	深圳市	982	561
2	杭州市	2703	1686	12	西安市	925	1884
3	北京市	2120	689	13	无锡市	911	680
4	南京市	2016	1678	14	佛山市	864	893
5	广州市	1981	1496	15	郑州市	823	1627
6	武汉市	1795	2429	16	厦门市	794	295
7	成都市	1426	1602	17	南通市	746	1219
8	苏州市	1344	1250	18	宁波市	742	689
9	重庆市	1143	1471	19	常州市	729	849
10	天津市	1036	1275	20	长沙市	709	1623

资料来源：中指数据CREIS。

三 各城市群住宅用地成交面积普遍缩量，成交楼面均价结构性上涨，溢价率整体下行

受重点城市供地"两集中"政策和2021年下半年土地市场降温影响，各城市群住宅用地成交面积均低于2020年水平，成交楼面均价同比结构性

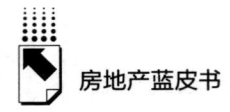

上涨，除京津冀和长三角城市群外，成交土地出让金均同比下降。2021年，除长三角外各城市群住宅用地供求规模均同比下降，其中长江中游、珠三角城市群住宅用地成交面积同比下降近三成，成渝城市群下降达两成。京津冀城市群内三四线城市普遍减少供地，一线、二线城市成交面积增加带动成交楼面均价结构性上涨，土地出让金同比基本持平。长三角核心一线、二线城市和浙南、皖南城市普遍加大推出面积，带动整体住宅用地推出面积同比增加，但受2021年下半年房地产市场降温影响，部分城市流拍和撤牌现象频现，长三角城市群住宅用地成交面积同比小幅上升。此外，受2021年下半年全国土地市场降温影响，各城市群平均溢价率较2020年均有所下滑，且位于低位（见图6）。

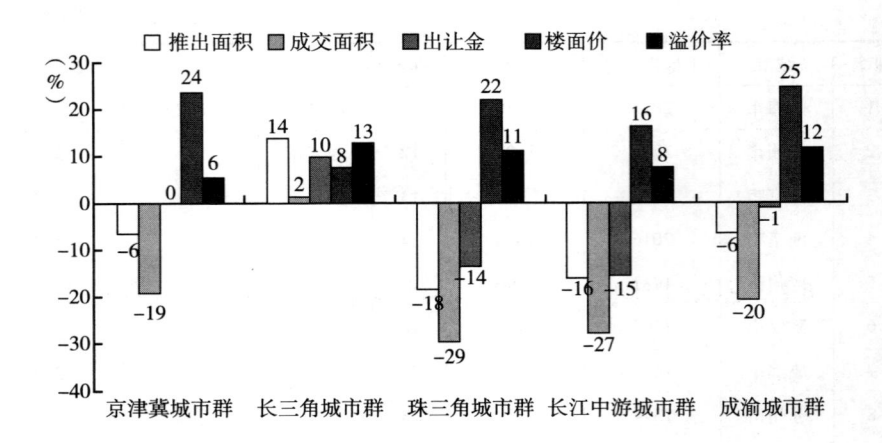

图6　2021年五大城市群住宅用地供求指标同比变化（溢价率为绝对水平）

注：统计口径为市本级。
资料来源：中指数据CREIS。

2021年，长三角城市群27个城市中多数城市住宅用地成交面积同比增长。其中，上海、杭州、苏州和合肥等城市住宅用地成交面积居前位，且居2020年同比增速前10位；从2021年住宅用地成交面积同比增速来看，宣城、金华和苏州增速较大，同比增幅超50%，这在一定程度上带动长三角城市群住宅用地成交面积增长（见表2）。

表2 2021年长三角城市群27个城市住宅用地成交面积及增速TOP10（市本级）

单位：万平方米，%

序号	城市	2021年成交面积	序号	城市	2021年成交面积同比增速
1	上海市	2130	1	宣城市	63
2	杭州市	1686	2	金华市	63
3	南京市	1678	3	苏州市	54
4	苏州市	1250	4	池州市	48
5	南通市	1219	5	上海市	43
6	常州市	849	6	泰州市	39
7	合肥市	815	7	合肥市	20
8	宁波市	689	8	舟山市	17
9	无锡市	680	9	杭州市	16
10	温州市	610	10	嘉兴市	7

资料来源：中指数据CREIS。

四 2021年下半年市场降温下流拍撤牌率增加

流拍和撤牌方面，2021年全国土地市场撤牌地块数量和流拍撤牌率均高于2020年。从流拍和撤牌情况来看，2021年全国流拍和撤牌地块数量共计5922宗，受下半年土拍市场迅速降温影响，流拍和撤牌地块数量同比增长10.6%；流拍撤牌率升至20.3%，较2020年提高5.1个百分点。其中，全国撤牌地块数量共计1330宗，同比增长72.7%；撤牌率升至5.4%，较2020年上升2.9个百分点。受重点城市二批供地市场降温影响，撤牌率于8~9月达到年内峰值后有所回落（见图7）。

整体来看，受重点城市供地"两集中"政策影响，2021年全国300个城市住宅用地供求规模明显缩量。2021年上半年土地市场热度较高，高价地频现；下半年重点城市调整土拍规则，严格审查资金来源，稳地价效果显现。在交易市场调整和资金压力下，房企拿地意愿和拿地能力均有所降低，全国土地市场出现明显降温，流拍和撤牌情况较为严重。从各梯队城市来看，一线城市

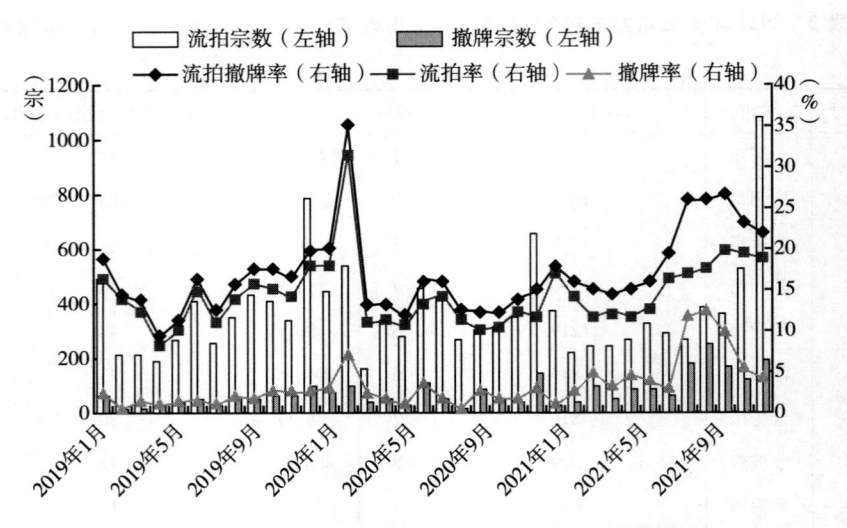

图 7　2019~2021 年各月全国住宅用地流拍和撤牌情况

资料来源：中指数据 CREIS。

在加大供地规模的情况下，住宅用地成交面积稳中有增，而二线和三四线城市住宅用地供求规模均明显缩量。

五　全国22个重点城市土地市场"前热后冷"，"两集中"政策稳地价逐步显效

2021年2月，自然资源部发布调控文件，要求全国22个重点城市住宅用地实施"两集中"：一是集中发布出让公告且全年发布不能超过3次；二是集中组织出让活动。首批次集中供地市场热度较高；二批次受自然资源部调整土拍规则及房企资金压力影响，市场热度骤降，底价成交及流拍撤牌率明显增加；三批次政府优化土拍条件，市场情绪略有修复但效果不佳，底价成交及流拍撤牌率维持高位。

（一）供地节奏：各批次供地节奏随市场热度适时调整

2021年2月23日，自然资源部在"全国2021年住宅用地供应分类调控工

作视频培训会议"上首次提出土地"两集中"政策，要求对包括北京、上海、广州、深圳等22个重点城市住宅用地实施"两集中"供地。政策公布当天，天津、郑州便发布相关通知，强调做好2021年住宅用地"两集中"有关工作，随后各大城市纷纷出台相关文件和通知，积极响应国家号召，落实"两集中"政策。

2021年3月15日，长春首先打响首批次集中供地第一枪，广州、无锡、天津、北京等城市紧随其后。首批供地由于为政策出台初期，地方推地存在观望情绪；二批供地由于首批集中供地热度高于预期，19个城市根据自然资源部要求调整土拍规则，导致二批次供地节奏延期；三批次供地在前两批供地经验基础上，土拍规则进一步优化，在两个月内完成22个重点城市的土地供应。

（二）供求规模：重点城市普遍加大住宅用地供应，但成交面积小幅下滑

整体来看，2021年，全国22个重点城市住宅用地推出面积同比提升12%，成交面积同比下降3%。分城市来看，2021年，一线城市住宅用地推出面积明显增加，除深圳外，北京、上海和广州推出面积同比增长，北京、上海和深圳成交面积同比增长；18个二线城市中，有13个城市住宅用地推出面积同比增长，但受二批次调整土拍规则及市场下行影响，二线城市中超五成城市成交面积同比下降（见表3）。

表3 2021年全国22个重点城市各批次住宅用地供求规模及同比情况（市本级）

单位：万平方米，%

城市	首批推出面积	首批成交面积	二批推出面积	二批成交面积	三批推出面积	三批成交面积	2021年推出面积与2020年对比	2021年成交面积与2020年对比
上海	590	586	508	408	574	574	53	43
深圳	91	91	281	263	187	187	-1	4
北京	345	345	496	162	113	91	61	13
广州	929	799	879	357	296	226	13	-3
苏州	420	420	267	229	386	368	62	54
济南	514	477	468	310	462	406	34	25

续表

城市	首批 推出面积	首批 成交面积	二批 推出面积	二批 成交面积	三批 推出面积	三批 成交面积	2021年推出面积与2020年对比	2021年成交面积与2020年对比
长沙	804	762	602	175	414	380	49	23
合肥	295	281	298	226	292	201	39	19
杭州	757	748	463	170	416	416	48	16
成都	469	469	763	494	374	287	29	9
无锡	170	170	222	220	208	208	-1	6
厦门	53	53	142	142	143	96	16	2
南京	735	716	512	356	564	386	14	-4
天津	723	542	606	415	137	129	13	-7
长春	851	578	1247	733	157	30	4	-21
重庆	695	695	447	263	542	404	-11	-22
武汉	1044	957	805	519	762	634	-8	-17
郑州	739	739	175	106	337	198	11	-11
福州	157	146	184	81	216	122	-10	-28
宁波	303	303	447	261	334	334	4	-36
沈阳	441	366	734	259	270	73	25	-34
青岛	294	292	607	535	267	215	-25	-27
合计	11419	10535	11153	6684	7451	5967	12	-3

注：宁波第三批次土地于2022年1月出让，2021年成交面积与2020年对比中不含第三批次土地成交数据。

资料来源：中指数据CREIS。

（三）土拍规则：二批次土拍规则明显收紧，三批次有所优化

2021年8月，自然资源部召开闭门会议，对第二批次核心城市土地出让政策进行调整，调整方向涉及：商品住宅用地竞买企业应具备房地产开发资质；建立有效的购地审查制度，加强对房地产企业购地和融资的监管；限定土地溢价上限15%；不得通过调高底价、竞配建等方式抬升实际房价；到达上限后，通过摇号、一次性报价或竞高标方案等方式决定土地归属。

为响应自然资源部对土拍规则调整优化的要求，多地延期挂牌二批供地，

土拍规则整体收紧。其中福州、济南和青岛等15个城市严查购地资金来源，并限制控股子公司竞拍；部分城市试点"定品质"，如无锡、苏州和成都等；天津、福州和济南等15个城市下调溢价率上限至15%，苏州、重庆、深圳、杭州和武汉上调保证金比例，最高可达50%（见表4）。

表4　全国22个重点城市二批次较一批次土拍规则变化（市本级）

序号	土拍规则变化	代表城市
1	严查购地资金来源、限制控股子公司竞拍	福州、济南、青岛、苏州、沈阳、成都、重庆、北京、广州、杭州、深圳、武汉、长沙、宁波、郑州
2	试点"定品质"	无锡、苏州、成都、南京、合肥、广州、北京、宁波
3	溢价率上限下调至15%	天津、福州、济南、青岛、沈阳、重庆、深圳、南京、合肥、广州、杭州、武汉、长沙、宁波、郑州
4	上调保证金比例	苏州、重庆、深圳、杭州和武汉

资料来源：由各地方自然资源与规划局、中指研究院整理。

受二批次集中供地明显降温影响，各地进一步优化调整土拍规则。其中苏州、南京和无锡等7个城市下调保证金比例；南京、杭州放宽竞拍企业开发资质要求，房企准入门槛降低；部分城市放宽"限价"和"定品质"要求，为房企预留利润空间；无锡、苏州和广州等城市延长土地出让金支付期限，缓解企业资金压力（见表5）。

表5　全国22个重点城市三批次较二批次土拍规则变化（市本级）

序号	土拍规则变化	代表城市
1	下调保证金比例	杭州、无锡、天津、南京、重庆、苏州、福州
2	放宽开发商资质	南京、杭州
3	放宽"限价""定品质"	广州、南京、杭州
4	延长土地出让金支付期限	无锡、广州、苏州、杭州

资料来源：由各地方自然资源与规划局、中指研究院整理。

（四）成交价格：近七成城市住宅用地成交楼面均价同比上涨

整体来看，2021年，全国22个重点城市住宅用地成交楼面均价达到

9630元/米²，较2020年上涨11%。分批次来看，2021年上半年房地产市场活跃度较高，一定程度带动首批次集中供地土地市场高热，成交楼面均价为10000元/米²；二批次政府调整土拍规则，多个城市挂牌延期，市场热度下滑，全国22个重点城市成交楼面均价为9495元/米²，较首批次下跌5%；三批次政府进一步优化和调整土拍政策，房企利润空间加大；与此同时，部分城市加大优质地块供应，市场热度略有好转，全国22个重点城市成交楼面均价为9845元/米²，较二批次上涨4%（见表6）。

表6　全国22个重点城市三批供地住宅用地成交楼面均价情况（市本级）

单位：元/米²，%

城市	首批楼面均价	二批楼面均价	三批楼面均价	2020年楼面均价	2021年楼面均价	2021年楼面均价同比增幅
合肥	7866	8488	6902	5491	7766	41.4
郑州	5653	6162	4747	3826	5094	33.1
厦门	35823	24280	27069	20906	27307	30.6
重庆	9133	6187	6818	6059	7775	28.3
天津	9207	7948	4881	6742	8124	20.5
武汉	8128	6309	7771	6144	7390	20.3
青岛	4129	4520	5987	3715	4455	19.9
深圳	15212	17241	19699	14907	17514	17.5
无锡	15060	11944	13186	11459	13391	16.9
成都	7565	9105	11442	7732	8899	15.1
南京	13861	14229	8435	10841	12012	10.8
北京	32167	31623	30475	28573	30792	7.8
沈阳	5397	5364	6006	4483	4744	5.8
杭州	15505	15031	18327	15543	16034	3.2
长沙	4868	4320	3791	4270	4370	2.3
广州	11337	15931	13391	13267	13246	-0.2
长春	3271	3403	6220	3254	3159	-2.9
济南	4794	4014	5333	4892	4453	-9.0
宁波	11841	6715	7412	11995	10777	-10.2
上海	14549	13184	9818	15495	13261	-14.4
福州	9291	9305	11917	12527	10114	-19.3
苏州	10084	11997	10921	13669	10751	-21.3
合计	10000	9495	9845	8681	9630	11.0

注：宁波2021年住宅用地成交楼面均价未统计第三批次土地出让数据。

资料来源：中指数据CREIS。

分城市来看，全国22个重点城市近七成城市住宅用地成交楼面均价同比上涨。其中，厦门加大优质地块供应力度，前两批集中供地市场热度较高，成交楼面均价同比上涨明显；上海因配建安置及公共租赁住房地块增加，又叠加"一次性报价"土拍规则，因此其成交楼面均价同比有所下跌。

（五）成交结构：市场热度"前高后低"，三批次市场更趋平稳

整体来看，2021年22个重点城市住宅用地底价成交地块数量占总成交地块数量的62.8%，流拍撤牌率达21.3%，成交热度呈"前高后低"态势。首批次由于政策调控力度较小，且正值房企上半年拿地高峰期，企业资金充裕，底价成交和流拍撤牌地块数量均处于三批集中供地最低水平，底价成交地块数量占总成交地块数量的44.1%，流拍撤拍率为6.0%；二批次受政府加大对土地调控力度，优化调整土拍规则，严控房企开发资质、购地资金来源等影响，房企拿地意愿下降，流拍撤牌地块数量居三批次之首，底价成交地块数量占成交地块数量的73.5%，流拍撤牌率32.4%；三批次政府优化土拍规则，放宽企业报名资质、降低拿地门槛等，提升企业拿地意愿，市场情绪有所改善，但受房地产市场下行及房企债务违约下企业信用受损等因素影响，房企资金压力较大，土地市场热度整体改善力度有限，底价成交地块数量占总成交地块数量的77.8%，流拍撤牌率达17.8%（见表7）。

表7 全国22个重点城市集中供地底价成交、流拍撤牌情况（市本级）

指标	首批	二批	三批	2021年	2020年	2021年同比变化
底价成交地块数量(宗)	354	441	425	1476	1224	21%
流拍地块数量(宗)	20	88	76	197	64	208%
撤牌地块数量(宗)	31	199	42	440	114	286%
底价成交地块数量占总成交地块数量比重(%)	44.1	73.5	77.8	62.8	56.2	提升6.6个百分点
流拍撤牌率(%)	6.0	32.4	17.8	21.3	7.6	提升13.7个百分点

注：深圳、青岛第二批次重新挂牌，推出情况取第二次挂牌数据；三批数据包含宁波第三批次成交数据，2021年数据不含宁波第三批次。流拍撤牌率＝（流拍宗数+撤牌宗数）/（流拍宗数+撤牌宗数+成交宗数）。

资料来源：中指数据CREIS。

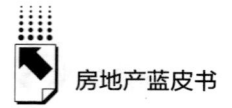

分城市来看，首批次土地市场情绪较高，全国22个重点城市中，8个城市土拍竞价达上限地块数量占比超过50%。其中，无锡16宗土地中有15宗达到最高限价，成都、杭州、南京、合肥竞价达上限地块数量占比均超70%；此外，底价成交地块占比超50%的城市不足四成。二批次市场明显降温，全国22个重点城市中仅深圳、福州两个城市竞价达上限地块数量占比较高，济南、重庆等7个城市无地块触及最高限价；此外，底价成交地块数量占比超50%的城市接近七成，其中济南、长沙二批次集中供地全部底价成交。三批次市场延续低温态势，全国22个重点城市中仅杭州竞价达上限地块数量占比超50%，无锡、济南、长沙等11个城市无地块触及最高限价；九成城市底价成交地块数量占比超50%，其中广州、武汉、长春和天津三批次集中供地全部底价成交，房企拿地热情依然较弱（见图8）。

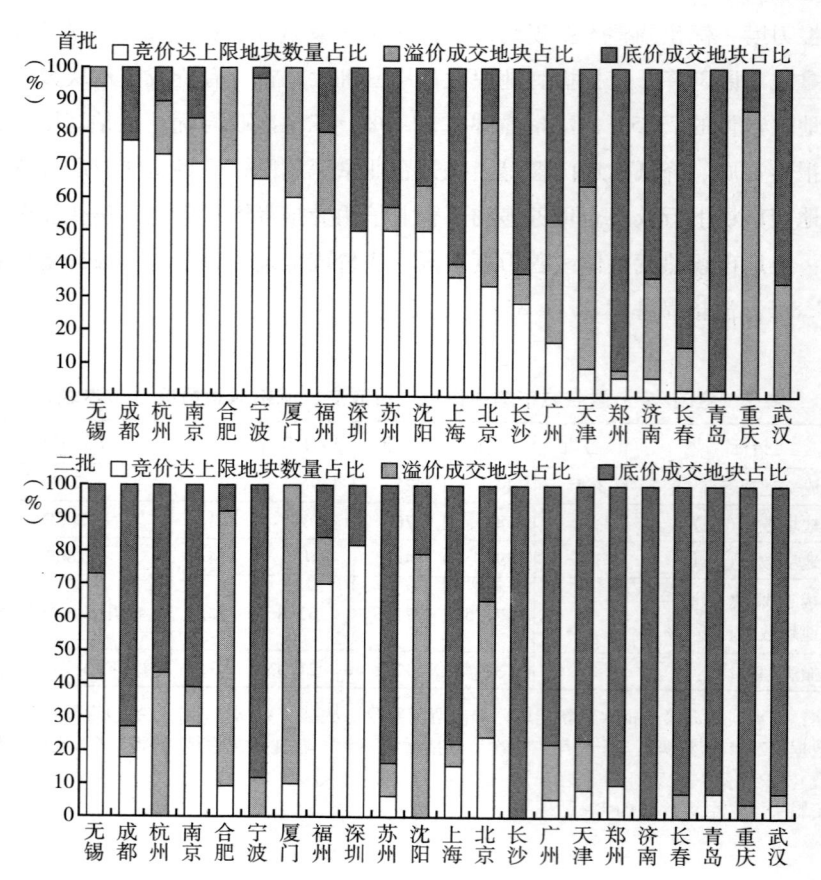

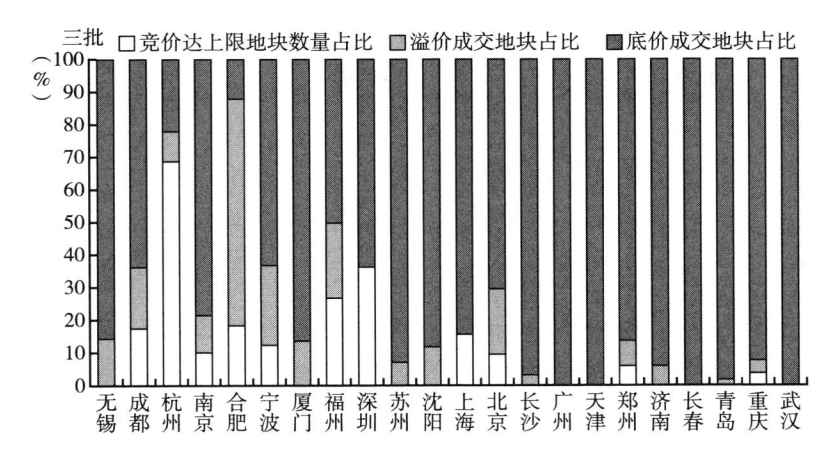

图 8　2021 年全国 22 个重点城市各批次住宅用地成交结构变化（市本级）

注：宁波包括第三批次成交情况。

资料来源：中指数据 CREIS。

（六）拿地企业：各地方国企拿地占比逐批提升，托底现象显著

2021 年下半年以来，民营房企现金流不断吃紧，债务违约企业频现，加上销售市场持续下行，企业资金压力加重，拿地热情明显减弱，部分地方国企和央企依托自身融资和经营能力优势，顺势成为行业拿地主力。

整体来看，2021 年全国 22 个重点城市中拿地主要为地方国企和央企，拿地金额占比高达 61%。分批次来看，地方国企拿地占比逐批提升，托底现象显著。首批次供地市场热度较高，地方国企和央企、民企拿地比例各占四成；二批次受房地产市场及政策影响，民企拿地热情退减，地方国企和央企成为市场主力，拿地金额占比高达 74%；三批次地方国企托底现象明显，拿地金额占比高达 60%。

六　总结与展望

综上所述，2021 年，全国土拍市场"前热后冷"，土拍规则整体"严中有松"。2021 年上半年，房企现金流压力尚未明显显现，叠加交易市场活跃度

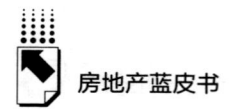

高，房企拿地情绪较高，高溢价拿地现象普遍存在；下半年受市场下行、房企资金流动性困难以及"两集中"土拍规则调整等因素影响，市场热度有所下降，全国300个城市及22个重点城市土地成交面积均明显下滑，流拍、撤牌率均增加。第四季度，政府优化土拍规则，土地市场逐步稳定。

展望2022年，房地产调控政策预期持续改善，土拍规则或在2021年三批次基础上持续优化，保证金比例、配套公建等或将有所改善，在"三稳"政策总基调下，土拍市场预计仍将以"稳"为主。

B.4
2021年住宅市场分析报告

许小乐 刘丽杰*

摘 要： 2021年我国住宅市场总体保持平稳运行，全国新房销售面积和销售金额再创历史新高，二手房销售规模同比下降。年内市场波动较大，上半年市场偏热，三季度市场快速下行，四季度在金融信贷环境改善下房地产市场筑底。预计2022年住宅供给需求将逐步修复，但行业发展仍面临房企投资动能减弱、城市市场分化加剧等挑战。建议提高各类政策的协调性、渐进性、稳定性、针对性，进一步优化"三线四档"、房地产贷款集中度管理、土地集中出让等长效机制。

关键词： 住宅市场 房地产市场 按揭贷款 房地产信贷

一 2021年住宅市场的主要特点和问题

（一）住宅市场总体稳、波动大、分化加剧

从全年看，住宅市场交易规模总体保持平稳。根据国家统计局数据，2021年全国新房[①]销售面积约15.7亿平方米，同比增长1.1%，增速较2020年收窄2.1个百分点；全国新房销售金额约16.3万亿元，同比增长5.3%，增速较2020年收窄5.5个百分点；全国新房销售均价为1.04万元/米^2，同比上涨

---

* 许小乐，贝壳研究院首席市场分析师，清华大学中国社会经济数据研究中心特聘专家，研究方向为住房政策与房地产市场；刘丽杰，贝壳研究院市场分析师，研究方向为住房政策与房地产市场。

① 报告中新房指新建商品住宅，二手房指二手住宅。

4.2%，涨幅较2020年收窄3.3个百分点。

根据贝壳研究院测算，2021年全国二手房销售金额约7.0万亿元，同比下降约6.1%；销售面积约3.6亿平方米，同比下降9.0%；销售均价为1.94万元/米^2，同比上涨3.2%，涨幅较2020年收窄6.2个百分点。

2021年新房和二手房合计销售面积约19.3亿平方米，较2020年下降约1.0%；销售金额约23.3万亿元，比2020年增长1.6%。

分月度看，2021年市场波动较大。根据贝壳研究院数据，2021年3月贝壳50城①二手房成交套数创2019年以来历史新高，4月起成交套数持续下降，9月创2019年以来除疫情、春节等特殊时点外的历史最低值。从峰值到谷底，仅半年时间累计下降超六成（见图1）。二手房价格从快速上涨到下跌。2021年3月贝壳50城二手房价格指数②单月环比涨幅最高，此后环比涨幅持续收窄，8月价格开始环比下跌，此后跌幅持续扩大，11月单月环比下跌1.7%，是2019年以来单月最大跌幅；11月价格较7月价格累计下跌3.8%，基本回调至2020年同期水平。房价下跌的城市范围持续扩大，11月重点50城中48城房价环比下跌，是2019年以来的最大值。根据贝壳研究院监测的重点66城③新房交易数据，2021年新房成交面积在3月后连续回落，至10月降至历史低位。

2021年四季度，市场筑底企稳。贝壳研究院数据显示，2021年10~12月重点50城贝壳二手房月度成交套数环比分别增加6.5%、2.2%、23.8%，二手房市场成交量基本筑底。随着成交量出现积极的变化，2021年12月贝壳50

---

① "贝壳50城"包括北京、上海、深圳、广州、成都、大连、福州、贵阳、哈尔滨、杭州、合肥、呼和浩特、济南、昆明、兰州、南昌、南京、宁波、青岛、厦门、沈阳、石家庄、苏州、太原、天津、温州、武汉、西安、银川、长春、长沙、郑州、重庆、常州、东莞、佛山、淮安、惠州、嘉兴、廊坊、洛阳、南通、泉州、绍兴、无锡、芜湖、徐州、烟台、中山、珠海。

② 贝壳二手房价格指数是在城市选择固定样本小区，以贝壳真实的二手房成交数据为基础，利用重复交易法，反映城市二手房价格走势。

③ "重点66城"包括北京、常州、郴州、成都、池州、东莞、东营、佛山、福州、抚州、赣州、广州、海门、杭州、淮安、淮南、惠州、吉安、济南、嘉兴、江门、江阴、焦作、金华、荆门、连云港、柳州、六盘水、龙岩、娄底、南昌、南京、南平、宁波、莆田、青岛、清远、衢州、泉州、厦门、上海、韶关、绍兴、深圳、苏州、泰安、泰州、温州、无锡、芜湖、武汉、新余、宿州、盐城、扬州、宜宾、益阳、玉林、岳阳、云浮、湛江、长春、肇庆、镇江、舟山、珠海。

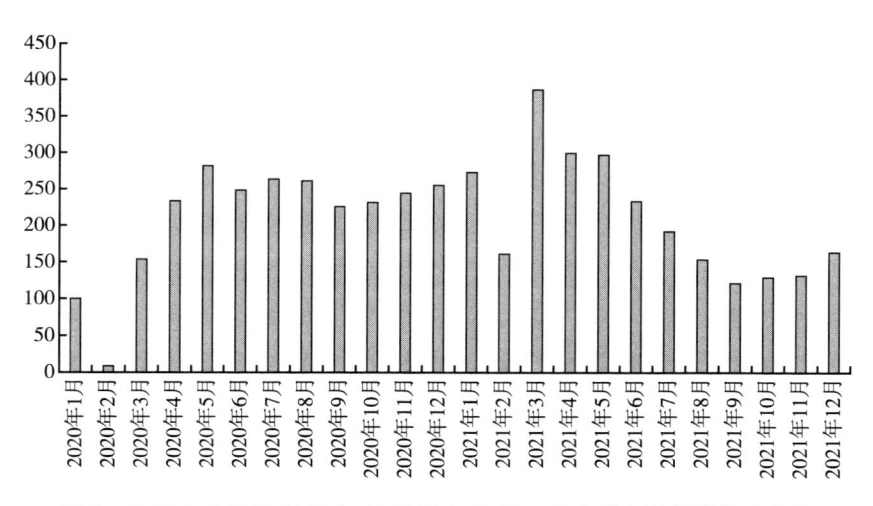

图1　2020年1月至2021年12月贝壳50城二手房成交量指数月度走势

注：成交量以2020年1月为基期，基期值为100。
资料来源：贝壳研究院。

城二手房价格指数环比跌幅出现了本轮下跌以来的首次收窄，当月环比跌幅为0.8%，比11月1.7%的水平明显收窄，价格下跌的城市数量由11月的48个减少至37个（见图2）。贝壳研究院监测的重点66城新房交易数据显示，新房成交量于11月止降回升（见图3）。

2021年市场成交波动较大的直接原因是信贷投放与市场节奏错配。根据中国人民银行数据，一季度居民部门新增中长期贷款达到1.98万亿元，规模为2011年以来历史单季度最高点。在房地产贷款集中度要求之下，二季度开始银行住房按揭额度明显减少，贝壳研究院监测的重点103个城市[①]数据显

---

① "重点103个城市"包括安庆、包头、宝鸡、北海、北京、常州、成都、达州、大理、大连、丹东、东莞、佛山、福州、赣州、广州、贵阳、桂林、哈尔滨、海口、杭州、合肥、呼和浩特、湖州、淮安、黄石、惠州、吉林、济南、济宁、嘉兴、江门、金华、九江、开封、昆明、兰州、廊坊、临沂、柳州、洛阳、鞍山、绵阳、南昌、南充、南京、南宁、南通、宁波、青岛、泉州、厦门、上海、上饶、绍兴、深圳、沈阳、石家庄、苏州、太原、泰安、唐山、天津、潍坊、温州、无锡、芜湖、武汉、西安、咸阳、襄阳、新乡、徐州、许昌、烟台、盐城、宜昌、银川、漳州、长春、长沙、镇江、郑州、中山、重庆、珠海、株洲、淄博、眉山、德阳、常德、邯郸、晋中、汉中、景德镇、清远、衢州、台州、威海、乌鲁木齐、宜春、驻马店、遵义。

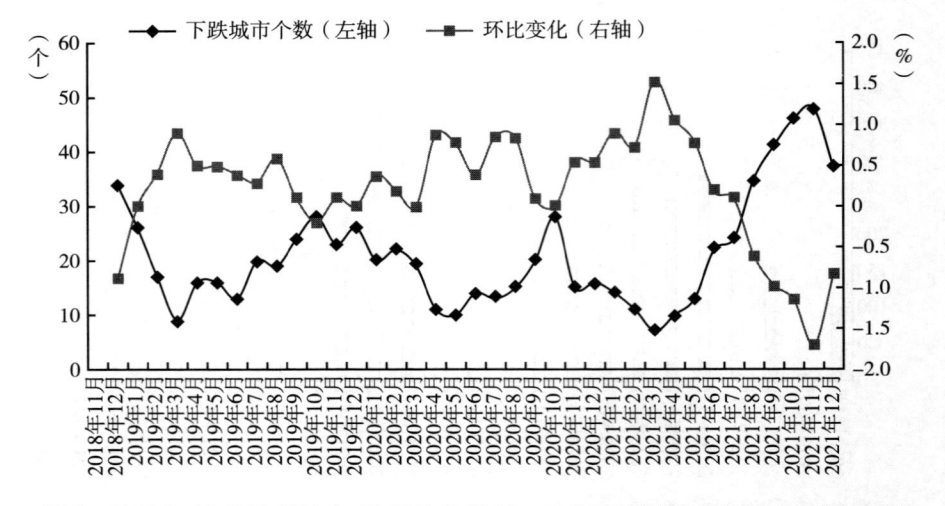

图2　2018年11月至2021年12月贝壳50城二手房价格指数环比及下跌城市个数

资料来源：贝壳研究院。

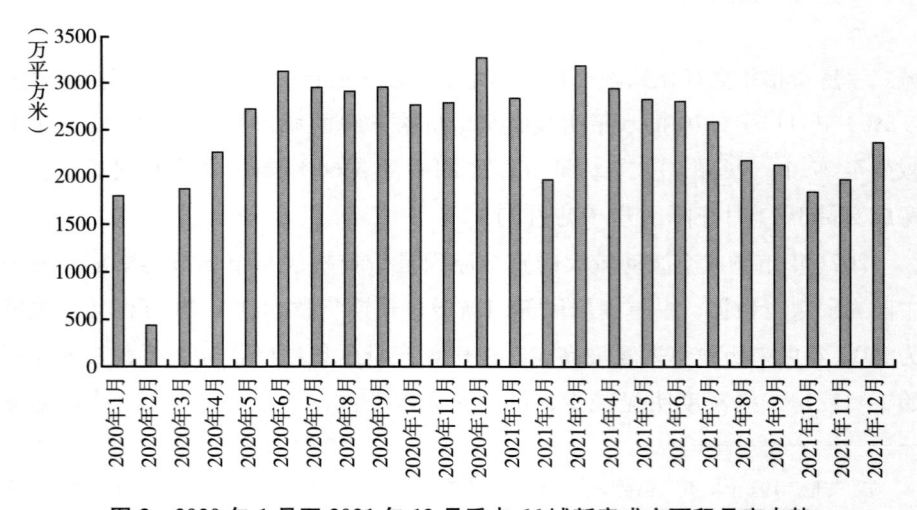

图3　2020年1月至2021年12月重点66城新房成交面积月度走势

资料来源：Wind，贝壳研究院监测整理。

示，4月起主流房贷利率逐步提高，放款周期延长。住房信贷环境收紧导致市场成交快速下降。四季度信贷环境开始改善，房贷利率下降、放款周期缩短带动市场成交筑底（见图4）。

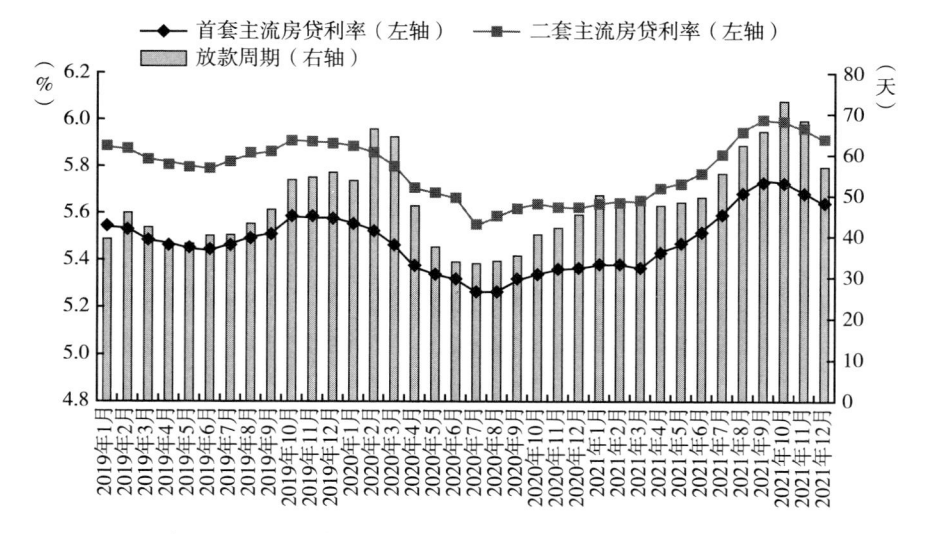

图4 2019年1月至2021年12月贝壳重点103个城市主流房贷利率及放款周期

注：主流房贷利率指统计期内二手房房贷成交最集中的利率点。放款周期指签订二手房贷款合同到最终放款的自然日数。

资料来源：贝壳研究院。

市场分化加深，信用分层更加凸显。2021年下半年的市场下行中，刚需房源价格回调幅度更大。根据贝壳研究院统计[①]，2021年下半年以来，低总价房屋套总价累计下跌5.4%，下跌幅度超过中等价位和高总价房屋（见图5）；分面积段看，小户型房屋价格累计跌幅明显大于大户型房屋（见图6）；分楼龄来看，楼龄与价格累计跌幅正相关，楼龄越老的房子价格下调幅度越大（见图7）。这背后的直接原因是刚需客群对信贷依赖度更高，住房信贷环境收

---

① 样本城市包括：安庆、包头、北海、北京、长春、长沙、常德、常州、成都、赤峰、大连、丹东、东莞、佛山、福州、赣州、广州、贵阳、桂林、哈尔滨、海口、汉中、杭州、合肥、菏泽、呼和浩特、湖州、淮安、黄冈、黄石、惠州、吉安、吉林、济南、济宁、嘉兴、晋中、九江、开封、昆明、兰州、廊坊、乐山、连云港、临沂、柳州、泸州、洛阳、马鞍山、眉山、绵阳、内江、南昌、南充、南京、南宁、南通、宁波、攀枝花、青岛、清远、泉州、上海、绍兴、深圳、沈阳、石家庄、苏州、遂宁、太原、唐山、天津、威海、潍坊、温州、乌鲁木齐、无锡、芜湖、武汉、西安、厦门、咸阳、襄阳、新乡、徐州、许昌、烟台、盐城、宜昌、银川、永州、岳阳、湛江、张家口、漳州、镇江、郑州、中山、重庆、周口、株洲、珠海、淄博、遵义。

紧的情形下，刚需客群的信贷受影响更大。高总价、大户型等品质改善类房源价格韧性较高，表明消费者对改善住房的需求强烈。

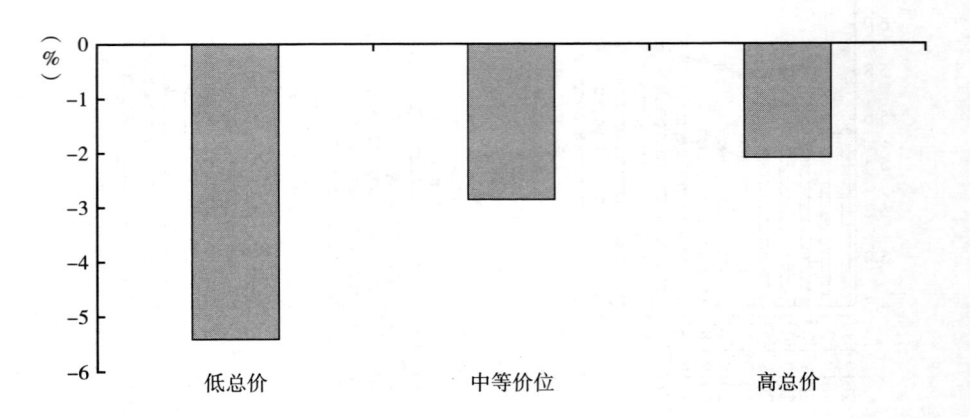

图 5　2021 年 12 月较 2021 年 6 月不同价位房屋套总价调整幅度

注：将成交房屋按照成交套总价从高到低排序，10%分位处的总价代表高总价，40%分位处的总价代表中等价位，70%分位处的总价代表低总价。

资料来源：贝壳研究院。

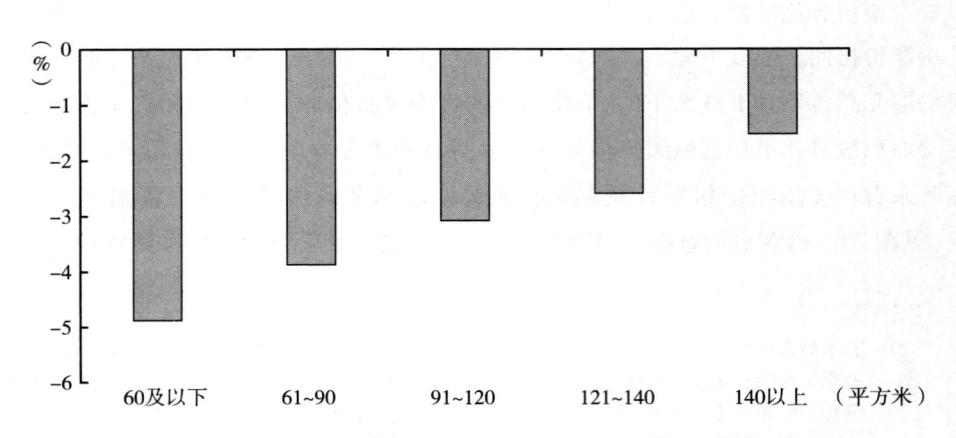

图 6　2021 年 12 月较 2021 年 6 月不同面积房屋单价调整幅度

资料来源：贝壳研究院。

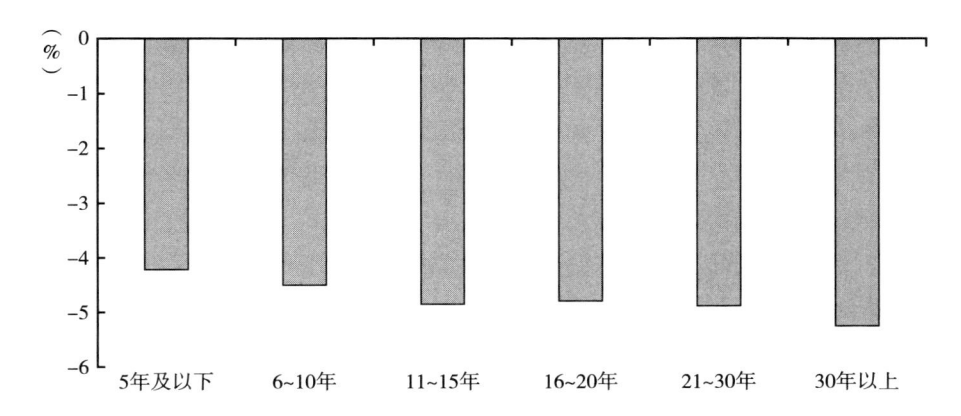

图7 2021年12月较2021年6月不同楼龄房屋单价调整幅度

资料来源：贝壳研究院。

调控影响下，2021年重点城市群住宅市场表现出"南弱北强"的特征，二手房成交套数同比增速由北向南递减。根据贝壳研究院统计①，2021年粤港澳大湾区二手房成交套数同比下降幅度超过20%，成渝城市群、长三角城市群同比略有下降，在长沙和武汉的带动下长江中游城市群同比增长约15%，在北京、天津、廊坊的带动下京津冀城市群同比增长约18%（见图8）。

（二）供给冲击，开发需求下降，市场预期不强

1. 房企债务风险暴露

与历史周期不同，2021年房地产市场去杠杆是全方位的，银行、房企、居民三端的信贷管控同步被收紧，房地产贷款集中度管理、二手房指导价等直接干预政策出台。不到一年的时间房地产金融长效机制全面落地，多项政策叠

---

① 此处分析的城市群内统计样本城市如下：京津冀城市群：北京、天津、石家庄、保定、廊坊、张家口、承德、唐山；粤港澳大湾区城市群：深圳、广州、珠海、东莞、江门、惠州、中山、佛山；长三角城市群：上海、苏州、无锡、金华、杭州、马鞍山、芜湖、嘉兴、盐城、宁波、南京、镇江、湖州、合肥、台州、常州、绍兴、南通、安庆；成渝城市群：成都、重庆、遂宁、眉山、雅安、绵阳、泸州、达州、德阳、内江、乐山、南充；长江中游城市群：抚州、宜昌、南昌、武汉、吉安、宜春、常德、景德镇、黄冈、襄阳、长沙、株洲、衡阳、九江、岳阳、黄石、上饶、宜宾。

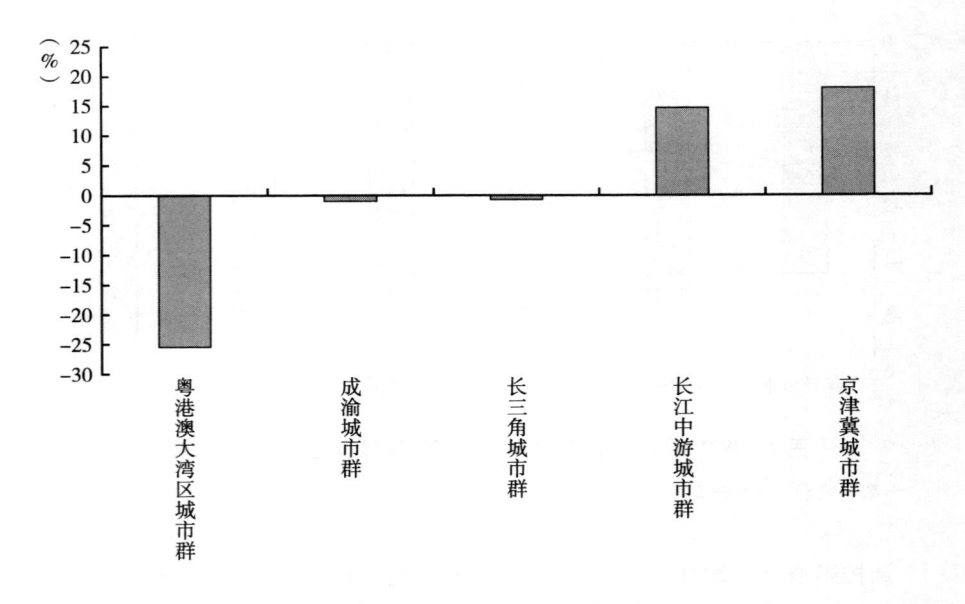

图 8　2021 年重点城市群二手房成交套数同比变化

资料来源：贝壳研究院。

加实施。"三线四档"对房企有息负债规模增速进行管控，房企以往"借新还旧"的模式难以持续；房地产贷款集中度管理进一步收紧房企的开发贷款，导致房企融资进一步受限。信贷收紧导致购房者贷款难度加大，特别是部分三四线城市本是房企存货主要区域，而"限跌"政策下，房企销售进一步减慢。在融资和回款明显下降的情况下，多地政府又收紧预售资金监管，房企可用于经营的现金流进一步受到管控。房企经营难导致信用违约频发。2014~2019年，房企的违约债券余额占全市场的比重长期在4%以下，2020年该比重提升至8%。2021年房地产行业境内违约债券余额达到526亿元（见表1）。债务违约叠加资产减值预期导致房企信用下降。债务违约引发评级机构密集下调房企评级，进一步加重金融机构对房地产的避险情绪，房企信用大幅下降。2021年房企的信用风险超过历年，出现爆雷的房企从位列TOP50房企到千亿房企，再到龙头房企。

表 1　2018~2021 年房地产行业境内违约债券统计

项目	2018 年	2019 年	2020 年	2021 年
违约债券只数（只）	6	12	11	45
违约债券余额（亿元）	35	77	144	526

注：房地产行业分类依据 Wind 行业分类。
资料来源：Wind，贝壳研究院整理。

2. 房企投资需求减弱

房地产开发投资增速降至历史低位。根据国家统计局数据，2021 年全国新建商品住宅开发投资额为 11.12 万亿元，同比增长 6.4%，是 2017 年以来最低增速。2021 年全国新建商品住宅新开工面积为 14.64 亿平方米，同比下降 10.9%，较 2019 年下降约 13%（见图 9）。

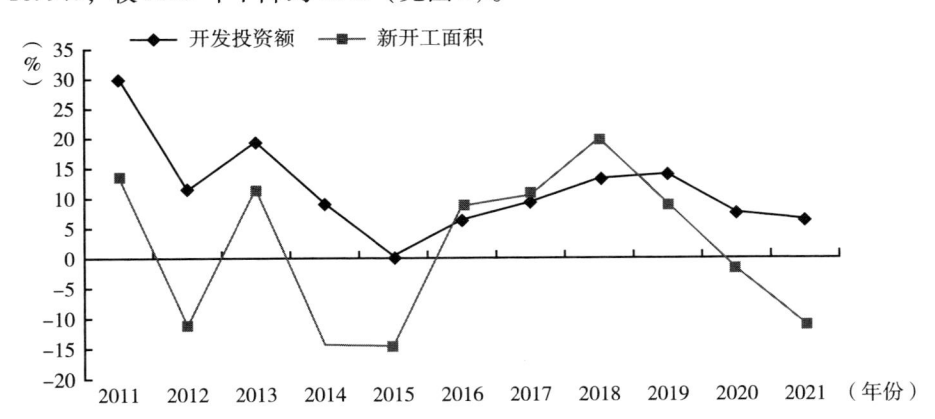

图 9　2011~2021 年全国新建商品住宅开发投资额、新开工面积同比增速

资料来源：国家统计局。

房企拿地热情降低，2021 年土地成交规模自 2019 年以来首次同比大幅下降。根据贝壳研究院统计，2021 年全国 351 城住宅用地的累计成交金额为 5.93 万亿元，同比下降 10.3%；累计成交规划建筑面积为 16.67 亿平方米，同比下降 27.8%。第二季度的第一批集中供地，房企拿地积极，重点 22 城市[①]土地平均成

---

① "重点 22 城市"包括北京、上海、广州、深圳、南京、苏州、杭州、厦门、福州、重庆、成都、武汉、郑州、青岛、济南、合肥、长沙、沈阳、宁波、长春、天津、无锡。

交率高达95%；第二批集中供地房企拿地积极性全面降低，平均成交率为69%，较第一次回落26个百分点，综合溢价率为4.0%，较第一次的15.0%降低11个百分点；第三批集中供地平均成交率约为80%、平均溢价率为2.0%，成交率较第二批有改善，但整体市场仍相对低温。

3. 消费者购房需求减弱

2021年二手房交易规模自2017年之后第一次出现同比下降，二手房销售面积创2015年以来的最低值。新房销售面积和销售金额的同比增速均为2015年以来最低增速。第二季度开始，市场预期出现链式降温。在二手房指导价、信贷额度紧张、学区房政策调整等多重因素下，二手房市场陷入快速冰冻，深圳、成都、上海、西安等重点城市二手房市场急剧萎缩。二手房的流通难使得卖旧买新的换房链条受阻。在部分房企经营风险显现的情况下，消费者对新房的预期也在减弱。购房者对于房屋流通的担忧进一步恶化自身的悲观预期，购房者同时面临房价下跌、延期交房、房屋质量下降甚至烂尾的风险，其购房意愿降低。尽管第四季度市场预期有所改善，但是整体市场预期仍然处于不稳定之中。

二 2022年住宅市场和行业发展趋势

（一）市场走向复苏，预计全年交易规模22万亿元

预计2022年房地产市场继续走向复苏，政策走向新阶段。2021年12月6日中共中央政治局会议提出"支持商品房市场更好满足购房者的合理住房需求，促进房地产业健康发展和良性循环"。2021年12月8~10日中央经济工作会议指出"要坚持'房子是用来住的、不是用来炒的'定位，加强预期引导，探索新的发展模式，坚持租购并举，加快发展长租房市场，推进保障性住房建设，支持商品房市场更好满足购房者的合理住房需求，因城施策促进房地产业良性循环和健康发展"。"良性循环"包含两个大循环：一是房地产业内部的良性循环；二是房地产业与其他产业的良性循环。内部循环中，有交易市场中二手房、新房、土地的顺畅流通，也有交易市场与租赁市场的顺畅流通，这其中每个分级市场又包括供求关系的良性循环。外部循环中，一是房地产业与金融业的良性循环，未来金融业支持企业合理负债经营、满足购房者合理住房需

求；二是房地产与产业链之间的良性循环，房地产业对上下游产业链形成辐射带动；三是房地产开发建设与住房消费市场的良性循环；四是房地产业与地方政府财政之间的良性循环，地方政府由过去依赖卖地获得一次性财政收入转变为依靠存量房运营获得税收收入。通过内外的良性循环最终实现房地产业促进和稳定整体经济社会发展。

内部循环是外部循环的前提。从紧迫程度看，交易市场能够顺畅流通是重要基础。2021年市场出现链式降温的根本原因是房地产过快降杠杆。政府政策工具箱中有丰富的储备政策，对前期过紧的抑制政策进行局部调整，如针对需求端，相关高层强调"重点满足首套房、改善性住房按揭需求"，未来政策可能在首套房认定标准、交易税费、人才购房等层面调整优化，以利于需求释放。供给端，在"三线四档"基本原则不变的前提下，放松房企融资政策、集中供地的报名和竞拍规则以及新房限价等均有调整空间。政策的改善将利于市场预期改善，使市场流通起来。

随着2021年年底信贷环境的改善以及2022年第一季度信贷额度相对宽松，预计2022年住宅交易市场逐步修复。第一季度成交量已完成筑底，预计第二季度成交价格实现止跌。二手房市场率先启动，加快换房需求进入新房市场，带动新房成交量筑底回升，销售端去化加快叠加房企融资压力缓解，房企周转效率回归正常化，资金流动性压力得到实质性缓解，拿地信心逐步恢复带动土地市场修复。从2022年初不同能级城市的表现看，一线城市二手房景气指数[①]已恢复到20以上，预计一二线城市率先修复，三四线城市下行压力仍大（见图10）。

预计2022年住宅交易规模将达到22万亿元。在供给端没有大的变动的假设下，决定市场交易规模的是需求。我们用过去15年的数据验证了房地产市场规模的增速和房贷的增速高度相关，按揭贷款的规模和节奏基本上决定了住宅市场销售的规模和节奏。我们建立了"基于信贷的住宅市场预测模型"（见图11），预测2022年房地产住宅市场销售规模。

---

① 贝壳二手房市场景气指数是基于贝壳平台上业主挂牌和调价行为数据，计算挂牌房源调价中调升的次数比例来反映当前市场预期，能够预测未来短期房价走势，景气指数＝调涨次数/调价次数×100。景气指数在40以上为市场预期景气，涨价预期强，20~40预期相对平稳，20以下为市场预期低迷。

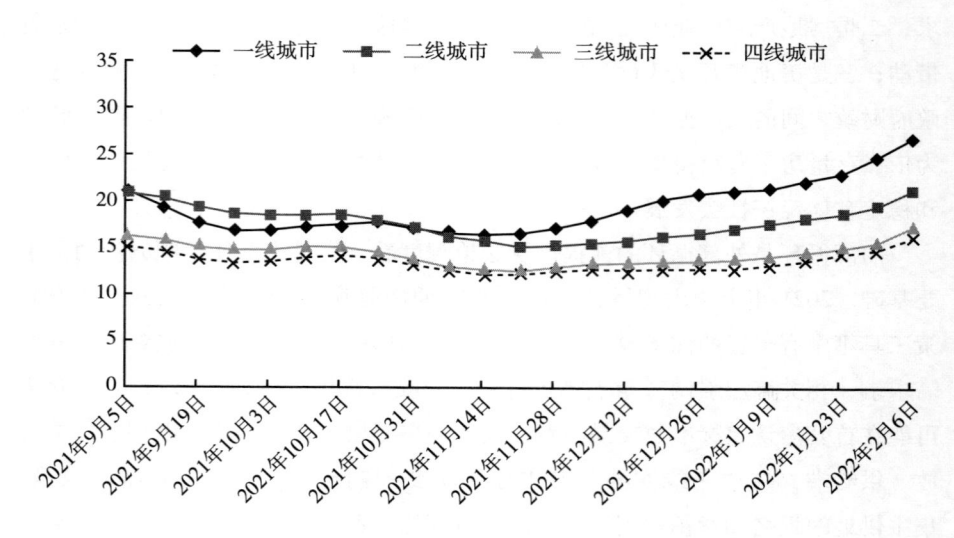

图 10　2021 年 9 月以来分线城市二手房景气指数周度走势

资料来源：贝壳研究院。

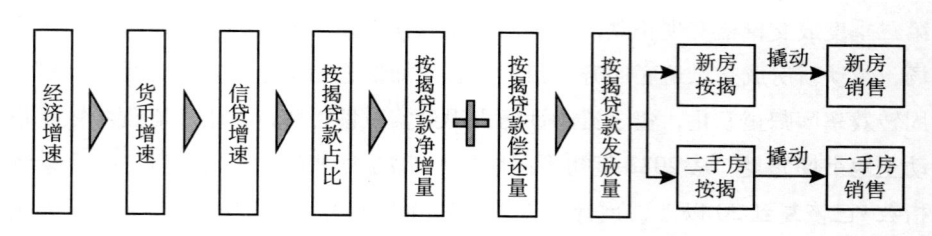

图 11　基于信贷的住宅市场预测模型

资料来源：贝壳研究院。

从不同研究机构的判断看，2022 年经济增速大概率会继续下移。投资端，土地购置费的滞后效应和建安费用的疲弱对 2022 年房地产开发投资构成压力，财政约束下基建投资发力有限；消费端，制约消费复苏的疫情反复，通胀压力依然存在；出口端，2022 年海外对消费者的现金补贴将逐步退出，海外消费意愿放缓，就业意愿提高，海外供需缺口收窄将使我国出口增速边际放缓。基于"三驾马车"的压力及稳增长诉求，预计 2022 年实际 GDP 增速在 5.0%～5.5%，考虑通胀因素后的 2022 年名义 GDP 增速在 8%

左右，与名义GDP增速基本匹配的M2增速在9%左右（见图12），对应的全年信贷增量约21万亿元。

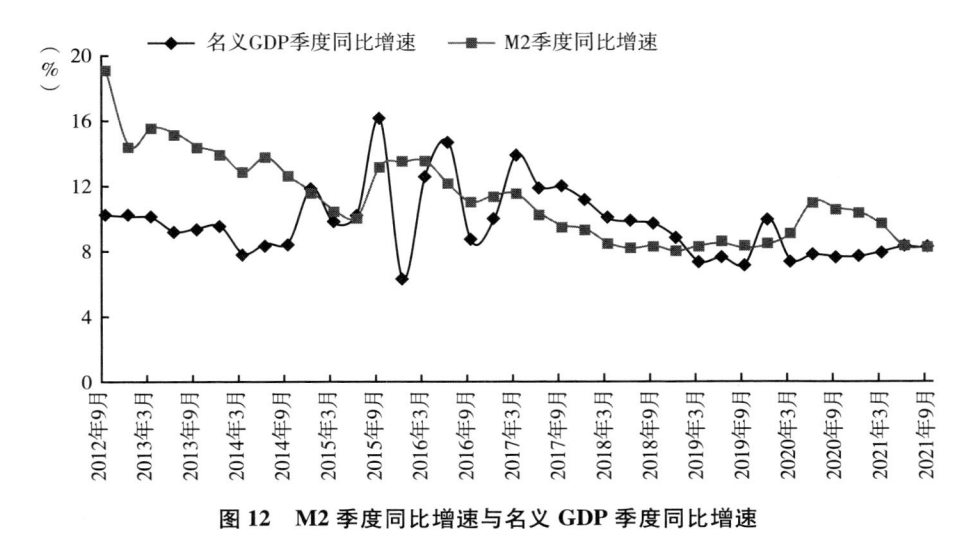

图12 M2季度同比增速与名义GDP季度同比增速

注：2020年和2021年名义GDP季度同比增速采用实际GDP两年复合增速与通胀率加总得到。

资料来源：Wind，贝壳研究院整理。

在房地产贷款集中度管理下，预计2022年新增按揭贷款占比为20%，结合全年信贷增量和按揭贷款占比得到2022年按揭贷款净增量约4.2万亿元，与2020年和2021年的净增量基本相当。随着个人住房贷款余额的增加以及改善换房需求的增加，每年来自按揭贷款偿还（含正常还款和提前还款）的额度贡献也将逐步增加，估算2022年按揭贷款偿还3.8万亿元，按揭贷款投放总量约8万亿元，较过去两年稳步增长。按揭贷款投放会成为下一阶段"稳信用"的重要发力点（见表2）。

表2 2015~2022年按揭贷款总发放规模

单位：万亿元，%

年份	新增贷款	新增按揭贷款	新增按揭贷款占比	按揭贷款偿还	按揭贷款投放
2015	11.7	2.5	21	1.1	3.6

续表

年份	新增贷款	新增按揭贷款	新增按揭贷款占比	按揭贷款偿还	按揭贷款投放
2016	12.6	4.9	39	1.3	6.2
2017	13.5	3.9	29	1.8	5.7
2018	16.2	3.9	24	2.2	6.1
2019	16.8	4.4	26	2.6	7.0
2020	19.6	4.3	22	3.0	7.3
2021	20.0	3.9	19	3.5	7.4
2022E	21.0	4.2	20	3.8	8.0

注：2022年数据为预测数据。
资料来源：Wind，贝壳研究院测算。

在不同新增按揭和撬动比[①]的情形下，预计2022年新房销售金额在15.3万亿~16.7万亿元，中性情形下销售金额为16万亿元，同比下降2%，销售面积同比下降5%，价格同比上涨3%。预计2022年二手房销售金额在6.3万亿~6.7万亿元，中性情形下销售金额为6.5万亿元，同比下降7%，成交面积同比下降8%，价格同比微涨1%。

在供给影响下，城市分化会进一步加大。如杭州、黄冈等新房出清周期不足半年，市场供不应求，且2021年住宅用地成交规模同比下降，2022年新房新增供应较难增长，新房价格上涨的压力较大。长沙、西安、郑州、泉州等城市新房出清周期在12个月以下，且大部分城市住宅用地成交量同比降幅超过20%，预计这类城市新房价格稳中有升。出清周期在12~18个月的城市价格保持基本稳定。出清周期超过18个月的城市库存压力较大，房价有下跌的压力（见表3）。

---

① 居民购房总成交额=自有资金总额+按揭贷款总额；撬动比=总成交额/自有资金总额，代表自有资金对总成交额的撬动作用。

表3 重点城市出清周期及住宅用地成交面积变化

单位：个月，%

城市	截至2021年12月底出清周期	2021年住宅用地成交面积同比	2021年住宅用地成交面积较2019年
杭州	1.46	−17	−7
黄冈	3.71	−62	−7
合肥	6.68	5	−10
深圳	6.79	17	351
上海	7.19	37	50
三明	7.20	−37	55
西安	7.30	−29	−10
长沙	7.80	−5	−7
泉州	8.58	−15	−7
郑州	9.09	−35	−56
芜湖	9.14	12	31
宁波	9.47	−30	−37
马鞍山	10.04	−39	8
襄阳	10.11	−44	−27
南京	10.40	13	47
温州	10.61	3	10
徐州	10.74	−36	−22
莆田	10.82	−28	5
苏州	11.03	4	26
广州	11.34	−3	92
无锡	11.46	−6	19
重庆	11.56	−28	−24
武汉	11.62	−17	−20
成都	12.02	2	−8
宜昌	12.06	−37	−34
新乡	13.32	−49	−31
佛山	13.59	−36	−10
北京	13.89	17	4
泰州	13.92	−62	−19
厦门	14.62	−24	65
赣州	14.68	−23	−19
东营	15.14	−2	3

续表

城市	截至2021年12月底出清周期	2021年住宅用地成交面积同比	2021年住宅用地成交面积较2019年
黄石	15.17	56	72
沈阳	15.33	-24	-19
池州	15.35	-20	-23
济南	15.67	-2	-13
淮北	15.84	-44	-64
常州	16.54	-42	-43
韶关	17.06	-62	-44
六安	17.21	-40	-56
珠海	17.22	-17	-29
贵阳	17.30	-37	-31
汕头	17.34	8	24
青岛	17.62	-32	-37
中山	18.51	10	1129
岳阳	18.75	60	9
绍兴	18.78	-17	-46
扬州	19.03	-31	-3
南宁	19.52	-46	-45
镇江	19.74	-17	2
长春	21.45	-19	14
惠州	21.52	-73	-27
茂名	21.54	-34	-59
福州	22.40	-45	-49
丽水	24.21	-39	2
南平	24.56	-44	-6
大连	25.55	0	-26
兰州	27.54	-25	78
铜陵	29.49	4	-17
宿迁	31.01	-18	-18
烟台	33.45	-36	-29
泰安	45.17	-39	-50
北海	47.65	-35	-58
淮南	62.18	-13	-25

资料来源：CREIS，贝壳研究院整理。

（二）房企信用收缩，投资动能减弱，部分房企债务风险尚未排除

2021年10月以来，金融信贷政策纠偏，住房按揭贷款发放恢复较快，但房企开发贷款恢复缓慢，说明银行对房企整体风险偏好仍较低。从房企看，部分房企自身债务高，房企此轮风险尚未完全解除，个别房企仍存爆雷风险。预计2022年房企到期债务9603亿元，比2021年下降25%，但仍处于接近万亿元的偿债规模高位。从2022年的月度到期债务情况来看，偿债压力集中在1月、3月、4月、7月，4个月度偿债规模均超过千亿元，这将使部分房企在短时间面临较大的偿债考验，对房企在该节点的资金筹措、销售回款、工程进度等方面都提出了较高的要求。2022年251家房企需要偿还到期债务，其中22家房企到期债务超过100亿元，偿债压力仍保持高位。如若其中个别房企资金流动性未能得到实质性缓解，短期内仍有高违约风险。

三　政策建议

针对2021年市场出现的问题及2022年面临的挑战，我们提出以下政策建议。

（一）提高各类政策的协调性、渐进性、稳定性、针对性

建议加强金融信贷、财政、税收、行政等手段的时序协调性，后期政策出台充分考虑前期政策的时滞效应、市场负反馈循环等因素，采取"小步慢跑"的方式协调、平稳地推进住房金融风险化解，避免房地产和金融出现风险共振，维持预期稳定。此外，鉴于住房市场需求多样化等因素，建议住房政策增强针对性和区分度，避免影响刚需消费者正常居住需求。针对新房供应不足的城市，应保持现有调控政策，增加有效供应以遏制房价上涨。对于库存压力较大的城市，可采取政策激发换房需求，如个人按揭贷款标准不按照首套、二套来划分，只按是否为家庭唯一住房认定，对于房子已卖掉或贷款已还清的再次购房按唯一住房认定；对于生育二孩、三孩家庭，减少购房数量限制，考虑对其房贷按揭利息抵扣所得税，在换房时给予唯一住房信贷标准等。

（二）优化"三线四档"政策，对不同企业分类调控、动态执行

建议由中央层面牵头制定房企分类名单，各部委和地方政府、金融机构按照中央制定名单采取分类调控。风险评估在原有三道红线基础上纳入更多指标，如连续3个月的美元债价格、商业票据、担保金额、永续债等。支持低风险房企变卖资产自救。放宽并购贷限制，低风险房企并购高风险房企项目带债并表不计入"三道红线"。各城市应根据类别制定预售监管资金留存比例，风险越低的企业留存比例越低。放开优质民营房企信用债发行审核，鼓励平准基金购买优质房企债券；对于符合低风险类别国资企业和民营企业一视同仁，恢复市场再融资信心。针对鼓励性项目采取分类调控措施。房企在绿色建筑、保障性租赁、养老地产中的相关债务可从"三道红线"的有息负债中剔除。

（三）优化房地产贷款集中度管理政策，促进信贷投放平稳灵活

一是优化信贷投放节奏，涉房信贷投放不仅是年度之间的规模保持相对平稳，而且要保证季度之间的差别较小，额度波动在一个合理的中枢区间，并且尽可能使季度额度符合消费季节性规律。二是动态、差异化执行，如在原有涉房贷款比例管理要求下适当延长银行压降涉房贷款占比的过渡期，或允许银行的涉房贷款占比在管理要求基础上适度上浮比例空间。三是增强对金融机构的正向激励力度、优化内部风控制度，建议参考商品房配建保障房的逻辑，允许银行将按保障性住房、租赁住房贷款余额一定比例计算的普通房地产贷款余额从房地产贷款集中度管理计算过程中扣除。在风险控制制度设计上，建议考虑对《商业银行资本管理办法（试行）》做适当修改，降低对两类住房贷款的监管风险评级，缓解银行内部风险控制对贷款审批"卡脖子"。

（四）优化土地集中出让制度

建议及早公开土地出让信息，灵活增加集中出让次数。可在年初首次土地招拍挂公示中，一次性公布全年拟土拍土地信息，或者分为上下半年，年初和年中各公布一次半年拟推出的土地信息，给予企业充分的时间进行投资谋划与资源调度。适当增加土地集中出让次数，加强政府间协调，尽量错峰出让，平滑供给节奏。

B.5
2021年住房租赁市场发展报告

王霞 魏杨*

摘　要： 2021年，随着新冠肺炎疫情形势的缓解和国家政策大力支持，住房租赁市场逐渐恢复，供需总量增长，成交量价回升，企业数量出现较大增加；政策层面，支持住房租赁市场发展的政策体系框架基本形成，加快发展保障性租赁住房成为最大亮点，住房租赁市场秩序和营商环境有所改善。展望2022年，保障性租赁住房将大量入市，住房租赁需求有望得到更好满足，市场化租赁市场成交量及租金预计稳中有所下调，企业将围绕专业化、精细化的运营能力展开更多的探索，投融资政策、市场监管和支持政策等方面也将持续发力，住房租赁发展政策体系将得到进一步完善。此外，诸如长租房的内涵、保障性租赁住房与市场化租赁住房的关系等仍需进一步明晰，住房租金及其涨幅限制政策、"网约房"监管等问题仍需完善，同时，还需要加快编制住房租赁相关标准规范，以促进住房租赁市场持续健康发展。

关键词： 住房租赁市场　长租房　保障性租赁住房

培育和发展住房租赁市场，既是保障房地产市场平稳健康发展、促进新型城镇化的重要抓手，又是在新发展格局下，解决新市民、青年人安居乐业的关键性措施。同时，也为我国加快培育完整内需体系，构建以国内大循环为主

---

* 王霞，博士，中国房地产估价师与房地产经纪人学会副秘书长，副研究员，研究方向为房地产经济；魏杨，博士，中国房地产估价师与房地产经纪人学会助理研究员，研究方向为房地产经济。

体、国内国际双循环发展格局提供有力支撑。2021年，在过去几年住房租赁支持政策的基础上，国家重点针对新市民、青年人等群体住房需求，提出要大力发展保障性租赁住房，规范发展长租房市场[1]，并在税收、金融、土地、公共服务等方面加强了对住房租赁市场的支持。

一 2021年住房租赁市场发展总体情况

2021年，随着新冠肺炎疫情防控形势向好，在政策大力支持和市场有效需求双重作用下，我国多层次租赁住房供应体系逐渐健全完善，住房租赁市场呈现整体恢复态势。

（一）多层次租赁住房供应体系逐渐健全完善

近年来，在一系列住房租赁政策的支持与推动下，我国租赁住房供应主体日趋多元，形成市场租赁住房、保障性租赁住房为主，公租房为辅，三者相互补充的租赁住房供给体系。根据第七次全国人口普查数据，2020年全国租赁廉租房、公租房[2]与租赁其他住房的城市家庭户之比约为1∶7。

从供应主体来看，租赁住房供给仍以私人业主为主，专业机构提供租赁住房占比仍相对较小。根据北京市住建委数据，目前专业化、机构化企业所提供的租赁住房仅能满足全市28.4%的租赁需求。不过，在租赁住房用地的有效供应下，自持型租赁住房供应有较大增长。根据克而瑞数据库，截至2021年底，全国范围涉及租赁供地总计616宗，其中纯租赁供地79宗，累计规模约为1900万平方米，较上一年增长65.8%（见图1）。此外，在集体建设用地方面，截至2021年可供统计的用于租赁住房建设项目的集体建设用地共计75宗，规划建筑面积为619万平方米，其中北京市供应59宗，规划建筑面积为515万平方米，占总量的83.2%。受此影响，更多的自持型租赁住房进入住房租赁市场。目前，根据中国房地产估价师与房地产经纪人学会（以下称中房学）对住房租赁企业有关情况的调研，一些企业自持租赁住房的比例已经在

---

[1] 倪虹：《以发展保障性租赁住房为突破口 破解大城市住房突出问题》，《行政管理改革》2021年第9期。
[2] 从2014年起，各地公共租赁住房和廉租住房并轨运行，并轨后统称为公共租赁住房。

逐渐提高，如华润有巢自持房源比例超60%，部分地方头部企业如武汉之寓置业所有房源均为自持。

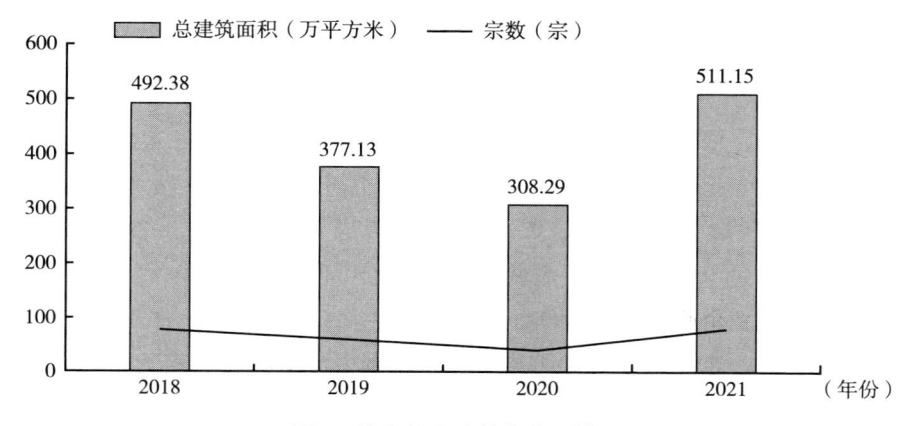

图 1　纯租赁用地整体成交情况

资料来源：克而瑞数据库。

（二）住房租赁市场呈现整体恢复和向好趋势

从市场表现来看，2021年住房租赁市场逐渐恢复，租赁住房供给和需求规模保持了增长，租赁企业数量稳步增加，成交量和租金平稳回升，房源成交周期缩短，客源成交周期同比持平。

1. 租赁住房供应量增长，保障性租赁住房发展提速

根据禧泰数据，2021年全国新增租赁住房747.6万套。其中，北京、上海、广州、深圳及杭州5个城市新增租赁住房163万套，占全国新增总量的21.8%。从保障性租赁住房建设情况来看，2021年在人口流入较多的40个重点城市，筹集了保障性租赁住房94.2万套，预计可以解决近300万新市民、青年人的住房问题。公租房方面，2021年新开工公租房8.8万套。

2. 住房租赁需求规模增长，大城市为租赁人群聚集地

根据第七次全国人口普查数据，2020年全国城镇家庭户租住率为21.14%，比2010年提高1.09个百分点，租赁总人口达19068万人。其中，部分省份如广东、海南租住率增加明显，城镇家庭户租住率分别为50.4%、

28.7%，较2010年分别提高9.4个、6.6个百分点。

此外，据调查当前租赁住房的需求者主要是流动人口、新就业大学生等新市民、青年人。根据国家统计局等官方数据，2021年新增流动人口、新就业大学生数量分别为885万人、909万人，如分别按照50%、80%的租房比例，则2021年新增住房租赁规模为1169万人，租赁总人口为20237万人。从城市租赁情况来看，根据《中国建设报》综合业内住房租赁机构发布的《2021年全国重点城市长租市场观察》，2021年北京、上海、广州、深圳、成都、杭州租住人口分别约为730万人、995万人、995万人、1350万人、480万人、477万人，总计超过5000万人，6个城市聚集了全国租赁人口的25%。

3. 住房租赁企业数量持续增加

根据企查查数据，自2020年起，经营范围中涵盖"住房租赁"的企业数量大幅增长。截至2021年12月31日，企业规模总量为47万家，全年新增近24万家，新增数量同比增长118%。在国家大力扶持和市场自身需求双重作用下，住房租赁市场已形成一批有实力、有品牌、有规模的住房租赁企业，如自如、魔方公寓、华润有巢等，部分地方城市也已涌现出一批具有区域影响力的住房租赁品牌（见图2）。

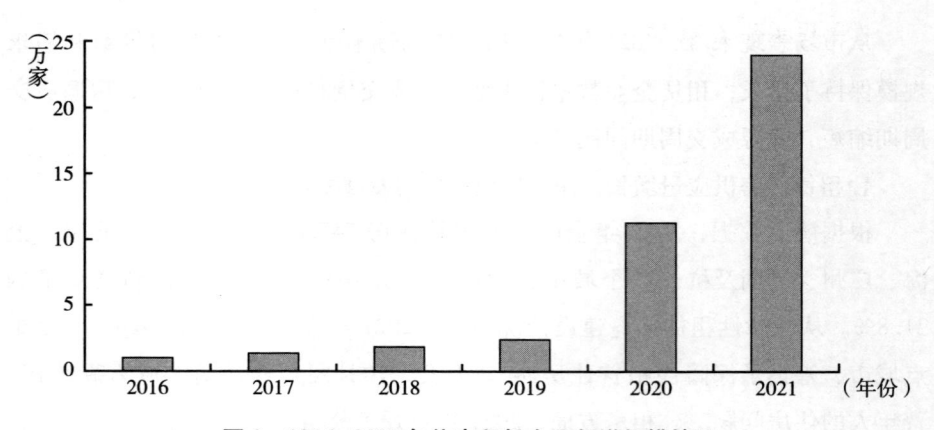

图2　2016~2021年住房租赁企业新增规模情况

资料来源：根据企查查数据整理。

4. 租赁成交逐渐恢复

一是租赁成交量价有所回升。2021年，在政策措施持续发力及疫情形势的缓解下，租赁成交量价整体呈上升趋势。从成交租金来看，根据 Wind 数据，与 2020 年下跌趋势不同，2021 年城市住房租赁价格指数呈波动性恢复，但仍未回归到 2019 年水平（见图 3）。

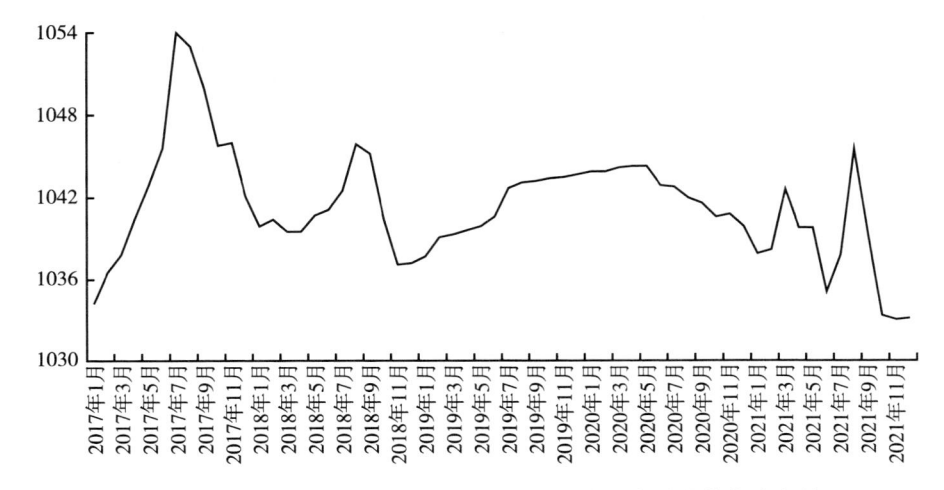

图 3　2017 年 1 月至 2021 年 12 月全国城市住房租赁价格指数变化情况

资料来源：Wind 数据库。

禧泰数据也显示同样的变化，2021 年全国平均租金中位数小幅上涨，由 2020 年的 1900 元/米^2 增至 1990 元/米^2，但依然低于疫情发生前 2000～2200 元/米^2 的租金水平（见图 4）。

从成交量情况来看，根据 Wind 数据，2021 年 1 月以来，全国二手房租赁成交量波动变化，在 9 月达到峰值后有所回落（见图 5）。

二是房源成交周期同比缩短，客源成交周期同比持平。受租赁市场活跃、租金微涨等利好因素带动，2021 年租赁住房房源成交周期同比缩短，客源成交周期同比持平，但房客源成交周期仍高于疫情前。根据贝壳研究院全国重点40 城数据，2021 年房源平均成交周期为 50.1 天，同比缩短 2.4 天，但相对于 2019 年仍延长 9.9 天；客源成交周期为 9.7 天，与 2020 年基本持平，但是相对于 2019 年延长 1.9 天（见图 6）。

（三）代表性住房租赁企业发展情况

根据中房学调研情况来看，住房租赁企业中以托管、转租型轻资产和中资

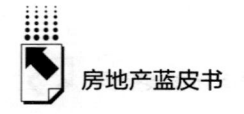

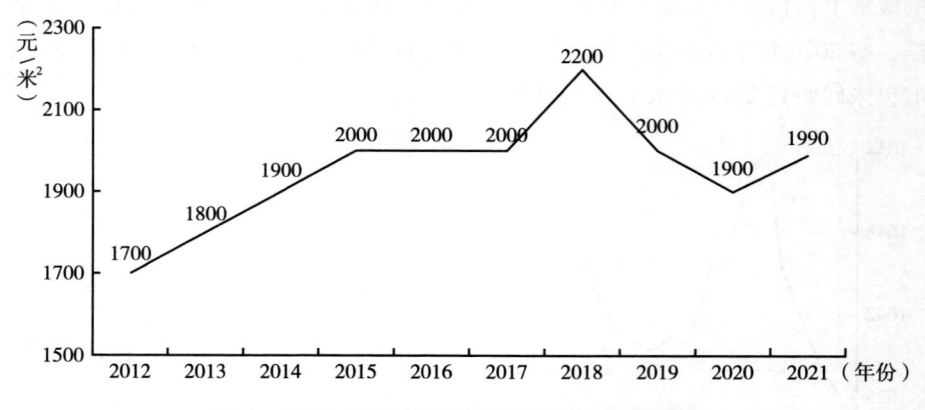

图 4　2012~2021 年住房租赁市场租金变化情况

资料来源：禧泰数据。

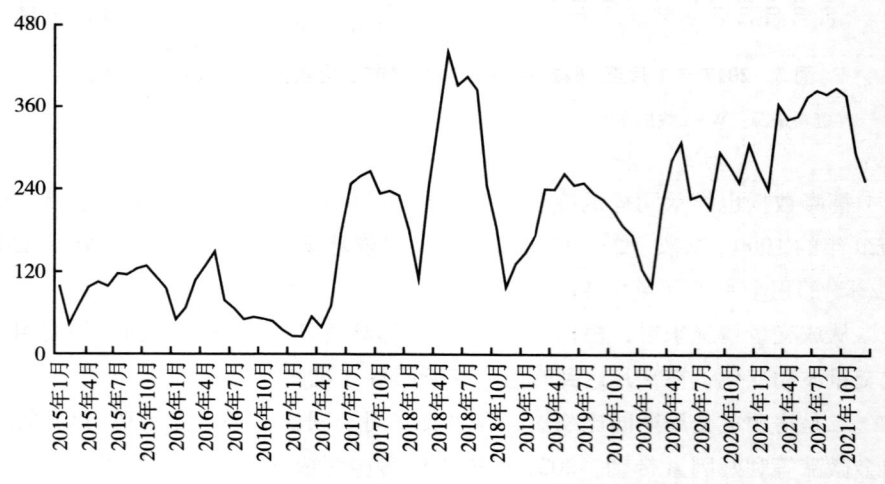

图 5　2015 年 1 月至 2021 年 12 月全国二手房租赁成交量指数变化情况

资料来源：Wind 数据库。

产企业为主。其中，自如运营租赁住房超 90 万间，远超其他企业。重资产住房租赁企业近年来也有所发展，典型如华润有巢，运营租赁住房数量达 5.25 万间，进入头部企业行列（见表 1）。

2021年住房租赁市场发展报告

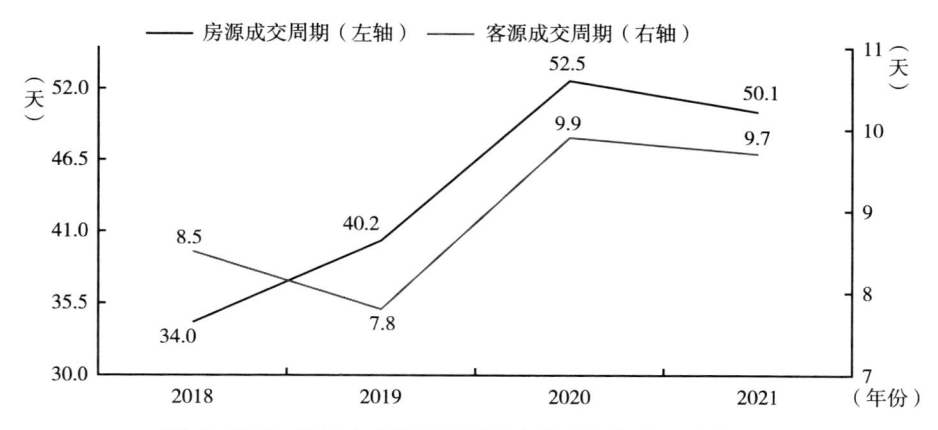

图6　2018~2021年全国主要城市租赁房源与客源成交周期

资料来源：贝壳研究院。

表1　典型住房租赁企业发展情况[*]

品牌名称	成立年份	经营模式	覆盖城市数量（个）	管理房源数量（间）	出租总面积（万平方米）	承租人数量（万人）
自如	2015	转租、托管	10	914288	2951	140
万科泊寓	2014	自持、转租	33	159500	—	—
魔方公寓	2009	转租	18	150000	—	15
CCB建融家园	2018	转租、托管	29	129000	—	—
龙湖冠寓	2016	自持、转租、托管	30	106000	—	—
乐乎公寓	2014	自持、转租、托管	9	62041	—	—
华润有巢	2018	自持	16	52500	180	2
窝趣	2015	转租、托管	38	35971	—	—
旭辉瓴寓	2016	自持、转租、托管	20	80000	—	—
方寓公寓	2018	自持、转租、托管	22	34819	—	—
朗诗寓	2016	转租、托管	14	30406	—	—
广州城投住房租赁公司（城壹宜居）	2017	自持、转租、托管	1	29206	—	—
安歆集团	2012	转租、托管、合作共建、加盟等	24	27943	58.86	13.5

093

续表

品牌名称	成立年份	经营模式	覆盖城市数量(个)	管理房源数量(间)	出租总面积(万平方米)	承租人数量(万人)
招商伊敦公寓	2020	自持为主	22	36000	—	—
中富旅居(乐璟生活社区/瑞贝庭)	2018	自持、转租、托管	2	20894	—	—
世联红璞	2015	托管	25	10012	—	—
优客逸家	2012	转租、托管	1	11970	16.3	1.1
宁巢公寓	2018	自持、托管	1	6500	—	—
贵州省安居社会公租房中心	2016	转租	1	3178	9.97	3178
之寓公寓	2013	自持	1	1254	6.8	1247

＊本表若无特殊说明，统计时间均截至2021年12月31日。其中，管理房源数量（间）为企业运营符合出租条件的房源数量，包括可出租的空置房源数量，但不包括不具备出租条件的房源数。

资料来源：根据中房学调研及公开网络资料综合整理。

同时，提供蓝领公寓的企业持续增长。典型如安歆集团，其运营床位已达14.8万张，魔方公寓也加速在蓝领公寓领域的布局，目前床位运营数量也达到了8万套。

此外，租赁社区新业态正在逐步兴起。受租赁供地政策带动，由若干集中式租赁住房组成的、可容纳千人规模租赁居住的"租赁社区"作为新兴业态逐渐兴起。据克而瑞统计，2021年有约50个大型租赁社区已经开业或处于开业筹备阶段。

二 2021年住房租赁市场发展相关政策及重大事件

（一）2021年住房租赁市场发展的相关政策

2021年作为国家"十四五"规划开局之年，党中央、国务院在住房租赁领域继续做出重要决策部署，国家发展和改革委员会、住房和城乡建设部、财政部、国家税务总局等有关部门在推动住房租赁市场规范、稳健发展方面出台了多项政策，并已基本形成以中央层面顶层设计为基础、地方完善政策配套、大力发展保障性租赁住房、规范发展长租房市场的政策体系框架。其中加快发展保障性租赁住房系列举措成为2021年住房租赁政策最大亮点。

1. 保障性租赁住房政策渐成体系

2020年10月以来，"保障性租赁住房"多次在中央重要会议和文件中被提及，2021年，国家和地方密集出台政策，支持保障性租赁住房发展。2021年3月，《政府工作报告》进一步明确"要切实增加保障性租赁住房供给"。6月24日，国务院办公厅印发《关于加快发展保障性租赁住房的意见》（国办发〔2021〕22号，以下称《意见》），明确保障性租赁住房基础制度及从土地、审批流程、中央补助资金、税费、水电气价格、金融等方面给予政策支持。随后，上海、湖北、浙江、山东、广东及杭州、无锡等多个省市发布加快推进保障性租赁住房具体配套措施。保障性租赁住房政策体系从顶层制度设计到地方实施配套已逐渐形成。

2. 金融支持政策逐步完善

融资难是我国住房租赁市场发展亟待破解的关键问题之一，2021年围绕金融支持住房租赁市场发展，国家实施、发布了系列政策举措，主要包括如下政策措施。

一是住房租赁有关贷款暂不被纳入房地产贷款占比计算。2020年12月31日，中国人民银行、银保监会在关于建立银行业金融机构房地产贷款集中度管理制度的答记者问中提到，"为支持大力发展住房租赁市场，住房租赁有关贷款暂不纳入房地产贷款占比计算"。2021年6月24日印发的《意见》进一步明确"发展住房租赁市场，住房租赁有关贷款暂不纳入房地产贷款占比计算"。

二是进一步加大银行贷款、专项债券等债权融资支持力度。6月24日印发的《意见》明确"加大对保障性租赁住房建设运营的信贷支持力度，支持银行业金融机构以市场化方式向保障性租赁住房自持主体提供长期贷款""支持银行业金融机构发行金融债券""支持企业发行企业债券、公司债券、非金融企业债务融资供给等公司信用类债券"。

上述政策直接改变了住房租赁市场融资结构，在传统的非银融资渠道，一方面，2021年住房租赁企业债券融资规模为190.2亿元，同比增长53.4%；另一方面，住房租赁证券化，全年融资规模为70.9亿元，基本与上一年持平，

其中公租房和人才租赁住房项目的融资比例达到100%。此外，在银行信贷方面，中国建设银行、国家开发银行等国有大型银行纷纷加大了对于住房租赁市场的信贷投入力度。截至2021年11月底，建设银行保障性租赁住房贷款授信938.81亿元，投放371.8亿元；开发银行已支持了北京、深圳、苏州等城市的68个项目，授信430亿元、投放108亿元①。

三是明确支持保险资金进入住房租赁市场。6月24日印发的《意见》明确"支持商业保险资金按照市场化原则参与保障性租赁住房建设"；9月7日，银保监会就房地产金融监管方面问题答记者问时表示，"指导银行保险机构加大对保障性租赁住房支持，推动保险资金支持长租市场发展"。

四是公募REITs发展获得实质性突破。2021年3月，中国人民银行、银保监会、证监会、外汇局发布《关于金融支持海南全面深化改革开放的意见》（银发〔2021〕84号），明确在房地产长效机制框架下，支持海南在住房租赁领域发展房地产投资信托基金（REITs）。6月，国家发改委发布《关于进一步做好基础设施领域不动产投资信托基金（REITs）试点工作的通知》（发改投资〔2021〕958号），明确将保障性租赁住房纳入试点范围，为保障性租赁住房REITs发行打开了政策通道。11月，银保监会发布《关于保险资金投资公开募集基础设施证券投资基金有关事项的通知》（银保监办发〔2021〕120号），明确保险资金投资公募REITs的相关监管要求。在政策推动下，南京市保障性租赁住房REITs市场已经取得了突破，该市已有3个保障性租赁住房项目签署了公募REITs合作框架协议。

3. 财税扶持政策加速落地

一是明确了住房租赁企业的减税措施。2021年7月15日，财政部、税务总局、住房和城乡建设部发布《关于完善住房租赁有关税收政策的公告》，明确住房租赁企业中的增值税一般纳税人向个人出租住房取得的全部出租收入，可以选择适用简易计税方法，按照5%的征收率减按1.5%计算缴纳增值税，或适用一般计税方法计算缴纳增值税。住房租赁企业中的增值税小规模纳税人向个人出租住房，按照5%的征收率减按1.5%计算缴纳增值税。住房租赁企

---

① 《发展保障性租赁住房 可复制可推广经验清单（第二批）》，《中国建设报》2022年1月31日。

业向个人出租住房适用上述简易计税方法并进行预缴的，减按 1.5% 预征率预缴增值税。同时，对企事业单位、社会团体以及其他组织向个人、专业化规模化住房租赁企业出租住房的，减按 4% 的税率征收房产税。

二是加大保障性租赁住房领域财政资金支持力度。6月，国家发改委发布了《保障性租赁住房中央预算内投资专项管理暂行办法》（发改投资规〔2021〕696号），从专项的支持范围和标准、资金申请、资金下达及调整、监管措施等方面明确了保障性租赁住房中央预算内投资的细则。之后各地也出台了相应的配套支持政策，以保障中央政策执行落地。

4. 市场监督与管理体系进一步完善

一是进一步加强对轻资产住房租赁企业的监管。2021年4月15日，住房和城乡建设部等部门出台了《关于加强轻资产住房租赁企业监管的意见》（建房规〔2021〕2号），从加强从业管理、规范住房租赁经营行为、开展住房租赁资金监管、禁止套取使用住房租赁消费贷款、合理调控住房租金水平、妥善化解住房租赁矛盾纠纷、落实城市政府主体责任等方面加强住房租赁企业监管，引导住房租赁企业回归住房租赁服务本源，防范化解金融风险，促进住房租赁市场健康发展。

二是持续整治规范住房租赁市场秩序。2021年7月13日，住房和城乡建设部等八部门出台了《关于持续整治规范房地产市场秩序的通知》（建房〔2021〕55号），加强对住房租赁存在的突出问题，如克扣押金租金、违规开展住房租赁消费贷款业务、存在"高进低出""长收短付"等高风险经营行为等的整治。各省市随后陆续发布了具体整治方案，进一步净化了行业发展环境。住房租赁行业逐渐向稳健、规范方向发展。

（二）2021年住房租赁行业的重大事件

1. 蛋壳公寓退市标志着行业发展发生重大转变

2021年4月6日，纽约证券交易所正式启动了蛋壳公寓退市程序，蛋壳公寓的退市事件给行业带来了深远的影响。近年来，一些轻资产住房租赁企业，利用租金期限错配、套用承租人信用等方式变相开展金融业务，建立企业资金池，以达到抢占市场房源，实现企业快速扩张的目的。这种激进的经营策略严重扰乱市场公平竞争环境，抬升了市场租金水平，干扰了租赁市场的平稳

健康发展。

而蛋壳"爆雷"和退市事件，一方面直接刺激了住房租赁市场监管机构，促使其对住房租赁市场监管政策体系予以优化；另一方面，蛋壳公寓退市以及市场监管秩序的重塑也标志着我国住房租赁市场将从一个野蛮扩张的无序竞争时代，逐渐进入一个更加可持续化发展的阶段，稳健且长期的盈利模式成为影响企业竞争能力的关键因素。受此影响，投资人对住房租赁领域的投资将更为审慎理性。

2. 全国性住房租赁行业专业委员会正式成立

2021年9月10日，中房学在贵阳召开了租赁专业委员会（以下简称"租赁专委会"）成立暨工作研讨会，建信住房服务有限责任公司、魔方生活服务集团、贵州省安居社会公租房中心、四川优客星空公寓管理有限公司、华润置地有限公司、北京自如、北京爱家营企业管理有限公司、安歆集团、青岛达睿斯资产管理有限公司、之寓置业有限公司、冠寓商业管理有限公司、深圳世联行集团股份有限公司、戴德梁行等机构成为租赁专委会的首批成员单位。

租赁专委会将着眼于住房租赁行业自律管理体系的顶层设计工作。目前，大部分省市房地产相关行业协会设立住房租赁分会或专委会，南京、杭州、合肥、西安等城市还成立了专门的住房租赁协会。租赁专委会作为全国性租赁行业自律管理组织，其成立有助于加强地方行业组织间的交流分享，推进行业租赁管理体系逐步完善，在行业标准化体系建设、推进政企之间有效沟通合作、促进行业健康有序发展方面发挥重要作用。

3. 租赁住房适用国家标准予以明确

2021年5月27日，住房和城乡建设部办公厅发布《关于集中式租赁住房建设适用标准的通知》（建办标〔2021〕19号），明确不同类型的租赁住房执行的设计规范及相关标准。过去，国家层面对宿舍型、公寓型租赁住房适用的标准不明确，各地执行标准不统一，导致地方相关部门缺乏审批依据或对审批的把握尺度不一。特别是"商改租""工改租"等由非居住房屋改建为集中式租赁住房的项目，审批往往无法受理，严重制约了住房租赁市场发展。此次国家级标准的颁布，将在工程建设标准方面为集中式租赁住房设计、施工、验收等环节提供依据，同时也将带领更多的住房租赁机构及相关单位参与到住房租赁相关领域的标准制定中。

4. 全国首单公共租赁住房类 REITs 产品成功发行

2021 年 8 月，北京保障房中心成功簿记发行了全国首单公共租赁住房类 REITs 产品——国开—北京保障房中心公租房资产支持专项计划（以下简称"专项计划"），该专项计划采用了续存期内只付息不还本的兑付结构，发行总额 4 亿元，其中，优先级规模 3.8 亿元，次级规模 0.2 亿元，期限 18 年，优先级证券评级为 AAA，优先级票面利率 3.35%。本次专项计划为公租房资产合法合规开展私募 REITs 融资进行了有益探索，对公租房公募 REITs 的推出起到了重要引导作用。此外，该专项计划为后续保障性租赁住房 REITs 产品的设计提供了积极的可行借鉴，对扩展保障性租赁住房融资途径具有借鉴作用。

更为重要的是，公租房租金水平一般远低于周边其他类型租赁住房。以此类资产作为标的的资产支持专项计划依旧可以获得投资人的认可。由此可预见，以租金水平远高于公租房的保障性租赁住房为基础资产发行的证券化产品收益水平将更为可观，且将更受市场欢迎。所以说，国开—北京保障房中心公租房资产支持专项计划成功发行极大地提振了市场对于保障性租赁住房 REITs 类产品的信心。

5. 住房租赁企业产品供给越发多样

一是企业探索个性化住房租赁社区产品。如李宁与万科泊寓携手创立的首个国潮运动达人社区——泊寓坪山燕子岭店，中海长租公寓在杭州打造的宠物友好主题公寓，"CCB 建融家园"在广东落户了全国首个针对文创园区内工作者的文艺工作者之家住房租赁项目。此类公寓产品的问市体现了住房租赁企业已经开始更加专注于租赁服务的价值创造。

二是地方国企加速布局住房租赁项目。2021 年随着保障性租赁住房建设的加速，住房租赁市场中涌现出一批新的具有代表性的地方国企运营项目，如，福州市城投建筑集团利用集体建设用地建设租赁住房开发的战峰长租公寓项目；由南京市属国有企业——南京安居建设集团携手江宁高新区联合开发打造的南京首批租赁社区试点项目——瑾家珑熹台租赁社区；以及南京软件园科技发展有限公司筹建、旭辉瓴寓管理运营的"海智湾·江北"国际人才街区；还有扬州经济技术开发区开发（集团）有限公司、中国建设银行江苏省扬州分行、建信住房服务（江苏）有限责任公司携手安歆集团在扬州市经济技术开发区合作开发的"CCB 建融家园·安歆青年社区"等。总体来看，地方国企租赁项目主要集中于配合地方政府发展的人才公寓、保障性租赁住房等项

目，而国企的加入也体现了政府推进"租购并举"的决心。

三是成熟租赁企业加快涉足高端公寓市场。包括自如、保利公寓、越秀住房租赁等企业纷纷推出了自己的高端公寓产品，如自如旗下高端居住品牌"曼舍"门店已于2021年8月在北京国贸高端居住社区开业。保利公寓推出新产品——NPUB联合社区，该产品明确了中高端品质居所的市场定位。越秀住房租赁携手雅诗阁落地首个高端公寓项目——越秀星廷。总体来看，高端公寓市场的发展有助于提升住房租赁市场的整体服务水平，也是增加企业自身影响力的重要渠道。

三 2022年住房租赁市场发展展望

展望2022年，保障性租赁住房建设将成为下一阶段住房租赁市场投资的重点方向，供应面积将持续增加。且叠加经济增长、疫情不确定性以及保障性租赁住房加速入市等诸多因素的影响，2022年全年租金水平难以回到疫情前水平，甚至将呈现量价下调的趋势。但在人口净流入、房价水平较高的城市，租赁市场需求相对旺盛，租金上涨依旧压力较大。且因住房租赁市场已经度过了前期"野蛮"生长的无序状态，企业将更加注重于专业化的租赁服务和精细化运营能力的提升，行业整体步入稳健发展时期。政策方面，因保障性租赁住房的投资建设和稳增长双向驱动，预计2022年住房租赁市场投融资政策环境将获得进一步优化，同时，住房租赁市场政策监管、支持体系将得到进一步深化，这也将进一步提高市场成熟度。

（一）保障性租赁住房持续发力，供应面积持续增加

2022年，保障性租赁住房将整体延续2021年的发展力度。一方面，2021年中央经济工作会议中明确要推进保障性住房建设。另一方面，从各地"十四五"期间保障性租赁住房建设规划，以及部分研究机构的测算来看，"十四五"期间我国保障性租赁住房建设规模为750万[1]~800万套[2]。同时，根据住

---

[1] 平安证券：《"十四五"期间我国保障性住房发展目标》，2022年1月17日。
[2] 中金点睛：《"十四五"期间我国保障性住房发展目标》，2022年2月15日。

建部相关信息，2022年计划继续筹建240万套保障性租赁住房。

从保障性租赁住房入市情况来看，尽管目前除南京于2022年初一次性投入市场9800余间保障性租赁住房外，仅有北京华润有巢、福州战峰公寓等少数项目正式入市，大量保障性租赁住房仍处于建设之中。但是受综合建设周期和前期建设运营等因素影响，预计2022年保障性租赁住房供应面积将持续增加，且下半年将会出现保障性租赁住房大规模集中上市的情况。

（二）市场化租赁整体平稳，量价或下调

对于市场化运营的租赁行情，从总体趋势来看，市场整体将保持平稳运行。从月度价格变动情况来看，因住房租赁市场已经逐步回归了传统的租赁周期，所以2022年租金价格走势会出现明显季节性变动，全年呈现较为规律的变化，即在春节过后、开工季、大学生毕业季的租赁住房需求带动下，租赁价格将呈现季节性走高趋势，预计6~9月达到全年高点，并于9月之后开始逐步下降。

从全年平均租金水平和承租房屋数量来看，市场化租赁行情主要还将受到以下三个方面因素影响。

一是疫情因素。因疫情整体影响并未消除，且部分城市、区域存在疫情反弹等，特别是在2022年初，各地疫情已经表现出散点式暴发的态势。各地防疫政策力度逐步加大，或将直接对区域之间的人流、物流产生作用，由此将影响房租水平。但是考虑到我国整体防疫得当、市场监管力度加大等因素，即使存在疫情的直接负面冲击，市场爆发严重风险事件的可能性已经极大降低。

二是经济基本面因素。经济因素的影响取决于两个方面，第一是增长的压力，当前我国一直面临稳增长和稳就业的双重压力。第二则是因疫情不确定性等因素带来的增长负向冲击。这些经济基本面因素对于租赁市场将产生两方面影响：一方面，增长承压在中小城市更为明显，受此影响，更多的就业人口仍将向大城市聚集，由此助推大城市的租金价格上涨；另一方面，也会加剧城市间的租赁市场分化。

三是保障性租赁住房逐步入市因素。尽管受建设周期客观因素制约，2021年保障性租赁住房入市整体规模偏小，但进入2022年之后，将会有大量的保

障性租赁住房入市。保障性租赁住房的入市一方面会增加市场可替代的租赁住房的供给,另一方面因保障性租赁住房有明确的租金限价要求,因此,此类房源的大量入市,会部分抑制市场的整体租金价格上涨趋势。

综上,预计2022年全年住房租赁市场整体将依旧保持平稳运行态势,但是因疫情、经济基本面以及保障性租赁市场入市的影响,市场化租赁量价大幅度上涨的可能性极低,市场或整体出现量价下调。同时,租赁市场整体分化的态势预计将更加严重,北京、上海等一线城市的租赁市场仍将继续承压,中小城市的租赁市场或将走低。

(三)住房租赁企业稳步发展

整体来看,2022年住房租赁企业仍将稳步发展。一方面,在租赁市场愈加规范发展的市场环境下,专业化的租赁服务和精细化的运营已成为企业关注的核心。受此影响,住房租赁企业为提升自身运营能力,创造租赁的服务价值,将为不同群体提供多样化的租赁产品和服务。预计2022年,市场中将会出现更多对标不同客户需求的主题化租赁公寓。同时,受保障性租赁住房政策的影响,预计市场租赁机构将配合地方政府诉求,提供更加多样化的对标城市基层建设、服务工作者的民生类产品。

另一方面,住房租赁企业发展将呈现更为明显的分化趋势。尽管从企业发展格局来看,"轻资产"运营企业供给量依旧占据绝对优势,但是在租赁供地政策等利好带动下,"重资产"运营模式企业正在逐步发力,整体运营规模正在逐步提升。此外,资产经营状况良好的房地产开发企业也将加速进入住房租赁市场。同时,受保障性租赁住房政策的影响,预计2022年将会有更多的国有企业,特别是地方国企开始加速布局住房租赁市场,并将成为保障性租赁住房市场的中流砥柱。

(四)住房租赁政策继续完善,市场成熟度进一步提高

伴随着对于租赁市场的金融扶持政策的进一步落地,2022年租赁企业将面临更加宽松的融资环境,住房租赁市场的投融资政策环境将得到进一步优化,并导致租赁企业的整体融资结构发生较为显著的变化。预计2022年债券和银行信贷将成为住房租赁市场的主要融资渠道,股权融资无论是规模还是整

体占比已再难恢复到 2020 年以前水平。此外，2022 年，将会成为保障性租赁住房 REITs 破冰之年，由此也将为保障性住房租赁市场引入包括险资等在内的更为多元的社会资本投资。

为配合保障性租赁住房的建设，2022 年，各地将会更加有针对性地增加相关领域的土地支持力度，同时，或将有部分城市出台更为明确的支持政策，鼓励国有企业和地方大型民营企业，将所持有的存量用地用于加入保障性租赁住房市场。同时，租赁住房建设运营过程中所涉及的立项、建设、安防等相关审批流程也将获得进一步的优化。

此外，考虑到 2021 年中央经济工作会议明确提出的"探索新的发展模式，坚持租购并举，加快发展长租房市场"，2022 年或将明确出台支持长租房市场发展的相关政策。预计部分长期制约长租房发展的制度约束，或将取得实质性突破。

四 当前需重点关注的问题及建议

伴随住房租赁市场的发展，市场中涌现了一些新问题，出现了一些新现象，如长租房概念的界定，公租房、保障性租赁住房与市场租赁住房、长租房的关系，以及租金管制、网约房监管等在内的一些问题，仍需予以认真关注并解决。

（一）需明确长租房的内涵及与保障性租赁住房的关系

对于长租房的内涵、长租房与保障性租赁住房的关系，目前尚未有官方文件进行界定，社会各界对长租房也有不同解读，如有的认为长租房指长期用于租赁，有的认为"租约长于 3 年"，有的认为长租房应有一定规模的集中租赁住房，散租不应纳入长租房。对于长租房与保障性租赁住房的关系，有学者提出二者为包含与被包含关系，即长租房包括保障性租赁住房，有学者则认为二者为并列关系。清晰界定长租房内容，关系如何科学制定相应的住房租赁政策，因此，为发展长租房市场，推动形成长期稳定的租赁关系，加快建立"租购并举"住房制度，应尽快明确长租房的内涵，并在未来出台的"住房租赁条例"中加以明确。

（二）需处理好公租房、保障性租赁住房与市场化租赁住房的关系

为解决不同人群的租住问题，我国建立了多层次住房租赁体系，包括公租房、保障性租赁住房、市场化租赁住房，三者的区别主要体现在服务租住人群和政府介入程度的不同。其中公租房主要面向城镇住房、收入困难家庭，政府介入程度最大；保障性租赁住房主要解决无房新市民、青年人长期租住的需求；市场化租赁住房由市场化运作的企业提供，面向的群体更广，其对于提升租赁住房服务品质有着重要作用。然而，部分城市在推进保障性租赁住房建设中盲目追求规模，将原按照市场化运营的租赁住房纳入保障性租赁住房进行管理，实行租金管制，极大影响到市场主体积极性。部分城市将本应由政府提供的公租房与保障性租赁住房并轨，导致低收入群体居住得不到应有的保障。公租房、保障性租赁住房、市场化租赁住房都是落实租购并举、有效增加租赁市场房源供给的重要抓手，三者互为补充、不可或缺。建议尽快出台相应的政策解释文件或指引、标准等，将三者关系充分明确。

（三）需正确对待租金限价和租金涨幅限制

近年来，部分城市租金出现较大涨幅，为此，北京、成都等多个城市先后制定租金管制政策，主要措施包括实施租金指导价、限制租金涨幅、市场出现租金价格异常波动时对企业进行查处等。租金价格管制对于租赁市场的发展是一把双刃剑，一方面短期内可以抑制市场租金快速上涨，切实保证承租人权益；另一方面则影响住房租赁市场活跃度。不过部分发达国家也注重通过管控租金来调节住房租赁市场，如德国规定三年内租金涨幅不得超过20%，日本则明确调整租金的具体情形，英国实行租金登记制度，登记后的租金就是出租人能提出的最高租金。总体来看，实行租金限价还是对租金涨幅进行限制，应区分住房租赁类型、城市甚至具体区域，不宜一刀切。如对于公租房，因有一定保障性质，确定具体的租金价格或明确租金不高于一定水平，更符合其保障性质。但对于完全市场化的租赁住房，限制租金则影响其出租积极性，不利于住房租赁市场可持续发展。又如为避免住房租赁企业采取"高进低出"的方式恶意套取资金，在租金价格畸高的城市或区域可以明确进行限价，而对于租金正常增长的城市或区域则可以通过限制租金涨幅来实现管控。

（四）需密切关注并规范"网约房"

"网约房"作为提供短期住宿服务的新型租赁业态，满足了市场短期住宿需求，近年来得到了迅速发展。据不完全统计，目前全国交易活跃、使用率高的网约房平台企业有10余家，处于经营状态的房源约400万套。但网约房的快速发展也带来以下几方面问题：一是企业平台对于房源的争抢直接拉升了租金并扰乱租赁市场；二是网约房增加了居民社区的人口流动，增加了社区消防、公共安全隐患；三是部分平台企业违规建立资金池，存在"爆雷"风险。目前"网约房"性质归属不清，主管部门尚不明确，导致难以对其有效监管。为规范"网约房"，有关部门应加强联动，加快出台有关认定标准，加大监管力度。

（五）需继续加快编制住房租赁相关标准规范

目前来看，行业发展标准的缺失依旧是制约住房租赁市场发展建设的一个重要影响因素。虽然我国已经针对租赁住房建设最为关键的环节出台了适用的标准文件，北京、广东等省市以及部分地方协会也编制了少量地方标准、团体标准，但是这些标准还远远不能满足行业发展需要。此外，各地出台或使用的标准中还存在部分内容的不一致甚至相互冲突的内容。因此，为规范住房租赁建设运营活动，推动住房租赁行业高质量发展，应积极构建涵盖租赁住房获取、设计与建设，租赁住房出租与运营，租赁住房平台建设与管理等内容的住房租赁标准体系。

参考文献

张宇、王璞、孙元祺：《租赁住房市场研究：新元肇启，举目万里》，格隆汇专栏：中金研究，https://m.gelonghui.com/p/509942，最后检索时间：2022年2月15日。

B.6
2021年商业不动产市场分析报告

杨泽轩 孟磊*

摘　要： 2021年，全球经济增长放缓，中国经济持续复苏带动投资信心，但持续2年多的新冠肺炎疫情时有反复，加上国家对房地产加大力度"去杠杆"调控，市场更趋保守，商业不动产市场继续承压前行，至年底仍未恢复至疫情前水平。购物中心市场存量增速呈下降趋势，空置率逐渐接近疫情前水平；办公楼市场整体需求周期性反弹，吸纳量再创新高、空置率略有降低、租金持续下调；酒店市场整体开始恢复，投资活跃，头部企业仍保持优势和速度，而中端酒店仍然领跑；公寓市场住房租赁政策全方位规范，房间规模快增，房企系品牌领跑，租金虽有增长但仍未恢复至疫情前水平。展望2022年，俄乌冲突带来的国际形势复杂及国内疫情形势的不确定性，都将对商业不动产造成较大影响。预计购物中心压力继续升温，但集中度进一步提高；办公楼供应量吸纳量同增，但空置率继续攀升；酒店市场受疫情影响预计仍恢复缓慢；公寓市场继续保持高活跃度，模式将向更轻或更重发展。

关键词： 房地产市场　商业不动产　购物中心市场　办公楼市场　酒店市场

---

* 杨泽轩，万商俱乐部创始人，上海万茂科技创始人；孟磊，万商俱乐部商业研究院院长，上海万茂科技合伙人。

一 2021年中国商业不动产发展总览

2021年是"十四五"开局之年,全年国内生产总值同比增长8.1%,社会消费品零售总额同比增长12.5%,中国经济发展仍保持全球领先地位,但经济增速逐季放缓。据高力国际的调查,2021年74%的境内外投资者愿意增加对于中国商业不动产市场投资(2019年49%和2020年65%),也充分反映出投资者对于中国商业地产的投资信心。

回顾2021年,上半年经济开局较好,出口和地产双轮驱动带动建筑业、中游制造业及疫情相关行业高增长,海外复苏带动贸易扩张;下半年,房地产行业在严格监管调控措施下快速降温,加上"能耗双控"政策升级,经济增速下行压力加大。在"房住不炒、因城施策"总基调下,国家陆续出台多项房地产调控政策,包括"三道红线"、房地产贷款集中度管理和"集中"供地等,针对地方政府、房企、银行三个主体全面监测和调控,对房地产行业的政策调控形成完整闭环,多数以房地产商为母体的商业不动产承压前行。

经过多年发展,中国商业不动产已进入深度竞争存量时代,增速减慢或负增长,企业分化,集中度持续提高,疫情常态化后空置率逐渐复苏,价格下滑、精细化运营成为必然。

(一)商业不动产相关政策

为刺激消费保障民生,政府出台多项政策,促进商业不动产健康发展(见表1)。

表1 2021年商业不动产相关政策

发布时间	出台部委	政策名称	政策内容摘要
1月5日	商务部等12部门	《关于提振大宗消费重点消费促进释放农村消费潜力若干措施的通知》	提出稳定和扩大汽车消费、促进家电家具家装消费、提振餐饮消费等具体举措,注重从满足消费需求和消费升级的角度出发,提升供给水平,从而进一步释放家电家具家装消费和餐饮消费等领域被抑制的消费需求

续表

发布时间	出台部委	政策名称	政策内容摘要
3月25日	国家发改委等28部门	《加快培育新型消费实施方案》	一是着眼推动服务消费线上线下融合,部署培育壮大零售新业态,积极发展"互联网+医疗健康",深入发展数字文化和旅游,有序发展在线教育,大力发展智能体育。二是围绕加快新型消费基础设施和服务保障能力建设,明确加强商品供应链服务创新,畅通农产品流通渠道,加强新一代信息基础设施建设,推进新型城市基础设施建设,加快以新技术促进新装备新设备应用,推动车联网和充电桩(站)布局应用,提升新型消费网络节点布局建设水平。三是聚焦强化新型消费发展要素保障,提出加强新职业新工种开发和培训,维护新职业从业人员劳动保障权益,优化消费相关用地用能支持,强化财政支持,加强金融支持,引导社会资本融资,降低平台交易和支付成本。四是立足改善新型消费营商环境,强调完善法规制度,简化优化证照办理,优化监管服务,健全标准体系,深化统计监测
7月	中共中央办公厅、国务院办公厅	《关于进一步减轻义务教育阶段学生作业负担和校外培训负担的意见》	义务教育是国民教育的重中之重,要充分发挥学校教书育人主体功能,强化线上线下校外培训机构规范管理
7月23日	商务部	《将北京王府井、天津金街、上海南京路、沈阳中街、武汉江汉路、广州北京路6条步行街确认为第二批"全国示范步行街"的通知》	商务部将指导各地借鉴示范步行街经验,适应新形势、新任务、新要求,坚持市场导向、立足存量、突出特色,遵循规律、尊重历史、服务民生,稳妥有序推进已有步行街改造提升,推动建立步行街发展长效机制,促进步行街持续高质量健康发展
6月30日	商务部	《"十四五"商务发展规划》	提出要用5年左右时间培育建设一批国际消费中心城市。首批国际消费中心城市落户北、上、广、津、渝

续表

发布时间	出台部委	政策名称	政策内容摘要
9月15日	商务部	《关于进一步做好当前商务领域促消费重点工作的通知》	通知的亮点是顺应居民消费升级趋势,把扩大消费同改善人民生活品质结合起来,提出发展新业态新模式新场景。通过找准市场需求和供给的发展方向,推动形成供给创造需求、需求牵引供给的更高水平的动态平衡,"预计品质零售、全渠道生活服务、特色餐饮、汽车等行业的消费潜力将进一步释放"
12月14日	国家发改委、工业和信息化部	《关于振作工业经济运行推动工业高质量发展的实施方案》	加大线上线下融合力度,扩大自主品牌消费和线上新型消费,促进老字号创新发展

资料来源:各政务公开网站、万商商业研究院。

(二)投资、供需与价格

1. 商业营业用房投资连续五年负增长,办公楼投资继续下滑

商业营业用房(以下简称"商用房")投资自2017年起连续5年负增长,开发投资额从2020年的1.31万亿元降至2021年的1.24万亿元,同比下降4.8%,降幅进一步扩大(见图1),较2019年同期下降5.9%,两年平均下降3.0%。

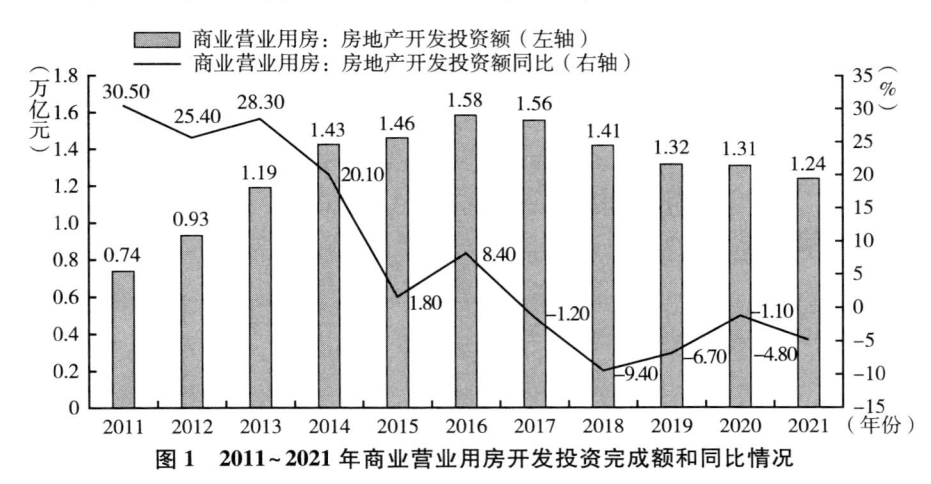

图1 2011~2021年商业营业用房开发投资完成额和同比情况

资料来源:国家统计局、万商商业研究院。同比数据为原始数据计算所得,并不完全为图中数据计算得到。下同。

109

办公楼开发投资额继续下滑，2021年，全国办公楼开发投资额为5974亿元，同比下降8.0%，较2019年同期下降3.1%，两年平均下降1.5%（见图2）。

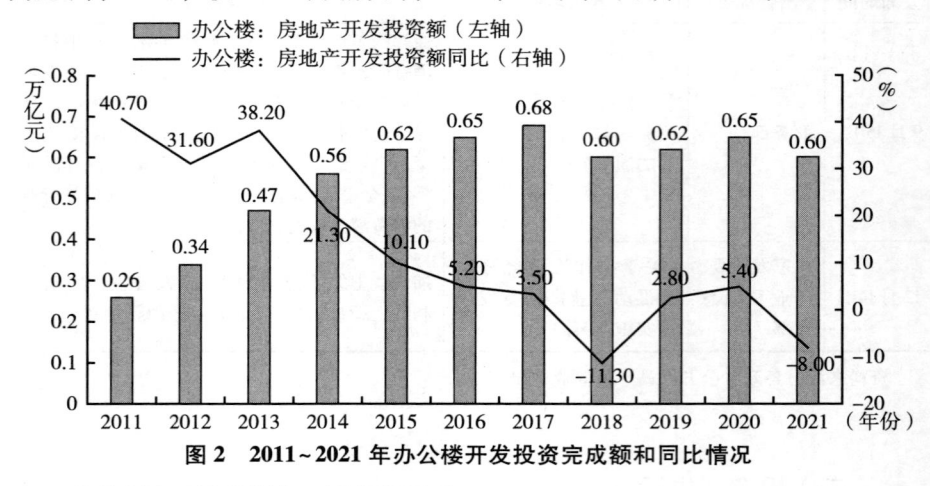

图2　2011~2021年办公楼开发投资完成额和同比情况

资料来源：国家统计局、万商商业研究院。

2. 商用房新开工面积连续8年负增长，办公楼新开工面积同比大减

商用房新开工面积自2014年起连续8年逐年下降，2021年再创新低，新开工面积仅1.41亿平方米，同比下降21.7%；商用房竣工面积和施工面积连续多年保持下降趋势（见图3、图4）。

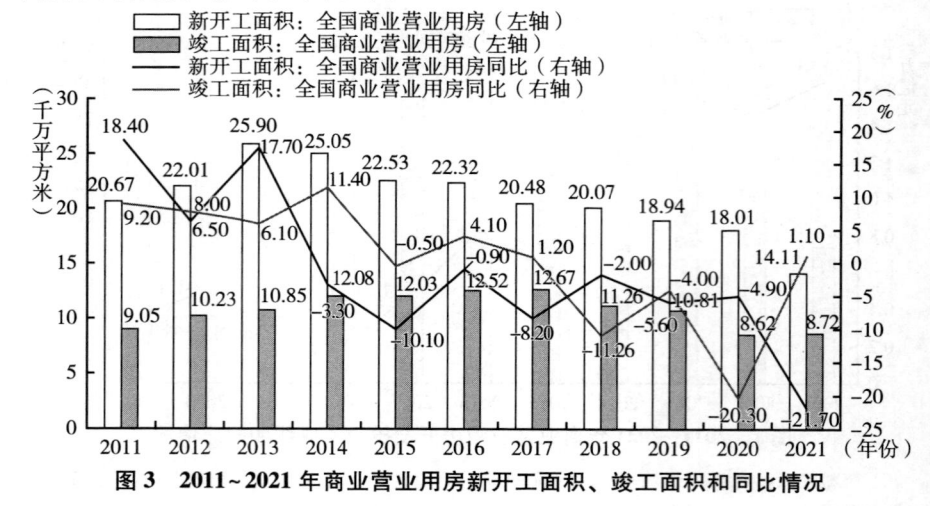

图3　2011~2021年商业营业用房新开工面积、竣工面积和同比情况

资料来源：国家统计局、万商商业研究院。

图 4 2011~2021 年商业营业用房施工面积和同比情况

资料来源：国家统计局、万商商业研究院。

办公楼新开工面积为 5224 万平方米，同比大幅下降 20.9%，较 2019 年同期下降 26.3%，两年平均下降 14.1%；办公楼竣工面积同比 2020 年略有回升但远不及 2019 年水平；办公楼施工面积继续维持高位（见图 5、图 6）。

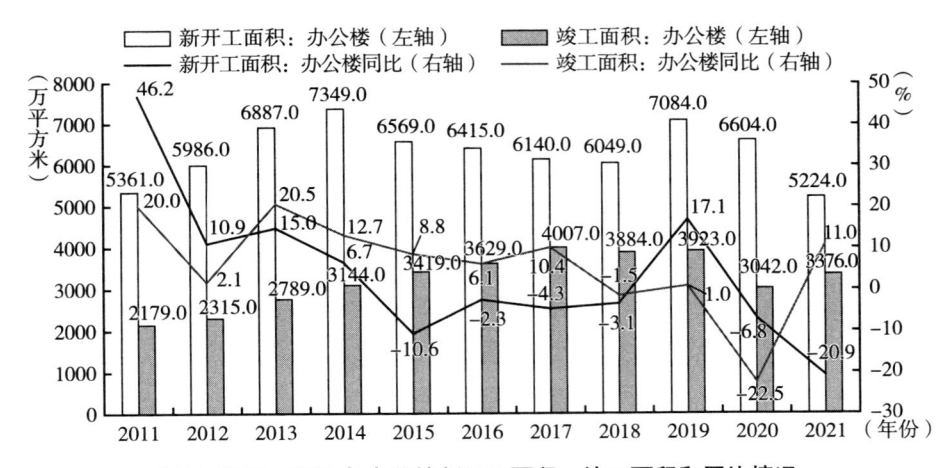

图 5 2011~2021 年办公楼新开工面积、竣工面积和同比情况

资料来源：国家统计局、万商商业研究院。

图 6　2011~2021年办公楼施工面积和同比情况

资料来源：国家统计局、万商商业研究院。

3. 受经济增速和消费动能影响，商业不动产销售继续走弱

商用房需求与商业零售业的发展紧密相关，受疫情持续影响，2021年全国商用房销售面积和销售额同比2020年继续小幅下滑（见图7）。

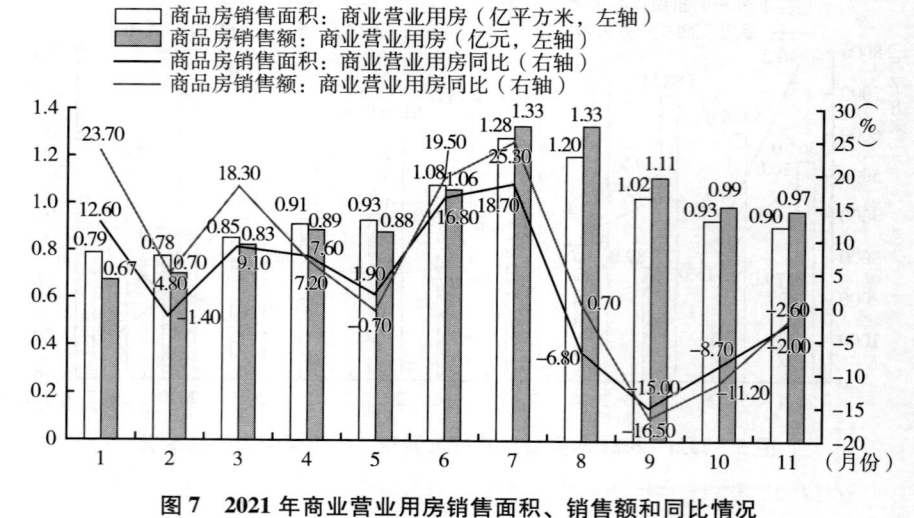

图 7　2021年商业营业用房销售面积、销售额和同比情况

资料来源：国家统计局、万商商业研究院。

而办公楼市场主要集中在经济发达的一、二线城市，与服务业发展密切相关，特别是金融业、商务服务业、高端制造业和前沿科技业等战略新兴产业。2020~2021年全国办公楼销售面积分别为3334万、3380万平方米，继续走弱（见图8）。

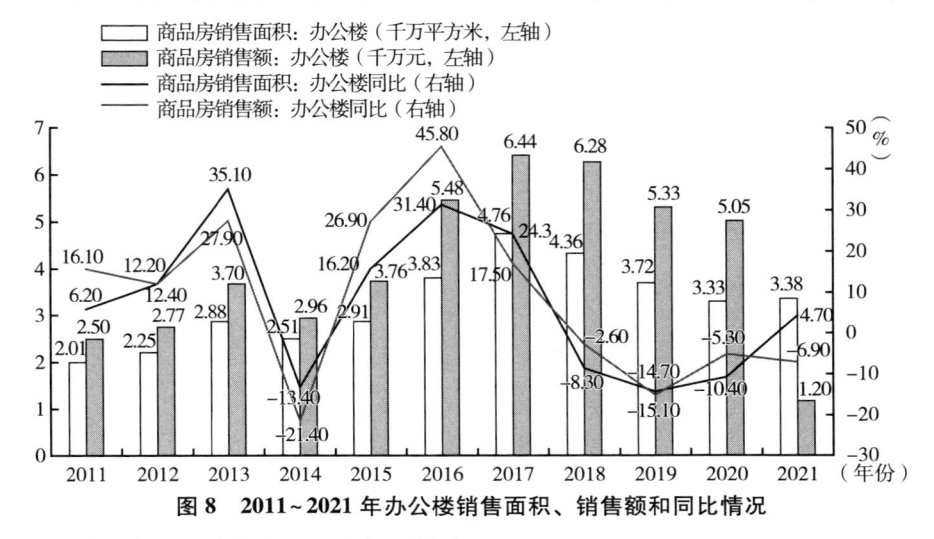

图8 2011~2021年办公楼销售面积、销售额和同比情况

资料来源：国家统计局、万商商业研究院。

4. 商用房平均售价保持稳定，办公楼平均售价下滑

商用房虽仍供大于求，但全国平均售价仍稳定维持在1万元以上（见图9）。

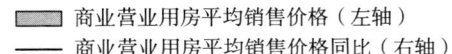

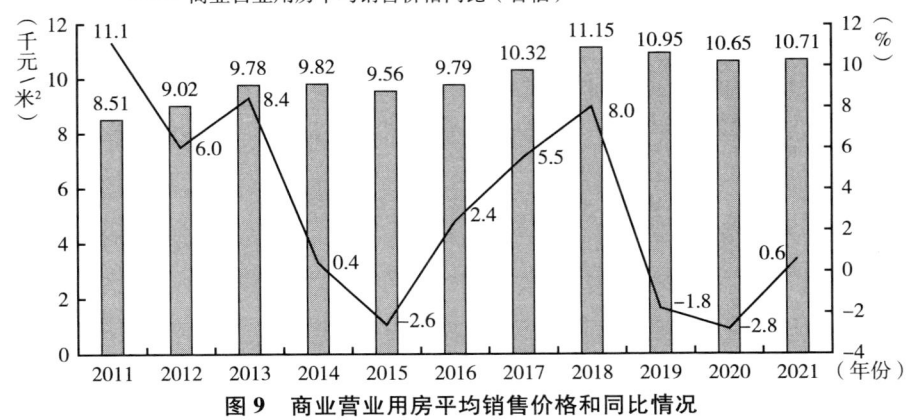

图9 商业营业用房平均销售价格和同比情况

资料来源：国家统计局、万商商业研究院。

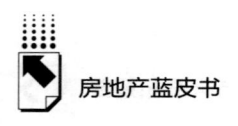

办公楼市场同样供大于求，受需求持续疲软影响，2021年底全国办公楼平均售价为13930元/米^2，较2018年下降460元/米^2（见图10）。

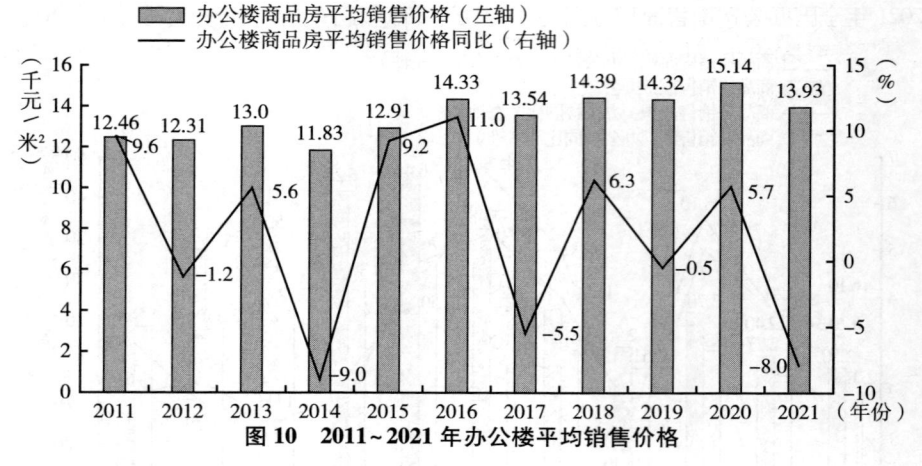

图10 2011~2021年办公楼平均销售价格

资料来源：国家统计局、万商商业研究院。

（三）资本市场

1. 受经济及房企承压因素影响，大宗商业不动产资产交易继续活跃

2021年，中国经济数据的持续攀升，提振了国内外投资者对国内大宗交易市场的信心，同时伴随对房地产的调控，部分现金流承压房企也积极出售大宗资产。据第一太平戴维斯统计，2021年中国大宗投资市场完成交易总额达人民币3645亿元，同比上升28%，较2019年历史高点也有着较大幅度增长。分城市来看，上海重回千亿元量级，北京交易总额居历史第二，深圳商用房和办公楼资产交易额大幅提升，广州工业物流资产受投资机构追捧（见表2）。

表2 2021年部分商业不动产大宗交易

单位：亿元

城市	收购方	被收购方	收购标的	物业类型	交易金额
北京	旭辉	天津卓新	华熙LIVE.五棵松50%股权	商业	33.20
	远洋、远洋资本	红星美凯龙	红星美凯龙70%股权	商业	40.00
	领展	GIC	上海七宝万科商业广场50%股权	商业	27.70

续表

城市	收购方	被收购方	收购标的	物业类型	交易金额
深圳	深圳欧陆通电子	南方航空	航城大道175号主体商业及裙楼	—	5.00
上海	旭辉永升投资	美凯龙物业	上海美凯龙物业	—	7.00
	领展	广州陆鹿物业	太阳新天地	—	32.10
南昌	武商集团	苏宁置业	南昌市东湖区在建商业项目	—	33.00
无锡	无锡拈花湾文化投资发展公司	无锡国发开元股权投资中心	禅意小镇拈花湾20%股权	文旅	5.13
多城	凯德	平安	上海、北京、宁波、成都、长宁以及杭州来福士项目	商业	330.00
	博枫资产管理公司	阿布扎比投资局	上海悦荟、青岛悦荟、西安悦荟、重庆东原悦荟新新Park等	商业	89.00

资料来源：万商商业研究院。

2. 中国商业不动产资产证券化通道有限，基础设施REITs试点打开希望之门

由于商业不动产资产证券化通道极为有限，国内商业不动产的资产证券化仍主要依赖CMBS、CMBN、类REITs产品，年内发行活跃（见表3）。

表3 2021年商业不动产资产证券化（REITs/CMBS）部分发行明细

单位：亿元

所在城市	项目名称	发行金额	支持物业	类型
重庆	中信证券-华润置地重庆万象城资产支持专项计划	45.01	重庆万象城	综合体
昆明	申万宏源-融创昆明文旅城资产支持专项计划	23.00	昆明融创文旅城	综合体
上海	中信证券-国君-上海万象城资产支持专项计划	50.01	上海万象城购物中心、上海万象城办公楼F楼及地下车库	综合体

续表

所在城市	项目名称	发行金额	支持物业	类型
广州	中山证券-美的置业广场资产支持专项计划	20.96	美的置业广场	综合体
北京	中金-合生-北京朝阳合生汇资产支持专项计划	80.00	北京朝阳合生汇	零售商业
上海	海通-徐汇绿地缤纷城资产支持专项计划	20.01	徐汇绿地缤纷城	零售商业
沈阳	中信建设-沈阳大悦城资产支持专项计划	18.01	沈阳大悦城	零售商业
北京	八达岭奥莱资产支持专项计划	19.10	八达岭奥莱购物中心	零售商业
昆明	申万菱信-金科昆明爱琴海资产支持专项计划	16.85	昆明爱琴海购物中心	零售商业
西安	南方资本印力-印象3号资产支持专项计划	15.79	西安龙首印象城、常熟印象城	零售商业
上海	国君-市北壹中心资产支持专项计划	21.00	上海市北壹中心	办公物业
上海	海通-陆家嘴股份-陆家嘴世纪金融广场1期资产支持专项计划	50.01	陆家嘴世纪金融广场	办公物业
深圳	中金-深圳华润大厦资产支持专项计划	30.01	深圳华润大厦	办公物业
北京	中金-金辉-北京金辉大厦资产支持专项计划	38.00	北京金辉大厦	办公物业
北京	远洋控股集团（中国）有限公司2021年度第一期定向资产支持票据	32.01	远洋国际中心A座	办公物业
上海	中国绿发-中金公司-上海鲁能JW万豪侯爵酒店资产支持专项计划（碳中和）	45.00	上海鲁能JW万豪侯爵酒店	酒店
长沙	中信建设-长沙悦方ID Mall资产支持专项计划	28.50	长沙悦方ID Mall	零售物业
首创钜大全国	中联首创证券-首创钜大奥特莱斯二期资产支持专项计划	32.68	杭州首创奥特莱斯、南昌首创奥特莱斯、济南首创奥特莱斯、合肥首创奥特莱斯	零售物业

续表

所在城市	项目名称	发行金额	支持物业	类型
北京	天风-得胜资产支持专项计划	16.50	中国北京西城区德胜门外大街83号德胜国际中心B座及E座	综合体
西安	招商创荣-长安万科广场资产支持专项计划	12.00	长安万科广场	综合体
东莞	东莞市万科房地产有限公司	12.00	东莞长安万科广场	综合体
上海	上海金茂投资管理集团有限公司	11.18	长沙金茂览秀城购物中心、青岛金茂湾购物中心	综合体
长沙	步步高商业连锁股份有限公司	7.80	金星路步步高大厦	综合体

资料来源：万商商业研究院。

2021年6月21日，首批基础设施REITs试点项目上市，我国公募REITs市场正式建立，为未来商业不动产尤其是稳定性较好的全球公认的办公楼和零售商业（购物中心）资产打开了希望之门。

二　零售商业市场分析

（一）消费形势

1. 居民收入仍呈正增长，消费规模恢复至疫情前水平

2021年，我国GDP规模突破110万亿元，再创历史新高，这是中国GDP连续第二年超百万亿元大关。2021年中国人均GDP为80976元，按年平均汇率折算，达12551美元，突破1.2万美元。而据世界银行报告，当人均GDP超过1万美元时，可选性消费（消费支出中的交通通信、教育文化娱乐和其他用品及服务）、服务类消费比例将大幅提高。

社会消费品零售总额440823亿元，同比增长12.5%，两年平均增速为3.9%。扣除价格因素，2021年社会消费品零售总额同比增长10.7%（见图11）。

房地产蓝皮书

图 11 2011~2021年社会消费品零售总额和同比情况

资料来源：国家统计局、万商商业研究院。

同时，城镇居民人均可支配收入47412元，同比增长8.2%，扣除价格因素，实际增长7.1%；城镇居民人均消费支出30307元，同比增长12.2%，扣除价格因素，实际增长11.1%（见图12），恢复至疫情前水平。

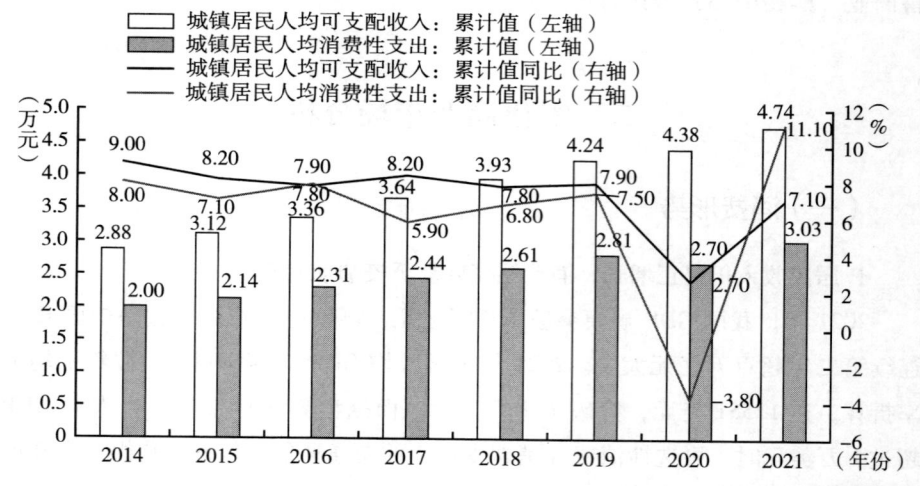

图 12 2014~2021年城镇居民人均可支配收入、城镇居民人均消费支出和同比情况

资料来源：国家统计局、万商商业研究院。

2. 消费支出结构中可选性消费快速增长

从2021年的居民消费结构看，全国居民人均食品烟酒消费支出7178元，占人均消费支出的比重为29.8%；人均衣着消费支出1419元，占人均消费支出的比重为5.9%；人均居住消费支出5641元，占人均消费支出的比重为23.4%；人均生活用品及服务消费支出1423元，占人均消费支出的比重为5.9%；人均交通通信消费支出3156元，占人均消费支出的比重为13.1%；人均教育文化娱乐消费支出2599元，占人均消费支出的比重为10.8%；人均医疗保健消费支出2115元，占人均消费支出的比重为8.8%；人均其他用品及服务消费支出569元，占人均消费支出的比重为2.4%（见图13）。

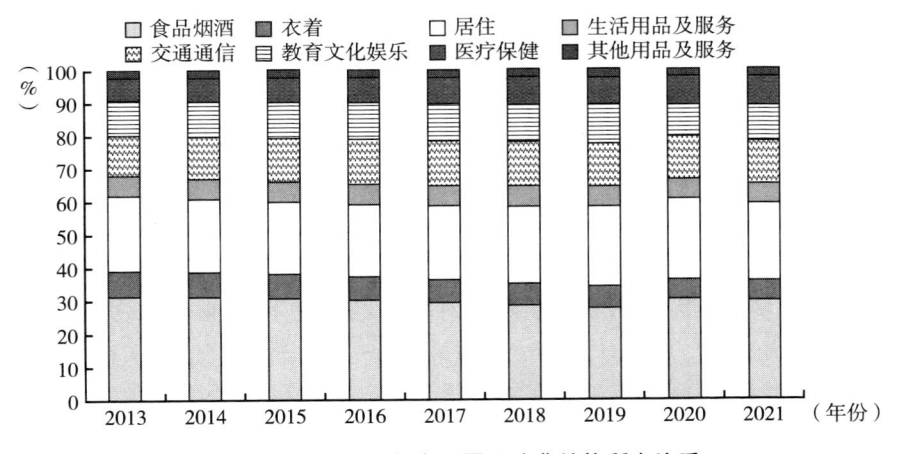

图13 2013~2021年全国居民消费结构所占比重

3. 网上实物销售继续增长，占比接近社零总额1/4，实体商业持续承压

疫情常态化后，用户网上购物行为存在一定的惯性。2021年全国网上实物商品网上零售额达10.8万亿元，首次突破10万亿元，同比增长12.0%，占社会消费品零售总额的比重为24.5%，实体商业持续承压（见图14）。

（二）购物中心市场分析

1. 房企去杠杆政策加速行业整合汰换，头部企业开业数量和质量集中度提高

2021年，对房企的"三道红线""去杠杆"政策一方面给关联的商业不

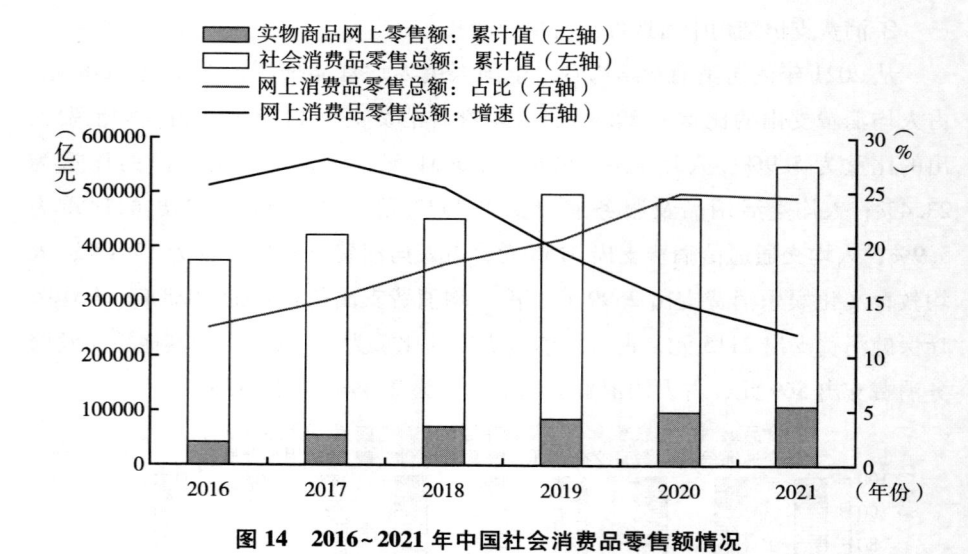

图 14 2016~2021 年中国社会消费品零售额情况

动产带来压力和变数，但同时也加速了行业的整合与汰换，使得头部商业不动产企业集中度加速提高。仅大连万达一家企业年度新开项目数量和面积占比就接近10%。2021 年 CR5（业务规模前五）购物中心企业市场占比达 14%（见图15）。

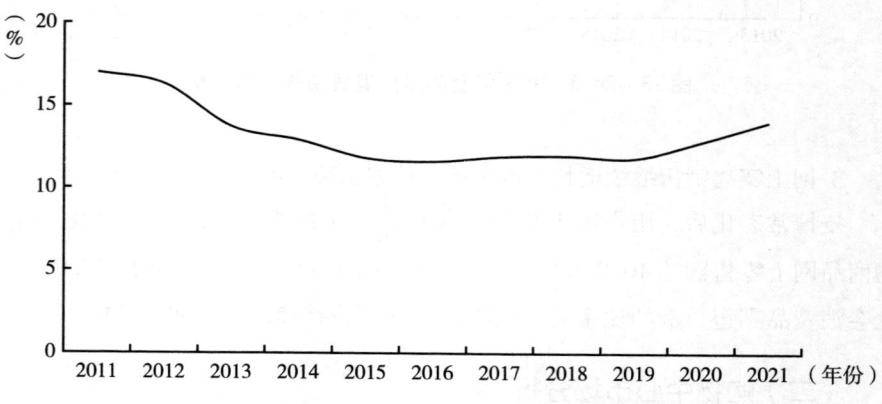

图 15 2011~2021 年 CR5 购物中心企业年度新开面积集中度

注：统计范围覆盖全国商业面积3万平方米以上购物中心，CR5 特指头部商业不动产开发商，含华润万象生活、万达商管、新城、印力、宝龙。

资料来源：2011~2019 年资料来源于赢商大数据，2020~2021 年资料来源于弗若斯特沙利文、万商商业研究院。

同时，新开项目作品大多出自头部名企。据万商俱乐部年度排行榜数据，年度新开项目 TOP20 项目中，约 90% 的项目系出名企。

2. 年度开业购物中心数量创新高，外资港资加速发展

2021 年国内商业不动产行业的走势向好，像上海等国内核心一线城市，已经通过宏观经济复苏带动商业不动产市场实现了整体回暖。整体而言，开业数创新高，在疫情影响下延期开业的商业造就了 2021 年开业数量的历史新高，据万商研究院统计，2021 年全国新开业购物中心达到 545 座，总体量 4750 万平方米（见图 16）。

图 16　2011~2021 年全国购物中心体量存量和同比情况

资料来源：赢商大数据、万商商业研究院，统计范围覆盖全国商业面积≥3 万平方米购物中心。

从参与主体看，除了国内的头部企业外，外资、港资企业加速发展，外资企业无论是早就入场的新加坡凯德（新开上海北外滩来福士）、宜家英格卡集团（原宜家荟聚，新开长沙荟聚等），还是日本的阪急（新开宁波阪急）、伊势丹（新开天津仁恒伊势丹），或是三井（新开 Lalaport 上海金桥、LaLa station 上海莲花路），而香港企业更是不甘示弱，从太古地产（新开上海前滩太古里、北京三里屯太古里西区）到恒隆（新开武汉恒隆）到 K11（新开天津 K11），再到香港置地（新开重庆光环）等。

3. 三四线下沉市场和城市更新改造板块成为购物中心角逐主力战场

相对一二线城市数量，三四线下沉市场拥有更多的城市数量，但仍有不

少城市缺少购物中心或者缺少更具竞争力的购物中心，这也成为新开发的沃土。而除了最初的大连万达和新城等先行者外，更多企业通过轻重等多种模式开始进入下沉市场，包括无论是华润万象生活这样的央企，还是龙湖、万科印力这样的领先头部企业，或是宝龙、爱琴海、世纪金源、中骏这样的优秀民企。

同时，随着中国城市化进程的加速及产业转换，不少原有城市空间和功能需要更新、改造或转换；同时随着国内诸多商场进入十年以上的改造周期或通过资产管理实现价值提升，更新改造需求也变得更加迫切。在每年新开购物中心中，城市更新改造类项目正在逐渐增多。万商俱乐部2021年度新开项目影响力排行榜中，北京入选TOP20的项目中有3个（西单更新场、美克洞学馆、三里屯太古里西区）均为城市更新项目。城市更新板块正成为角逐的另一个重要战场。

4. 受竞争和疫情影响，购物中心空置率继续攀升

根据第三方机构万商俱乐部观察，中国购物中心经过近20年快速发展，目前已进入竞争淘汰阶段，分化加剧，已初步形成优势头部企业和头部项目。根据万商俱乐部旗下的万商商业研究院数据分析，行业头部企业的平均坪效相当于全行业平均坪效的4倍，全国购物中心的TOP210家以9%的面积占比贡献了行业26%的销售额（根据美国经验，当购物中心进入竞争更为激烈的存量时代，将遵循2/8法则，当前美国20%的头部购物中心贡献了75%的收入）。

购物中心可以看作一个组合众多商户品牌的集合空间，其核心的直接客户是品牌商。受新冠肺炎疫情持续影响，自2020年以来，除奢侈品品牌以外的多数品牌业绩均有受损，不少国内外知名品牌更是倒闭、撤离中国或大规模关店（如海底捞2021年关闭300门店），品牌商户对开店多数仍持谨慎态度。

分城市线级来看，新一线城市整体优异，空置率略低于一线城市，出租情况较好。二线城市购物中心生存压力加大，或将加速行业洗牌。得益于更好的经济环境、更高的人口密度、更强的消费力，又叠加着积极求变、经营能力佳等因素，一线、强二线城市购物中心抗周期能力更强。重点21城空置率恢复至9.02%（见图17）。

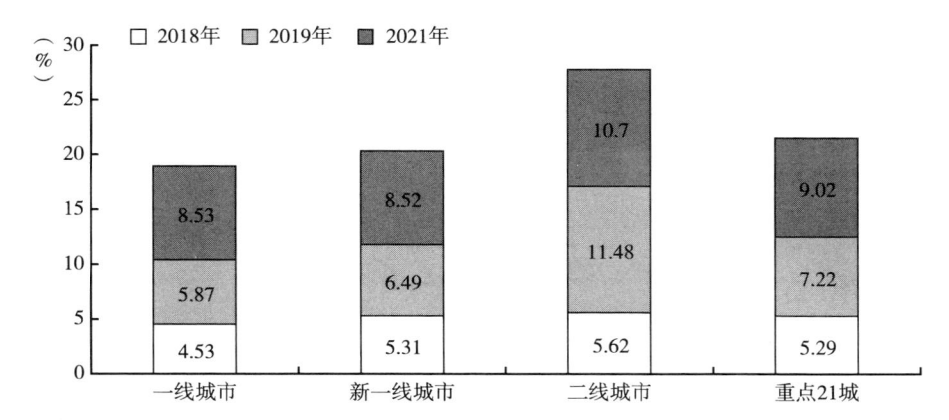

图17 2018年、2019年、2021年重点城市优质商业物业（购物中心）空置率

资料来源：赢商网、万商商业研究院。

5.购物中心租金整体下行，但优质项目增长和一般项目下调并存

据仲量联行监测，受疫情影响和消费趋于保守影响，年度购物中心租金整体下调（见图18）。但整体呈现两极分化，根据万商俱乐部对上市企业的监测，优质项目尤其标杆奢侈品商场租金仍保持增长，但一般项目租金仍然趋于下行。

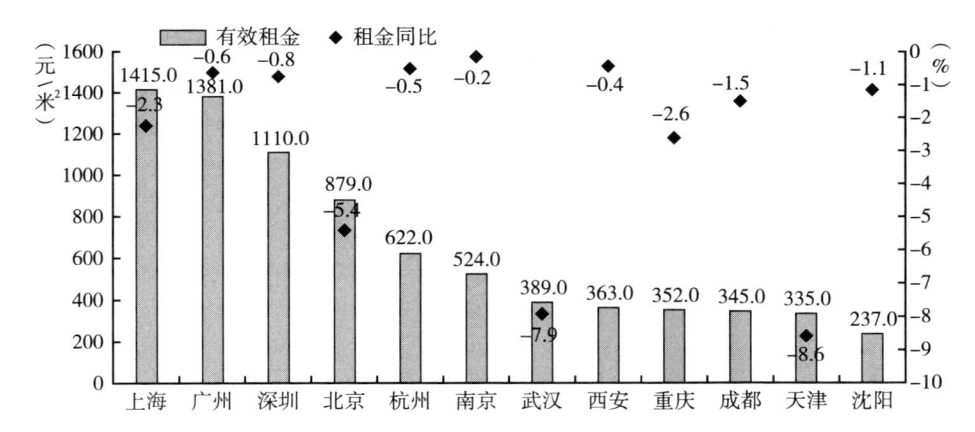

图18 2021年第三季度重点城市优质商业物业（购物中心）有效租金及其同比变动

资料来源：仲量联行、万商商业研究院。

6. 头部企业纷纷进入轻资产分拆上市队列

在去房地产的大背景下，从 2019 年年底开始，不少头部企业开始借助轻资产模式，与物业管理等业务板块相结合，踏上 IPO 上市发展的快车道。随着宝龙商业、华润万象生活、中骏商管、星盛商业等分拆上市，2021 年最大新闻莫过于购物中心管理规模最大的万达商管和龙湖智创生活的上市计划。据万商俱乐部对行业梳理，除了上述企业外，行业目前至少有 30 家以上企业制定了轻资产 IPO 上市计划。

7. 经济和疫情双重影响下，高端奢侈品、高性价比品牌、微度假增长强劲

受中国经济进入中速增长及疫情影响，以及对未来的信心不确定，消费者短期难以自由全球旅行及消费。高端奢侈品商场、注重高性价比的品牌或商业模式和主打微度假目的地的商场成为 2020 年以来的增长亮点和方向。

2020 年荣膺全球店王的北京 SKP2021 年销售再创新高，约 240 亿元，2021 年国内百亿元规模左右商场迅速增多（见表4）。而主打性价比的奥莱、折扣购物中心也在 2021 年迎来大发展，奥莱荟统计发布，2021 年国内销售 10 亿元以上的奥莱达到 46 家，排名第一的上海青浦百联奥莱更卖出 55 亿元销售额。

表4 2021 年全国百亿元销售额商场

单位：万平方米，亿元

所在城市	项目名称	商业建筑面积	销售额
北京	SKP	18	240
北京	国贸商城		200+
南京	德基广场	15	200+
上海	国金中心 IFC		185
上海	恒隆广场		155+
武汉	武商摩尔城	45	150+
深圳	万象城		130
广州	太古汇		100+
杭州	杭州大厦	14	100+
成都	IFS		100

资料来源：联商网、万商商业研究院。陈宁辉《全国 145 家商场 2021 年销售额出炉：首现 200 亿商场》，联商网，2022 年 1 月 24 日，http://www.linkshop.com/news/2022481199.shtml? sf = wd _ search。

8. 消费者追求产品和服务"极致性价比"，趋向务实理性消费

伴随着以好特卖为代表的折扣零售视频店迅速崛起，购买折扣临期商品正在成为一种年轻人接受甚至推崇的消费行为。我们也发现，经过疫情大考后的中国消费者，心智变得更为成熟和理性。在很多品类的消费上，优质、平价的品牌受到青睐，与其说消费者追求更好的品质，不如说他们更追求"极致性价比"。

三 办公楼市场分析

（一）受疫情防控及经济复苏刺激影响，办公楼全年吸纳量创新高

新冠肺炎疫情在2021年的整体防控有力及领先于全球的经济复苏，办公楼市场需求呈现强劲周期性反弹。据世邦魏理仕（CBRE）18个城市的统计数据，2021年供应总量642万平方米，与2020年基本持平，其中68%的供应量由4个一线城市贡献。而净吸纳量则达到743万平方米，创历史新高。北京、上海、深圳净吸纳量首次同时突破百万平方米，而科技行业活跃的杭州、成都及武汉则领跑二线市场（含新一线城市）需求（见图19）。

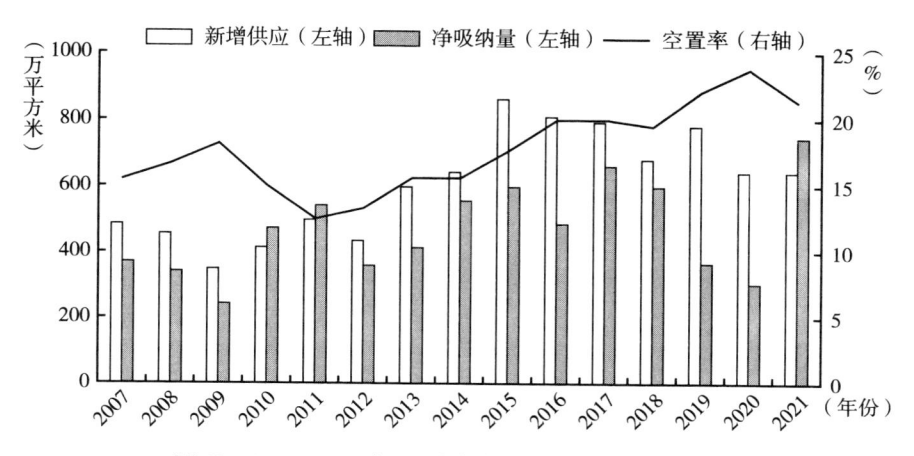

图19 2007~2021年18城市办公楼市场供需及空置率

资料来源：世邦魏理仕、万商商业研究院。

房地产蓝皮书

从主力需求客户来看,科技、金融及专业服务业继续成为办公楼市场的主力需求者,分别贡献租赁成交量的34%、22%及9%。尽管科技行业部分领域受政策影响,但互联网生活服务、企业服务、硬件研发、生物科技类企业显现扩张动能,前三者更贡献科技类企业办公楼租赁需求中的75%。从城市看,金融科技企业对科技城市选择的集中度继续提高至90%。

(二)虽总体空置率有所回落,一二线城市仍呈现冰火两重天

在强劲需求持续推动下,据世邦魏理仕监测,截至2021年末,全国18城市写字楼整体空置率同比回落2.4个百分点至21.3%,18个城市中有14个同比空置率回落,上海、深圳、成都、杭州等城市空置率已持续回落到疫情后的最低值(见图20)。总体来看,一线城市空置率维持在20%以内,广州最低;二线城市则多数在20%以上,部分城市如西安、天津、长沙、武汉甚至高达30%以上,呈现冰火两重天态势。

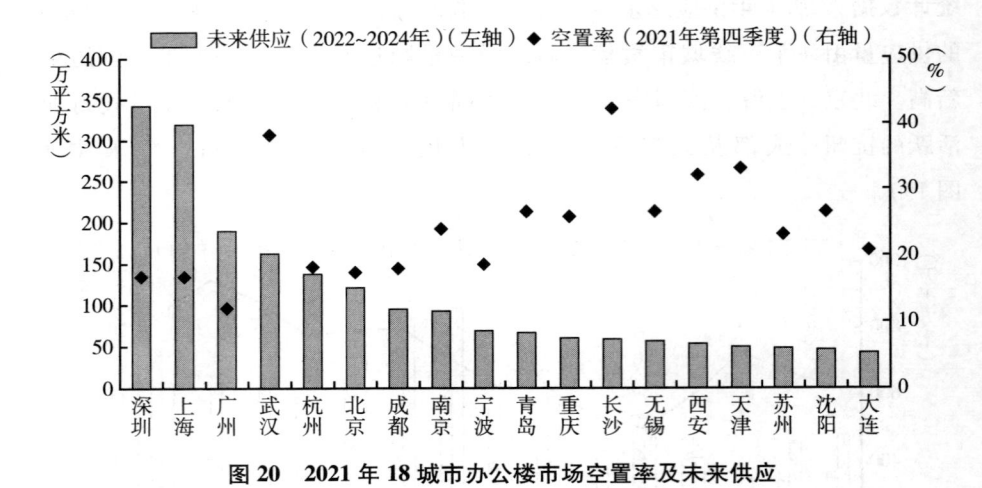

图20 2021年18城市办公楼市场空置率及未来供应

资料来源:世邦魏理仕、万商商业研究院。

(三)疫情叠加供应高峰,全国租金持续下调

疫情持续冲击叠加存量市场供应高峰,导致近年来全国范围内最大规模的租金下调,2021年租金降幅收窄,业主方以价换量的租赁策略取得一定成效,

但仍为买方市场（见图21）。2021年第三季度后，部分城市在强势板块回暖的带动下，全市平均租金出现小幅回升的迹象，如上海的南京西路以及滨江板块商务区、北京核心CBD商务区、深圳福田中央商务区等。

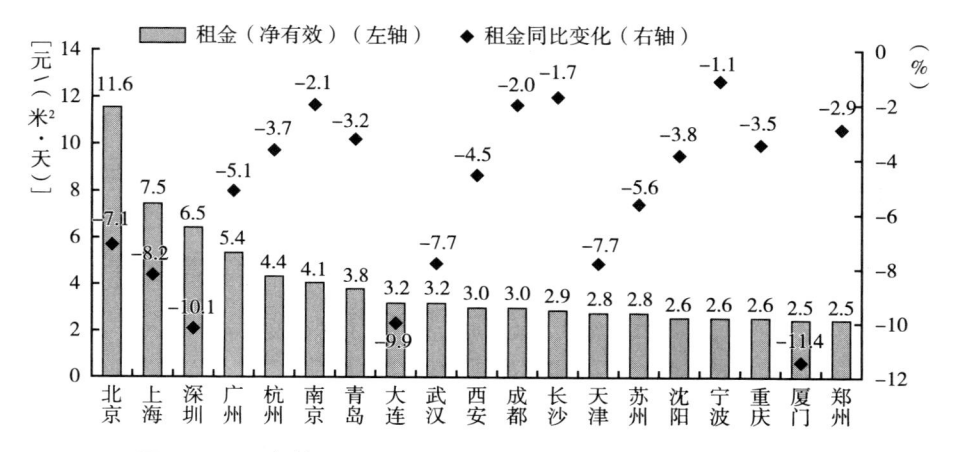

图21 2021年第四季度中国主要城市甲级办公楼净有效租金表现

资料来源：仲量联行、万商商业研究院。

四 酒店市场分析

（一）疫情对旅游出行影响仍大，国内游人数及消费明显提升但未到疫情前水平

新冠肺炎疫情突袭而至给酒店及旅游业带来强烈冲击后，全球酒店行业在2021年呈现恢复态势。截至2021年底，全球每间可出租客房收入（RevPAR）已恢复至2019年水平的50%~79%。但依赖商旅和团客需求的旅游市场复苏速度明显慢于休闲旅游市场。同时在疫情前主要依赖国际旅游需求的市场面临着更大的挑战。

根据文化和旅游部发布2021年度国内旅游数据情况，2021年国内旅游总人次32.46亿，同比增长12.8%，恢复到2019年的54.0%。2021年国内旅游收入（旅游总消费）2.92万亿元，同比增长31.0%，恢复到2019年的51.0%（见图22）。人均每次旅游消费899.28元，同比增长16.2%。

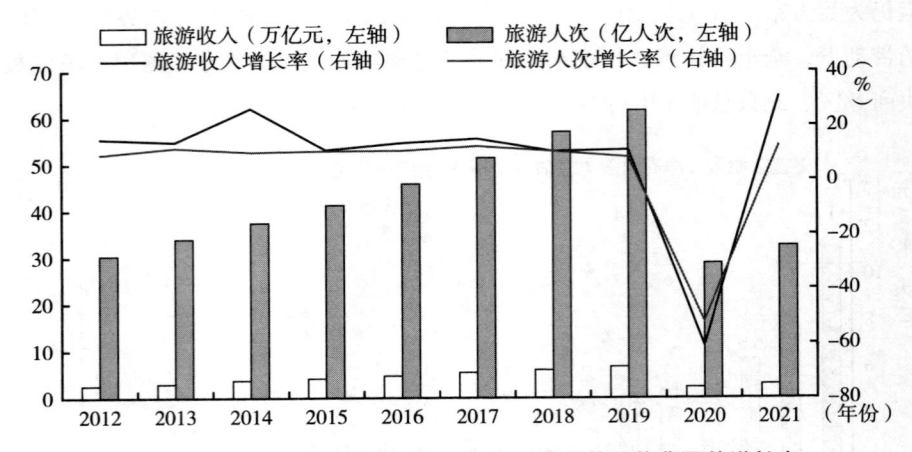

图22　2012~2021年国内游客人数及国内旅游总花费及其增长率

资料来源：国家统计局、万商商业研究院。

根据专业酒店顾问机构 STR 数据，全国 2021 年 5 月酒店入住率 64.73%，房价同比上升 2.36%，表明行业已从入住率恢复向房价恢复切换。分城市来看，二线城市恢复明显更优，而一线城市商务部分需求相对偏弱，但也处于上升通道。

（二）酒店投资市场活跃度恢复至疫情前水平，奢华上扬、中档趋缓

2021 年，中国大陆地区中档及以上品牌酒店签约同比增长 23%，总量为 732 家，为近五年新高。2017~2021 年酒店签约量 5 年复合增长率为 13%，除受疫情影响较大的 2020 年外，酒店签约量一直保持 20% 以上的同比高增长（见图 23）。

从各层级（分为奢华、超高档、高档、中高档和中档）品牌签约情况来看，2021 年奢华及超高档签约量强劲上扬，同比增速分别达 138% 和 38%。而作为一直以来的签约量上涨主力，中档品牌在 2021 年签约量虽仍领跑各层级酒店，但增长率（23%）明显放缓，主因投资主体多为独立投资人/团体或小型投资公司，受疫情对投资决策影响较大。

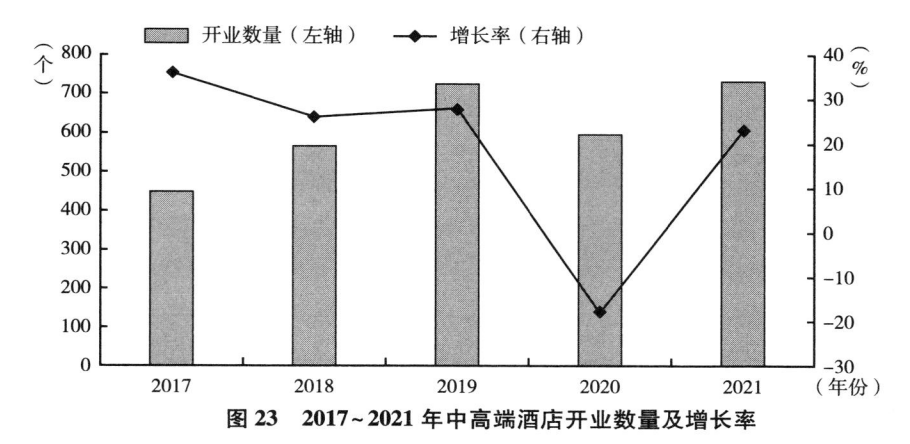

图 23　2017~2021 年中高端酒店开业数量及增长率

资料来源：浩华管理顾问公司、万商商业研究院。

（三）国内头部连锁酒店管理集团继续保持发展优势和速度

据统计，2021 年全国 15 间客房以上酒店有 27.9 万家，较 2020 年初下降 17.41%，而 15 间客房以下的则减少了 37.81%，中小型业态抗风险能力更弱。疫情下连锁酒店集团仍保持开店速度（见图 24）。

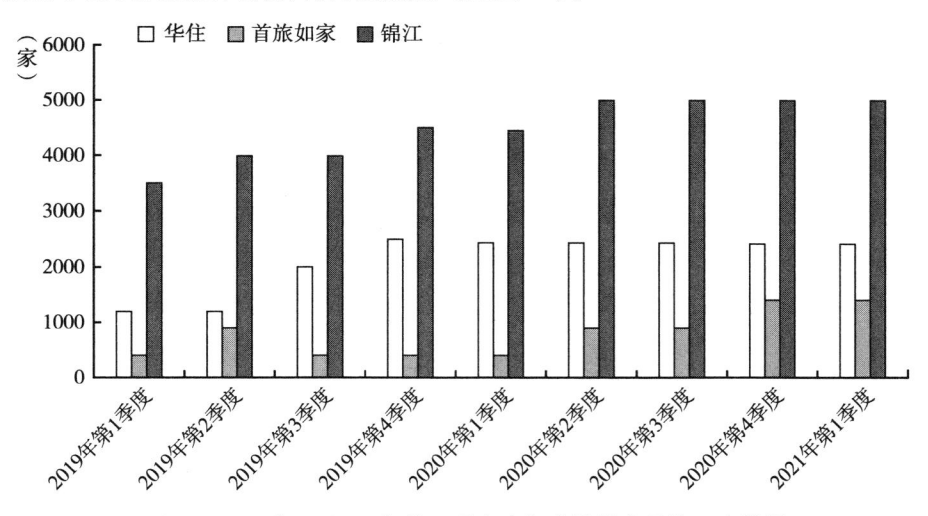

图 24　2019 年至 2021 年第 1 季度头部连锁酒店品牌开店数量

资料来源：迈点研究院、万商商业研究院。

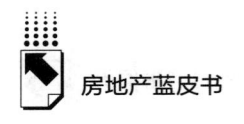

（四）行业集中于头部集团，中档连锁酒店领跑酒店市场

锦江、华住、首旅如家三大酒店管理集团仍是国内酒店市场三大巨头，市场占有率超过45%，竞争格局较稳定，市场集中度较高（见表5）。

表5 中国10大中端酒店品牌市场占有率

单位：%

酒店名称	所属集团	酒店定位	市场占有率
维也纳酒店	维也纳酒店集团	中档精品商务连锁酒店	27.00
全季酒店	华住酒店集团	中档商务酒店	13.23
麗枫酒店	锦江酒店集团	中档连锁酒店	7.01
如家酒店	首旅集团	经济型连锁酒店	4.39
星程酒店	华住酒店集团	中端商务连锁酒店	3.77
桔子酒店	华住酒店集团	中档连锁酒店	3.53
宜尚酒店	华住酒店集团	中档连锁酒店	3.29
雅斯特酒店	雅斯特酒店集团	中档精品酒店	3.27
喆啡酒店	铂涛酒店集团	中档商务酒店	2.72
希岸酒店	铂涛酒店集团	轻商务型连锁酒店	2.57

资料来源：中国饭店协会、浩华管理顾问公司、万商商业研究院。

五 公寓市场分析

（一）政府全方位规范住房租赁市场，出台各类保障措施

第七次人口普查结果显示2020年全国流动人口已达3.76亿人，住宅租赁产品为流入人口众多的城市提供了可负担的多元化选择。而城镇化、消费升级、家庭小型化、"租售并举"及政府全方位支持使得住房租赁市场未来可期。在传统的商务型客户需求之外，提升居住品质、体验舒适生活的个人租户数量也有所增加。

针对租赁住房，中央和各地政府出台持续性全方位监管和政策支持（见

表6）。在房地产市场受到较强政策监管的当下，租赁住房市场却受到财税政策的有力支持，来自中央及地方的专项资金支持及税费减免推动租赁市场进一步发展。此外，保障性租赁住房作为底层资产被纳入基础设施公募REITs，为未来加快发展租赁住房提供了可选支撑。

表6 2021年租赁住房政策相关一览

类型	政策	时间	主要内容
政策支持	"十四五"规划	3月	1. 坚持房住不炒；2. 加强房地产金融调控，发挥住房税收调节作用；3. 有力有序扩大城市租赁住房供给，加强租赁市场监管；4. 扩大保障性租赁住房供给，着力解决困难群体和新市民住房问题；5. 单列租赁住房用地计划
市场监管	住房和城乡建设部等六部门联合发布《关于加强轻资产住房租赁企业监管的意见》	4月	加强住房租赁企业从业管理，开展住房租赁资金监管，将房源信息纳入所在城市住房租赁管理平台，单次收取租金的周期原则上不超过3个月，不得高收低租，各地应合理调控住房租金水平
政策支持	国务院办公厅印发《关于加快发展保障性租赁住房的意见》	7月	明确保障租赁住房基础制度和支持政策，从土地、资金、金融、税收等方面支持发展保障性租赁住房。1. 进一步完善土地支持政策；2. 简化审批流程；3. 给予中央补助资金支持；4. 降低税费负担；5. 进一步加强金融支持
金融支持	国家发改委下发《关于进一步做好基础设施领域不动产投资信托基金（REITS）试点工作的通知》	7月	首次将保障性租赁住房纳入试点申报项目名单
税收支持	财政部、税务总局、住房和城乡建设部发布《关于完善住房租赁有关税收政策的公告》	7月	住房租赁企业向个人出租住房取得的全部出租收入，按照5%的征收率减按1.5%计算缴纳增值税；对企事业单位向个人、专业化规模化住房租赁企业出租住房的，减按4%的税率征收房产税

资料来源：中指研究院、万商商业研究院。

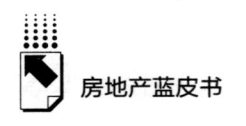

（二）长租公寓TOP30规模增至63万间，房企系品牌迅速增长

2021年，在中央政策的引导下，越来越多的房企与国企进入住房租赁行业，推动长租公寓市场规模进一步扩大。据迈点网数据，年度TOP30长租公寓品牌累计已开业规模63.04万间。其中TOP10品牌（见图25）开业规模均超过14700间；TOP20品牌开业规模超2100间。从品牌背景来看，TOP30中，房企系/创业系/中介系开业规模占比依次为29.26%、27.99%、27.78%。总体来看，房企系公寓品牌开业房源规模迅速增长。从TOP10新开业项目分布来看，以一线城市、新一线城市为主（占94%），创业系和中介系占比最高，产品以白领公寓（占65%）和蓝领公寓（占20%）为主。

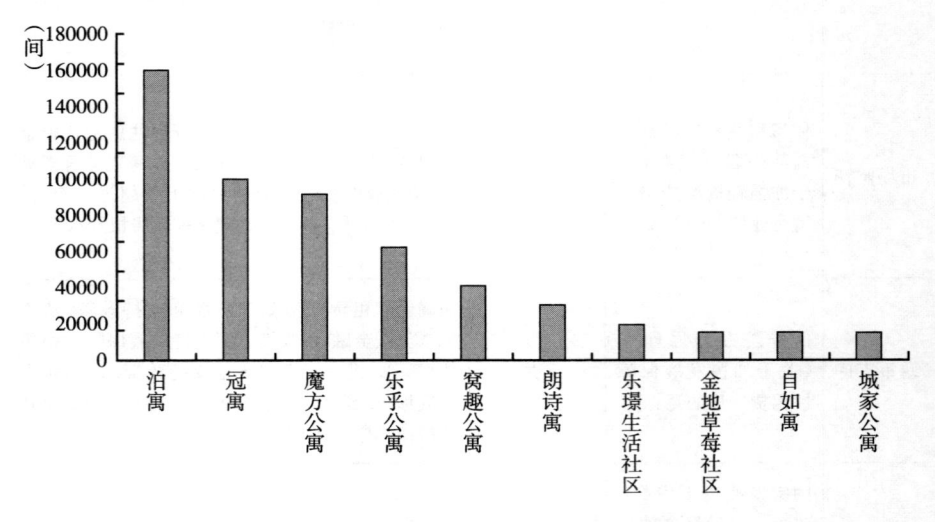

图25　2021年TOP10长租公寓品牌开业规模

资料来源：迈点研究院、万商商业研究院。

（三）租金全年呈上扬趋势，尤其下半年租金高企，但仍未恢复至疫情前水平

2021年，租赁市场整体呈活跃态势，但据贝壳平台对40城的监测，仍低于疫情前9%左右。而迈点网监测的20城住房租赁市场租金整体呈上扬趋势，尤其下半年租金高企。9月受毕业季、开学季影响，租金达到峰

值52.3元/（米²·月），之后下调，到第四季度20城租赁住房租金为50.17元/（米²·月），与第三季度对比有小幅下调（见图26）。

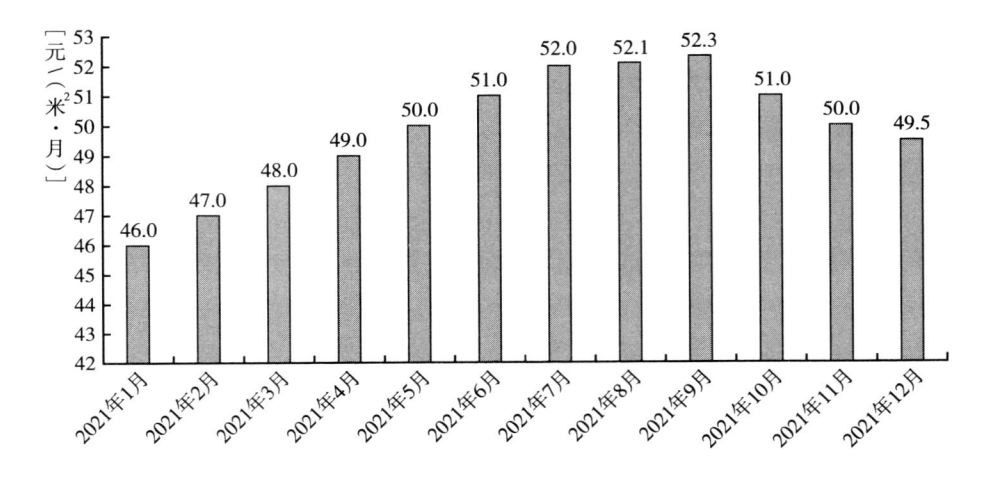

图26 2021年全国20城租赁房源租金月度走势

资料来源：贝壳研究院、万商商业研究院。

六 2022年商业不动产市场展望

2022年是"十四五"第二年，年初奥密克戎变异病毒的多点大面积暴发，预计会拖慢国内经济全面恢复进程，随着疫情在下半年得到控制，经济将逐步趋向正常增长。但2023年底房企"三道红线"全面达标的要求预计将进一步拉低房地产投资增速（2021年为4.4%）。尽管如此，2021年12月的中央经济工作会议强调货币政策和财政政策联动，逆周期调节稳增长。预计全年商业不动产市场将保持总体稳定增长，商业不动产并购交易仍将保持活跃并稳定增长。

（一）零售商业市场预测

奥密克戎疫情使得不确定性进一步增强，品牌商户和实体商业进一步承压。预期年内商业租金除了少量优质企业和优质项目外，多数将保持承压或下

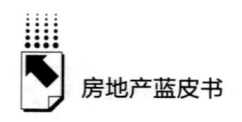

行，而商业空置率预计仍将保持双位数且继续攀升。但伴随疫情消退和政策助推，预计社零总额仍能保持个位数增长，而线上增长也将继续保持。同时消费者的"追求高奢"和"追求性价比"需求将继续在消费升级基础上分化。

据赢商网统计，2022年拟开业数量同比下跌近两成，但仍略超2020年拟开数量。按往年实际开业经验比例，预计2022年实际开业数量在400~450个，开业面积在3200万~3600万平方米。其中，存量改造项目仍将保持稳步略增的趋势。

（二）办公楼市场预测

2022年的中国甲级办公楼市场将迎来供应大年，年新增供应或将突破750万平方米，据世邦魏理仕2021年对办公楼租户调查，60%租户未来三年计划增加员工扩租，另有49%租户计划增加人工办公面积，预计2022年办公楼吸纳量将达600万平方米，空置率会再度攀升。大批优质办公楼项目短时间集中入市将使得各城市内的办公楼竞争更加激烈，空置率将再度攀升，租金将继续承压，整体租金预计会小幅下滑，但一线城市租金表现仍会跑赢二线城市。

2022年的办公楼需求来源除了传统的科技、金融和专业服务类机构（以互联网科技为代表的数字经济企业，已成为主导中国写字楼市场走势最重要的力量）外，也包括公共空间、健康、科技及共享灵活办公的办公楼产品需求。

（三）酒店市场预测

2022年初奥密克戎疫情全国多点暴发，接下来其仍将对旅游出行带来严峻冲击，预计随着疫情有效防控，国内旅游市场回暖将带动酒店市场动能增温，预期将保持2021年相同水平或略有增长。

酒店投资活跃度预计将继续保持，据仲量联行2021年对受访投资者调研数据，约45%中国投资人表示会在未来一年内考虑投资酒店资产，预期2022年酒店资产交易会呈现上升趋势。从集中度来看，头部连锁酒店管理集团如华住、锦江和首旅如家等继续领跑市场；从产品类型看，高性价比的中档酒店仍将是产品主力。

（四）公寓市场预测

保障性租赁住房建设将是2022年房地产发展的重要发力点，根据各地政府公布的计划，预计2022年，全国将供应279万套保障性租赁住房。保障性租赁住房被纳入基础设施公募REITs试点范围，将吸引更多企业入场，推动租赁住房市场更快发展。目前租赁企业数量已达2万家规模。在疫情不大规模反复的情况下，预计2022年住房租赁市场仍保持高活跃度。

疫情之下，企业模式将继续往避险式的"更轻"（集中式或分散式轻托管）或实力型的"更重"（集中式自持）两头转变。

参考文献

《全国145家商场2021年销售额出炉》，联商网，http：//www.linkshop.com/news/2022481199.shtml，最后检索时间：2022年3月30日。

《2021年全国高端酒店开业统计报告》，迈点网，https：//www.meadin.com/report/237279.html，最后检索时间：2022年3月29日。

《全国20城mall平均空置率降至9% 哪些城市逆风盘?》，赢商网，http：//news.winshang.com/html/069/8128.html，最后检索时间：2022年3月21日。

《丁祖昱评楼市年度发布会》，易居中国，https：//www.ehousechina.com/newscenter/newsDetail?url=https：//mp.weixin.qq.com/s/3KMF72CRL-11qXVsKVREAg，最后检索时间：2022年3月20日。

《2021年中国国家层面商业地产行业政策汇总及解读》，前瞻网，https：//www.qianzhan.com/analyst/detail/220/210930-5ba0179b.html，最后检索时间：2022年3月11日。

《带你看中国2021年办公楼市场概览》，仲量联行，https：//www.joneslanglasalle.com.cn/zh/trends-and-insights/investor/2021-office-market-overview，最后检索时间：2022年3月21日。

《〈技术展望2022〉：企业级元宇宙将重塑商业格局》，埃森哲，https：//www.accenture.cn/cn-zh/about/newsroom/company-news-release-technology-vision-2022，最后检索时间：2022年3月29日。

《2021年中国大陆地区中档及以上品牌酒店签约报告》，浩华管理顾问公司，https：//www.horwathhtl-cn.com/publications/56/%E3%80%8A2021%E5%B9%B4%E4%B8%AD%E5%9B%BD%E5%A4%A7%E9%99%86%E5%9C%B0%E5%8C%BA%E4%B8%

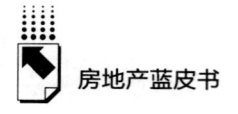

AD%E6%A1%A3%E5%8F%8A%E4%BB%A5%E4%B8%8A%E5%93%81%E7%89%8C%E9%85%92%E5%BA%97%E7%AD%BE%E7%BA%A6%E6%8A%A5%E5%91%8A-%E3%80%8B，最后检索时间：2022年3月20日。

《新十年，新十行，新生活：中国居民消费趋势报告》，波士顿咨询，https：//web-assets.bcg.com/72/53/7abc69c44140baa2289208b31212/new-decade-new-ten-elements-new-life-a-report-on-chinese-residents-consumption-trends.pdf，最后检索时间：2022年3月30日。

《从链式衰退到良性循环——贝壳研究院发布〈2022年房地产市场展望报告〉》，贝壳研究院，https：//research.ke.com/122/ArticleDetail?id=464，最后检索时间：2021年3月20日。

《2022Q1中国经济观察》，毕马威中国，https：//home.kpmg/cn/zh/home/insights/2018/02/china-economic-monitor.html，最后检索时间：2022年3月21日。

《2021年北京房地产市场回顾及2022年展望》，世邦魏理仕，https：//www.cbre.com.cn/about/media-center/2021-beijing-marketview，最后检索时间：2022年3月26日。

《通时合变-2022年中国房地产年度展望》，第一太平戴维斯，https：//www.savills.com.cn/research_articles/166704/204905-0，最后检索时间：2022年3月11日。

《存量时代购物中心增长思考》，睿意德咨询，https：//www.ret.cn/in-sight/2413.html，最后检索时间：2022年3月20日。

B.7
2021年房地产开发企业运营报告

回建强 屈雁翎*

摘 要： 2021年，房地产行业去杠杆、降风险贯穿全年。上半年房企融资"三道红线"、房贷集中度管理持续发力，融资环境收紧。下半年市场明显转冷，房地产企业资金链进一步绷紧，部分房企债务风险暴露发生违约事件，市场信心受挫。第三季度央行例会定调维护房地产市场的平稳健康发展，维护住房消费者合法权益，政治局会议首提促进房地产业良性循环，在对房地产信贷政策适度纠偏后，涉房融资环境有所放松。全年房地产市场销售金额及面积实现小幅增长，并创历史新高，但月度指标持续回落，短期内房地产市场难言乐观。2021年是集中供地模式施行的第一年，首轮集中供地中区域深耕型房企、规模房企均表现较为积极，而第二、三批次集中供地中不少民企参与度降低，国企和地方平台公司成为拿地的主要力量。

关键词： 房地产企业 集中供地 债务暴雷

一 影响房地产开发企业的核心政策

（一）房地产政策环境由不断收紧转为边际放松

2021年房地产行业去杠杆贯穿全年，政策重心从控制风险转变到良性循

---

* 回建强，北京中房研协技术服务有限公司研究总监，《中国房地产年鉴》副主编，研究方向为房地产政策与市场；屈雁翎，北京中房研协技术服务有限公司测评研究中心研究员，研究方向为房地产企业与数据。

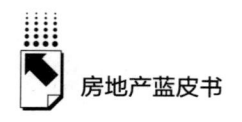

环。上半年，房企融资"三道红线"、房贷管理"两道红线"持续发力，房企资金需求端、供给端同时收紧。下半年，中央及各部委频繁释放房地产维稳信号：政治局会议强调要推进保障性住房建设，支持商品房市场更好满足购房者的合理住房需求，促进房地产业良性循环；央行定调"维护房地产市场的平稳健康发展，维护住房消费者合法权益"；银保监会表态重点满足首套房、改善性住房按揭需求，合理发放房地产开发贷款。中央层面，"房住不炒"依旧是房地产政策的总基调，短期内政策重点在于缓解前期紧缩政策叠加带来的负反馈预期，中长期继续落实房地产调控长效机制的目标不变。地方层面，根据中房研协测评研究中心统计，2021年全国各城市发布房地产调控政策超过490次，前三季度以收紧为主，聚焦在限价、限购、限售、房企资金监管、房地产市场秩序整治等方面，第四季度政策环境逐步改善，地方托底积极性提升，宽松性政策则主要围绕购房补贴、公积金贷款支持、人才安居等展开。

（二）主要政策解读

1.全国人大常委会授权国务院开展房地产税改革试点工作

2021年10月23日，第十三届全国人民代表大会常务委员会第三十一次会议做出决定，授权国务院在部分地区开展房地产税改革试点工作。根据会议内容，试点地区的房地产税征税对象为居住用和非居住用等各类房地产，不包括依法拥有的农村宅基地及其上住宅，土地使用权人、房屋所有权人为房地产税的纳税人。

2011年在上海、重庆试点推行房产税，2013年提出加快房地产税立法并适时推进改革，2018年将房地产税立法工作列入五年立法规划，2021年全国人大"授权国务院在部分地区开展房地产税改革试点工作"，房地产税改革试点工作一直在有条不紊地推进中。授权后，国务院将制定房地产税试点办法，明确具体试点地区和政策，发挥试点对整体改革的示范、突破、带动作用，为今后全国统一立法积累经验、创造条件。

房地产税涉及范围广、内容复杂，推进房地产税改革扩大试点还存在一些问题需要厘清。第一，征税对象方面，如果仅对增量房征税，初期有利于减少改革阻力，但长期来看不利于税收公平和收入调节，若将存量房纳入征收范围，需确定存量住房的涉税评估价，随着二手房参考价机制逐步完善，其未来有望成为房地产税的计税基础。第二,我国存在一些拥有特殊产权的住房,如何设计出居民可接受的征税方案,兼顾税收的效率与公平,存在较大挑战。第三,2021年下半年以来,我国房地产市场处于下行状态,需求和价格都出现了一定程度的调整,第三季度央行提出维护住房消费者的合法权益,多城发布房地产支持性政策,市场信心有所回升。为了配合稳定经济及产业发展,财政部宣布房地产税扩大试点工作2022年暂缓推进。

2. 多城推出二手房指导价机制

2021年2月8日,深圳市住建局发布《深圳市住房和建设局关于建立二手住房成交参考价格发布机制的通知》,以住宅小区为区域网格单元,发布全市3595个住宅小区二手住房成交参考价格。之后北京、上海、宁波等城市相继发布了二手住房成交参考价的相关政策。

当前中国房地产市场成交以新房为主,二手房占住房销售总金额的比重约为32%。从发达国家发展经验来看,未来成交结构将逐步向存量市场过渡,且目前在上海、北京、深圳的二手房成交面积已超同期新房,逐步成为存量主导的市场,二手房市场的重要性日益凸显。

发布二手住房成交参考价格,第一,有利于加大二手住房交易信息公开力度,促进市场理性交易;第二,有利于引导商业银行合理发放二手住房贷款,防控个人住房信贷风险;第三,有利于规范中介房源挂牌,避免挂牌价虚高问题。建立二手住房成交参考价格发布机制,是落实"房住不炒"的定位,促进二手住房市场信息透明、理性交易的重要举措。从目前已出台"二手房成交参考价"政策城市的市场表现来看,二手房指导价制度对抑制房价过快上涨、稳定市场预期有明显效果。

3. 保障性租赁住房贷款不纳入商业银行涉房贷款集中度管理

2022年2月8日,央行和银保监会联合发布《关于保障性租赁住房有关贷款不纳入房地产贷款集中度管理的通知》(以下简称《通知》),明确银行业金融机构向持有保障性租赁住房项目认定书的项目发放贷款不纳入房地产贷款集中度管理,鼓励银行业金融机构加大对保障性租赁住房的支持力度。

本次《通知》明确保障性租赁住房项目有关贷款不纳入房地产贷款集中度管理,加大了对保障性租赁住房市场发展的政策支持力度,有利于银行加大对保障性租赁住房项目的信贷投放,推动建立多主体供给、多渠道保障、租购并举的住房制度，促进房地产业良性循环和健康发展。目前保障性租赁住房在住房保障体系中具有重要地位，是解决大城市住房突出问题的重要路径，保障性租赁住房或将成为2022年楼市新亮点。

二 房地产企业拿地情况

（一）土地供应

2021年，全国400个市及县城[①]土地供应建筑面积总量为31.72亿平方米，同比下降14.11%。在集中供地新规下，土地市场发生了较大变化，22个城市由之前的零散供地变为集中供地，土地供应规模较上年明显收缩。从月度数据来看，1月土地市场表现冷淡，供应量为年内最低；3月受集中供地新规影响，部分重点城市近乎"断供"，供地建筑面积同比减少33.25%，创年内最大月度降幅；4月部分城市陆续启动集中供地计划，土地供应量达到年内小高峰，但仍不及上年同期；5~6月土地供应规模回落。进入下半年，政策面收紧趋势更加明显，土地市场热度下滑，第四季度地方有完成年度供地计划的压力，且重点城市第三轮集中供地纷纷启动，土地供应量有所回升，11月土地供应建筑面积达到6.67亿平方米，同比增长8.09%，供应量达到全年最高水平（见图1）。

分能级城市来看，2021年，一线、二线和三线及以下城市土地供应都同比减少，分别为-1.09%、-16.40%和-13.27%。上半年，年初土地市场供应规模低位运行，之后在集中供地政策下，一线城市积极供应优质土地，北京、上海、广州、深圳分别首批集中出让30、31、48、6宗涉宅地块，土地市场热度较高，土地供应建筑面积同比下降16.04%。下半年一线城市第二批集中供地时间纷纷延迟，土拍规则密集调整，土地市场热度明显下降，北京、上海、广州、深圳分别集中出让43、27、48、22宗涉宅地块。年末，在第三批集中供地中，一线城市土地市场有所回暖，北京、上海、广州、深圳分别集中出让

---

① CRIC数据库监测样本为400个市及县城，其中一线城市包括北京、广州、上海、深圳；二线城市包括长沙、成都、杭州等33个省会城市及直辖市；三线及其他城市为剩余363个市及县城。

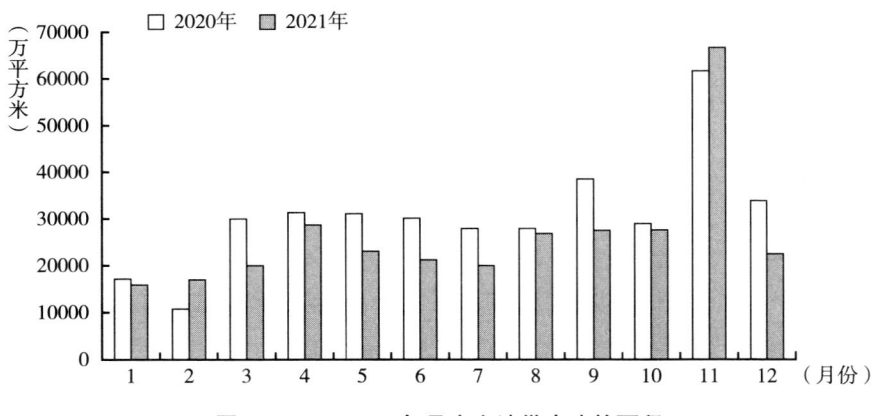

图1 2020~2021年月度土地供应建筑面积

资料来源：CRIC、中房研协整理。

12、27、17、11宗涉宅地块，下半年土地供应建筑面积同比增长11.30%。具体来看，深圳2021年落实"房住不炒、住有宜居"精神，继续发力增加居住用地的供应，供地地块数量同比增长35.19%，供地建筑面积同比增长31.25%；北京、广州供应规模与上年基本持平；上海供应规模有所下滑，2021年上海灵活运用政策组合，从集中土拍规则、新房供应积分制、二手房指导价多方面引导置业预期，促进房地产市场的稳定健康发展（见表1）。

表1 2020~2021年一线城市土地供应明细

城市	土地幅数(幅)			建筑面积(万平方米)		
	2021年	2020年	同比(%)	2021年	2020年	同比(%)
北京	73	62	17.74	728	754	-3.45
上海	233	295	-21.02	2024	2366	-14.45
广州	170	182	-6.59	2715	2648	2.53
深圳	73	54	35.19	966	736	31.25

资料来源：CRIC、中房研协整理。

二线城市一季度月均土地供给建筑面积明显下滑，4月、8月和11月多城集中供地，土地供应规模分别同比增长66.82%、40.76%、5.22%，其他月份均为负增长。首批集中供地中，整体规则相对宽松，涌现出许多高热度城市，

直接导致了第二批供地规则的升级，部分城市多宗地块先后终止出让，供应量有所下滑。年底，22城陆续启动第三批集中土拍，出让规则再次放松，以应对较冷的市场，总体供应量增速下降。

三线及以下城市1月、2月、11月土地供给建筑面积分别同比增长，其他月份均为负增长。受集中供地影响，第一季度一线城市几乎"断供"，土地市场明显降温，市场热度向三线及以下城市转移，1月、2月供给建筑面积同比增长0.85%、60.85%，进入下半年，信贷环境趋于紧张，土地市场热度下降，土地供应量减少，年底各城市为完成当年土地供应计划，加大土地供应量，11月土地供给建筑面积同比增长10.83%。

（二）土地成交

2021年400个市及县城土地成交量建筑面积同比减少20.60%，成交总价同比减少1.23%。其中，上半年，1月受疫情和季节性因素的影响，土地市场成交规模同比下滑，2月和3月，土地市场交易日渐活跃，土地成交量建筑面积分别同比增长8.74%、37.62%。4～5月迎来首批集中供地高峰期，成交量环比增长，6月成交规模延续上升，但同比来看仍不及上年同期疫情恢复下的成交量高位。首批集中供地土拍热度较高，对优质地块的竞拍激烈，带动上半年成交总价同比增长21.76%。下半年，受多个重点城市集中土拍延期影响，土地成交量低位运行，11月随着土地供应加大，成交规模环比回升，12月成交规模基本恢复到与上年持平。相较于首批集中供地，第二、三批次集中供地土拍热度降温明显，下半年土地成交总价同比下降17.01%。

2021年土地成交平均楼板价为3148.02元/米^2，延续了上年的上涨势头，同比增长24.39%。除7月、8月外，其他月份土地成交平均楼板价均高于2020年同期（见图2）。其中，5月集中供地的重点城市迎来了拍地潮，共有10个城市在当月完成了首批集中土拍，包括北京、深圳、杭州、南京、宁波、厦门、福州等诸多热点城市，受热点城市成交占比提升影响，平均楼板价达到年度最高水平，同比增长76.76%。对比2020年，各能级城市的地价均有所抬升，二线城市涨幅最大，2021年平均地价达5503.13元/米^2，同比上涨31.35%。

从土地成交金额前10的城市来看，上海依然位于榜首，成交金额达3140

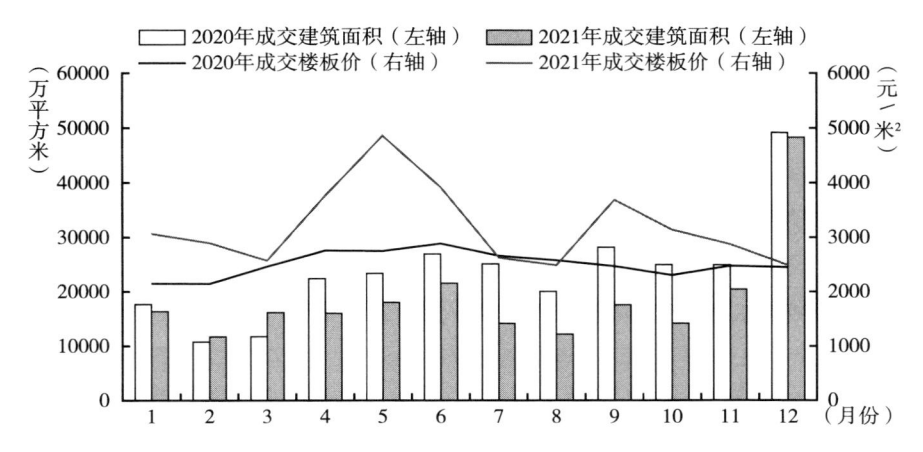

图 2　2020~2021 年土地月度成交建筑面积及成交楼板价

资料来源：CRIC、中房研协整理。

亿元，同比上涨 3.02%；第 2 名杭州，成交金额 3015 亿元，同比上涨 21.38%，杭州土地市场上半年热度高，下半年走过 10 月的低迷，最终在 12 月回暖；第 3 名广州成交金额同比下降 2.67%。一线城市中，有北京、上海、广州三城市上榜，其中北京在三轮集中土拍中加大优质地块供应，积极完善土拍规则，2021 年土地成交金额同比增长 17.03%，上海与广州成交金额与上年基本持平（见表2）。此外，深圳成交金额同比上涨 4.41%，2021 年成交金额排在第 12 位，与上年相同。

表 2　2021 年土地成交金额 10 强城市

单位：亿元，%

排名	城市	成交总价 2021 年	成交总价 2020 年	同比
1	上海	3140	3048	3.02
2	杭州	3015	2484	21.38
3	广州	2480	2548	-2.67
4	北京	2261	1932	17.03
5	南京	2068	2089	-1.01
6	武汉	1898	1925	-1.40

续表

排名	城市	成交总价 2021年	成交总价 2020年	同比
7	成都	1772	1468	20.71
8	重庆	1724	1981	-12.97
9	苏州	1381	1150	20.09
10	西安	1075	1030	4.37

资料来源：CRIC、中房研协整理。

（三）土地流拍

2021年全国400个市及县城土地总流拍率为19.50%，较上年增加了2.52个百分点。2021年月度土地流拍数量，整体表现为上半年同比减少，下半年同比增加，呈现"前低后高"的走势（见图3）。上半年房企资金较为充足，房企拿地热情较高，再加上第一批集中供地积极供应优质地块，流拍现象有所减少，22城首轮土拍流拍率多为10%以下。下半年，房地产行业信贷监管趋严，市场预期下调，第二批集中供地22城中有7城流拍率超过50%，第三批土拍规则有所放宽，流拍现象稍有好转，但部分东北城市楼市下行压力大，流拍现象仍难以逆转。

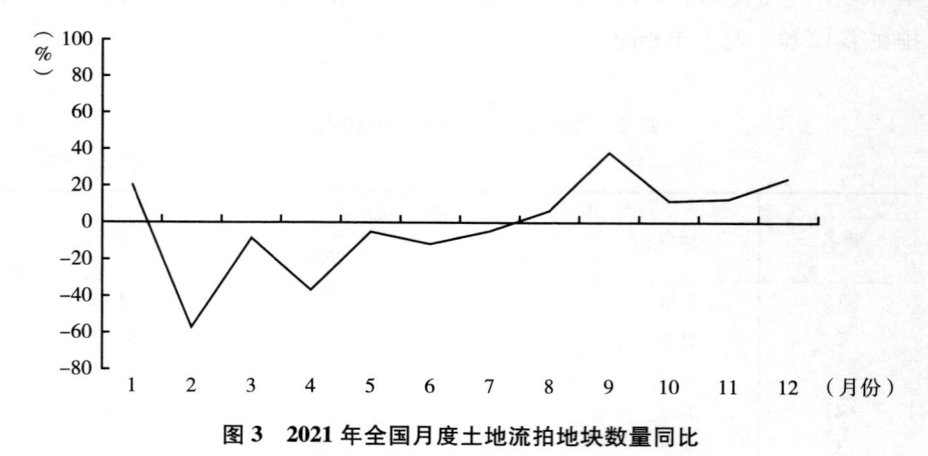

图3 2021年全国月度土地流拍地块数量同比

资料来源：CRIC、中房研协整理。

分城市能级来看，2021年一线城市流拍率为7.74%，二线城市、三线及以下城市全年流拍率分别为10.93%、20.8%。各能级城市土地流拍率均有所上涨，整体来看三线及以下城市流拍现象更明显，但部分三线及以下城市成交表现为流拍与高溢价并存，城市间市场供需特征不同，分化明显。

（四）典型企业拿地特征

据CRIC统计，截至2021年末，TOP100房企[①]拿地销售比[②]为0.25，较上年下降0.12，与2017年的高峰相比降幅超过50%，并创下近五年新低。由于首轮集中供地的开启，当时房企的资金仍相对充裕，纳储态度相对积极，因此拿地销售比在第二季度达到全年高点（0.38）。第三季度后期以及第四季度，在连续出台金融监管政策影响下，叠加债务集中到期，房企陆续面临较大的偿债压力和现金流压力，拿地销售比持续下降，第四季度仅有0.12。TOP100房企新增土储超过2000亿元的房企共有10家，较上年减少6家，可见在现金流持续吃紧的压力下，企业前期投资力度明显减小（见表3）。

表3 2020~2021年TOP100房地产企业拿地销售比

拿地销售比	2021年	2020年
TOP1~10	0.29	0.32
TOP11~20	0.27	0.46
TOP21~30	0.31	0.44
TOP31~50	0.24	0.35
TOP51~100	0.19	0.33

资料来源：CRIC、中房研协整理。

从TOP100房企投资区域分布来看，2021年一、二线核心城市投资仍是首选，投资金额占比分别为19%和50%，仅有三成金额用于三四线城市的投资。尤其在第四季度，投资金额高度聚焦一、二线城市，金额合计占比高达74%，三四线城市占比仅有26%。区域布局层面，长三角地区依然最受房企青睐，

---

① TOP100房企指2021年操盘排名前100的房企。
② 拿地销售比＝拿地支出金额/销售收入金额。

百强房企全年投资金额中有42%集中于长三角地区,其次是珠三角地区,占比为20%,中西部和环渤海区域各占比19%,整体形成"一超三强"的格局。

在2021年三轮集中供地中,房企投资表现大相径庭。首轮集中供地中区域深耕型房企、规模房企均表现较为积极,第二轮、第三轮集中供地中不少民企参与度下降,国企和地方平台公司成为拿地的主要力量。据CRIC统计,TOP100房企在首轮集中供地中,拿地金额超过9200亿元,而在第二轮集中供地中,拿地金额骤减至3400亿元左右,降幅高达63%。从企业类型来看,民企的降幅最大,国企央企第二轮拿地金额较第一轮下降42%,而民企拿地金额收缩幅度高达83%。可见随着融资、土拍政策持续趋紧,民企受影响程度远比国企央企更加严重。在央行、银保监会召开房地产金融工作座谈会后,房企融资、信贷环境有望回暖,但从发债情况来看,仍以保利、招商等国企,以及各类城投公司为主,因此对于大部分房企来说,销售、回款、偿债甚至"活下去"是当前首要任务。

三 开发企业经营情况

(一)全国房地产市场销售情况

2021年,全国房地产市场规模达历史最高水平,商品房销售面积17.9亿平方米,同比增长1.9%,商品房销售额18.2万亿元,同比增长4.8%。其中上半年和下半年商品房销售面积分别同比增长28%和下降15%,上半年较好的市场表现是全年创新高的主要支撑(见图4)。根据全国商品房销售面积、金额折算来看,12月单月商品房销售均价下降至9512元/米^2,环比下降0.9%,较年初1~2月下降14%,结合2021年新房销售表现来看,房企在资金压力下,选择通过"以价换量"促进销售回款。

(二)开发企业到位资金情况

2021年,房地产开发企业到位资金为20.1万亿元,同比增长4.2%,比2019年增长12.6%,两年平均增长6.1%。自"三道红线"及银行贷款集中度管理政策出台以来,去杠杆成为房企发展的重点任务。2021年房企纷纷主动或被

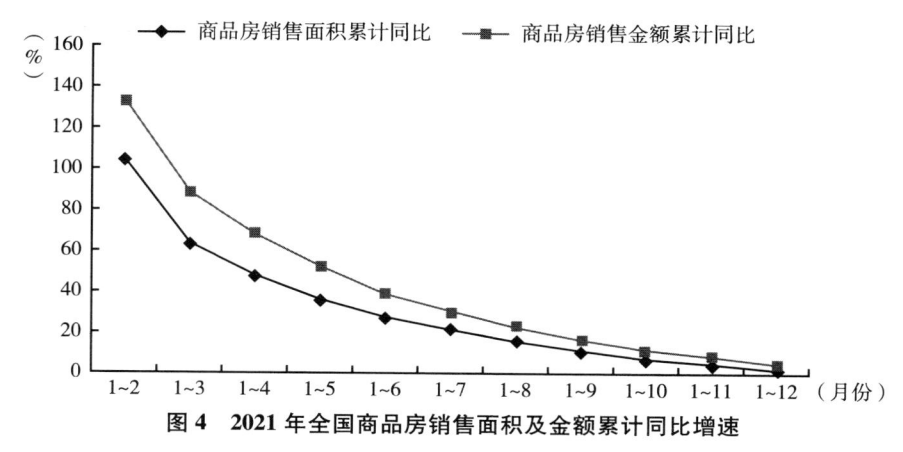

图4 2021年全国商品房销售面积及金额累计同比增速

资料来源：CRIC、中房研协整理。

动减少融资，房地产开发企业到位资金增速逐月下滑。从分项占比来看，国内贷款占比持续下滑，从年初的17.02%下降到年末的11.58%；自筹资金占比逐月增长，从年初的27.06%上升到年末的32.53%；定金及预收款及个人按揭贷款占比保持相对稳定（见图5）。2021年前三季度房地产金融监管不断强化，调控持续收紧，房企更加依赖销售回款和自筹资金，第四季度房地产信贷政策适度纠偏，央行提出维护房地产市场的平稳健康发展，维护住房消费者合法权益，政治局会议首提促进房地产业良性循环，个人按揭贷款出现一定程度的改善。

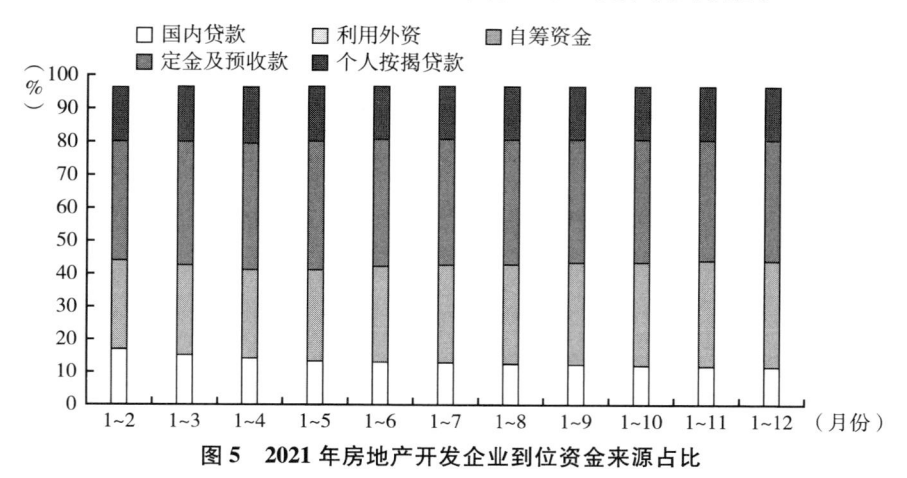

图5 2021年房地产开发企业到位资金来源占比

资料来源：国家统计局、中房研协整理。

（三）房地产开发投资情况

2021年全国房地产开发投资完成147602亿元，同比增长4.4%，创五年最低增速，比2019年增长11.7%，两年平均增长5.7%。其中，住宅投资111173亿元，比上年增长6.4%，占房地产开发投资完成额的75.32%。土地投资和建安投资为房地产开发投资的重要组成部分。自"三道红线"融资规则出台以来，房企整体拿地力度放缓，且下半年二、三批次集中土拍热度下降，拖累土地投资增速，同时房企资金链紧张导致整体新开工和施工进度放缓，建安投资增速放缓，两者共同作用下房地产开发投资增速收窄（见图6）。

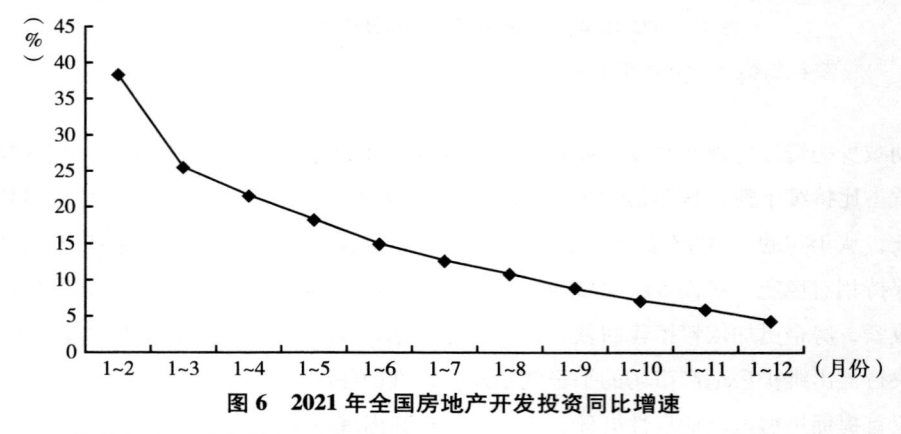

图6 2021年全国房地产开发投资同比增速

资料来源：国家统计局、中房研协整理。

（四）各梯队房企销售集中度情况

2021年，TOP10、TOP30、TOP50、TOP100房企集中度较上年均有明显下降，打破此前行业集中度将持续提升的预判。当前房地产行业处于下行状态，TOP100房企首当其冲，行业集中度下降，其中部分头部房企销售规模的同比下滑，对各梯队房企集中度均产生较大影响。从细分梯队来看，TOP11~30与TOP31~50梯队集中度保持相对稳定，TOP10、TOP51~100梯队集中度有所下滑。在本轮房地产市场调控中，房企销售业绩分化明显，行业竞争加剧，在当前的政策框架下，预计销售规模将继续向央企、国企开发商和财务稳健的民营房企集中（见表4）。

表4 2021年TOP100房企集中度及变动

单位：%，个百点

梯队	2021年	2020年	集中度变动	梯队	2021年	2020年	集中度变动
TOP10	24.20	26.49	-2.29	TOP10	24.20	26.49	-2.29
TOP30	42.35	45.03	-2.68	TOP11~30	18.15	18.54	-0.39
TOP50	51.55	55.04	-3.49	TOP31~50	9.21	10.01	-0.80
TOP100	60.82	66.15	-5.33	TOP51~100	9.27	11.11	-1.84

资料来源：CRIC、中房研协整理。

（五）开发企业经营风险情况

2021年，房地产行业去杠杆政策层层加码，前三季度融资持续收紧，同时银行贷款"两集中"政策使得按揭放款周期拉长，销售回款难度加大使得流动性压力进一步上升，叠加行业下行、疫情反复等多种因素的影响，房企偿债压力增大，部分高杠杆房企出现信用违约事件。同时，海外评级机构下调国内多家房企评级，导致企业境外融资环境更加紧张。为保持房地产市场的平稳健康发展，有关部门对房地产信贷政策适度纠偏，央行第三季度例会定调"两维护"，政治局会议首提促进房地产业良性循环，地方政府开始放松限购限贷等政策。预计后期将在"房住不炒"和"稳地价、稳房价、稳预期"政策不动摇的前提下，支持房企合理正常融资，有序引导企业销售、购地、融资等经营行为逐步回归常态。

在行业去杠杆的压力下，TOP500房企杠杆率下降明显。长期偿债能力方面，TOP500房企2021年资产负债率均值为67.85%，较上年下降10.92个百分点；净负债率均值为69.57%，较上年下降15.51个百分点。短期偿债能力方面，2021年TOP500房企流动比率均值为1.88，较上年上升0.48；速动比率均值为0.93，较上年上升0.44。从财报上看，2021年房企促销售、抓回款、出售资产的举措一定程度上增加自有资金水平，积极进行现金流管理，应对可能发生的债务风险，偿债能力上升。从企业风险暴露事件来看，在调控政策叠加影响下，个别头部房企在行业发展转型过程中遭遇偿债危机，显示出在当前高杠杆、高负债的操作逻辑下，部分头部房企实质上是"大而不强"，真实的经营能力、战略规划能力都有不足，在应对国家一再明示的金融风险时，显得储备不足。当前市场环境下，企业经营者须转变心态，在行业规模增速放缓、平均利润降低的变化之下，将企业增长方式向稳健发展的质量效益型转变（见图7）。

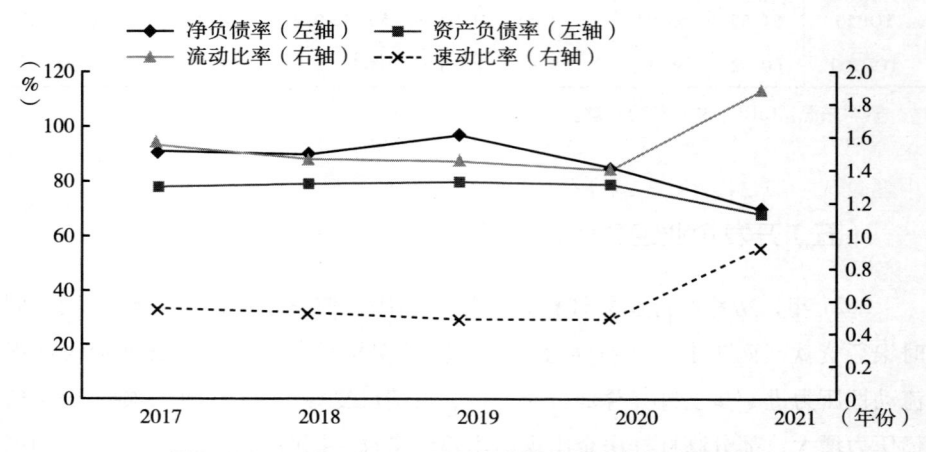

图7 2017~2021年TOP500房企偿债能力指标均值对比

资料来源：Wind、中房研协整理。

从TOP500房企"三道红线"达标率来看，2021年三季度剔除预收款后的资产负债率达标率略有上升，而净负债率与现金短债比达标率稍有下降。2021年房地产企业生存环境愈加严峻，"两集中"供地下行业竞争加剧，个别房企陷入"薄利抢地"的处境，行业焦虑情绪凸显。同时受个别房企违约事件影响，购房者信心受损，房企销售及回款受到一定程度影响，一部分房企为了加速回款，采取"价格战"试图"以价换量"，净负债率和现金短债比较2020年底均有所恶化。2021年以来，金融机构对房地产行业的授信额度明显下降，房企境内融资出现一致性的收缩行为。数据显示截至2021年年末，境内信用债违约总额为1595.93亿元，其中房地产行业违约总额为384.71亿元，违约金额和违约数量较2020年大幅增加，造成投资者信心下降，房企应提高自有资金比重，防范系统性风险。

四 市场及企业运行展望

（一）政策环境

展望2022年，预计中央层面房地产政策将继续坚持"房住不炒"的定位，同时针对房企融资的"三道红线"、房贷管理的"两道红线"监管措施将有所放缓或调整，增强系统性考量，在去杠杆、防范系统性风险、平稳健康增长中寻找平衡，促进行业良性循环。地方层面，预计地方政府会继续结合本地市场情况，因城施策，精准调控，热点一二线城市房地产调控走向紧中趋稳，部分城市尝试进行限购政策的放松。市场下行压力较大的二三线城市或将成为房地产宽松性调整的主体，政策调整以市场稳定为核心目标，旨在防止市场出现大起大落。供应方面，金融机构落实合理发放房地产开发贷款，为优质房企提供并购贷款、发行债券支持，优化预售资金监管体系。需求方面满足购房者合理住房需求，按揭贷款适度放松，缩短放款周期，提高贷款成数降低首付比例，结合人口政策，针对多孩家庭提供住房金融支持。

（二）市场趋势

2021年全年行业销售和投资规模继续保持增长并创新高，预计2022年房地产业投资及销售规模明显回落，但依然处于相对较高规模区间。2021年融资压力下新开工面积持续走弱，而交付大年下竣工面积保持高增长，两者此消彼长下施工面积增速逐月收窄。2021年土地成交面积呈负增长，预计2022年新开工面积增速难有持续改善，对市场供应带来负向影响，竣工高峰过后预期施工面积将进一步收缩。在商品房市场规模基本见顶情况下，保障性租赁住房或将成为2022年房地产市场的重要增长点，对房屋施工面积起到一定支撑作用，但难以改变建安投资低位运行的局面，预计2022年整体房屋施工面积将保持较低增速。

（三）企业经营

2021年，中国房地产行业的企业整体销售表现为先扬后抑的走势，下半

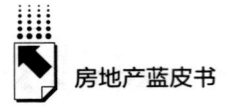

年市场降温明显，TOP100 房企单月业绩增速自 7 月由正转负以来，延续下跌趋势且降幅不断扩大，但预期市场底尚未真正到来，短期内房地产市场仍难言乐观，2022 年 TOP100 房企销售规模或将持平甚至略有回落。集聚效应下城市中的强一二线城市，房企中的央企、国企和优质民企将成为市场销售、投资主流，核心优质土地仍是房企竞争标的。从企业发展战略角度，2022 年整体战略以谨慎经营、防范风险为主，房企经营逻辑将加速向"以销定投"转变，企业需在保证货量供应的同时，继续积极营销、促进销售去化及现金回笼，高杠杆、高负债运营模式无法持续。同时，行业盘整期下，回归产品、加强产品力打造、提高产品适销性，也将是企业的关注重点。

《政府工作报告》强调房地产业要探索新的发展模式，2022 年必然是行业发展的创新年、突破年。突破行业原有的发展根基，从消费者需求出发，从行业发展的大势入手，进行业务产品的延伸与迭代，在科技地产、养老、绿色、租赁等领域找到新的突破口。

参考文献

上海易居房地产研究院：《2021 年度全国房地产业十大事件》，《中国房地产》2022 年第 1 期。

黄志凌：《破解住房市场难题必须供给侧与需求侧双向发力》，《征信》2022 年第 3 期。

丁祖昱：《房企"剩"者为王的时代已经来临》，《中国房地产》2022 年第 5 期。

金浩然、李嘉珣：《前瞻 2022 年我国房地产政策着力点》，《上海房地》2022 年第 1 期。

克而瑞地产研究中心：《"国企托底"和"流拍撤牌"成为集中供地关键词》，《中国房地产》2022 年第 5 期。

刘昆：《进一步深化房地产税改革试点》，《中国总会计师》2021 年第 12 期。

向家莹：《保障性租赁住房迎更大力度金融支持》，《经济参考报》2022 年 2 月 9 日，要闻第 2 版。

孔海丽：《楼市调控变奏曲：去杠杆、重民生与新发展》，《21 世纪经济报道》2021 年 12 月 31 日，第 16 版。

服务篇
Service Sections

B.8
2021年房地产经纪行业发展报告

程敏敏 涂丽[*]

摘 要： 2021年，房地产经纪机构规模保持平稳增长，受房地产市场下行压力影响，代表性经纪机构下半年营业收入有所下降；立足解决行业痛点、规范行业发展的新规则、新模式涌现，尤其是个别城市试行单边代理模式，在行业内引起较大反响；经纪机构发展出现分化，互联网平台发展逐渐回归理性。2022年，在信用体系建设深入推进、行业新规则试点推行、市场秩序持续整顿等多重因素的影响下，行业发展环境将得到进一步改善。

关键词： 房地产市场 房地产经纪 互联网平台

房地产经纪俗称房地产中介，在居住服务中实质上是住房流通服务，为住

---

[*] 程敏敏，中国房地产估价师与房地产经纪人学会研究中心主任、副研究员，研究方向为房地产法；涂丽，中国房地产估价师与房地产经纪人学会研究中心研究人员，研究方向为房地产法。

房需求者和供给者提供房源、客源、市场价格等信息，并提供房屋交易咨询、房屋状况查验、协商议价以及代办抵押贷款、税费缴纳、不动产登记等相关专业服务。近年来，随着互联网技术的不断发展，线上线下房地产经纪服务不断融合，房地产经纪出现新业态、新模式，房地产经纪机构、经纪服务方式日益多元化，房地产经纪在提高住房交易效率、降低住房交易成本等方面发挥着越来越重要的作用。

一 2021年房地产经纪行业发展基本情况

（一）房地产经纪机构情况

2021年，房地产经纪机构规模继续保持平稳增长，新增经纪机构注册资本仍以100万元以下为主，成熟经纪机构和年轻经纪机构规模各占40%。

1. 房地产经纪机构数量持续增长

据中国房地产估价师与房地产经纪人学会（以下简称中房学）房地产经纪行业信息库统计，截至2021年12月31日，全国工商登记的房地产经纪机构共40余万家。其中，2021年新设经纪机构约7万家（见图1）。

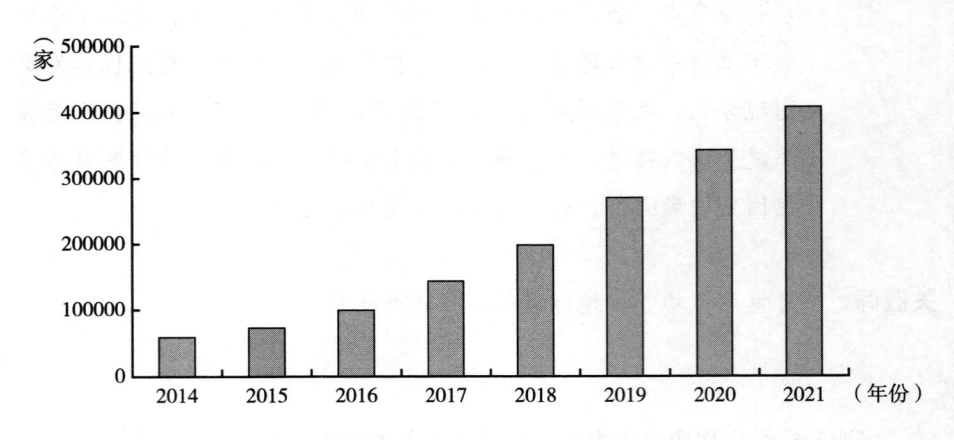

图1 2014~2021年全国房地产经纪机构规模情况

资料来源：中房学房地产经纪行业信息库。

2. 新增经纪机构注册资本以100万元以下为主

据中房学房地产经纪行业信息库统计，2021年全国新增房地产经纪机构注册资本以100万元（含）以下为主，占77.2%，注册资本在500万元（不含）以上的经纪机构占比为12.7%（见图2）。

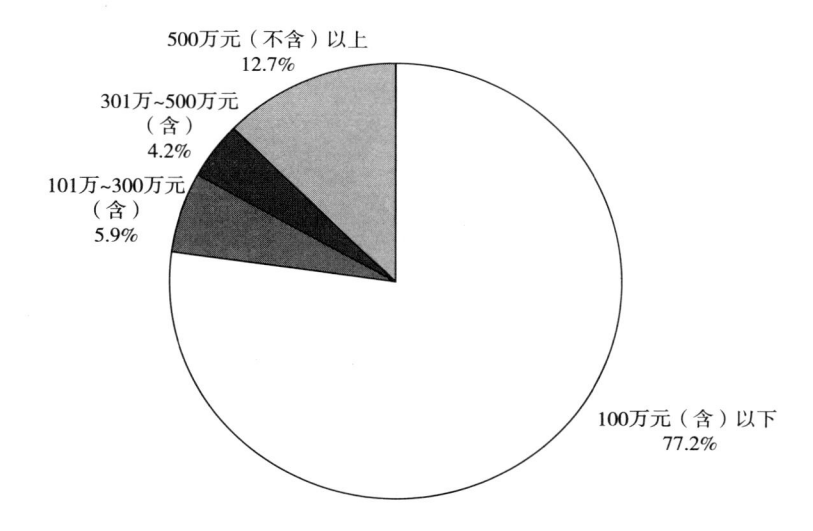

图2 2021年全国新增房地产经纪机构注册资本分布情况

资料来源：中房学房地产经纪行业信息库。

3. 四成经纪机构经营年限为5年以上

据中房学房地产经纪行业信息库统计，全国成熟（5年以上）和年轻（3年及以下）房地产经纪机构占比均在40%左右。具体来看，截至2021年12月31日，经营年限大于5年的占比为42.3%；经营年限3年及以下、4~5年的占比分别为39.0%、18.7%（见图3）。

（二）房地产经纪从业人员情况

近年来，房地产经纪从业人员规模持续扩大，参加房地产经纪专业人员职业资格考试以及通过考试并办理登记的人员不断增加，行业从业人员素质得到很大提升。

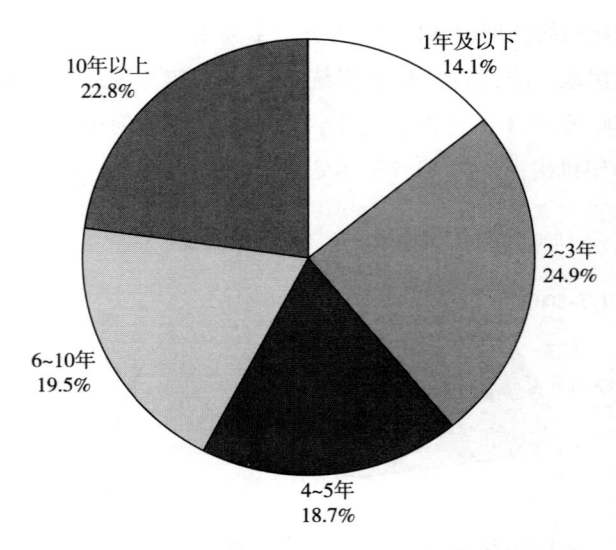

图 3　2021 年全国房地产经纪机构经营年限分布情况

资料来源：中房学房地产经纪行业信息库。

1. 登记人员数量持续增长

从登记人员情况来看，2021 年新增登记全国房地产经纪专业人员 3 万人，同比增长 41.5%。截至 2021 年 12 月 31 日，全国累计登记人数达 12.7 万人（见图 4）。其中，房地产经纪人登记人数为 6.2 万人、房地产经纪人协理登记人数为 6.5 万人。

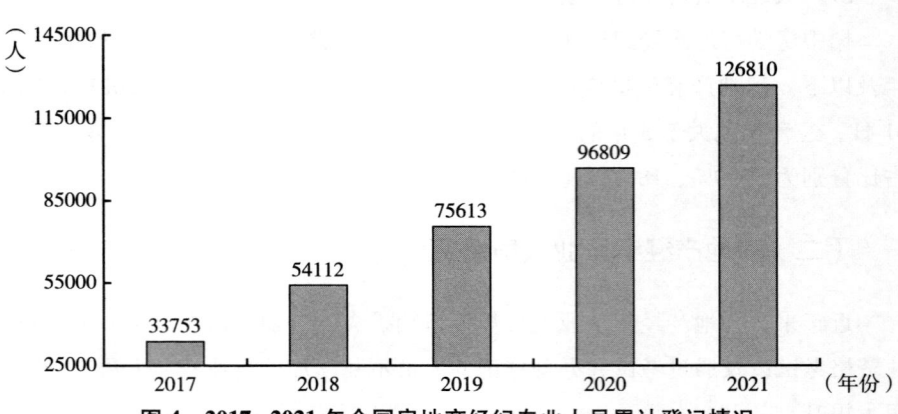

图 4　2017~2021 年全国房地产经纪专业人员累计登记情况

资料来源：中房学房地产经纪行业信息库。

2. 30~40岁的从业专业人员①占一半以上

据中房学房地产经纪行业信息库统计，从业房地产经纪专业人员平均年龄为37.6岁，30~40岁社会中坚力量占一半以上。具体来看，31~35岁占比最大，为32.3%，其次为26~30岁、36~40岁，占比分别为23.6%、20.3%，25岁及以下、46岁及以上的占比分别为4.0%、8.6%（见图5）。

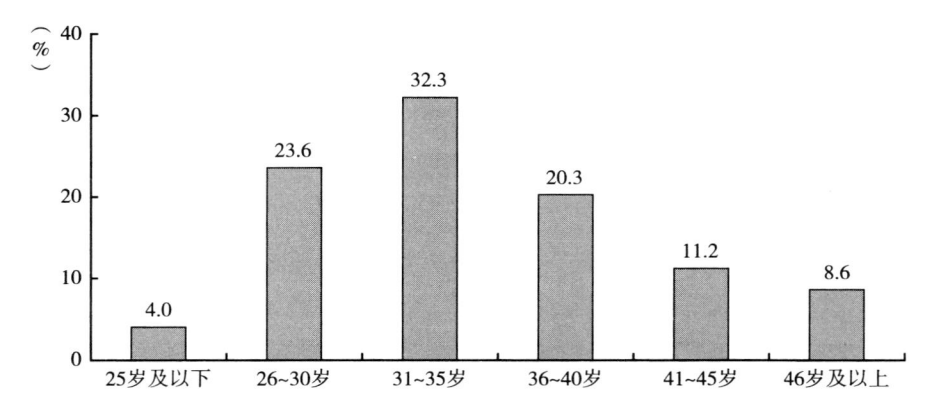

图5　2021年从业房地产经纪专业人员年龄结构情况

资料来源：中房学房地产经纪行业信息库。

3. 从业年限5年以上的从业专业人员约占一半

据中房学房地产经纪行业信息库统计，从业房地产经纪专业人员平均从业年限为5.8年。具体来看，从业年限为6~7年占比最高，为25.6%，其次为4~5年、2~3年，占比分别为23.8%、22.2%。从业年限6年及以上的占比为49.3%，但从业年限11年及以上的不足一成（见图6）。

4. 大专及以下学历的从业专业人员占比为六成

据中房学房地产经纪行业信息库统计，从业房地产经纪专业人员以大专学历为主，占比为55.8%，其次为本科学历，占比38.7%，高中及以下学历的占比为4.5%，硕士研究生及以上学历的占比为1.0%（见图7）。

5. 职业资格报考人数增加

截至2021年，共举办22次全国房地产经纪人职业资格考试，9次全国房

---

① 指通过房地产经纪专业人员职业资格考试并办理登记的人员。

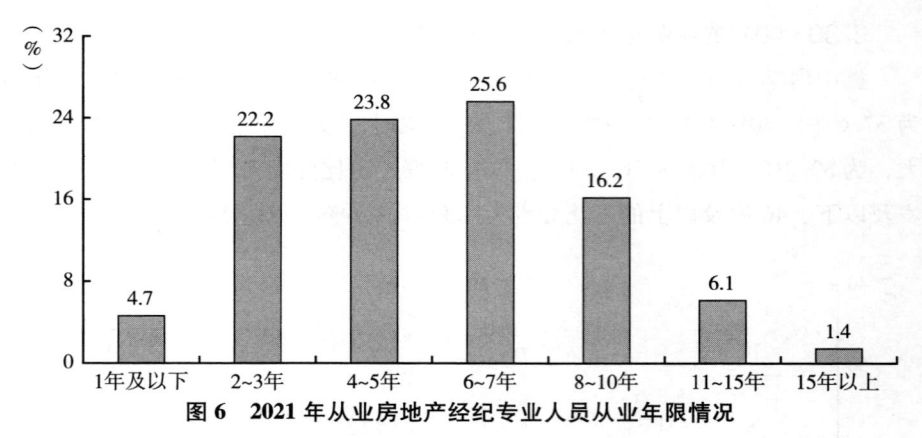

图 6　2021年从业房地产经纪专业人员从业年限情况

资料来源：中房学房地产经纪行业信息库。

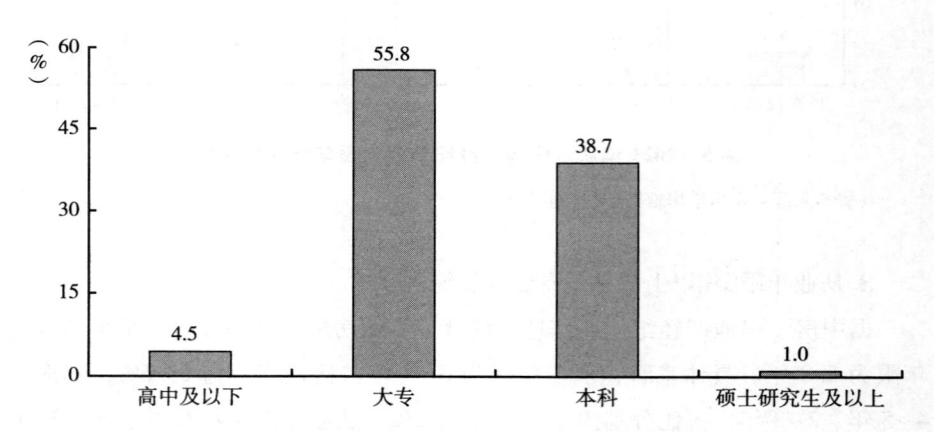

图 7　2021年从业房地产经纪专业人员学历情况

资料来源：中房学房地产经纪行业信息库。

地产经纪人协理职业资格考试。2021年受疫情影响，部分考区未举办房地产经纪专业人员职业资格考试，但全国报名人数（19.3万人）、合格人数（7.2万人）同比大幅增长，创历史新高。其中，房地产经纪人报名人数为9.1万人，同比增长54.0%；考试合格人数为2.4万人，同比增长10.5%。房地产经纪人协理考试报名人数为10.2万人，同比增长71.4%；合格人数为4.8万人，同比增长57.4%（见图8、图9）。

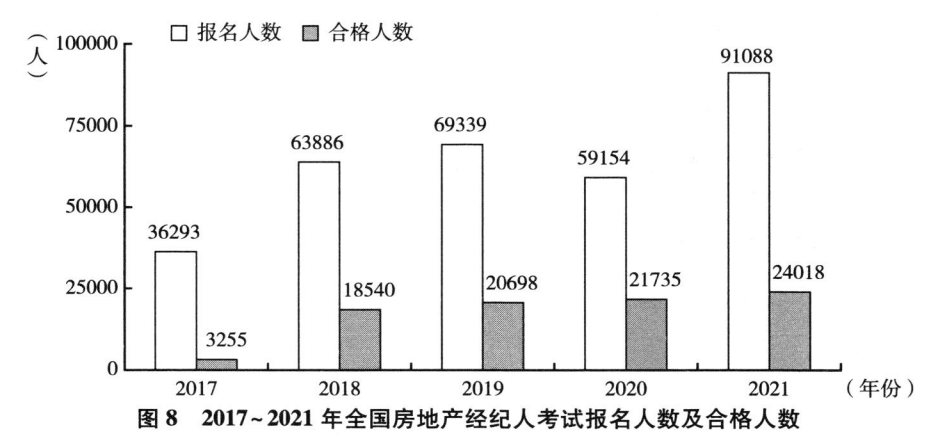

图 8　2017~2021 年全国房地产经纪人考试报名人数及合格人数

资料来源：中房学房地产经纪行业信息库。

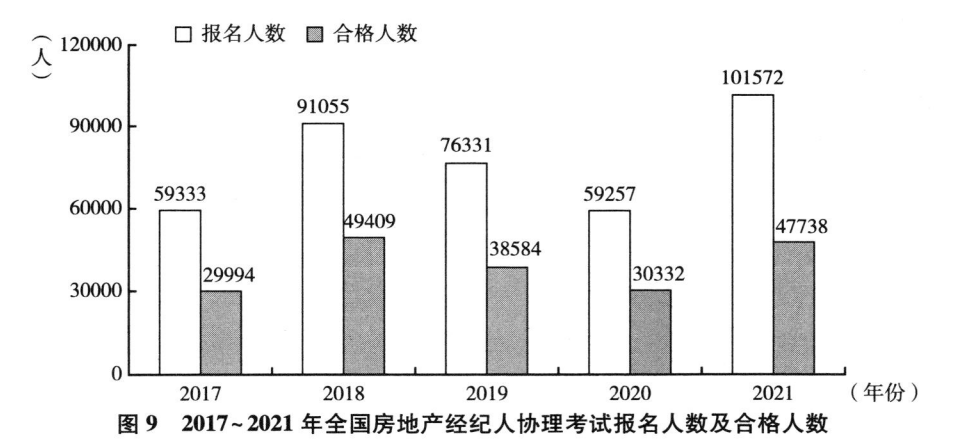

图 9　2017~2021 年全国房地产经纪人协理考试报名人数及合格人数

资料来源：中房学房地产经纪行业信息库。

二　行业政策及重要事件

（一）行业政策

2021 年，国家及地方颁布了多项规范房地产经纪行业发展的政策法规，这些政策法规在加强经纪行业反垄断和防止资本无序扩张、规范行业市场秩

序、加强经纪活动中客户个人信息安全保护等方面发挥积极作用。

2月7日,国务院反垄断委员会印发《关于平台经济领域的反垄断指南》。指南针对经营者滥用市场支配地位、经营者集中等内容进行了规定。指南的发布,对判断我国房地产交易领域特别是房地产经纪行业是否存在操控市场、垄断价格等垄断行为,以及如何界定、破除垄断,促进房地产交易领域服务平台和房地产经纪机构间公平竞争具有重大意义。在国家加强对反垄断行为的治理下,房地产交易领域服务平台和经纪机构将逐步规范经营行为。

2月8日,深圳市住房和建设局发布《关于建立二手住房成交参考价格发布机制的通知》,在二手房网签价格的基础上,参考周边一手住房价格,发布深圳市3595个住宅小区二手住房成交参考价格。据不完全统计,广州、东莞、成都、西安、宁波、无锡、合肥、三亚、绍兴、衢州、金华、北京等多地陆续出台二手房指导价。据了解,二手房指导价实施以来,房地产市场更为理性,二手房成交量有所下降,房地产经纪业务有所影响,如实施二手房指导价城市数量继续增加,预计部分房地产经纪机构会受一定冲击。

3月15日,国家市场监督管理总局公布《网络交易监督管理办法》。《办法》规定了一系列规范交易行为、压实平台主体责任、保障消费者权益的具体制度。从行业发展情况来看,随着互联网技术的不断发展,网络售房尤其是新房网络销售逐渐兴起,以平台之名行代理、包销之实,变相开展房地产经纪业务也可能会出现。《办法》的出台,利于有针对性地开展对网络售房行为的监管,规范线上房地产经纪服务行为。

6月1日,中国人民银行发布《关于〈中华人民共和国反洗钱法(修订草案公开征求意见稿)〉公开征求意见的通知》。征求意见稿明确,特定非金融机构包括提供房屋销售、经纪服务的房地产开发企业或者房地产中介机构,在从事特定业务时,应当参照金融机构的相关要求履行反洗钱义务。房地产中介机构在提供经纪服务时,需配合做好反洗钱有关工作,包括做好客户身份识别、客户身份资料和交易记录保存、大额交易报告、可疑交易报告等。

7月23日,住房和城乡建设部等8部门联合发布《关于持续整治规范房地产市场秩序的通知》。针对房地产经纪业务活动涉及的行为,《通知》明确,"在房屋买卖中突出整治发布虚假违法房地产广告,发布虚假房源信息;捂盘惜售,囤积房源;挪用交易监管资金;套取或协助套取'经营贷''消费贷'

等非个人住房贷款用于购房;协助购房人非法规避房屋交易税费;违规收取预付款、'茶水费'等费用,变相涨价;利用不公平格式条款侵害消费者权益;捆绑销售车位、储藏室;捏造、散布不实信息,扰乱市场秩序等行为"。《通知》发布后,各城市发布了具体整顿方案。随着专项整治工作的持续开展,房地产经纪活动将不断规范,行业执业环境也将有所改善。

11月1日,《中华人民共和国个人信息保护法》正式实施。该法规定了个人信息处理规则,特别是对应用程序过度收集个人信息等做出针对性规范。随着个人信息保护法的不断宣传贯彻,老百姓法制意识的增强,房地产经纪机构和有关房地产交易平台保护客户个人信息安全的责任将越来越大。

(二)重要事件

国家市场监管总局公布贝壳找房、58同城等《依法合规经营承诺》。2021年4月13日,市场监管总局会同中央网信办、税务总局召开了互联网平台企业行政指导会。会议针对互联网平台企业强迫实施"二选一"等突出问题,要求平台企业做到"严防资本无序扩张,确保经济社会安全"等"五个严防"和"五个确保",并集中公布贝壳找房、58同城等11家与会互联网平台企业《依法合规经营承诺》(第三批),请社会各界予以监督。房地产交易平台是否存在垄断行为成为房地产经纪行业及监管部门关注的问题之一。

深圳新版二手房交易网签系统正式上线。2021年11月19日,深圳市住房和建设局主办的深圳市房地产信息平台正式上线新版二手房交易网签系统,将二手房交易涉及的挂牌、委托代理、产权核验、购房资格查验、网签备案等环节纳入政府监管。深圳上线新版二手房交易网签系统使得二手房交易服务规则发生重大变化,包括"多方委托"变为"独家委托",引入"单边代理"模式。在新的服务规则下,买卖双方的经纪服务人员将最大限度维护委托人利益。

杭州官方平台上线"房东直售房源"功能。2021年8月18日,杭州市住房保障和房产管理局主办的杭州市二手房交易监管服务平台正式上线"个人自主挂牌"功能。房东通过个人用户注册、实名认证就能使用这个功能,在线填写房屋信息并挂牌。平台发布的所有房源都经过房管部门核验。购房者通过个人实名注册后,就能在平台查询挂牌房源信息,如果拟购买个人自主挂牌房源,购房者可以通过平台联系房东,双方直接进行交易,无须经过经纪人

员。此外，为防止房东被经纪人员骚扰，个人自主挂牌房源信息仅向个人实名认证用户开放，经纪人员无法查看，杜绝信息外泄。"个人自主挂牌"功能上线，打破了传统依赖经纪机构的房屋销售模式，改善了二手房交易过程中买卖双方和经纪机构房源信息不对称的弊端，为"手拉手"自主交易提供了出售房源信息发布、购买房源信息搜索、自主交易信息撮合等服务。

阿里巴巴退出天猫好房运营。2021年4月，易居以增发形式收购阿里巴巴持有的天猫好房85%的股份，交易完成后易居持有天猫好房全部股权。未来双方的合作中，将由易居团队主导天猫好房平台的建设和运营，阿里巴巴则作为易居股东为天猫好房提供品牌、技术、产品和运营等方面的赋能。房地产经纪平台发展逐渐回归理性，进入冷静期。

字节跳动收购线下经纪机构。2021年10月，字节跳动旗下的房产信息平台幸福里收购麦田房产旗下经纪机构——北京福旺房地产经纪有限公司，补齐了进入房地产经纪线下服务的资格短板。至此，阿里巴巴、腾讯、百度、京东、字节跳动、快手等头部互联网企业均已进入房地产经纪行业。业内人士认为，幸福里通过资讯内容建设，加之今日头条的影响力，或将占有房地产领域中的话语权，对经纪行业产生一定的影响。

贝壳找房布局家装和租赁等领域。2021年7月6日，贝壳找房宣布收购圣都家装100%股权，加码家装领域，交易预计将于2022年上半年全部交割完成。2021年底，贝壳找房成立贝壳惠居事业群，并全新推出"贝壳租房"。此举有利于贝壳找房打通新居住领域业务，打造多元化租赁住房供给侧解决方案，为企业带来第二增长曲线。

三 2021年房地产经纪行业发展特点

（一）下半年营业收入有所下降

根据国家统计局数据，2021年全国新建商品房销售面积、销售额分别为17.9亿平方米、18.19万亿元，同比分别增长1.9%、4.8%。同时根据贝壳研究院发布的《2022年房地产市场展望报告》，2021年全国二手房成交套数约393万套、成交面积约3.6亿平方米、成交金额约7.0万亿元，同比分别下降

9%、9%、6%。根据兴业证券经济与金融研究院分析，2020年新房、二手房出售经纪服务渗透率约为30%、90%，新房、二手房销售佣金率分别为2%、2.5%，按此比例计算，则2021年新房佣金为1091.4亿元，二手房佣金为1575亿元，佣金总收入同比有所下降。

根据中房学调研，受个人住房贷款收紧及新房降价促销等带来的观望情绪影响，2021年二手房成交量自4月以来呈回落走势，第三季度下降尤为明显。房地产经纪机构营业收入下半年因此也有所下降，根据我爱我家公开发布的报告，2021年第一季度和上半年营业收入分别为29.32亿元、61.30亿元，同比增长129.77%、55.86%，第三季度营业收入为28.17亿元，同比下降0.06%。根据贝壳找房发布未经审计的第四季度和全年财务业绩，2021年第一季度和第二季度营业收入分别为207亿元、242亿元，同比增长190.7%、20.0%，第三季度和第四季度营业收入分别为181亿元、178亿元，同比分别下降11.9%、21.5%。

（二）经纪机构发展出现分化

受2021年下半年房地产市场形势变化和营业收入下降影响，部分房地产经纪机构业务拓展适度收缩。中原地产第四季度决定调整内地业务规模与架构，所有分公司都要应自身经营情况做出适度收缩；恒大房车宝因资金及业务收缩等原因，山西、甘肃等多个区域公司几近解散；居理新房缩减了部分不盈利城市的规模，极少数城市转为"协议合作"模式。但也有部分经纪机构发展有所扩大、扩张，如截至2021年末，贝壳找房门店数量51038家，比2020年12月增加了约4000家，但比2021年第三季度53946家减少近3000家；21世纪中国不动产门店数达到1万家，进入城市数增加至170个；我爱我家门店数增加1000多个，进入城市数增加至49个。

（三）单边代理等新模式探索运行

11月，深圳市住房和建设局新版二手房交易网签系统正式上线，探索推行单方代理模式，在业内引起广泛关注。与此同时，企业也积极探索单边代理模式，如天猫好房在杭州推出针对用户卖房需求的单边委托服务——"无忧卖房"，房谋士早前在广州推行针对用户买房需求的单边代理服务。单边代理模式是房地产经纪行业的根本性制度变革，它改变了传统居间交易模式，重构了行业交易规则，对市场主体产生了诸多影响。对消费者而言，在单边代理模式下，经纪人员各为其主，能够最大限度维护委托人利益，有效避免旧模式下"一手托两家"带来的信息不透明和吃差价等问题；对经纪人员而言，在单边代理模式下，只有房源方的经纪人员具有独家销售并获得佣金的资格，一定程度上避免旧模式下经纪人员的恶性竞争。但是，当前我国尚未形成面向全行业的房源共享网络，单边代理房源范围只能限制在单一机构内部，可能造成房源流通效率下降，此外，还存在跨机构、跨门店合作机制与佣金分配机制不健全，机构联卖积极性不高等问题。

（四）行业垄断和资本无序扩张风险防范加强

近年来，随着房地产经纪行业集聚度不断提升，一些房地产经纪中小机构反映，部分企业利用市场主体地位和业务优势不断扩张，强迫房地产开发企业实施"二选一"行为，以获取独家房源进行垄断。消费者也反映，部分企业垄断房源后随意提升佣金费率，消费者被迫接受高佣金。为促进公平竞争，国家及地方市场监督、住房和城乡建设等主管部门加大了对房地产经纪行业垄断和资本无序扩张风险防范力度，加强了对平台企业违法违规行为的规范治理，如要求平台企业全面自检自查，接受社会监督，主管部门对整改情况进行跟踪检查等。

四 2022年房地产经纪行业发展展望

2022年，在住房租赁政策利好情况下，住房租赁经纪业务所占比重或有所增加；随着流量红利的退减，互联网平台将探索多元化发展模式；在信用体系建设深入推进、市场秩序整治规范工作持续开展、行业新规则逐渐构建的情况下，经纪行业发展环境将有所改善。

（一）住房租赁经纪业务所占比重或有所提升

与前两年相比，一方面，近年来房地产买卖市场表现平稳，机构须积极开辟业务增长点，而住房租赁日益受重视，选择租房解决居住问题的人群越来越多。另一方面，尽管租赁佣金远远低于买卖，但租赁房源、租赁客户能为买卖业务积累潜在房源、潜在客户。在行业竞争日趋激烈、日益注重客户黏性的情况下，部分房地产经纪机构将更为重视住房租赁经纪业务的发展，如近年来我爱我家推进数字化升级，拟提升租赁市场的获客效率与成交效率；链家在2021年推出"链家响叮当"新的租赁模式，重新布局租赁领域；贝壳找房于2021年底成立贝壳惠居事业群，并于2022年2月10日在上海徐汇区落地首个青年公寓项目。

（二）平台模式日趋多样化

近年来，头部互联网企业如字节跳动、腾讯、阿里巴巴、京东、百度等纷纷进入经纪行业，房地产经纪服务平台竞争格局发生较大变化，发展模式也日趋多样。一是线上线下深度融合。从发展趋势来看，经过多年的发展和磨合，线下房地产经纪服务不可替代已越来越清晰，互联网平台依托线上流量优势赋能线下经纪门店，收购或新设线下实体店拓展线下业务的平台将越来越多，如字节跳动收购麦田，58同城入股武汉合和致远、诺家等经纪机构，平台企业与线下经纪机构之间的深度合作可能会进一步加强。二是业务模式不断推出。从头部互联网企业进入领域来看，大部分主要布局新房、二手房房源信息发布等线上业务，但随着流量红利的退减，单纯提供信息发布服务等传统的端口模式面临较大压力，如要立足行业，站稳市场，互联网平台须拓展新的商业模式，形成竞争力。天猫好房针对卖房需求的单边委托服务的"无忧卖房"模式，房谋士的买方"单边代理模式"，居理新房"咨询师"模式等均为新商业模式的尝试，预计2022年新模式将有进一步发展。三是随着新技术的发展，各互联网平台推行VR看房也将是普遍趋势。另外，平台主体也将日趋多样化，政府、行业协会作为开发主体也将有一定发展。

（三）行业信用管理有望加强

随着社会信用体系建设的深入推进，社会信用方面立法进程的提速，家政服务、快递业等服务业相继开展信用评价工作，而经纪服务质量社会认可度普遍不高，社会对"经纪人"不够信任，是行业存在的主要问题之一。经纪行业取消房地产经纪人职业资格行政许可后，管理更是缺乏抓手。为加强行业管理，为消费者选择房地产经纪机构和人员提供参考，深圳、厦门、南京、苏

州、杭州、合肥等城市相继开展行业信用评级、评价等工作。据悉，2022年初，住房和城乡建设部也就住房和城乡建设领域信用管理有关规定征求部分单位意见，行业信用管理将有所推进。

（四）房源联卖将有进一步发展

"房源联卖"即全行业房源共享，全行业联合销售，与美国的MLS类似。早在2019年，中房学及地方经纪行业协会就如何在行业构建房源联卖系统积极进行研讨。在2021中国房地产经纪年会上，中房学柴强会长首次正式提出房地产经纪实行单方代理制度，在此基础上倡导房源独家代理，同时实行"独家必联卖"，即必须"全房联卖"。随后深圳市正式推出单边代理制度，在行业内引起强烈反响。从社会接受度来看，单边代理将被进一步推行，"房源联卖"机制也将有所推进。但考虑到居间模式的交易习惯已成为行业惯例，机构间合作的可能性小等现实，大范围推行"房源联卖"的可能性不大，预计部分城市会在非住宅或者别墅、公寓等有一定销售难度的房源或区域试行。

B.9
2021年房地产估价行业发展报告

宋梦美 刘朵*

摘 要： 2021年，房地产估价机构规模继续壮大，受房地产估价师职业资格制度改革及疫情影响，估价师考试报名人数及合格人数同比下降；一级估价机构平均营业收入持续缩减，但头部企业呈现较为明显的增长势头；传统估价业务有所减少，相关咨询顾问业务平稳增长，积极服务于经济社会发展的新领域。2022年，在疫情防控常态化及新发展阶段下，预计房地产估价机构规模将持续扩大，新兴业务领域持续拓展，行业标准体系不断完善，房地产估价行业将积极探索转型升级、再上新台阶。

关键词： 房地产估价 新兴业务 城市更新改造

房地产估价行业作为现代服务业和房地产业的重要组成部分，在促进房地产交易公平、保障金融安全、维护司法公正、保障社会稳定等方面发挥着非常重要的作用。当前，房地产估价行业发展内外环境发生深刻变化，经济社会发展、房地产市场发展和房地产业发展，都处于转型时期，带来了估价需求、业务类型、业务渠道、作业方式、质量要求等的重大变化，部分房地产估价机构积极谋划业务转型升级，创新发展思路，开创行业发展新局面。

一 2021年房地产估价行业基本情况

2021年，房地产估价机构规模继续增长；受房地产估价师职业资格制

---

* 宋梦美，中国房地产估价师与房地产经纪人学会研究中心助理研究员，研究方向为房地产经济；刘朵，中国房地产估价师与房地产经纪人学会研究中心高级工程师，研究方向为房地产信息化。

度改革影响，考试报名人数及合格人数同比下降；因疫情影响，一级估价机构平均营业收入持续缩减，但头部企业呈现较为明显的增长势头。传统抵押估价业务有所减少，相关咨询顾问业务平稳增长，房地产估价行业积极服务于经济社会发展的新领域。

（一）房地产估价机构情况

1. 机构规模持续增长

根据中国房地产估价师与房地产经纪人学会（以下简称中房学）房地产估价行业信息库统计，截至2021年12月31日，全国共有房地产估价机构5750家，同比增长3.3%。其中，一级房地产估价机构952家，二级房地产估价机构2497家，三级房地产估价机构1239家，一级房地产估价机构分支机构1062家。目前全国各等级房地产估价机构中，仍以二级机构为主，一级机构保持平稳增长态势，同比增长15.3%（见图1、图2）。

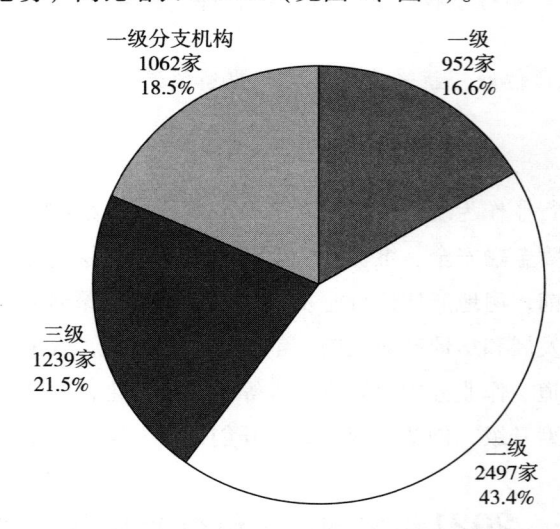

图1 2021年全国各等级房地产估价机构数量及占比

资料来源：中房学房地产估价行业信息库。

2. 一级机构主要位于东南沿海、长三角等经济发达省市

从地域分布来看，广东省、山东省、江苏省房地产估价机构数量位居前三，与经济体量基本一致。其中，一级房地产估价机构主要位于东南沿海、长

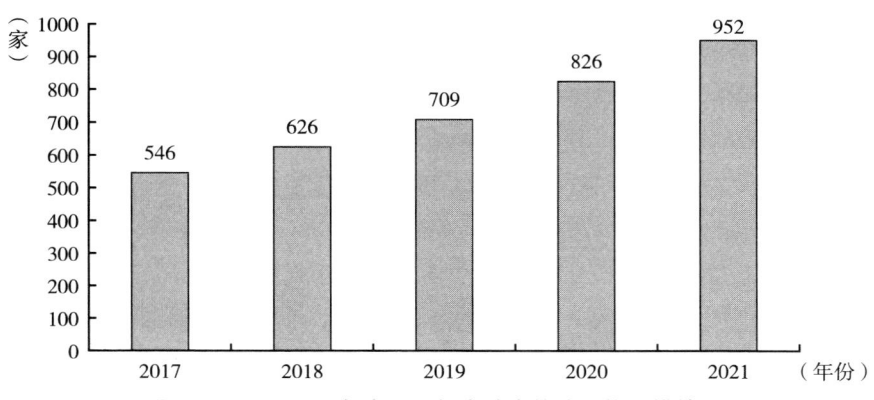

图 2 2017~2021 年全国一级房地产估价机构规模情况

资料来源：中房学房地产估价行业信息库。

三角等经济发达省市，与 2020 年底相比，广东省、江苏省一级估价机构数量分别增加了 27 家、16 家（见图 3、图 4）。

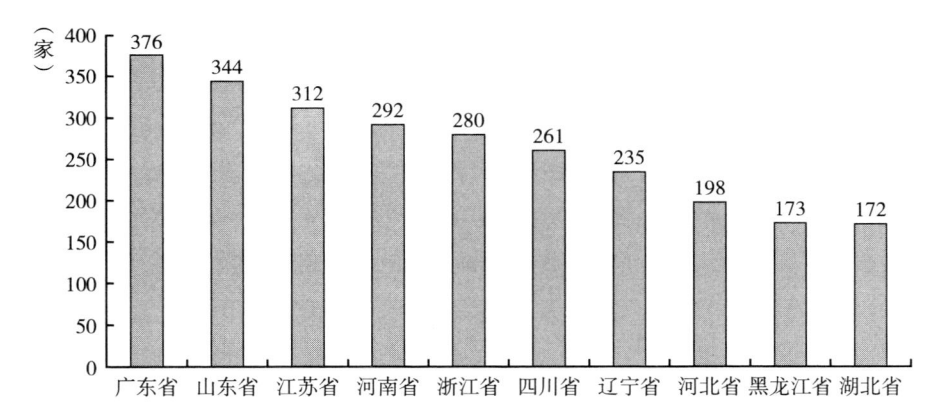

图 3 2021 年全国房地产估价机构数量前 10 的省份（不包含分支机构）

资料来源：中房学房地产估价行业信息库。

3. 机构平均经营年限约14年

从经营年限来看，全国房地产估价机构平均经营年限约 14 年，经营年限超过 10 年的占比为 70.8%，超过 20 年的占比为 10.1%。一级房地产估价机构平均经营年限约 18 年，经营年限超过 10 年的占比为 95.7%，超过 20 年的占比为 23.5%（见图 5、图 6）。

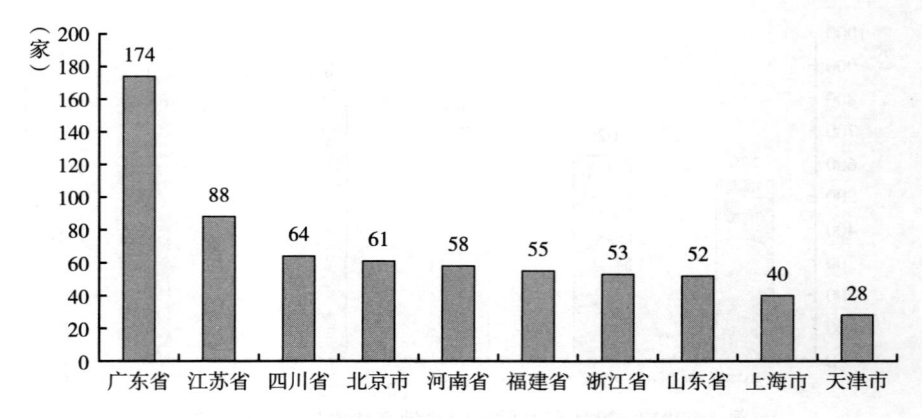

图 4　2021 年全国一级房地产估价机构数量前 10 的省市

资料来源：中房学房地产估价行业信息库。

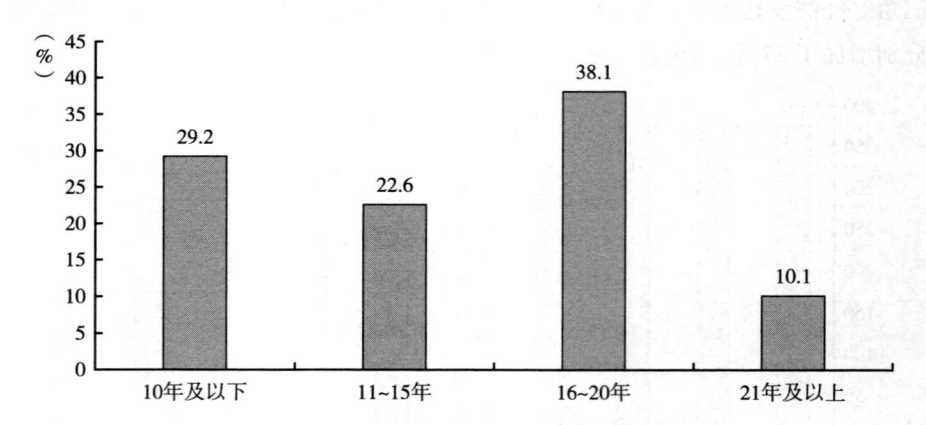

图 5　2021 年全国房地产估价机构经营年限情况

资料来源：中房学房地产估价行业信息库。

（二）人员情况

1. 受房地产估价师职业资格制度改革影响，考试报名人数及合格人数同比减少

2021 年，受房地产估价师职业资格制度改革及疫情影响，全国共 12780 人报名参加全国房地产估价师资格考试，实际参考人数为 11310 人，其中 692 人考试合格取得房地产估价师资格证书，考试合格率为 6.1%，低于历史水平

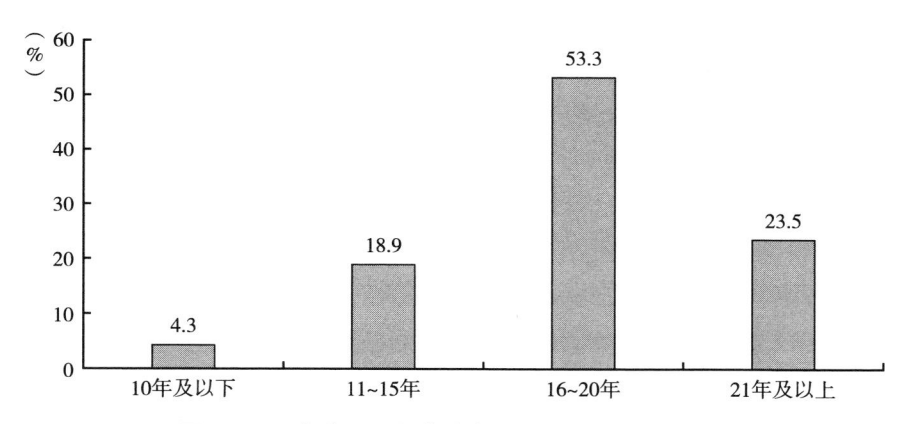

图 6　2021 年全国一级房地产估价机构经营年限情况

资料来源：中房学房地产估价行业信息库。

（见图7）。自1995年举办首次房地产估价师资格考试以来，累计取得房地产估价师资格证书的人数达72060人。

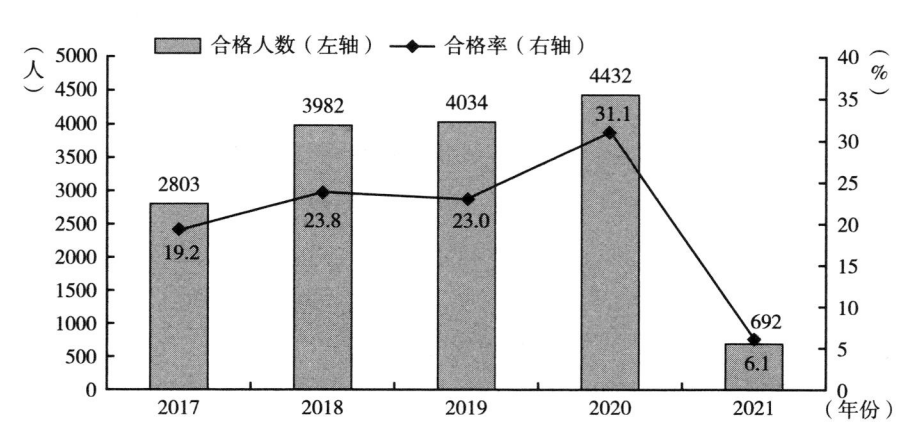

图 7　2017~2021 年全国房地产估价师资格考试合格人数及合格率

资料来源：中房学房地产估价行业信息库。

2.注册房地产估价师人数平稳增长

从全国房地产估价师注册执业人数来看，2021年初始注册执业人数为4439人，同比增长8.0%，与上年度持平（见图8）。截至2021年底，共有67894名房地产估价师注册执业。

房地产蓝皮书

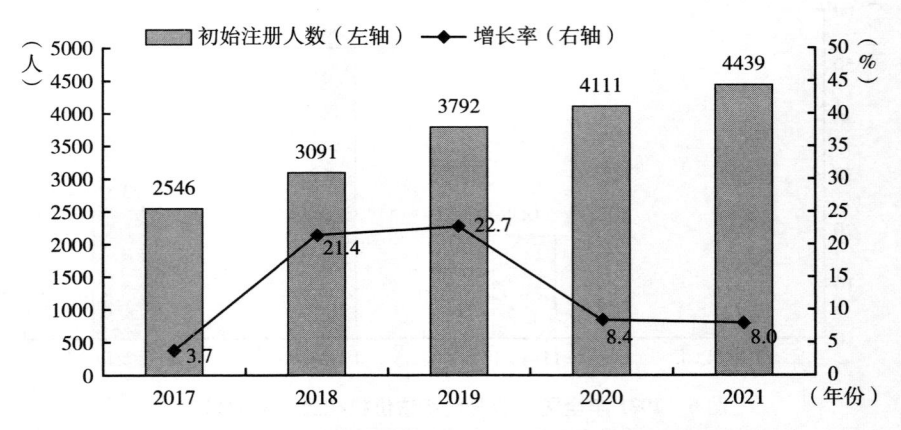

图8 2017~2021年全国房地产估价师初始注册人数及增长率

资料来源：中房学房地产估价行业信息库。

3. 35岁以下年轻群体持续增加

根据房地产估价行业信息库统计，全国注册房地产估价师队伍更趋年轻化，平均年龄约为45岁。其中，年龄在46~50岁的人数最多，占比为25.3%。从2021年初始注册执业人数来看，35岁以下的房地产估价师为2549人，同比增长9.9%，占初始注册总人数的57.5%（见图9、图10）。

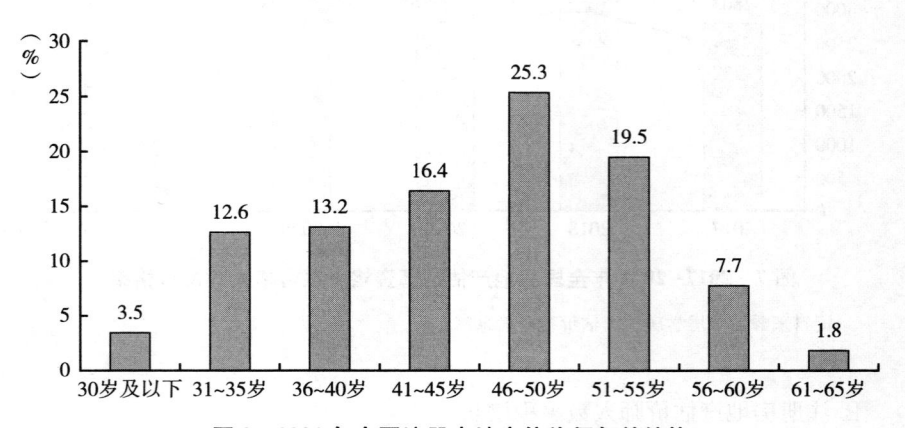

图9 2021年全国注册房地产估价师年龄结构

资料来源：中房学房地产估价行业信息库。

172

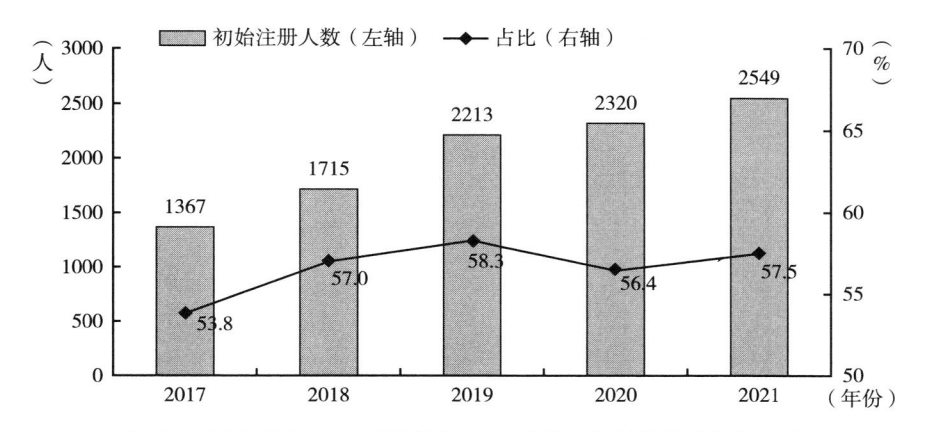

图 10　2017~2021 年 35 岁以下房地产估价师初始注册人数及占比

资料来源：中房学房地产估价行业信息库。

4. 65%的估价师为本科及以上学历

从学历情况来看，注册房地产估价师总体学历水平较高，截至 2021 年底，本科及以上学历占比为 65.3%。其中，本科占比为 58.1%，大专及以下占比为 34.7%，硕士研究生和博士研究生占比分别为 6.8% 和 0.4%。从 2021 年初始注册执业人数来看，本科及以上学历人数为 2590 人，同比减少 4.0%，占初始注册总人数的 60.9%（见图 11、图 12）。

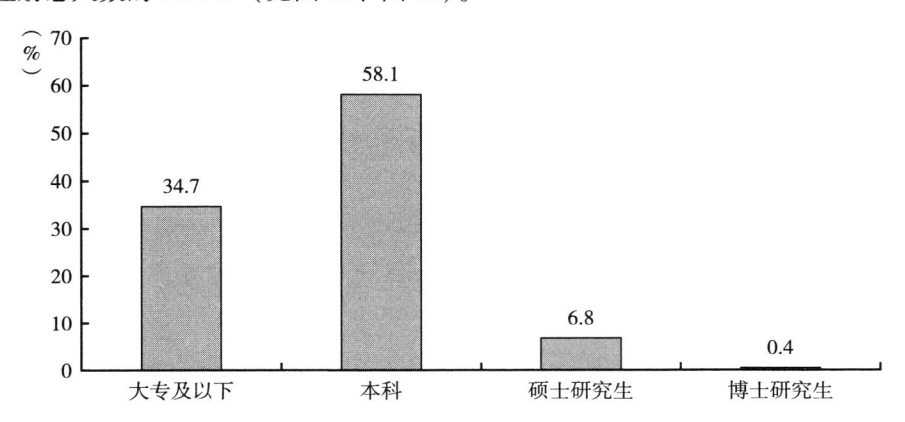

图 11　2021 年全国注册房地产估价师学历结构

资料来源：中房学房地产估价行业信息库。

房地产蓝皮书

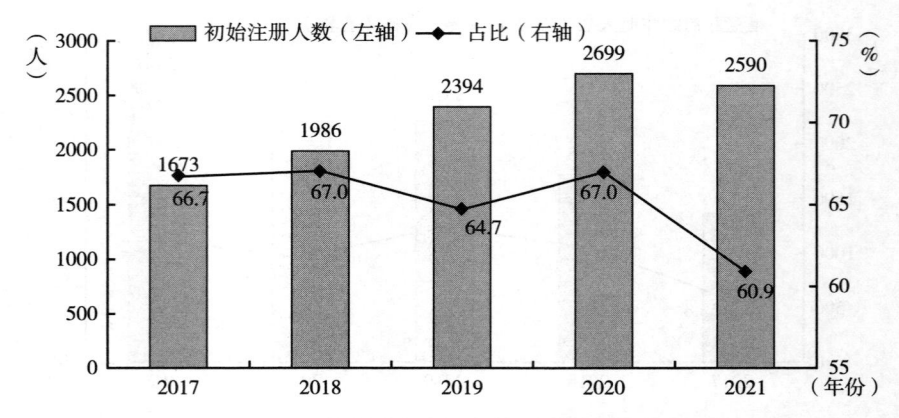

图12 2017~2021年本科及以上学历房地产估价师初始注册人数及占比

资料来源：中房学房地产估价行业信息库。

5. 女性估价师人数呈上升趋势

从性别情况来看，截至2021年底，全国注册房地产估价师男性略多于女性，男性占比为58.3%，女性占比为41.7%。从2021年初始注册执业人数来看，女性人数为2306人，同比增长9.8%，占初始注册总人数的51.9%（见图13、图14）。

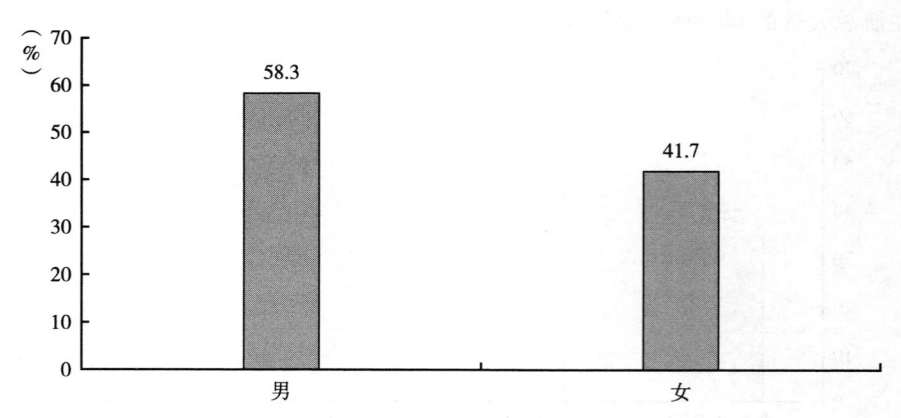

图13 2021年全国注册房地产估价师性别结构

资料来源：中房学房地产估价行业信息库。

174

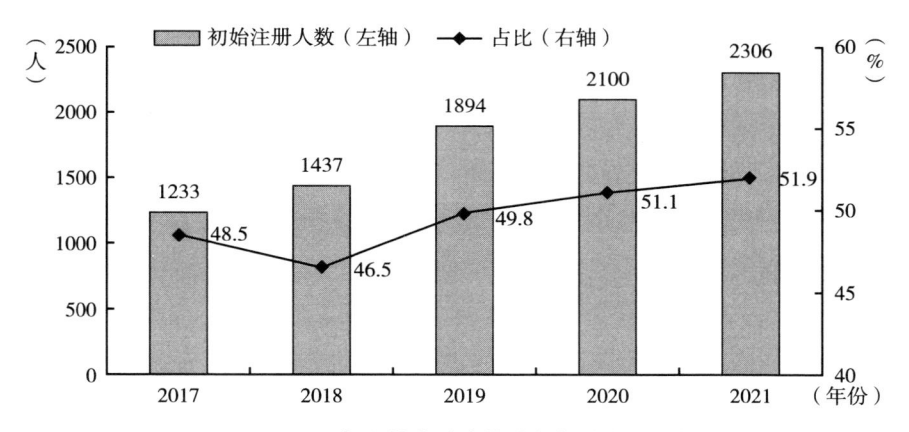

图 14　2017~2021 年女性房地产估价师初始注册人数及占比

资料来源：中房学房地产估价行业信息库。

6. 估价师平均从业年限达12年

从从业年限来看①，注册房地产估价师大多具有多年的估价经验，截至 2021 年底，全国注册房地产估价师平均从业年限达 12 年，从业年限超过 10 年的注册房地产估价师占比为 52.6%，超过 20 年的占比为 20.2%（见图 15）。

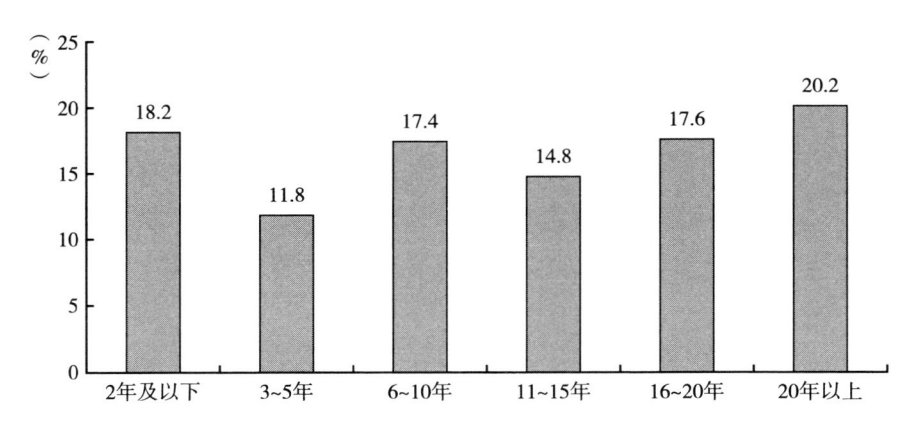

图 15　2021 年全国注册房地产估价师从业年限情况

资料来源：中房学房地产估价行业信息库。

---

① 以房地产估价师初始注册日期来计算从业年限。

7. 近九成法定代表人年龄超过40岁

截至2021年底，房地产估价机构法定代表人平均年龄为49岁，普遍年龄在41~55岁，由40岁以上的注册房地产估价师担任机构法定代表人的占比为89.4%（见图16）。

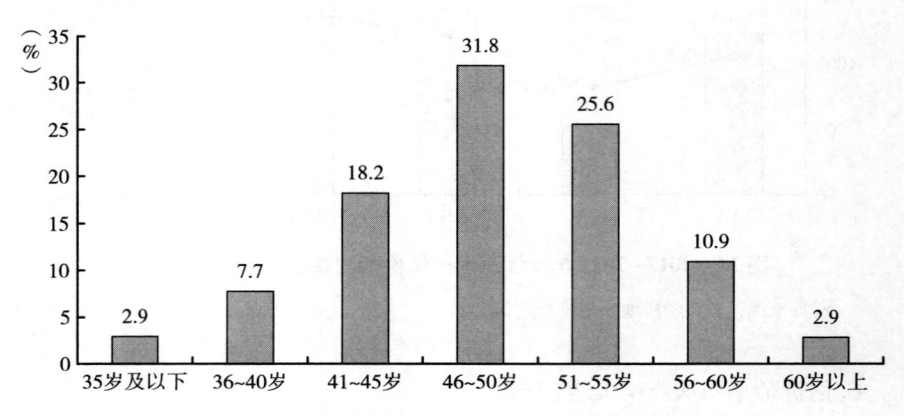

图16 2021年全国房地产估价机构法定代表人年龄结构

资料来源：中房学房地产估价行业信息库。

（三）业绩情况

1. 业绩完成情况

根据全国852家一级房地产估价机构填报的业绩数据统计，2021年全国一级房地产估价机构累计完成估价项目178万个，同比下降5.8%；评估总价值31万亿元，同比增长3.3%；评估总建筑面积31亿平方米，同比增长10.7%；评估总土地面积42亿平方米，同比增长13.5%（见图17）。

2. 不同业务类型占比情况

从业务类型看，2021年全国一级房地产估价机构房地产抵押估价业务占比最高，该类业务的评估价值占总评估价值的52.2%，与2020年相比减少4.1个百分点；其次为其他目的的房地产估价业务，占比为20.0%；再次为房地产咨询顾问服务，占比为17.7%；房地产司法鉴定、房屋征收、土地使用权出让、房地产转让、房地产租赁等估价业务占比较少（见图18）。

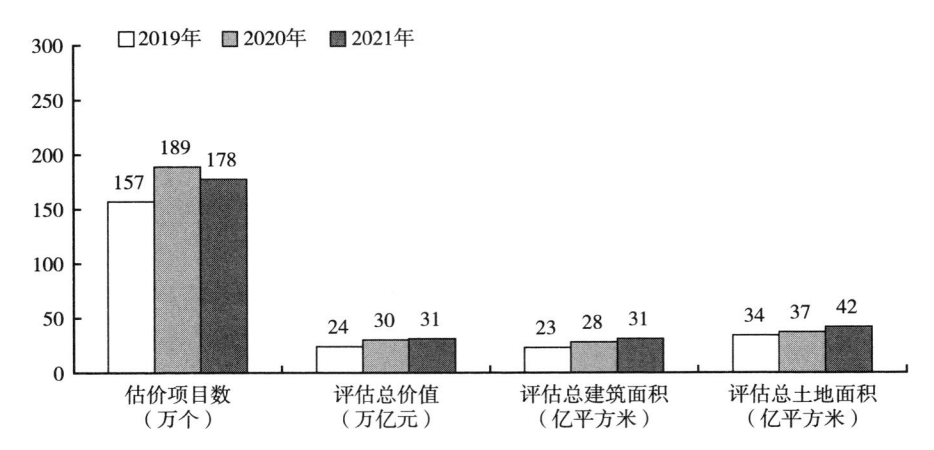

图17 2019~2021年全国一级房地产估价机构业绩完成情况

资料来源：中房学房地产估价行业信息库。

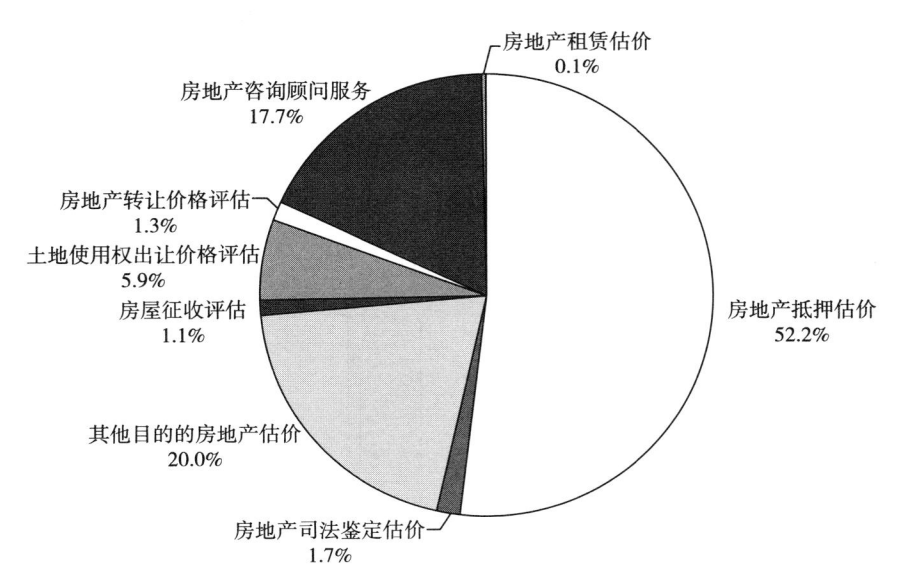

图18 2021年全国一级房地产估价机构各类估价业务评估价值占比情况

资料来源：中房学房地产估价行业信息库。

2021年，三大传统房地产估价业务（抵押估价、司法鉴定、征收评估）评估总价值及占比均呈现下降趋势（见图19）；咨询顾问业务评估价值及占比平稳增加，咨询类项目主要包括房地产市场价值咨询、房地产租赁价格咨询、城市更新（含老旧小区改造）项目评估咨询、土地使用权价值咨询等（见图20）；其他目的的房地产估价业务评估价值及占比有所增长，涉及军队房地产估价、租金评估、课税评估等（见图21）。

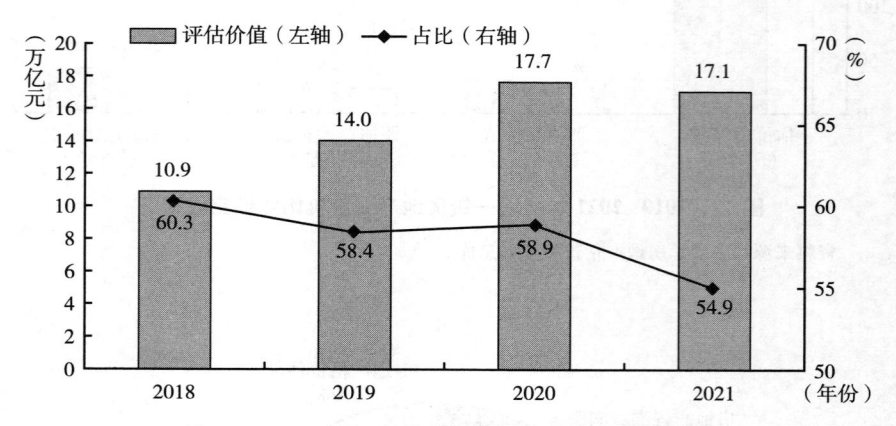

图19 2018~2021年传统估价业务评估价值及占比

资料来源：中房学房地产估价行业信息库。

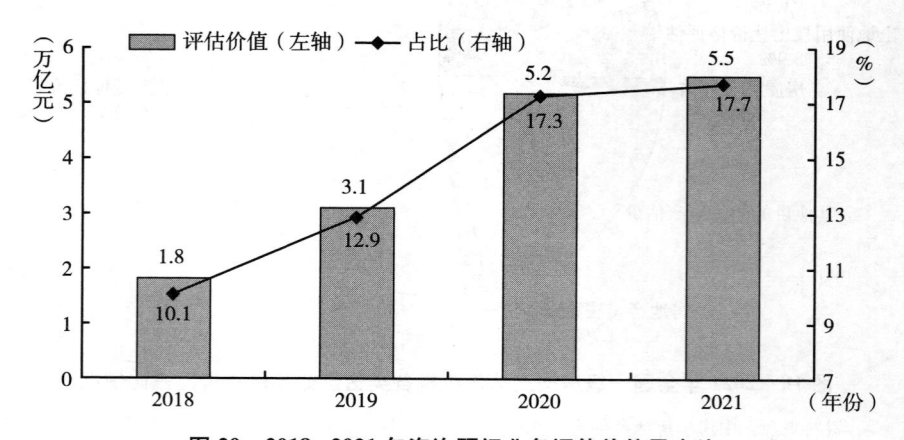

图20 2018~2021年咨询顾问业务评估价值及占比

资料来源：中房学房地产估价行业信息库。

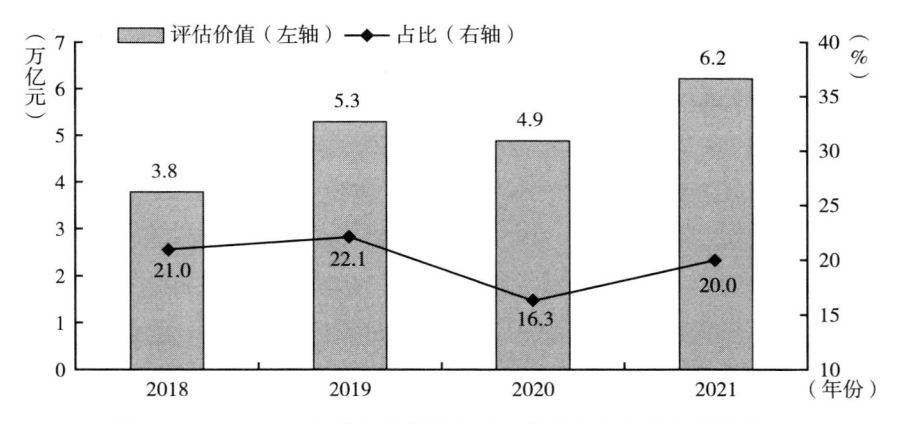

图 21　2018~2021 年其他目的的房地产估价业务评估价值及占比

资料来源：中房学房地产估价行业信息库。

3. 营业收入情况

2021 年全国一级房地产估价机构平均营业收入为 1832 万元，同比下降 6.8%。营业收入排名前 10 的房地产估价机构平均营业收入从 2020 年的 2.1 亿元增长为 2021 年的 2.3 亿元，增幅 9.5%；营业收入排名前 100 的房地产估价机构平均营业收入从 2020 年的 7451 万元增长为 2021 年的 7978 万元，增幅 7.1%。根据 2021 年度全国各等级机构填报的营业收入情况估算，2021 年全国房地产估价机构营业收入总额近 324 亿元（见图 22、图 23）。

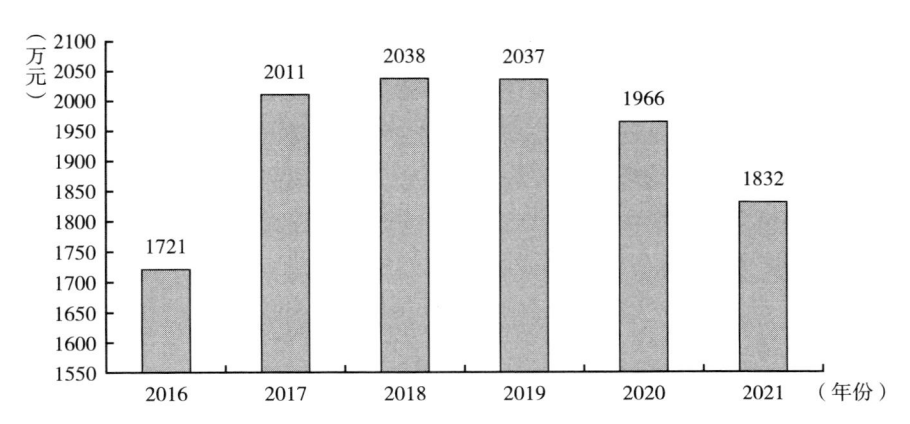

图 22　2016~2021 年全国一级房地产估价机构年均营业收入情况

资料来源：中房学房地产估价行业信息库。

图23 2016~2021年营业收入排名前100的一级房地产估价机构平均营业收入及增长率

资料来源：中房学房地产估价行业信息库。

二 2021年房地产估价行业发展政策及重要事件

（一）行业政策

2021年，房地产估价行业相关政策主要围绕推进绿色发展、开展城市更新及老旧小区改造、加强历史建筑保护等方面。

2月1日，《碳排放权交易管理办法（试行）》正式施行。我国已着力开始试点碳市场和碳交易，未来将会逐步扩大市场覆盖范围，丰富交易产品和交易方式。建筑物作为一项产生碳排放的产品，也需要对其进行碳定价。估价机构可以根据建筑物的建筑材料、施工方式、节约能源、资源利用率等方面进行评价，结合一定的经济指标定价，制定出建筑物的"碳价值"评估体系。对建筑物进行"碳价值"评估，将有非常大的应用空间。

7月23日，住房和城乡建设部等8部门联合发布《关于持续整治规范房地产市场秩序的通知》。《通知》明确"加大房地产市场秩序整治力度，对本行政区域内违法违规的房地产开发企业、中介机构、住房租赁企业等，依法依规采取警示约谈、停业整顿、吊销营业执照和资质资格证书等措施，并予以公开曝光"。《通知》发布后，各城市发布了具体整顿方案，结合本地房地产估价行业实际，对估价机构和估价师开展监督检查，包括机构备案、执业条件、内部制度建设、信用档案建设、分支机构管理及异地执业等情况，并对估价报告进行抽查评审。随着专项整治工作的持续开展，房地产估价行业发展秩序将不断规范，执业环境也将日趋净化。

8月30日，住房和城乡建设部印发《关于在实施城市更新行动中防止大拆大建问题的通知》。《通知》要求"以内涵集约、绿色低碳发展为路径，转变城市开发建设方式，坚持'留改拆'并举、以保留利用提升为主，注重提升功能，推行小规模、渐进式有机更新和微改造"。11月4日，住房和城乡建设部办公厅印发《关于开展第一批城市更新试点工作的通知》。《通知》明确第一批城市更新试点城市名单，北京、厦门、景德镇等21个城市（区）入围。要求在严格落实防止"大拆大建"底线要求的基础上，"因地制宜探索城市更新的工作机制、实施模式、支持政策、技术方法和管理制度，形成可复制、可推广的经验做法"。城市更新行动大力有序开展，其中蕴含着大量的新型房地产估价服务需求。

10月21日，中共中央办公厅、国务院办公厅联合印发《关于推动城乡建设绿色发展的意见》。《意见》明确建立城市体检评估制度，有利于估价机构持续关注城乡绿色发展措施和进程，跟踪评价绿色发展成效，实现可持续发展，提升第三方评价水平和评价成果质量。估价机构可从测算房屋能耗、评估房屋节能水平入手，研究建立房屋能耗标准，将能耗水平纳入绿色建筑价值评估范围，量化不同等级绿色建筑价值水平的差异程度，以第三方的角度参与评判绿色写字楼、绿色工厂、绿色园区和绿色城市等。

11月16日，住房和城乡建设部、国家文物局发布《关于加强国家历史文化名城保护专项评估工作的通知》。《通知》要求，"全面准确评估名城保护工作情况、保护对象的保护状况，及时发现和解决历史文化遗产屡遭破坏、拆除等突出问题，充分运用评估成果，切实提高名城保护能力和水平"。《通知》的出台，有利于房地产估价机构规范开展历史建筑估价服务，有效保护和合理利用城乡历史文化遗产。

12月14日，住房和城乡建设部办公厅、国家发展改革委办公厅、财政部办公厅发布《关于进一步明确城镇老旧小区改造工作要求的通知》。《通知》"鼓励通过政府采购、新增设施有偿使用、落实资产权益等方式，在不新增地方政府隐

性债务的前提下，吸引培育各类专业机构等社会力量，全链条参与改造项目策划、设计、融资、建设、运营、管理。支持规范规模化实施运营主体以市场化运作方式，充分挖掘运营社区服务等改造项目收益点，通过项目后续长期运营收入平衡改造投入，实现可持续"。围绕既有物业和区域的价值分析、价值呈现、价值提升等工作，房地产估价师和估价机构大有可为。

（二）重要事件

房地产估价师职业资格首次由住房和城乡建设部会同自然资源部组织实施。2021年10月15日，住房和城乡建设部会同自然资源部印发了《房地产估价师职业资格制度规定》和《房地产估价师职业资格考试实施办法》。房地产估价师职业资格首次由住房和城乡建设部会同自然资源部组织实施。新的房地产估价师职业资格考试设置《房地产制度法规政策》《房地产估价原理与方法》《房地产估价基础与实务》《土地估价基础与实务》4个考试科目，取消了报考专业及工作年限的要求，合格成绩管理滚动周期由2年调整为4年。按照新的房地产估价师职业资格制度规定，"取得房地产估价师职业资格并经注册的，可以依法从事房地产估价业务和土地估价业务，签署房地产估价报告和土地估价报告"，房地产估价和土地估价机构更加融合发展。

涉执房地产处置司法评估工作日趋规范。为贯彻落实《最高人民法院关于人民法院确定财产处置参考价若干问题的规定》《人民法院委托评估工作规范》有关规定，2021年8月18日，中房学发布了《涉执房地产处置司法评估指导意见（试行）》《涉执房地产处置司法评估专业技术评审办法（试行）》两个司法评估配套文件，进一步规范涉执房地产处置司法评估行为，指导各地房地产估价行业组织开展司法评估专业技术评审工作，维护当事人和利害关系人的合法权益。在《涉执房地产处置司法评估指导意见（试行）》的指导下，以及随着涉执房地产处置司法评估专业技术评审工作的逐渐开展，涉执房地产处置司法评估活动将日益规范，开展司法评估活动的估价机构整体水平也将逐步提升。

2021中国房地产估价年会回顾行业发展历程，前瞻行业发展趋势。根据疫情防控要求，2021年12月21日，中房学以线上方式举办了主题为"房地产估价：回望与前瞻"的2021中国房地产估价年会，有关专家学者、我国内地知名房地产估价机构负责人等嘉宾围绕行业重大议题进行了热烈研讨。近年来，中国房地产估价年会围绕行业可持续发展，引导机构积极拓展业务，实现转型升级，部分估价机构积极探索社会稳定风险评估、人防工程估价、历史建筑估价等新兴业务，房地产估价业务日趋多元，在经济社会发挥的作用也将越来越大。

外交部委托中房学对涉外房地产估价项目进行复核。2021年，外交部委托中房学对驻乌克兰使馆本部相邻地皮购置项目价格评估进行复核。这是外交部首次委托中房学对涉外房地产估价项目进行复核。同年，外交部委托中房学组织专家对中国驻德国使馆原教育处房产处置项目价格评估进行复核，并首次安排专家赴德国柏林对估价对象进行现场调查。

三 2021年房地产估价行业发展特点

（一）一级机构年均营业收入有所下降

2021年，受新冠肺炎疫情和宏观环境的变化影响，全国一级房地产估价机构平均营业收入持续下降，2021年均营业收入为1832万元，同比下降6.8%，为近五年来最低水平。同时，伴随着抵押估价业务银行付费、房屋征收项目日趋减少，房地产估价传统业务的"蛋糕"在变小，2021年三大传统估价业务（抵押估价、司法鉴定、征收评估）的评估总价值及占比均呈现下降趋势，其中，房地产抵押估价业务评估价值为16.2万亿元，同比下降4.1%。在房地产估价需求、业务类型、业务渠道等不断变化的背景下，一些知名的大机构积极谋划业务转型升级，突破发展困境，创新发展思路，开拓新发展领域，营业收入不减反增。2021年营业收入排名前10的机构平均营业收入为2.3亿元，同比增长9.5%，头部企业呈现较为明显的增长势头。

（二）在住房租赁服务领域积极发挥作用

近年来，在国家大力培育和发展住房租赁市场的背景下，房地产估价行业在住房租赁服务领域迎来新的发展机遇。随着国有及集体经济资产管理逐步规范，在经营活动中房地产租赁价格不再由租赁双方通过协商方式确定，一般委托第三方评估。房地产估价机构在住房租赁服务领域发挥的作用越来越大，积极提供房地产租金评估服务、非改租咨询服务，以及房地产证券化评估服务等，并得到有关部门的认可。但总体来看，估价机构开展的此类项目总数不多，2021年房地产租赁估价业务占比为0.1%，尚不能满足社会需求，未来房地产估价在住房租赁服务领域仍有很大的发展空间。

（三）城市更新改造估价业务稳步推进

当前，国家新兴城市更新、土地整备、整村统筹、新型城镇化、乡村振兴等方兴未艾。住房和城乡建设部为推动绿色低碳发展，试点先行大力推动实施城市更新和老旧小区改造，城市旧区改造日益成为政府关注的重点。城市旧区改造等新模式涉及利益主体多元、流程长，利益测算平衡更需要专业估价服务。近年来，房地产估价机构利用专业优势，积极为城市更新、老旧小区改造提供经济可行性分析等估价服务，为政府科学决策、落实居民出资责任、推动社会力量参与等贡献力量。2021年，全国新开工改造城镇老旧小区5.56万个，同比增长38.0%，惠及居民965万户，房地产估价专业服务将在城市更新和老旧小区改造领域继续发挥作用。

（四）估价数据平台建设趋于冷静

新时期，数字化、数字经济、移动互联网、大数据、人工智能等新一轮科技革命，带来了房地产估价领域的深刻变革。房地产估价行业积极顺应形势，加强利用无人机、5G、AI、大数据、云计算等先进的信息技术，打造行业大数据管理平台，探索行业发展新模式，在信息化、数字化管理方面取得了一定的成效。但估价数据平台建设投入成本巨大，且需要大量人力物力维护。基于此，估价机构在估价数据平台建设上逐渐趋于冷静，更侧重估价数据平台产品可持续发展上，探索数据平台如何更好地服务于疫情下的估价实地查勘、房地产交易等。

四 2022年房地产估价行业发展展望

2022年，在疫情防控常态化及新发展阶段下，预计房地产估价机构规模将继续壮大，头部企业业绩持续增加；随着职业资格制度改革的推进，行业监管力度的加大，标准体系的不断完善，行业执业环境将日趋规范；房地产估价行业将积极探索业务新领域，寻求行业转型升级和高质量发展。

（一）估价师职业资格制度改革持续推进

为贯彻落实房地产估价师职业资格制度改革要求，确保新取得职业资格的人员注册有法可依，住房和城乡建设部会同自然资源部正在对《注册房地产估价师管理办法》等部门规章进行修订，优化房地产估价师注册审批服务，规范注册房地产估价师行为。

（二）新注册估价师人数有所减少

受房地产估价师职业资格制度改革影响，2021年房地产估价师考试合格人数同比减少，房地产估价师考试科目及考试内容发生了变化，增加了土地估价相关内容，预计2022年注册房地产估价师人数相比往年将会减少，房地产估价师人数总体保持平稳。

（三）新兴业务领域持续拓展

近年来，房地产估价行业发展内外环境发生深刻变化，面向"十四五"规划，未来房地产估价专业服务依然前景可期。"十四五"规划系统阐述了我国未来经济社会发展的内容和任务，蕴含着大量的新型不动产估价服务需求，房地产估价机构可聚焦生态环境、城市更新、国企发展、房地产交易、股权转让、民生福祉等领域，结合行业特点，积极拥抱新发展阶段经济社会发展，捕获新业务拓展新领域，有效扩大估价服务范围。

（四）行业标准体系不断完善

近年来，中房学围绕房地产估价业务目录、不动产资产证券化评估、历史建筑估价等基础性、前瞻性问题加强研究。同时为更好地发挥标准化在估价行业发展中的基础性、引领性作用，2021年研究制定并发布了《中国房地产估价师与房地产经纪人学会团体标准管理办法（试行）》，预计2022年将组织开展团体标准制订工作，发布多个团体标准。

B.10
2021年物业管理行业发展报告

刘寅坤　吴一帆*

摘　要：2021年是中国共产党建党100周年，也是中国物业管理行业改革发展40周年。物业管理行业在民法典施行、政策引导加持、供给侧结构性改革等大背景下，管理规模加速扩张，服务边界不断延伸，城市服务持续发力，行业的业务结构不断优化、增长速度保持稳定、发展质量不断提高。"十四五"期间，物业管理行业也在促进服务业繁荣发展、提升政府经济治理能力、全面提升城市品质、构建基层社会治理新格局等方向被赋予了新的使命。

关键词：　物业管理　基层社会治理　城市更新

　　2021年是中国共产党建党100周年，也是中国物业管理行业改革发展40周年和行业"品牌建设年"。站在新的历史起点，物业管理行业始终坚持以习近平新时代中国特色社会主义思想为指导，全面贯彻党的十九届历次全会精神，把创新、协调、绿色、开放、共享的新发展理念贯穿行业发展全过程和各方面，坚持将品牌建设作为改善物业服务供给结构、促进企业提质增效升级的重要抓手，着力推动物业管理行业高质量发展，在构建共建共治共享的基层社会治理体系、满足人民群众不断增长的美好生活需要中持续发挥作用。

---

* 刘寅坤，中国物业管理协会副秘书长，物业管理师，副研究员，研究方向为物业管理、基层社会治理；吴一帆，中国物业管理协会行业发展研究部主任助理，研究实习员，研究方向为物业管理。

一 行业发展的总体情况

（一）物业管理行业持续向好发展

2021年物业管理行业保持了快速的发展态势。物业管理规模加速扩张，服务边界不断延伸，在增值服务、城市服务领域持续发力，行业的业务结构不断优化、增长速度保持稳定、发展质量不断提高。

经测算，2021年物业管理行业发展指数达到397.7，相比上年提高36.1个点，同比增长10%（见图1）。在过去的五年间，物业管理行业发展指数提高148.2个点，年复合增长率为12.4%。

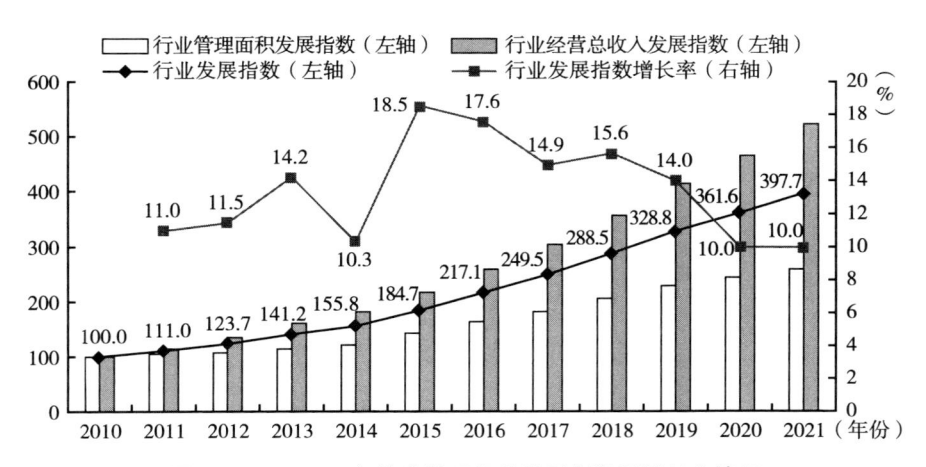

图1　2010~2021年物业管理行业发展指数及增长率情况

资料来源：中国物业管理协会。

（二）物业管理行业营业收入超过万亿元

随着物业管理行业规模持续扩大、经营业态不断丰富，业务向社区和居民生活多场景渗透，在基础物业服务收入稳步增长的同时，社区增值服务和多种业态收入日益增加，行业的整体产值持续提升。

经测算，2021年物业管理行业营业收入发展指数为522.9，营业收入达到

1.33万亿元，同比增长12.5%，增速分别高于管理规模和从业人员数量6.2个、7.1个百分点。预计2025年，行业营业收入总值将超过2万亿元。

（三）物业管理行业管理规模达351.0亿平方米

随着我国城镇化的推进和老旧小区物业管理全覆盖的实施，以及行业不断在多业态布局、全业态发力拓展，行业的服务范围逐步向城市服务、乡村管理等领域延伸，在增量交付和存量渗透双重因素推动下，行业管理规模持续稳定增长。

经测算，2021年物业管理行业管理面积指数达259.3，较上年增加15.2个点。管理面积达351.0亿平方米，同比增长6.2%。单位面积营业收入同比增长5.9%至37.8元/米^2，人均管理面积同比增长0.9%至4501.9平方米/人，行业运营效率持续提升。

（四）物业管理行业稳岗就业近800万人

物业管理行业规模大、业务范围广、企业数量多、项目覆盖范围广，成为稳定就业、拉动就业的重要平台。特别是随着物业管理行业社会价值、服务价值和资本价值的显现，行业对人才的虹吸效应增强。

经测算，2021年物业管理行业从业人员发展指数达260.0，较上年增加13.2个点（见图2）。从业人员约779.7万人（不包含外包人员），同比增长5.3%，新增近40万人。人均营业收入为17万元/人，较上年增长6.8%，行业人均价值创造能力持续提升。

（五）恒生物业服务和管理指数下跌46.74%

截至2021年12月31日，上市物业服务企业总数为55家，年内新增14家，较上年18家减少4家。物业股在上半年股价呈现上行，而下半年下滑明显。截至6月30日，上市物业服务企业上涨16.1%，恒生物业服务和管理指数上升5.5%。而下半年，住房和城乡建设部等8部门规范整治地产行业的通知引发市场担忧，截至2021年末，上市物业服务企业下跌23.7%，恒生物业服务和管理指数下跌46.7%（见图3）。2021年末物业板块PE均值仅为17.64倍，相较2020年末（37.00倍）降幅52.3%。

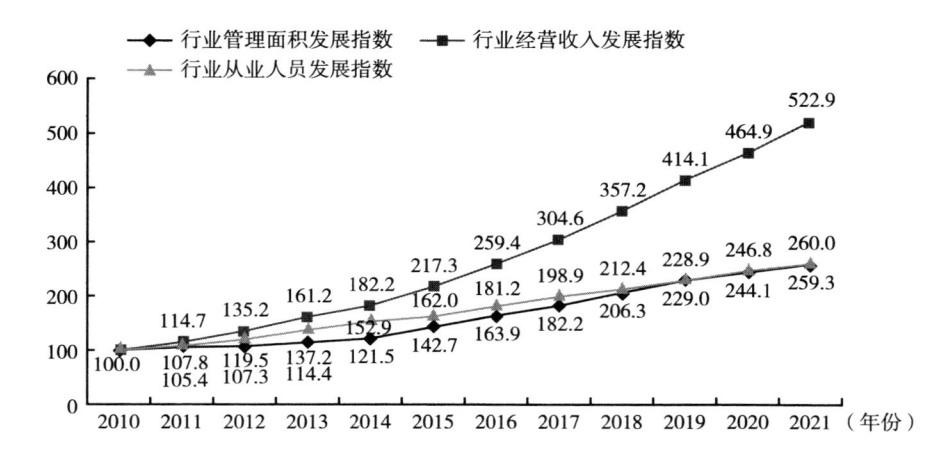

图2 2010~2021年行业管理面积、经营收入、从业人员发展指数情况

资料来源：中国物业管理协会。

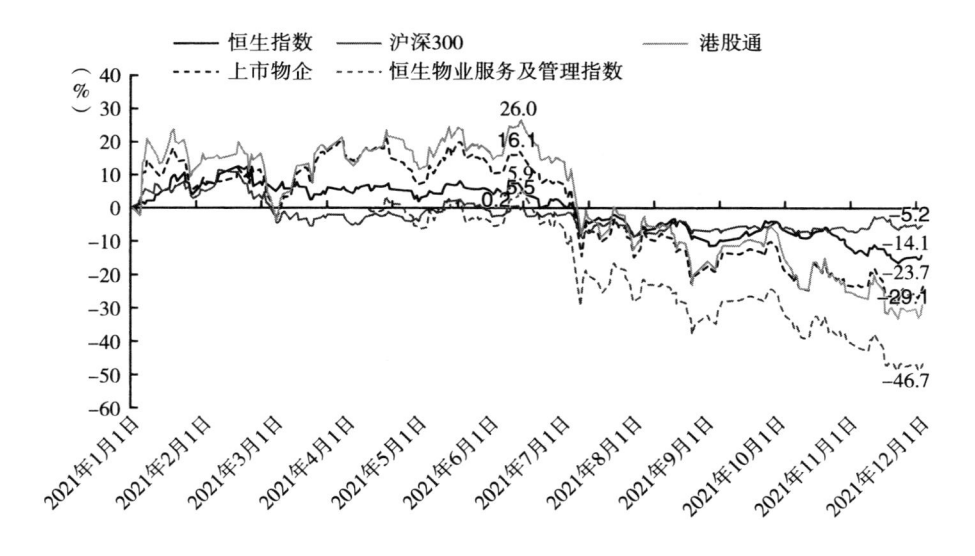

图3 2021年恒生物业服务和管理指数涨跌幅

资料来源：中国物业管理协会。

二 行业发展面临新环境

(一)《民法典》施行为行业提供有力法治保障

《中华人民共和国民法典》于2021年1月1日正式施行。《民法典》施行后,不仅是业主与物业服务人员的权利依据,也对规范物业服务市场、提高物业服务质量、引导行业发展方向起到重要作用。

1. 赋予物业服务合同法律约束力

对物业服务内容、范围和物业服务者定义做了清晰的表述,同时赋予物业服务合同对业主的法律约束力。规范化的物业服务合同将作为物业服务人提供物业服务和实施管理的合法依据和有效凭证,权利和义务的明确为解决纠纷提供了法律依据。

2. 对公有部分产生的经营收益做出明确规范

利用小区内业主共有部分获取的收益的归属权,一直因为没有明确的规范而成为物业与业主之间的矛盾"焦点"。明确利用共有部分产生收入在扣除合理成本后的归属,能够有效减少关于共有收益归属的争端。

3. 建立物业服务信息披露机制

物业服务人的服务内容及职责明确规定物业服务人应当定期披露服务事项、质量要求、负责人员、收费依据、收费标准等情况。在促进物业服务人员提高对服务细节、服务质量的关注与把控的同时,将服务过程中的事项透明公开,有效减少了物业与业主之间的矛盾。

(二)政策加持引导行业市场秩序逐步规范

2021年7月13日,《住房和城乡建设部等8部门关于持续整治规范房地产市场秩序的通知》下发。明确物业服务的监管主要侧重在未按照物业服务合同约定内容和标准提供服务,未按规定公示物业服务收费项目标准、业主共有部分的经营与收益情况、维修资金使用情况等相关信息,超出合同约定或公示收费项目标准收取费用,擅自利用业主共有部分开展经营活动,侵占、挪用业主共有部分经营收益,物业服务合同依法解除或者终止后,无正当理由拒不退出物业服务项目的方面。

住房和城乡建设部《关于开展"加大物业服务收费信息公开力度，让群众明明白白消费"工作的通知》要求加大物业服务收费透明度，明确信息公开内容、范围、方式、时间等具体要求，规范物业服务市场秩序，维护群众合法权益。住房和城乡建设部等部门《关于推动物业服务企业加快发展线上线下生活服务的意见》也对物业服务企业的信息公开提出要求，明确公开利用业主共有部位开展停车、广告、租赁等经营收支明细及入账情况以及住宅专项维修资金使用及结存信息，接受居民监督。

此外，为切实落实《住房和城乡建设部等部门关于加强和改进住宅物业管理工作的通知》等文件要求，中国物业管理协会向全体会员单位发出《关于提升物业服务水平 推动物业管理行业高质量发展的倡议书》，指出要从提高政治站位，充分认识物业管理工作的重要意义；提升服务水平，担负服务质量主体责任；公开接受监督，全面规范收费行为；发展智慧物业，促进线上线下物业融合发展；开展行业自律，充分发挥物业管理行业协会作用等五方面持续推动物业管理行业科学规范和高质量发展。为贯彻落实民政部等部门《关于铲除非法社会组织滋生土壤 净化社会组织生态空间的通知》有关要求，中国物业管理协会向全体会员单位发出倡议，从提高政治站位，坚决不与非法社会组织关联合作；审慎管理服务，坚决不为非法社会组织提供便利；加强内部管理，坚决抵制非法社会组织活动；提高防范意识，坚决维护社会组织生态环境四个方面，引导会员单位自觉抵制非法社会组织，不参与、不宣传非法社会组织活动，积极助力构建以信用为核心的市场监管秩序，为物业管理发展创造良好环境。

（三）双循环战略拓宽行业优质服务供给

以"国内大循环为主体"的"双循环"发展战略已成为指导我国经济发展的重要国家战略。居民收入增长与经济增长保持同步。国家统计局数据显示，2021年上半年全国居民人均可支配收入为17642元，比上年同期名义增长12.6%。其中，城镇居民人均可支配收入为24125元，实际增长10.7%；农村居民人均可支配收入为9248元，实际增长14.1%。

同时，消费作为我国经济增长主动力的作用进一步巩固。2020年人均消费支出为21210元，最终消费支出对GDP增长的贡献率约为30.1%（见图4）。2021年上半年，全国居民人均消费支出为11471元，比上年同期名义增长18%，居民消费结构发生改变。人均教育文化娱乐消费支出的增长率居首位，增长68.5%，与服务相关的一系列消费支出增长明显，居民对幸福生活的需求持续升级。

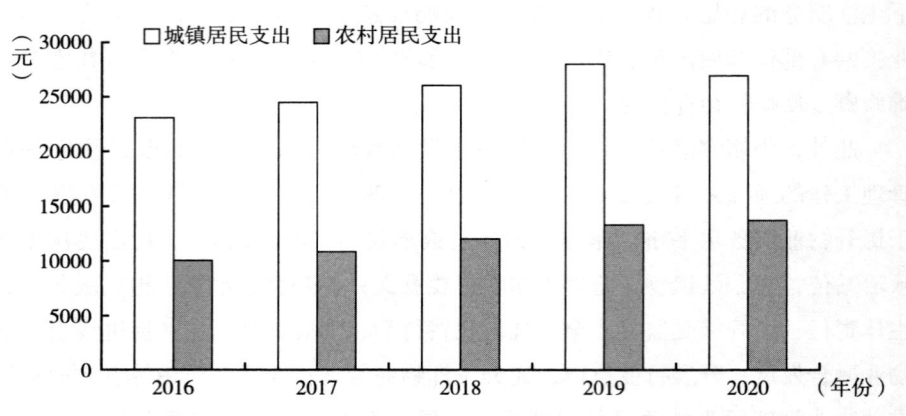

图4 2016~2020年全国城镇、农村居民人均支出情况

资料来源：国家统计局。

为提供多样化的社区服务，满足居民日益变化的生活需求，物业管理行业的范围进一步拓宽。住房和城乡建设部等部门联合印发《关于加强和改进住宅物业管理工作的通知》，鼓励物业服务企业统一管理周边老旧小区，扩大物业管理覆盖范围；鼓励有条件的物业服务企业向养老、托幼、家政、文化、健康、房屋经纪、快递收发等领域延伸；鼓励物业服务企业引导绿色生活方式，通过利用物联网、互联网、大数据等科技手段，实现对设备设施的记录、观察、分析和调整，从而实现系统设备低能耗运行，节约资源、保护环境、减少污染、降低碳排放强度，为人们提供健康、舒适、安全、美丽的生活空间。

（四）生活和生产双重属性兼顾行业民生和经营服务

根据国民经济行业分类，物业管理行业属于房地产业，但物业管理行业与房地产开发又有着本质的区别。随着行业的发展深化，物业管理与人们的生产和生活越发紧密。

1. 物业管理行业生活性服务属性已被业主广泛接受

物业服务企业围绕社区服务，不断探索能够多样化满足业主养老、托幼、家政、文化、健康、房屋经纪、快递收发等生活服务需求的业务。物业服务作为社区治理的关键一环，在疫情防控中起到了承上启下的重要作用，其被纳入社会基层治理的政策信号不断释放。

2. 物业管理的生产性服务属性还未得到社会层面应有的重视

"十四五"期间，国家将推动生产性服务业融合化发展，推动生产性服务业向专业化和价值链高端延伸。围绕生产环节的商务咨询服务、金融服务、人力资源服务等新服务领域，深化业务关联、延伸服务链条，为物业管理行业提供发展契机。

住宅物业应以民生服务为核心，彰显物业服务企业社会责任。对于非住宅物业和城市服务，应以企业经营为导向，鼓励企业积极创新、提高服务质量。

三 行业发展赋予新使命

物业管理行业已走过40个年头，行业在社会经济发展中的重要地位稳步提升。《中华人民共和国国民经济和社会发展第十四个五年规划和2035年远景目标纲要》，也史无前例地六次提及"物业"，为行业未来五年的发展方向提出了明确目标。

（一）从促进服务业繁荣发展方向

以"聚焦产业转型升级和居民消费升级需要方向，扩大服务业有效供给，提高服务效率和服务品质，构建优质高效、结构优化、竞争力强的服务产业新体系"为目标，具体提出"以提升便利度和改善服务体验为导向，推动生活性服务业向高品质和多样化升级。加快发展健康、养老、托育、文化、旅游、体育、物业等服务业，加强公益性、基础性服务业供给，扩大覆盖全生命期的各类服务供给"。加快生活性服务业品质化发展。随着社会经济的发展，我国人口结构发生变化。消费结构快速升级，包括服务业在内的各行各业都面临着迭代升级。物业管理早已不局限于对"物"的管理，更转向对"人"的服务，实现物业管理行业高质量发展。

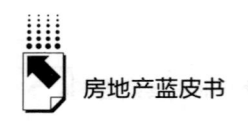

1. 不断提升物业服务企业基础服务能力

满足医院、高校、产业园区、商业综合体等中高端物业管理服务供给；家政、养老、美居等高品质生活服务供给；以及围绕医疗、教育、企业服务、城市服务等个性化服务供给，满足业主的多元消费需求，提升客户满意度。

2. 加强提升物业管理产业链中各环节的服务能力

实现资源、技术、信息畅通流动，形成工作的协同效应，让业主能够切实享受到周到、便捷、顺畅、贴心的物业服务过程；实现人力要素流动，提高劳动技能水平，从而提高服务质量和收入水平，形成人力资本提升与产业链延展之间的良性互动。

（二）从提升政府经济治理能力方向

以"加快转变政府职能，建设职责明确、依法行政的政府治理体系，创新和完善宏观调控，提高政府治理效能"为目标，具体"严格市场监管、质量监管、安全监管，加强对食品药品、特种设备和网络交易、旅游、广告、中介、物业等的监管，强化要素市场交易监管，对新产业新业态实施包容审慎监管"，提出推进监管能力现代化。物业管理行业要紧密围绕中央全面依法治国，形成全行业学法、知法、懂法、守法、用法的新风尚，让法治精神贯穿物业管理行业工作的始终。

1. 要进一步建立人才等级评价制度

在物业服务企业资质和从业人员职业资格取消后，各地普遍反映缺乏监管抓手，亟待建立以信用为核心的物业服务事中事后监管机制，以从业人员能力建设为重点的人才等级评价制度。需加强职业技能评价的政策引导，完善物业服务领域人才职称评定制度，鼓励从业人员参加职业技能培训和鉴定，引导行业从业人员树立终身学习的意识。

2. 要进一步厘清物业管理的权责边界

在实际物业服务中，部分业主基于自身对物业服务的理解和期许，对物业管理的边界范围认识不够准确，要求物业服务企业提供超过职责范围或合同约定的服务事项，各地应逐步引导和培养业主养成"按质论价，质价相符"的消费观念，建立互信共识；对于违章搭建、毁绿占绿、任意弃置垃圾等违法违规行为的处置，往往涉及多部门协同以及执法的配合，应依托城市综合管理服务平台，建立业主反映问题的受理处置机制，依法依规落实相关主管部门和物业管理的权责清单。

（三）从全面提升城市品质方向

以"加快转变城市发展方式，统筹城市规划建设管理，实施城市更新行动，推动城市空间结构优化和品质提升"为目标，具体提出"加强物业服务监管，提高物业服务覆盖率、服务质量和标准化水平"，提高城市治理水平。居住小区是城市管理的基本单元。推进智慧社区建设、构筑人民群众畅享的数字生活服务场景、加快智慧物业建设步伐，是物业管理行业向现代服务业转型升级的努力方向，也是推动城市空间结构优化和品质提升的重要途径。

1. 用智慧物业服务提升业主的安全感

坚持将数字化技术应用于疫情防控，包括人口流动管理、家庭人员标记、访客管理等社区人员管理、社区车辆管理，以及防疫信息互通等层面，既降低了基层社区人员的工作难度、提升工作效率，也让社区变得更安全。

2. 积极打通线上线下渠道，满足居民多样化生活服务需求

国家发改委《关于推动生活性服务业补短板上水平提高人民生活品质的若干意见》通知，鼓励物业服务企业充分发挥优势资源，连接居住社区周边餐饮、购物、娱乐等商业网点，对接各类电子商务平台，为居民提供定制化产品和个性化服务，实现家政服务、维修保养、美容美发等生活服务一键预约、服务上门，丰富生活服务内容，推动生活性服务业补短板、上水平。

3. 搭建通用的智慧物业服务平台，打破"孤岛效应"

针对在智慧物业建设过程中各运营平台的协议标准不一致、不同厂家的硬件不兼容等问题，要加强平台建设工作指引，支持物业服务企业联合建设通用、开放的智慧物业管理服务平台，在统一物业管理服务规范的基础上明确数据共享标准，降低平台建设运营成本，提高服务资源整合能力。

（四）从构建基层社会治理新格局方向

以"健全党组织领导的自治、法治、德治相结合的城乡基层社会治理体系，完善基层民主协商制度，建设人人有责、人人尽责、人人享有的社会治理共同体"为目标，具体提出"完善城市社区居委会职能，督促业委会和物业

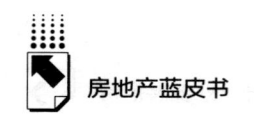

服务企业履行职责，改进社区物业服务管理"，健全社区管理和服务机制。基层治理是国家治理的基石。基层治理事关民生福祉，基层人民的幸福指数事关社会长远发展、和谐稳定。在基层治理中，物业服务连接千家万户，直接关系人民群众切身利益，关乎基层和谐稳定。

1. 构建社区治理共同体

《中共中央国务院关于加强和完善城乡社区治理的意见》将"改进社区物业服务管理"作为"着力补齐城乡社区治理短板"的内容，明确物业管理是城乡社区治理的一部分。还提出"加强和改进街道（乡镇）、城乡社区党组织对社区各类组织和各项工作的领导""加强社区党组织、社区居民委员会对业主委员会和物业服务企业的指导和监督，建立健全社区党组织、社区居民委员会、业主委员会和物业服务企业议事协调机制"。

2. 加强党建引导

《中共中央办公厅关于印发〈关于加强和改进城市基层党的建设工作的意见〉的通知》提出："建立党建引领下的社区居民委员会、业主委员会、物业服务企业协调运行机制，充分调动居民参与积极性，形成社区治理合力。"为解决物业企业和居民之间"权利失衡"，居民和居民之间"纠纷失管"，社区对居民"服务失能"等问题，各地的物业管理条例中都强调党建引领，如《北京市物业管理条例》第一条就指出了制定目的是"为了构建党建引领社区治理框架下的物业管理体系"；第三条明确"本市物业管理纳入社区治理体系，坚持党委领导、政府主导、居民自治、多方参与、协商共建、科技支撑的工作格局。建立健全社区党组织领导下居民委员会、村民委员会、业主委员会或者物业管理委员会、业主、物业服务人等共同参与的治理架构"。

3. 完善业主委员会的地位和职责

通过明确基层政府指导义务，增加成员候选人可由党组织、居委会推荐或是业主自荐联名推荐等方式，对业主委员会换届指导及业主委员会成员候选人产生程序进行规定；明确业主大会、业主委员会职责界限，包括召开业主大会的职责，签订物业服务合同的职责，监督物业服务企业履约职责，监督业主执行管理规约职责，督促业主及时足额支付物业费职责，公共事务信息公开职责，公共区域秩序维护职责，以及业主大会赋予的职责；对业主大会、业主委员会应尽义务进行划定，明确业主遵守法律法规和管理规约，在应急、卫生健康和生态环境方面的配合义务。

四 结语

经过40年发展，中国物业管理行业正在从传统服务业向现代服务业转型，面对服务范围和服务内容的延展，物业管理的边界逐渐扩大，需要更充足的条件和更持续的动力，才能保证行业实现质的飞跃。随着国家全面开启建设社会主义现代化国家新征程，我们更要抓住机遇，主动求变，寻找和把握物业管理行业未来高质量发展的方向，突破原有的发展格局，实现行业的破局与新生。

B.11
2021年房地产投融资分析报告

刘 琳*

摘 要： 2021年房地产市场出现大幅波动，由上半年高增长到下半年深度调整，房地产投资增速逐月降至4.4%，为近5年来的最低水平。下半年房企融资出现断崖式下降，国内债券、地产海外债券、国内贷款、房地产信托、销售回款当月数据同比减少，各项应付款多数月份当月数据同比减少，房企流动性压力快速上升，部分民营房企出现债务违约。2022年，在经济稳增长目标下，房地产市场发展的政策环境宽松，合理的房地产融资将获得支持，出险房企逐步出清，预计房地产投融资规模将保持基本平稳。

关键词： 房地产业 投资和融资 流动性压力

2021年房地产市场从上半年高增长到下半年深度调整，市场大幅波动源于各方主体预期的快速转变。下半年房企融资性现金流和经营性现金流同时受限，不断增加的流动性压力使得房地产市场供给端降幅不断扩大，房地产投资增速快速回落，部分房企出现信用违约。10月下旬开始房地产融资政策适时调整为支持住房需求和合理的新开工需求，鼓励房企并购融资，缓解房企流动性压力。预计2022年房地产市场发展的政策环境宽松，出险房企逐步出清，房地产投融资规模保持基本平稳。

---

* 刘琳，博士，中国宏观经济研究院研究员，研究方向为房地产经济学。

一 2021年房地产投资形势

（一）房地产开发投资增速逐月降至5年最低

2021年，全国房地产开发投资147602亿元，同比增长4.4%，增速降至近5年最低，比同期固定资产投资增幅低0.5个百分点。分类型看，住宅和其他物业投资增速降至5年最低，办公楼和商业营业用房投资负增长，各类物业投资增速分别为6.4%、3.3%、-8.0%和-4.8%。2021年，商品房施工面积和竣工面积增幅均高于上年，在施工程投资支持了房地产投资增加。2021年，商品房施工面积97.5亿平方米，同比增长5.2%，比上年增加1.5个百分点；商品房竣工面积10.1亿平方米，同比增长11.2%，比上年增加16个百分点。

从月度数据看，2021年房地产开发投资增速逐月下降，累计增速由年初的38.3%降至全年的4.4%，当月房地产投资增速由年初38.3%逐月下降至12月的-13.9%，9~12月当月房地产投资均为同比负增长（见图1）。历史上，当月房地产投资增速负增长仅在2015年下半年和2020年2月出现过，降幅均不及2021年12月，2021年下半年房地产投资意愿出现持续快速下降。

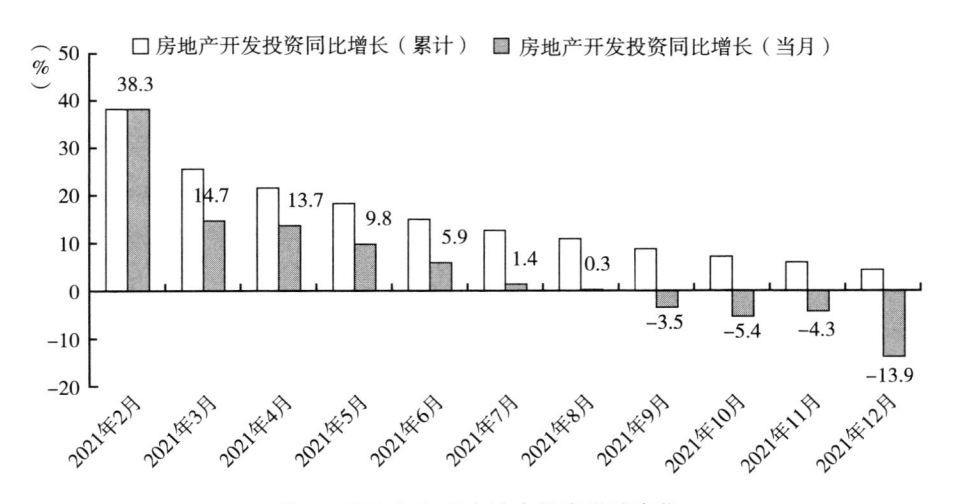

图1 2021年各月房地产投资增速变化

资料来源：国家统计局。

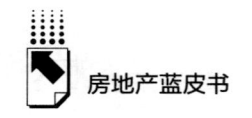

（二）商品房供给降幅大于销售降幅，市场库存水平不高

受"三道红线"、40%销售拿地比等管理制度影响，2021年初房地产开发企业就开始主动去杠杆，商品房新开工面积单月数据自4月开始同比减少，早于商品房销售面积单月数据下半年开始的同比减少。而且，下半年商品房新开工面积当月降幅大于同期商品房销售面积降幅，供给较大幅度下降导致市场库存水平没有明显上升（见图2）。

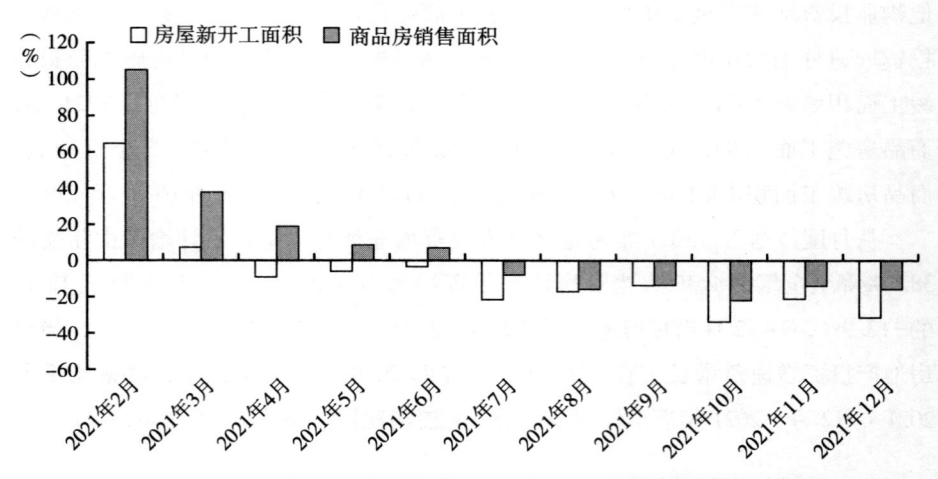

图2 2021年商品房新开工面积和商品房销售面积当月同比增幅对比

资料来源：国家统计局。

从全年数据看，商品房新开工面积连续负增长，商品房销售面积保持小幅增加。2021年，商品房新开工面积19.9亿平方米，同比下降11.4%，连续两年负增长，规模降至2018年水平；商品房销售面积17.9亿平方米，同比增长1.9%，增幅比上年减少0.7个百分点。其中，2021年商品住宅销售面积15.65亿平方米，超过商品住宅新开工面积（14.95亿平方米），在建商品住宅库存面积减少。

从竣工库存水平看，2021年商品房待售面积增加但低于竣工面积增幅，商品房竣工库存水平略降。2021年，商品房待售面积5.1亿平方米，同比增长2.35%，增幅为近5年最高。其中，商品住宅待售面积2.3亿平方米，同比增长1.71%，近5年来首次增加。2021年，商品房和商品住宅待售面积/竣工面积的数值分别为0.5和0.31，均低于2020年水平。

不同于历史上任何一次高库存水平下的房地产市场调整，2021年下半年以来的房地产市场大幅波动是在市场低库存水平下出现的，背后反映的是各方预期改变后带来房地产投资意愿的持续低迷。

（三）土地投资意愿迅速下降

2021年，房企购置土地面积21590万平方米，同比下降15.5%，降幅比上年扩大14.4个百分点，连续三年负增长。从月度数据看，2021年房企购置土地面积自3月开始各月同比下降，5月和12月当月降幅分别为31.6%和33.2%，大于2020年2月29.3%的降幅，下半年土地市场成交量降幅降至历史低位。

2021年3月，自然资源部出台《2021年住宅用地供应分类调控相关工作》要求，重点城市将施行住宅用地供应"两集中"新规，即集中发布出让公告、集中组织出让活动，全年将分3批次集中统一发布住宅用地的招拍挂公告并实施招拍挂出让活动。22个重点城市试行实施，包括北京、上海、广州、深圳、南京、杭州、苏州、厦门、福州、重庆、成都、武汉、郑州、青岛、济南、合肥、长沙、沈阳、宁波、长春、天津、无锡。

从重点城市全年三次集中土地出让情况看，土地出让市场经历了由热迅速转冷的发展过程。首批土地集中出让时土地出让市场竞拍热度很高，大多数地块达到高限后通过摇号或竞配建或竞品质成交；受房地产市场预期变化影响，22个城市二次集中出让土地市场冷淡，大约1/3地块流拍，大部分地块底价成交。2021年底和2022年初的第三次集中土地拍卖成交情况平淡，国企央企、地方城投成为购地主力。

（四）地价房价由涨转跌

2021年第一至四季度，100个大中城市成交土地楼面地价分别为2386.7元/米^2、3778.0元/米^2、2558.03元/米^2、2702.7元/米^2，分别同比上涨3.8%、16.3%、-5.9%、13.5%。第三季度100个大中城市成交土地楼面地价同比下降，为2019年以来首次，其中一线、二线、三线城市成交土地楼面均

价分别同比下降32.6%、下降33.9%和上涨21.9%，三线城市第四季度成交土地楼面均价继续同比下降22%。

70个大中城市中，2021年7月开始房价涨幅快速下降，9~12月连续4个月房价出现环比下跌，12月环比跌幅有所收窄（见图3），各线城市房价均出现环比下降。2021年下半年房价上涨城市数量快速减少，11月70个大中城市中商品住房和二手住房价格环比上涨城市数量分别降至9个和3个，12月增加，年底长三角、成渝城市群新房价格止跌回稳。年末部分地区房价企稳与10月下旬开始房地产贷款发放加快、支持自住性需求政策力度加大有关。

2021年，70个大中城市商品住房价格环比上涨2.11%，二手住房价格环比上涨1.05%，涨幅分别比上年减少1.75个、1.17个百分点。

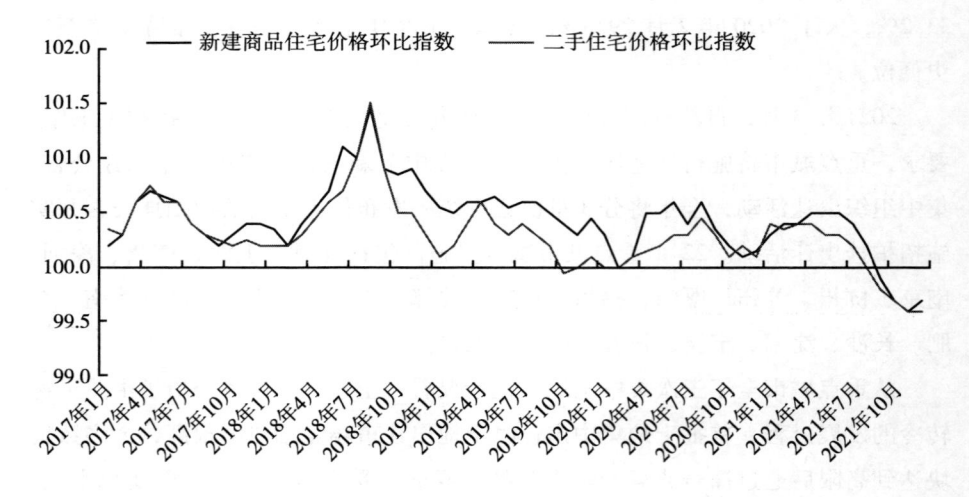

图3　近年70个大中城市商品住宅和二手住宅价格环比变化

资料来源：国家统计局。

二　2021年房地产融资状况

2021年下半年，房地产企业融资和经营性回款同时出现断崖式下降，部分民营房企出现信用违约。全年房地产开发资金来源20.1万亿元，同比增长4.2%，增幅比上年减少4个百分点，为近5年来最低。

（一）下半年经营性回款伴随房屋销售回落迅速减少

2021年，商品房销售面积增幅逐月快速下降，增幅由年初的104.9%降至年末的1.9%，下半年当月销售面积呈现同比负增长态势，10月最高降幅为21.7%，11~12月降幅略有收窄。受商品房销售回落影响，下半年各月定金及预收款、个人按揭贷款同比减少，10月下旬房地产金融支持政策力度加大，9~12月连续4个月个人按揭贷款增幅高于同期定金及预收款增幅（见图4）。2021年，定金及预收款7.4万亿元，同比增长11.1%；个人按揭贷款3.2万亿元，同比增长8.0%，销售回款增长主要来源于上半年，全年个贷增幅低于定金及预收款增幅。

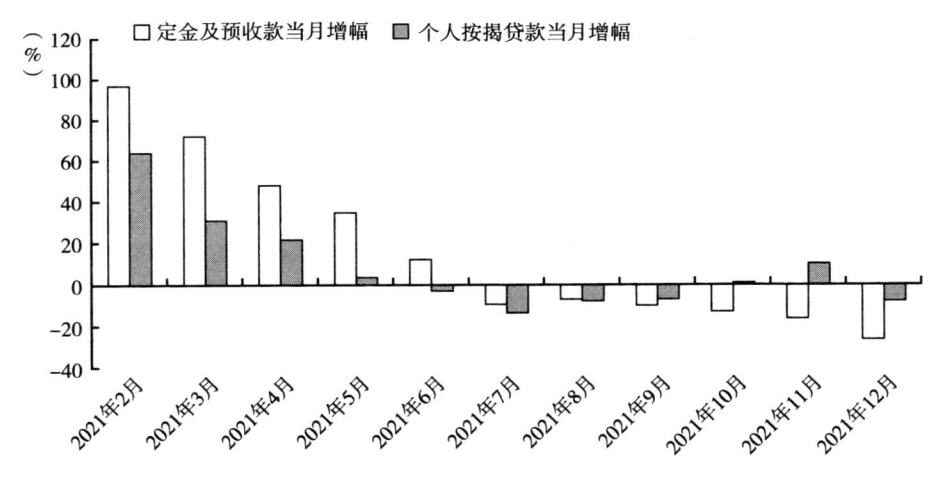

图4 2021年各月定金及预收款、个人按揭贷款增幅变化

资料来源：国家统计局。

（二）开发贷款较大幅度下降

2021年，银行发放的开发贷款23296亿元，同比下降12.7%，降幅高于新开工面积降幅（11.4%）。下半年受市场预期改变影响，金融机构对房地产贷款实行一致性抽贷、短贷，开发贷款各月降幅明显加大，12月国内贷款同比降低31.6%，降幅全年最高（见图5）。

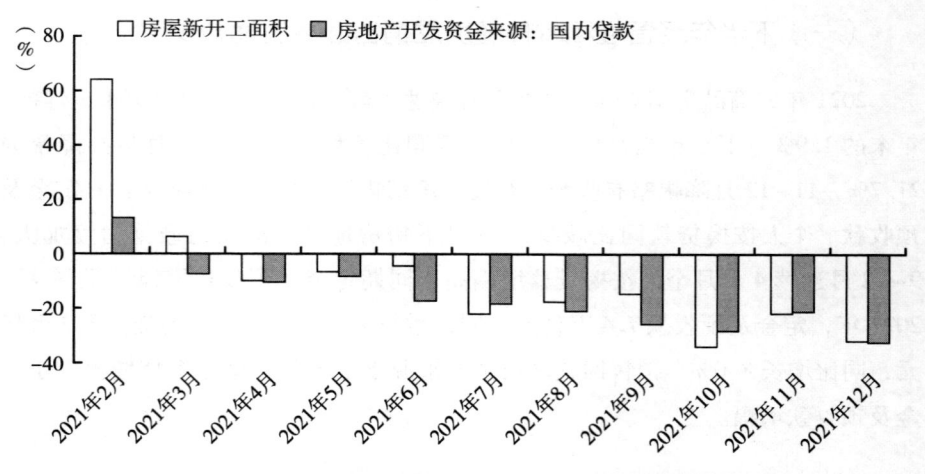

图 5　2021 年各月商品房新开工面积、开发贷款增幅变化

资料来源：国家统计局。

（三）下半年地产美元债发行量骤减

2021 年，地产美元债发行 445.14 亿美元，折合人民币 2875.6 亿元，同比下降 36.7%。2017 年以来，地产美元债发行数量持续大幅增加，2019 年发行量最高为 804.8 亿美元，2020 年、2021 年连续两年减少。2021 年，地产美元债发行量不及到期量，该情形为历史首次，意味着房企借新还旧的美元债续借中断。2021 年，到期地产债为 583.6 亿美元，高于发行量 138.4 亿美元，折合人民币 894 亿元，全部需要房企偿还。

2021 年下半年，地产美元债发行量骤减，8 月、10~12 月地产美元债发行数量远远不及同期到期量（见图 6）。地产美元债发行主体为民营房企，下半年发行渠道中断，大幅增加了民营房企的流动性压力。

（四）国内地产债和房地产信托发行量减少

2021 年，房地产国内债券发行量为 6307 亿元，同比下降 12.9%；房地产信托资金 5939 亿元，同比下降 21.5%。

2021 年下半年，地产债券、房地产信托均出现同比大幅度减少，截至年

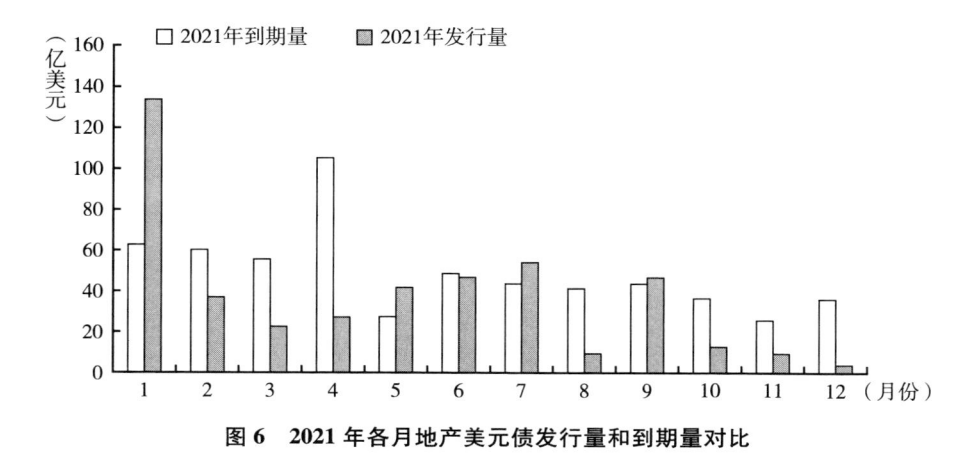

图 6　2021 年各月地产美元债发行量和到期量对比

资料来源：Wind 数据库。

底投资人预期没有明显好转。其中，房地产信托 7~12 月同比降幅逐步加大，12 月房地产信托同比下降 69.4%。2021 年 10 月下旬，中财办指出要支持合理住房需求，房地产国内债券 11 月、12 月同比降幅有所收窄，降幅由 10 月的 52.2% 逐步减少至 11 月的 33.5% 和 12 月的 14.4%（见图 7）。

（五）下半年房地产企业各项应付款同比减少

2021 年，房地产企业各项应付款 5.2 万亿元，同比增长 8.2%，增幅比上年减少 6 个百分点；房地产企业各项应付款额相当于房地产开发资金来源的 35%，比上年高 1.5 个百分点。2021 年下半年，在房企融资端现金流和经营性现金流受限同时，施工方、供应商垫资意愿也有所下降，多数月份应付款同比减少（见图 8）。

三　2021 年房地产投融资特征总结

（一）房地产投融资增幅回落

2021 年，全国房地产开发投资同比增长 4.4%，房地产开发资金来源同比增长 4.2%，投融资增幅均降至近 5 年最低。其中，住宅和其他物业投资增速

房地产蓝皮书

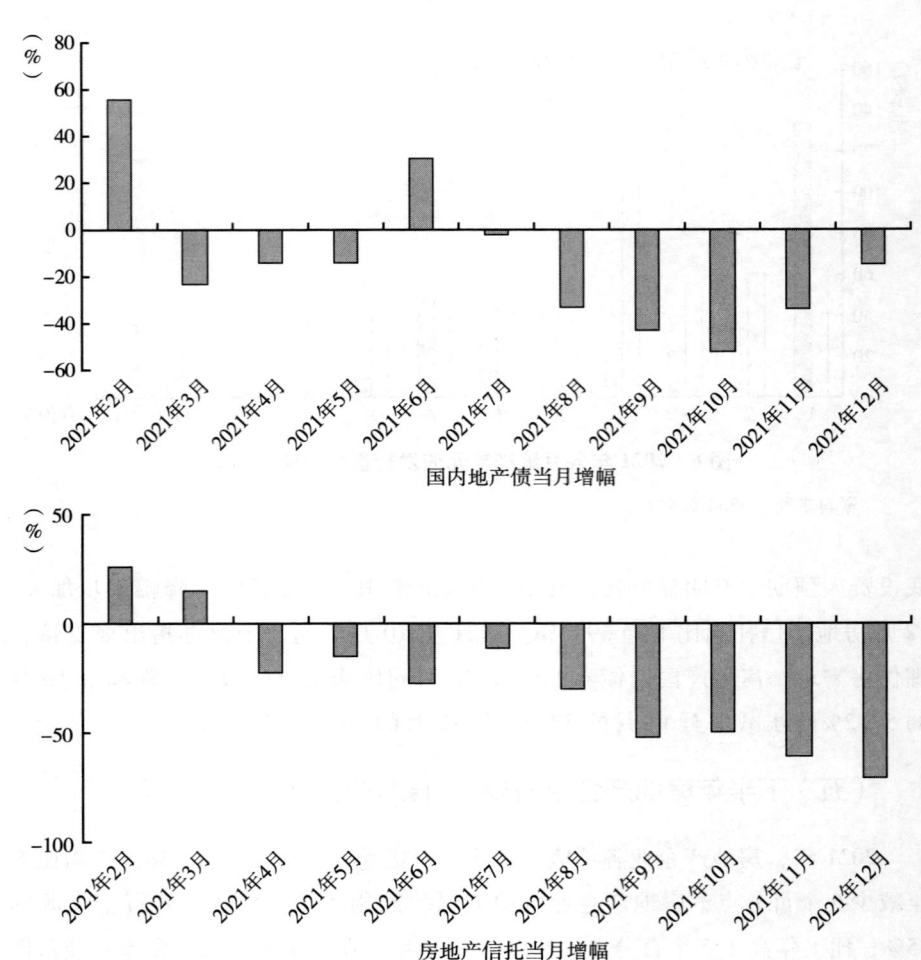

图7 2021年各月国内地产债、房地产信托发行量增幅变化

资料来源：Wind数据库，用益信托网。

降至5年最低，办公楼和商业营业用房投资负增长，9~12月当月房地产投资均为同比负增长，12月当月房地产投资降幅达到13.9%。房地产融资中的国内贷款同比下降12.7%，利用外资同比减少44%，房地产国内债券同比下降12.9%；房地产信托资金同比下降21.5%；地产美元债同比下降36.7%，均为近5年最大增幅。销售回款保持增加，其中定金和预收款增长11.1%，增幅高于前两年水平；按揭贷款增长8.0%，增幅低于前两年。

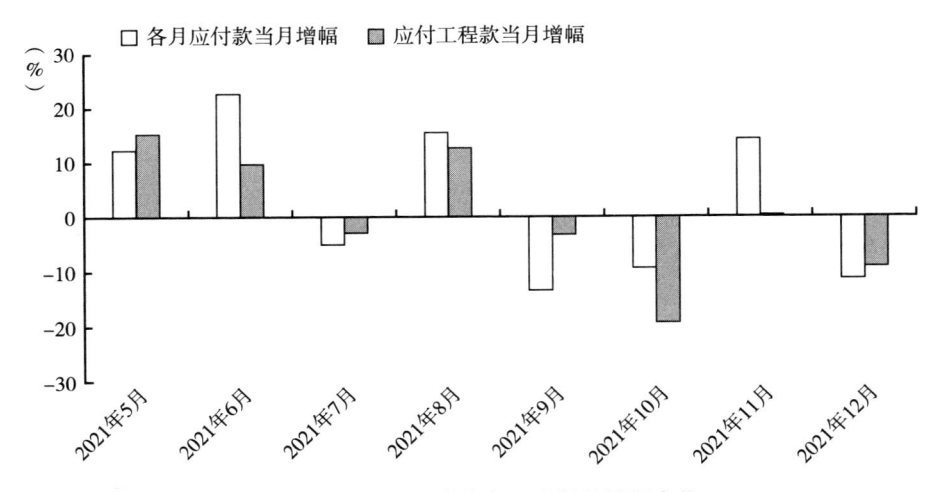

图8　2021年各月房企各项应付款增幅变化

资料来源：国家统计局。

（二）民营房企融资渠道受阻

2021年下半年，受市场各方预期改变影响，各类房地产融资渠道的融资数量均出现断崖式下降，房企信用风险率先在地产美元债市场暴发。2021年地产美元债发行量为445.14亿美元，不及当年到期量583.56亿美元，出现历史上首次发行量低于到期量情形，房企借新还旧不能持续，债务续借中断，引发房企债务违约事件，尤以民营房企为甚。民营房企不仅美元债融资受阻，国内债券、银行、信托、基金等渠道均受到影响。截至2021年末，据不完全统计，出现违约的房企包括蓝光、泰禾、天房、恒大、华夏幸福、富力、佳兆业、禹州、当代、世贸、新力、花样年、阳光城等，还有一些房企评级被下调。

（三）房企投资意愿快速下降

2021年，受"三道红线"和房地产市场下行影响，房企投资意愿快速下降。全年房企购置土地面积同比减少15.5%，商品房新开工面积同比减少11.4%，降幅均较上年有较大幅度增加。据调查，受房企资金流动性紧张影响，下半年出现部分在施项目的停工、缓建，均反映了房企投资意愿快速下降。

四 2022年房地产投融资形势展望

（一）明确宏观经济稳增长目标

2021年12月8日，中央经济工作会议结束，明确指出宏观调控转向稳增长目标。会议提出：在充分肯定成绩的同时，必须看到我国经济发展面临需求收缩、供给冲击、预期转弱三重压力。2022年经济工作要稳字当头、稳中求进，各地区各部门要担负起稳定宏观经济的责任，各方面要积极推出有利于经济稳定的政策，政策发力适当靠前；继续实施积极的财政政策和稳健的货币政策，适度超前开展基础设施投资，保持流动性合理充裕。

要坚持"房子是用来住的、不是用来炒的"定位，加强预期引导，探索新的发展模式，坚持租购并举，加快发展长租房市场，推进保障性住房建设，支持商品房市场更好满足购房者的合理住房需求，因城施策促进房地产业良性循环和健康发展。

（二）房地产发展的政策环境宽松

2021年10月下旬，针对房地产市场出现的新情况，央行指出：受个别房地产企业债券违约等风险事件的影响，境外房地产企业美元债价格出现了较大幅度的下跌，这是市场在违约事件出现后的自然反应，历史上也有很多案例。目前，相关部门已关注到境外房企美元债市场的变化，将敦促发债企业及其股东，严格遵守市场纪律和规则，按照市场化、法治化原则，妥善处理好自身的债务问题，积极履行法定偿债义务。个别大型房企风险暴露，金融机构对房地产行业的风险偏好明显下降，出现了一致性的紧缩行为，房地产开发贷款增速出现较大幅度下滑。这种短期过激反应是正常的市场现象。明确指出要支持新开工项目贷款和个人购房贷款，加大住房租赁金融支持力度，鼓励并购融资，因城施策促进房地产业良性循环和健康发展。

2022年，住建部的主要工作目标包括增信心、防风险、稳增长。充分释放居民住房需求、新型城市基础设施建设投资需求潜力，同步推动扩内需、转方式、调结构，促进经济实现质的稳步提升和量的合理增长。

2022年在经济稳增长目标下，慎重出台有收缩效应的政策，货币供应量增加，贷款利率水平下降，有利于购房需求释放。2021年12月降准、降息，2022年1月继续降息，2021年10月以来多地多个银行个贷利率下降，多个城市住房公积金政策下调首付比例，预计会有更多城市出台稳定住房需求的政策措施。2022年房地产市场发展的政策环境宽松。

（三）房地产市场触底企稳，房地产投融资规模保持基本稳定

预计2022年在稳增长政策作用下，房地产市场逐步触底企稳，全年房地产投融资增速回落，投融资规模保持基本稳定。

一是2022年仍是房企还债高峰年。2022年，房地产境内外到期债券合计大约8000亿元，其中630.91亿美元海外地产债，3702.54亿元国内房地产债券，虽然低于2021年的9145亿元到期债总量，但仍处于还债高峰。房企还债压力大，制约投资能力和投资意愿。

二是2022年在房地产库存水平不高的基础上，伴随稳增长政策发力，住房需求逐步回归正常，房价企稳，出险房企出清，后续房地产供给逐步稳定。预计2022年房屋新开工面积、商品房销售面积小幅负增长，房地产投融资规模保持基本稳定。

参考文献

《稳字当头、稳中求进，在高质量发展路上坚定前行——韩文秀解读2021年中央经济工作会议精神》，新华社，http：//www.gov.cn/xinwen/2021-12/12/content_5660194.htm，最后检索时间：2021年12月12日。

《全国住房和城乡建设工作会议在京召开》，https：//www.mohurd.gov.cn/xinwen/gzdt/202201/20220120_764234.html，最后检索时间：2022年1月20日。

B.12
2021年房地产金融市场运行分析报告

蔡 真[*]

摘 要： 2021年个人住房抵押贷款余额增速持续放缓，第四季度增速为11.3%，为2012年以来季度最低值。个人按揭放缓的主要原因是一些银行按揭指标达到"贷款两集中"的上限。房企融资方面的突出特点是，开发贷增速持续下降，第三季度达到历史最低点0.02%，这主要是受"三道红线"政策影响；此后央行多次表态金融机构对"三道红线"理解有误并试图扭转预期，但效果并不明显，四季度开发贷增速仅上升到0.09%。2022年将是房地产金融政策纠偏的一年，预计个人购房贷款余额增速将一改2021年的颓势，个人按揭贷款利率也将进一步下行；房企融资方面尽管给予了较多政策支持，但市场预期未见企稳，房企融资整体形势并不乐观，其恢复或需要较长的时间。房地产金融风险主要集中于房地产企业，尽管大规模违约的势头会有所遏制，但房企违约事件还会持续爆发，应特别关注在三四线城市布局较重的房企的违约风险。

关键词： 房地产金融 个人住房信贷市场 房企融资

一 个人住房信贷市场运行情况

（一）总量运行情况

住房既是消费品也是资产，其价格波动与杠杆增速表现出较强的相关性。

---

[*] 蔡真，经济学博士，中国社会科学院金融研究所副研究员，国家金融与发展实验室房地产金融研究中心主任，研究方向为房地产金融。

自 2016 年中央提出"房住不炒"精神以来，个人住房按揭贷款作为需求端杠杆这一工具被有效抑制：2016 年开始，个人住房贷款余额增速大幅下降，2017 年第二季度之后贷款余额增速下降逐渐放缓。2021 年个人住房贷款余额增速整体上延续这一趋势，但上半年到下半年有一定的转变：上半年房地产市场还延续着 2020 年疫情后的过热行情，因此个人住房信贷的政策导向以"严控"为主，并且 2020 年 12 月底"房地产贷款两集中"制度出台，一些集中度超标的银行自然也收缩了个人住房按揭贷款；因此个人住房按揭贷款增速一直下降，第一季度增速为 14.5%，第二季度增速为 13.0%。下半年由于受恒大风险事件的影响，房地产市场观望情绪浓厚，个人按揭贷款的需求自身也面临萎缩；9~10 月央行官员密集发声，表示房地产行业的合理需求应该得到满足；在央行宣告效应的影响下，个人按揭贷款增速下滑的局面得到遏制，第三、四季度的增速均为 11.3%（见图 1）。

图 1　2006~2021 年个人住房贷款余额及同比增速情况（季度）

资料来源：Wind。

（二）市场结构

国有大型商业银行是我国个人住房贷款市场的主导者。截至 2021 年 6

月，工行、农行、中行、建行、交通银行、邮储银行[①]六家国有大型商业银行的个人住房按揭贷款余额合计为25.17万亿元，占全国金融机构个人住房贷款余额总量的68.80%（见图2）。自2017年以来，这六家国有银行个人住房按揭贷款余额占比一直在逐步下降。这表明国有大型商业银行在贯彻落实中央"房住不炒"的精神、贯彻房地产金融审慎管理制度方面表现出"国家队"的担当精神。

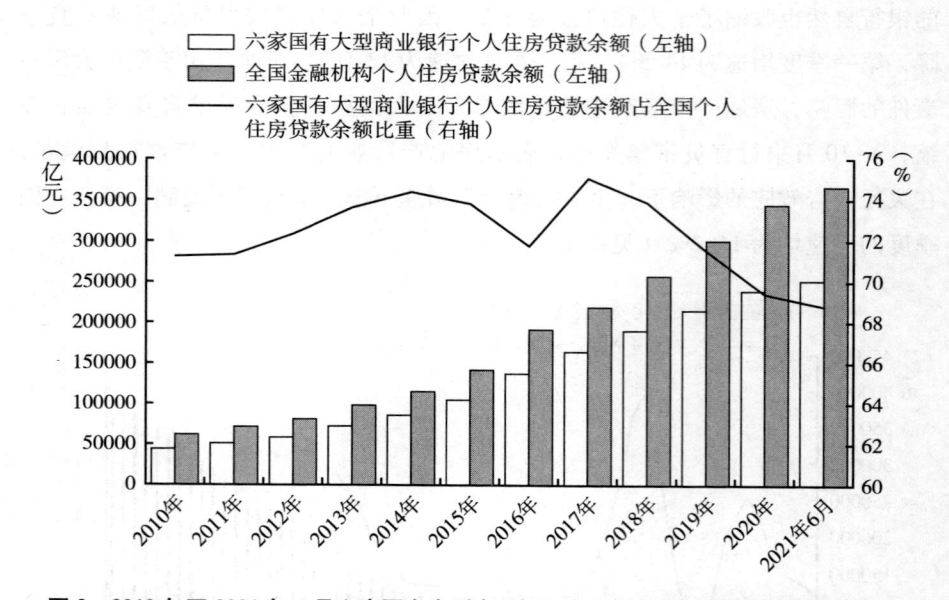

图2 2010年至2021年6月六家国有大型商业银行个人住房按揭贷款余额及占比情况

资料来源：Wind。

从截面数据来看，六家国有银行2021年的半年报显示，中国建设银行个人住房按揭贷款规模最大，余额为6.17万亿元，占该行贷款总额的34.14%，比上年减少0.22个百分点；中国工商银行个人住房贷款余额为6.03万亿元，占该行贷款总额的30.17%，比上年减少0.35个百分点；中国农业银行个人住房贷款余额为4.93万亿元，占该行贷款总额的29.89%，比上年减少0.59个

---

① 自2019年起，中国邮政储蓄银行被纳入银保监会"商业银行"及"大型商业银行"统计口径。

百分点；中国银行个人住房贷款余额为 4.61 万亿元，占该行贷款总额的 29.94%，比上年减少 0.24 个百分点；交通银行个人住房贷款余额为 1.39 万亿元，占该行贷款总额的 21.86%，比上年增加 0.97 个百分点；中国邮政储蓄银行个人住房按揭贷款余额为 2.04 万亿元，占该行贷款余额的 32.96%，比上年减少 0.68 个百分点。六大行中，交通银行是仅有的个人住房贷款余额占比在 2021 年增长的银行，其他五家银行较 2020 年占比都有所下降（见图 3）。对照央行和银保监会发布的《关于建立银行业金融机构房地产贷款集中度管理制度的通知》的要求，目前中国建设银行和中国邮政储蓄银行的个人住房贷款余额占比超过监管要求的上限（32.5%）；尽管 2021 年下半年加快住房按揭投放速度、稳定需求成为政策主基调，但随着业务调整过渡期的结束，这两家银行仍需降低个人住房贷款规模或增加其他行业贷款来优化信贷结构，以达到房地产金融审慎管理制度要求。

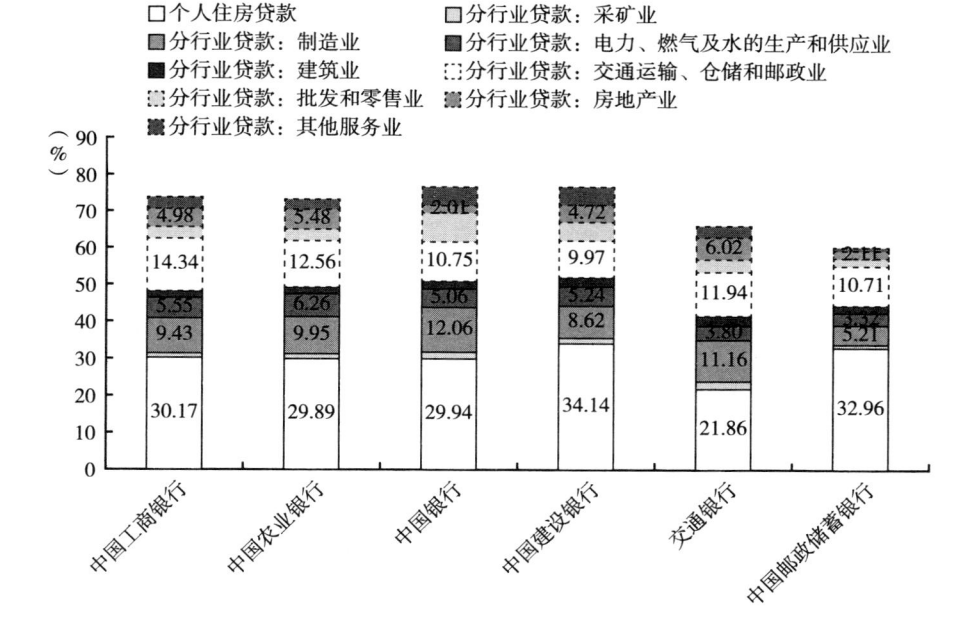

图 3　六家国有大型商业银行主要贷款业务百分比堆积图（2021 年半年报）

资料来源：Wind。

二 房地产企业融资市场运行情况

（一）房地产企业开发贷融资情况

从央行公布的金融机构贷款投向统计数据来看，截至2021年末，房地产开发贷款余额为12.01万亿元，同比增速仅为0.09%；开发贷存量余额连续三个季度负增长（见图4）。开发贷在上半年大幅收缩与房企融资"三线四档"规则和"贷款两集中"政策有关，银行为达到监管指标要求采取了收缩信贷的措施；第三季度开发贷继续收缩则是市场自身反映的结果，受恒大风险事件影响银行出现了"逃往质量"（Flight to Quality）的现象：第三季度开发贷增速达到历史最低点（仅为0.02%），商业银行的抽贷行为也间接造成了其他债权产品的大面积违约。9~10月，央行主要官员表示银行金融机构对"三线四档"政策理解有误，并要求商业银行保障房企合理的融资需求；但商业银行出于风控方面的考虑，对新增房地产开发贷的发放仍极为审慎，开发贷持续收紧的状态并未明显改善，开发贷增速由第三季度的0.02%仅上升到第四季度的0.09%。

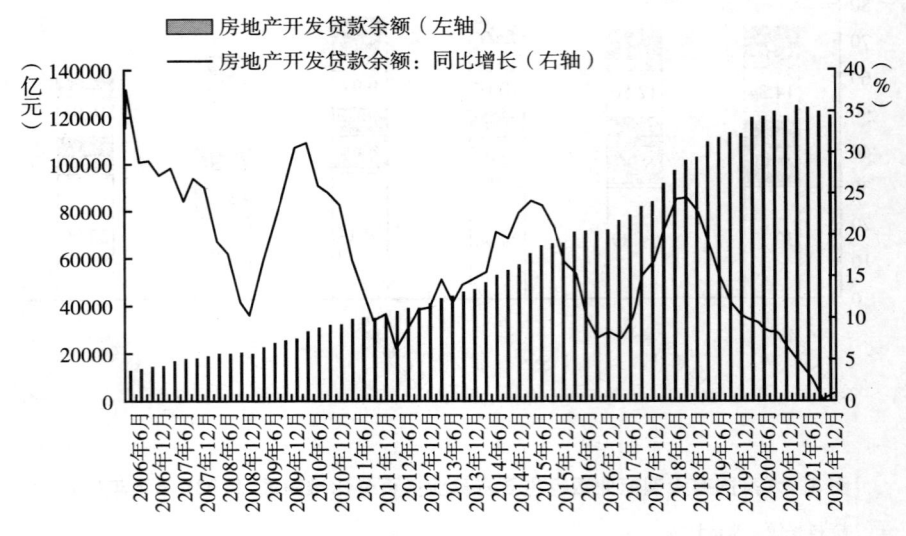

图4 2006~2021年房地产开发贷余额及同比增速（季度）

资料来源：中国人民银行，Wind。

（二）房地产信托融资情况①

从房地产行业的信托融资数据来看，房地产信托余额从2019年第三季度开始连续9个季度下降。截至2021年第三季度末，房地产信托余额为1.95万亿元，与2020年末相比，余额继续压降了3315.87亿元；房地产信托余额占信托业资金余额的比重下滑至12.42%，与上年同期相比下降了1.38个百分点（见图5上图）。在强监管下，信托投资公司严格执行在风险可控的前提下开展房地产信托业务的监管要求，并按监管要求持续压降房地产信托规模。从房地产信托余额规模、增速和占比来看，"控地产"的监管要求在信托业得到了较好的执行。

从融资成本来看，2021年第一季度房地产信托发行预期平均收益率在7.31%左右；第二季度房地产信托发行预期平均收益率在7.26%左右；第三季度房地产信托发行的预期收益率为7.33%左右；加上2%~3%的信托公司报酬和信托计划发行费用，房地产企业信托融资成本在9.26%~10.33%，较2020年末略有上升（见图5下图）。

（三）房企信用债发行情况

从境内信用债（不包括资产证券化产品）发行情况来看，2021年的发行总额是5481.79亿元，同比下降8.66%；其中，第一季度的发行总额为1719.02亿元，同比上升1.25%，平均票面利率为4.49%；第二季度的发行总额是1561.91亿元，同比上升4.39%，平均票面利率为4.35%；第三季度的发行总额是1319.46亿元，同比下降26.68%，平均票面利率为3.95%；第四季度的发行总额是881.40亿元，同比下降12.53%，平均票面利率为3.78%（见图6上图）。从存量情况来看，截至2021年末，房企境内信用债待还余额为1.90万亿元，同比下降8.25%；其中，3年内到期债券余额为1.35万亿元。目前，境内债券发行募集的资金主要用于借新还旧，受市场形势影响房企境内信用债存量规模已经开始压缩，借新还

---

① 由于信托数据的发布滞后一个季度，当前最新数据更新至2020年第三季度末，本节分析基于2020年第三季度末及之前的数据。

房地产蓝皮书

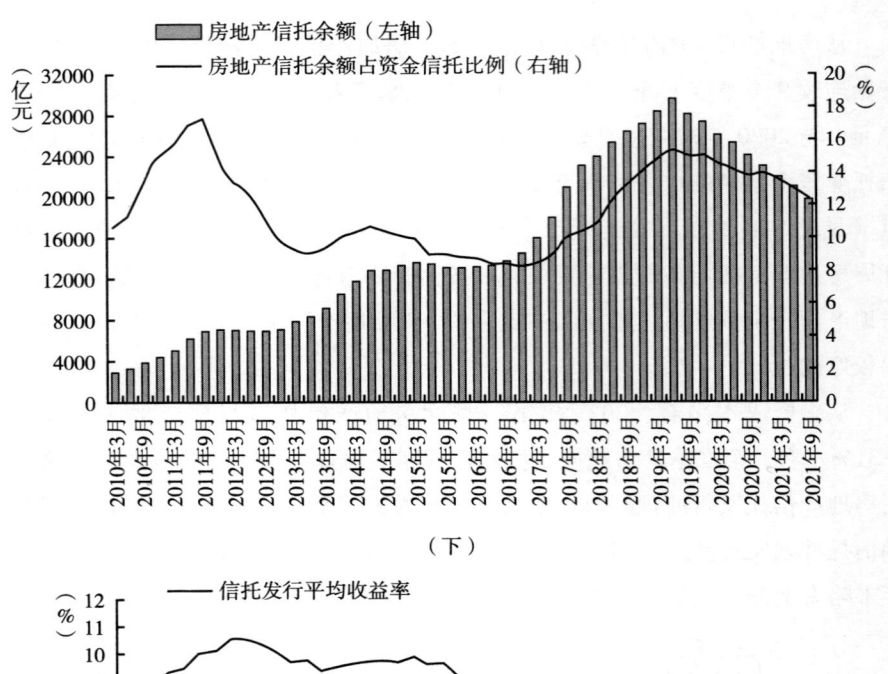

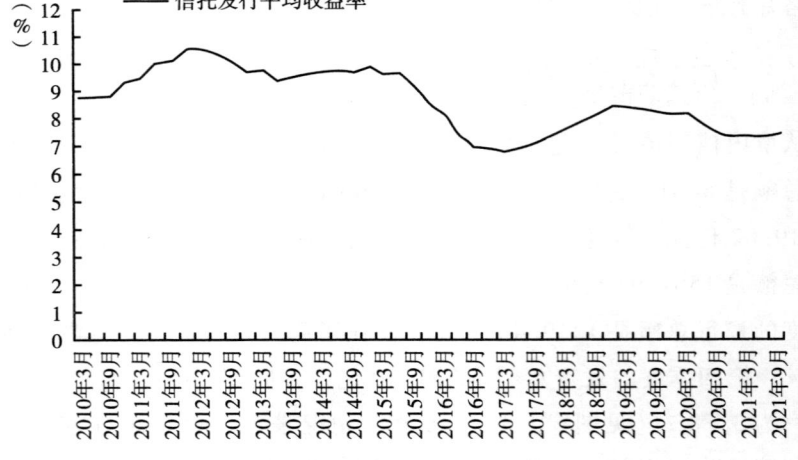

（上）

（下）

图5　房地产信托收益率（季度）

资料来源：中国信托业协会、Wind。

旧难以为继。对于部分杠杆率较高的房企，其新增的境内信用债规模并不足以覆盖其到期债券的偿付规模，发生债券违约的风险大幅增加。

从境外信用债发行情况来看，2021年房企境外债发行规模为432.09亿美元（约为2781.02亿元人民币），同比下降34.01%，下降幅度较大。其中，第一季度发行规模为188.58亿美元，同比下降30.73%，平均票面利率为6.63%；第二季度发行规模为111.51亿美元，同比增加46.58%，平均票面利率为7.54%；第三季度发行规模为101.69亿美元，同比下降45.02%，平均票面利率为6.68%；第四季度发行规模为30.31亿美元，同比下降74.87%，平均票面利率为9.94%（见图6下图）。截至2021年末，内地房企境外债存量余额为1966.93亿美元（约1.27万亿元人民币）。

三 房地产金融风险分析

本节从三个方面概括房地产金融的风险：第一，房地产市场自身风险，它是房地产金融风险的源头，主要通过租金资本化率和库存去化两个指标反映；第二，住房按揭贷款的风险，它主要反映了房地产市场需求侧的金融风险，我们用新增贷款价值比（LTV）表示；第三，房企违约风险，它主要反映了房地产市场供给侧的金融风险，我们主要观察债券市场的违约情况。

（一）房地产市场风险分析

租金资本化率的含义是一套住宅完全靠租金收回成本要经过多少年，这一概念与租售比类似，但更加直观，两者都可以刻画房价泡沫程度。2021年，一线城市的租金资本化率总体呈下降态势，平均的租金资本化率从年初的69.70年下降至年末的57.78年。主要原因是：2020年下半年一线城市住房市场出现了明显过热迹象，四个城市的相关部门均陆续出台调控收紧政策。在深圳、广州、上海二手房指导价政策出台后，因指导价低于市场实际成交价且银行按照指导价发放贷款，这一定程度降低了居民购房可用杠杆，三城住房市场的交易规模大幅下滑，房价快速上涨势头得到有效遏制（见图7上图）。同期，二线城市的租金资本化率也表现出下降趋势，且二线热点城市的下降幅度大于二线非热点城市；二线热点城市的平均租金资本化率由年初的57.44年下

房地产蓝皮书

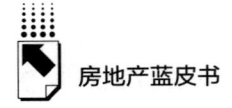

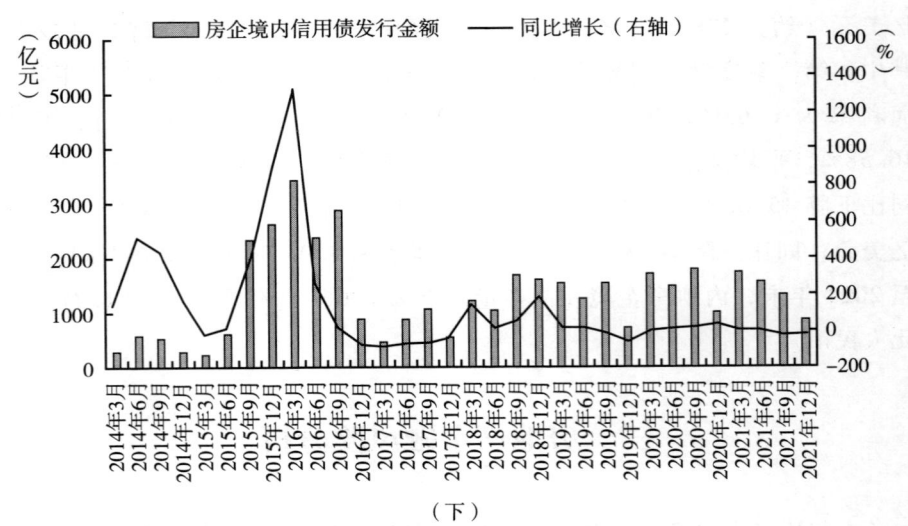

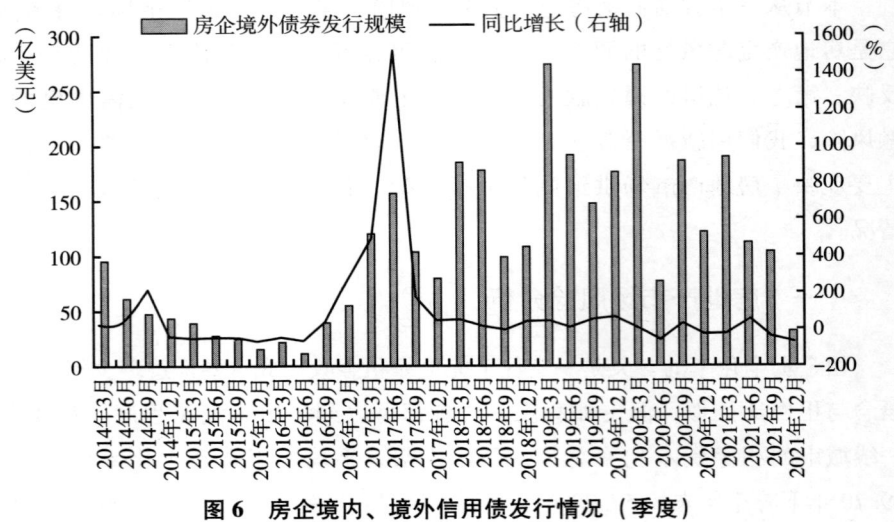

（上）

图 6 房企境内、境外信用债发行情况（季度）

资料来源：Wind。

降至年末的53.02年；二线非热点城市的平均租金资本化率略有下降，由年初的48.50年下降至2021年9月末的47.04年（见图7中图）。三线城市方面，租金资本化率基本保持稳定，2021年末为42.13年，略低于年初的42.53年（见图7下图）。

整体来看，进一步收紧的房地产调控政策在一线城市和部分二线热点城市逐渐显现效果，房地产价格泡沫得到一定程度的遏制。然而对于房价泡沫的遏制也须辩证地考察，尤其是对于租金资本化率急速下降的情况（比如深圳），这意味着房价的快速下跌。通常而言，繁荣时期的房价上涨与危机时期的房价下跌往往是非对称的，房价的快速下跌可能是危机的前兆。进一步考察深圳房

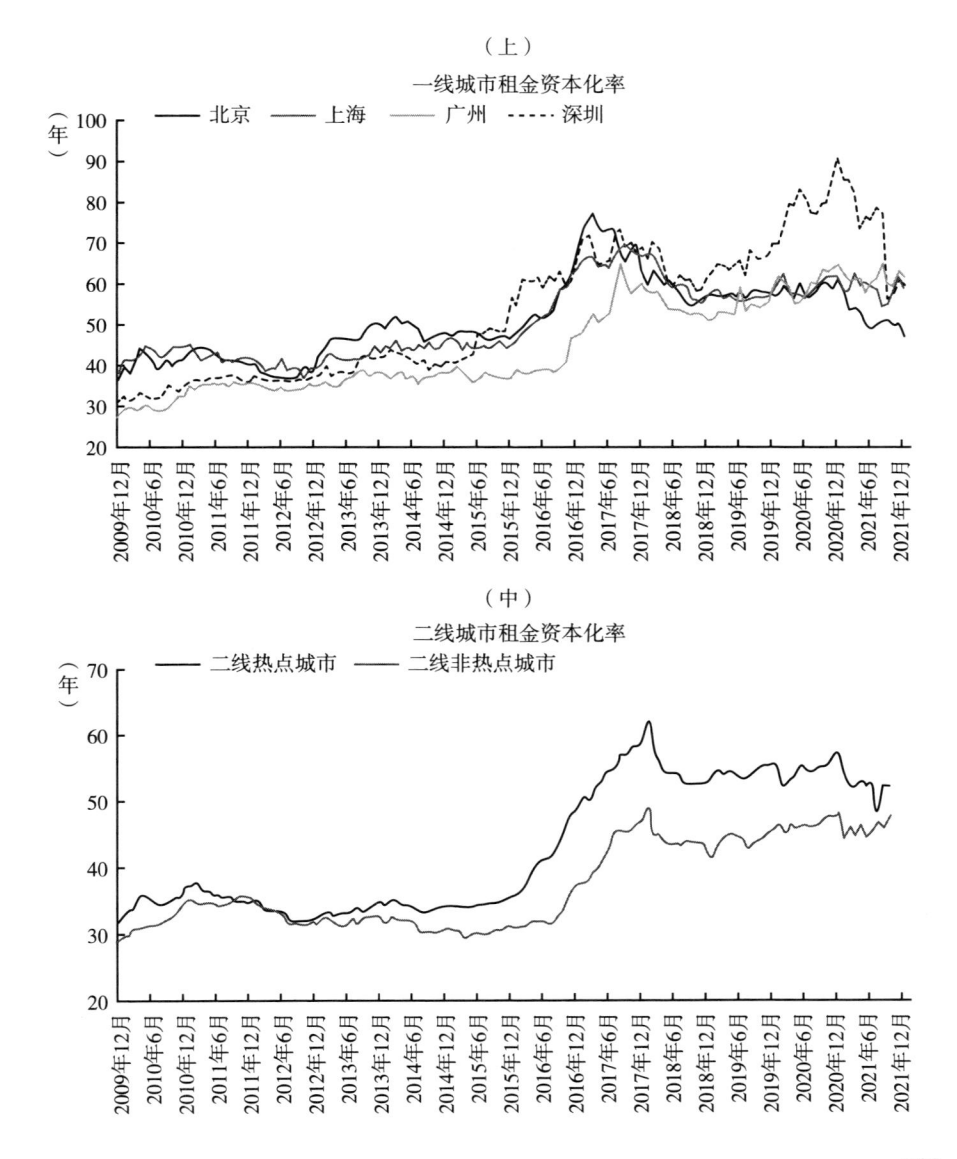

（上）
一线城市租金资本化率

（中）
二线城市租金资本化率

（下）
三线城市租金资本化率

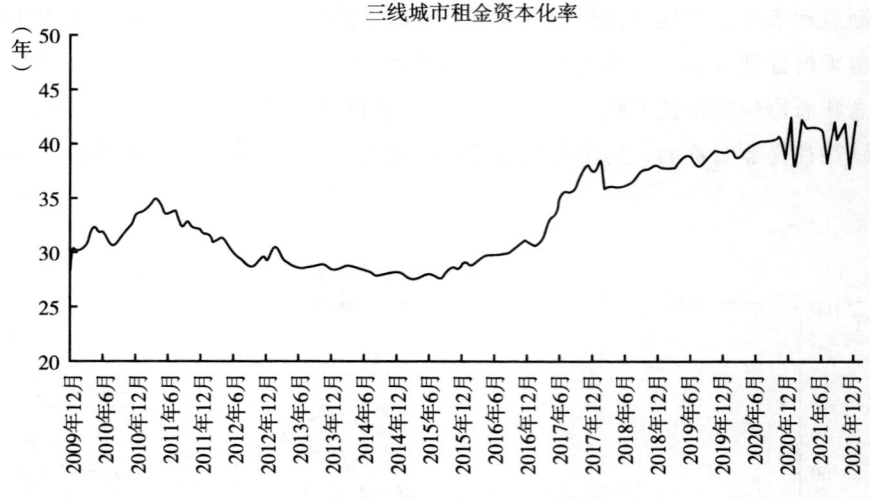

图7　不同层级城市的租金资本化率走势

注：图中二线热点城市包括杭州、南京、苏州、武汉、成都、厦门、福州、西安、合肥，二线非热点城市包括天津、重庆、郑州、长沙、南宁、南昌、青岛、宁波，三线城市包括昆明、太原、兰州、乌鲁木齐、呼和浩特、湖州、泉州、常德、蚌埠。

资料来源：国家金融与发展实验室。

价下跌的原因，主要是因为住房按揭供给不足，从而导致房地产开发的整个资金循环不畅，因此缓解流动性不足是应对危机的首要措施。

租金资本化率是从相对价格上反映风险，库存数据则是从数量上反映风险。从去库存的情况来看，18个城市平均库存去化月数由2020年年末的11.7个月上升至2021年年底的18.9个月，整体上表现出滞销的现象（见图8）。分城市层级来看，2021年一线城市住宅库存去化周期基本保持稳定，12月底一线城市平均库存去化周期为6.5个月，说明一线城市抗风险能力较强。二线城市住宅库存去化周期从年初以来持续下降，至6月底降至年内最低点8.4个月，第三季度开始快速回升，至12月底上升至15.3个月，二线城市下半年库存快速回升与按揭贷款发放不足以及市场观望情绪较浓有关。三线城市方面，住房交易市场降温较快，住宅库存去化的压力大幅上升，12月底三线城市平均住宅库存去化周期为34.9个月，较上年末上升了18个月。将库存数据结合租金资本化率数据来看，三线城市的市场面临较大风险，一些城市（如唐山、昆明、岳阳等）出台了房价"限跌令"，这些政策从另一个侧面说明了风险，我们也应注意市场难以通过价格出清带来的问题。

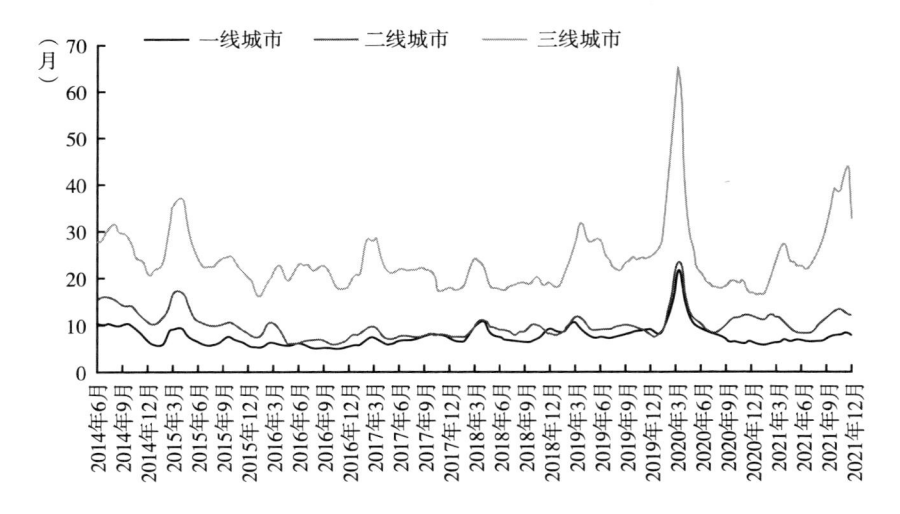

图8 不同层级城市房地产库存去化情况（3周移动平均）

注：图中的二线城市包括杭州、南京、苏州、厦门、南昌、福州、南宁、青岛，三线城市包括泉州、莆田、东营、东莞、舟山、宝鸡。

资料来源：根据Wind统计计算。

（二）个人住房按揭市场风险分析

新增个人住房贷款价值比（Loan to Value，LTV），用以衡量住房价值对新增个人住房贷款的保障程度，也可用于反映银行个人住房贷款违约风险的大小。相关研究表明，LTV与个人住房贷款违约率显著正相关，如果这一指标数值较低，说明购房中使用自有资金的比例较高，则银行面临的个人按揭风险不大。

2021年，一线城市中北京的平均新增LTV为13.74%，处于较低水平；深圳的平均新增LTV为38.01%［见图9（a）］，相较于2020年大幅下降，这既反映了2020年深圳房价泡沫中存在杠杆因素，也反映了2021年严查房抵经营贷违规入市的效果；上海的个人按揭贷款风险相对较低，平均新增LTV为20.05%；广州的平均新增LTV为28.82%，处于合理水平［见图9（b）］。二

221

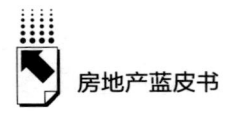

线城市方面,重庆的平均新增LTV为64.57%,处于较高水平;南京的平均新增LTV为29.61%;厦门的平均新增LTV为26.78%[见图9(c)];郑州的平均新增LTV为33.20%;武汉和天津的平均新增LTV分别为19.31%和19.06%,风险较小[见图9(d)]。整体来看,受益于较高的首付比例、较低的LTV,我国新增个人住房贷款抵押物保障程度较高。2021年部分一线城市按指导价发放贷款,由于指导价低于实际成交价,贷款比例比按指导价计算的比例还低,这使得整体个人住房按揭贷款风险更加可控。

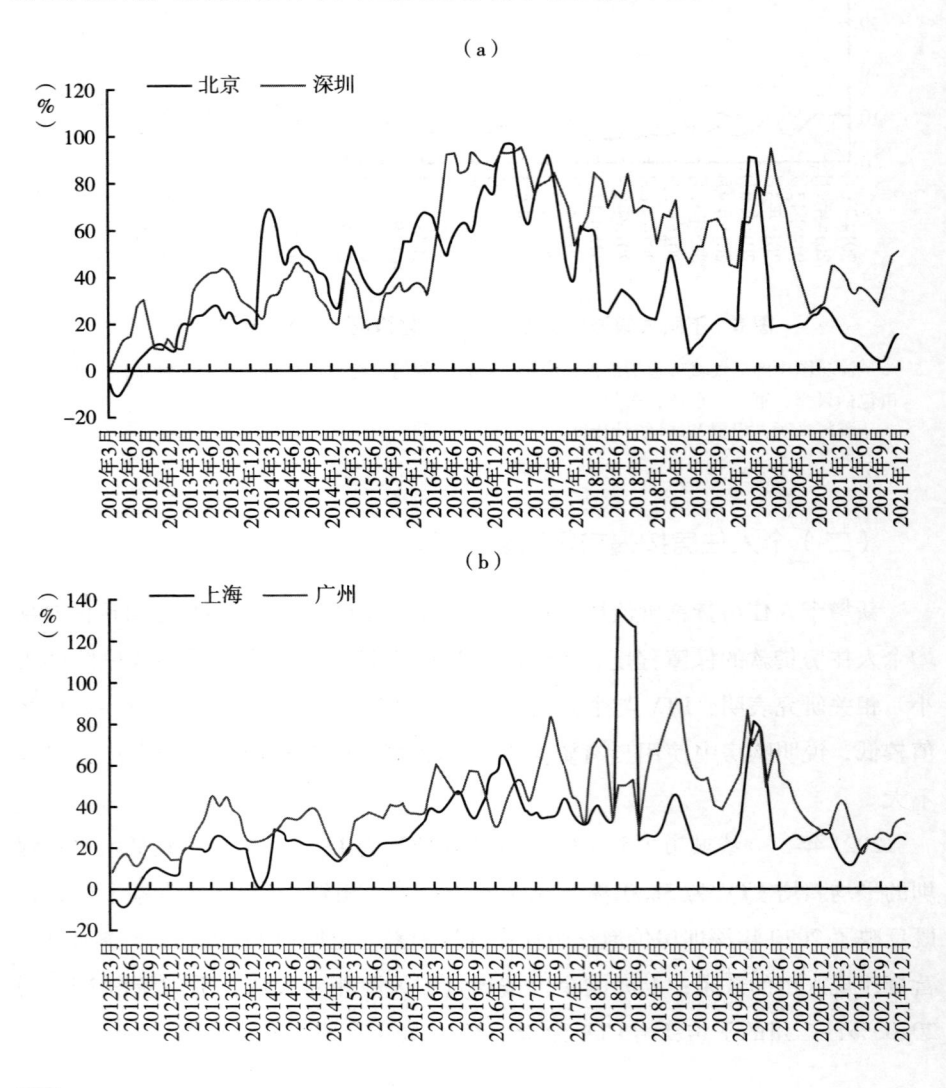

(a)

(b)

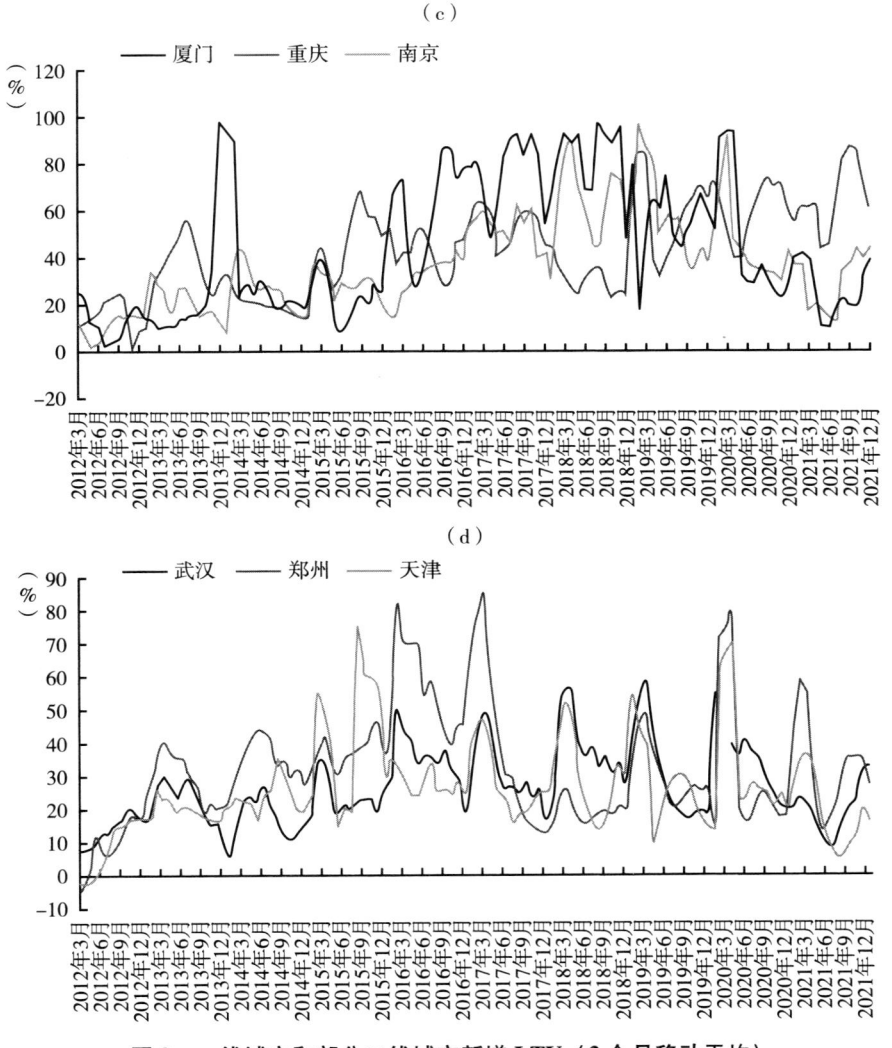

图9 一线城市和部分二线城市新增LTV（3个月移动平均）

资料来源：作者估算。

（三）房企债券违约风险分析

2021年房地产金融风险主要集中于房企违约上。这主要是受恒大风险事件影响，许多房企出现了流动性风险；加之一些房企误判销售端形势逆势加杠杆拿地，部分房企的流动性风险演变成信用风险。从债券市场的违约情况来看，房企违约与前三年相比无论是数量还是金额都表现出激增的态势。2021年，房企境内信用债违约数量为69只，占境内债违约数量的27.49%，涉及重庆协信、天房集团、华夏幸福（包括子公司九通基业投资）、泰禾集团、泛海控股、新华联、四川蓝光、三盛宏业、正源地产、鸿坤伟业、华业资本、阳光城、花样年、新力地产14家债券发行主体，违约规模（违约日债券余额）为759.15亿元，占境内债总违约规模的29.27%（见表1）。

表1 房企信用债违约情况

年份	房企境内信用债违约数量(只)	违约数量占比(%)	房企境内信用债违约金额(亿元)	违约金额占比(%)
2018	6	3.64	34.90	2.30
2019	14	5.71	87.06	4.51
2020	19	8.09	269.89	10.68
2021	69	27.49	759.15	29.27

资料来源：Wind。

四 2022年房地产金融市场展望

房地产政策方面，中央经济工作会议定调指出，我国经济面临需求收缩、供给冲击和预期转弱"三重压力"，房地产市场同样面临这三重压力；同时"房住不炒"作为一项长期政策的总基调不会转变。在这两个顶层逻辑框架下，我们认为2022年的房地产政策重点包括以下三个方面。第一，会有更多三四线城市出台"限跌令"和购房支持性政策，这些政策不仅发挥抑制需求收缩的作用，而且关乎土地财政风险的问题。第二，一线城市及二线热点城市将会有更多政策支持住房租赁市场发展，尤其是支持保障性租赁住房的发展，这些政策是对"房住不炒"精神的贯彻，可以更好地解决高房价下大城市新市民、大中专毕业生、进城务工人员等群体住房困难的较为突出问题；同时在居住得到保障后，国内大循环的畅通也会有所改善从而有利于稳需求。第三，针对更多问题房企的处置措施会出台，这些措施的目的在于遏制风险传染，起到稳预期的作用。

个人住房信贷市场方面，我们认为个人购房贷款余额增速将一改2021年的颓势，甚至部分银行会超出"贷款两集中"的上限发放按揭贷款，这一方面是因为"贷款两集中"政策存在一定的过渡期，另一方面更重要的是因为这一措施与稳需求、稳预期的基调是一致的。个人按揭贷款利率也将进一步下行，一方面长期LPR利率存在下行趋势，另一方面对首套房贷款的支持会体现到按揭利率中。

房企融资市场方面，债券融资会有所恢复和反弹，一方面一些大型房企在债券平台发布自愿披露公告，表明自身超额业绩能力从而有利于稳定预期；另一方面政策支持有利于大型房企，而债券市场是以大型房企为主的市场。房地产信托融资可能还将进一步压降，这是由信托政策方向决定的。房企开发贷方面，尽管并购贷款的支持政策已经出台，但金融机构作为自负盈亏的市场主体在面临风险时依然会采取审慎策略。因而房企融资整体形势并不乐观，其恢复或需要较长的时间。

房地产市场和房地产金融的风险主要集中于以下两个方面。第一，部分三四线城市的房价大幅下跌。短期看三四线城市处于"高房价、高库存"的有价无市状态，长期看部分三四线城市呈人口净流出状态，因而房价面临较大下行压力。由此产生的风险包括两点：其一，部分城市的住房可能出现负资产情况，由此导致这些地区个人按揭贷款不良率上升。其二，由于房价下跌，部分三四线城市的土地财政可能出现不可持续的情况。第二，房企违约事件还会持续爆发。这一方面是由于房地产市场缺乏人口、城镇化的基本面支撑，另一方面房企目前的融资模式还是以短期的债权为主，这两方面因素叠加还会使部分房企面临较大的流动性压力。这里应特别关注在三四线城市布局较重的房企的违约风险。

热 点 篇
Hot Topics

B.13
存量更新时代的房地产发展转型[*]

唐 燕 邵旭涛 刘思璐[**]

摘 要: 房地产行业发展与城市发展密不可分,近年来我国城市发展逐渐从增量扩张转型到存量更新,尤以大中城市为甚。曾以新区开发或拆旧建新为特点的房地产行业在社会经济的这种变化进程中,开始面临建设周期拉长、投资回报减少、产权处置复杂等诸多困境,亟须寻找新的运作模式和投资领域实现转型应对。本文聚焦房地产行业在存量更新时代的发展转型诉求与实践探索,对比其与增量发展时期的不同,以从城市更新视角探讨房地产行业的未来走向与挑战出路。

关键词: 城市更新 存量更新 房地产

---

[*] 基金支持:"多源数据融合的城市高温脆弱性空间识别与城市设计策略应对"(51978363);北京市社会科学基金项目"首都城市更新制度建设与治理策略研究"(项目编号:19GLB034)。

[**] 唐燕,博士,清华大学建筑学院长聘副教授,博士生导师,研究方向为城乡规划设计、城市更新、城乡治理;邵旭涛(通讯作者),清华大学建筑学院博士研究生,研究方向为城市更新、城市设计;刘思璐,清华大学建筑学院硕士研究生,研究方向为城市更新。

一 引言：房地产业从"增量扩展"迈向"存量发展"的时代转变

2011年，我国城镇化率突破50%，城市建设开始进入以"内生提质"和"存量更新"为特征的城镇化"下半场"。经过改革开放以来的快速发展，当前我国城市发展速度已经由高速增长转向中高速增长，进入更加强调以人为核心和以质量提升为导向的转型发展新阶段①。随着社会经济转型和存量规划时代的到来，城市更新在我国受到空前关注，成为城市发展建设领域的热点话题②。2020年，党的十九届五中全会通过的《中共中央关于制定国民经济和社会发展第十四个五年规划和2035年远景目标的建议》明确提出"实施城市更新行动"，对我国下阶段的城市建设工作做出了重要的方向指引和战略部署③。城市更新上升为解决城市发展问题、推进城市治理现代化、提升城市空间品质等的关键手段。2022年3月，国家发改委印发《2022年新型城镇化和城乡融合发展重点任务》，将城市更新列入年度重点任务。到此时，全国已有5个省出台了省级城市更新指导政策，约34个城市出台了城市更新管理办法或条例。

城市更新是对已建成地区进行的功能提升、保护修缮、整治拆改和拆除重建等活动，目的是实现建成环境在社会、政治、经济等维度的全面优化提升。2022年2月国新办新闻发布会的数据表明，据不完全统计，截至2021年底，全国411个城市累计实施城市更新项目2.3万个，总投资达5.3万亿元④。城市更新热潮的持续走高，使得存量更新项目成为各地投资热点。在这个过程中，曾以新区开发或拆旧建新为特点的房地产行业在发现和重视城市更新机会

---

① 阳建强：《新发展阶段城市更新的基本特征与规划建议》，《国家治理》2021年第47期，第17~22页。
② 唐燕：《我国城市更新制度建设的关键维度与策略解析》，《国际城市规划》2022年第1期，第1~8页。
③ 王蒙徽：《实施城市更新行动》，https://mp.weixin.qq.com/s/xE578Yd6IeN-Ak2o-uj0Lw，最后检索时间：2022年3月11日。
④ 丁怡婷：《防风险、稳增长、促改革——推动住房和城乡建设事业高质量发展（权威发布）》，http://paper.people.com.cn/rmrb/html/2022-02/25/nw.D110000renmrb_20220225_2-07.htm，最后检索时间：2022年3月24日。

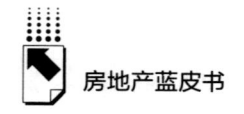

和契机的同时，却也常常因更新项目建设周期拉长、投资回报减少、产权处置复杂等诸多困境而无所适从，加之国家通过"住房不炒"、限购限贷、不搞大拆大建等宏观调控措施对房地产开发施加各种约束和引导，使得房地产行业亟须在"倒逼"中实现适应新时代背景的发展转型。

二 城市更新视角下的我国房地产发展

在经济高速增长的增量时代，城市主要通过空间扩张来实现资本和财富的积累[1]。新中国成立初期，以解决住房紧张和偿还基础设施欠账为重点的城市居民居住条件改善，是城市更新的主导方式[2]。改革开放后，特别是20世纪90年代以来，以大规模拆除重建为主导的粗放式城市开发与土地财政发展方式，在极大提升城市面貌的同时，也给社会经济发展等方面设下了潜在危机，造成城市文化断裂、基础设施建设标准低和长期历史欠账严重等问题，由此推高了后续的更新成本。当前，面对世界经济形势整体下滑和城市建设资金日益匮乏的客观挑战，吸引社会资本参与，通过"政府统筹、市场运作"实现社会、环境和经济效益综合平衡的城市更新，并提供高效且公平公正的城市更新制度保障，是我国城市更新工作的重中之重。

从城市更新视角回顾，我国房地产发展历程可以简要划分为1988~2006年的起步腾飞期、2007~2013年的收紧调控期、2014~2020年的多元调整期，以及2021年至今的深化转型期四个阶段（见图1）。

1. 1988~2006年的起步腾飞期

国有土地有偿使用制度建立是我国房地产大规模开发的起步点，在此之前的城市更新主要为政府主导下的居住环境改善。1988年12月《土地管理法》修改议案通过，规定"国家依法实行国有土地有偿使用制度"，全国各城市开始建立房地产交易所，银行成立房地产信贷部。1990年5月，国务院允许外商进入大陆房地产市场，发布《城镇国有土地使用权出让和转让暂行条例》

---

[1] 张京祥、赵丹、陈浩：《增长主义的终结与中国城市规划的转型》，《城市规划》2013年第1期，第45~50、55页。

[2] 阳建强、陈月：《1949-2019年中国城市更新的发展与回顾》，《城市规划》2020年第2期，第9~19、31页。

存量更新时代的房地产发展转型

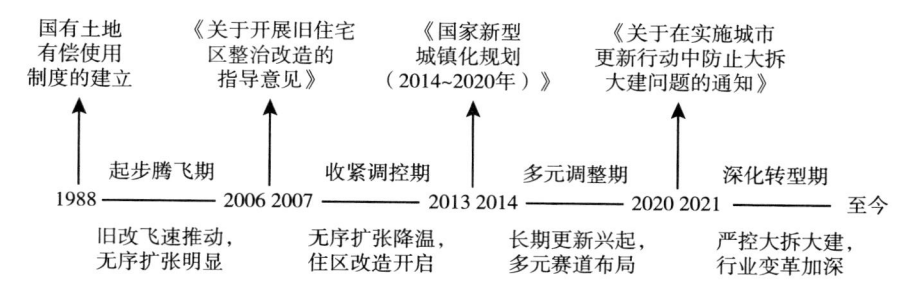

```
  国有土地        《关于开展旧住宅     《国家新型          《关于在实施城市
  有偿使用         区整治改造的       城镇化规划           更新行动中防止大拆
  制度的建立        指导意见》      （2014~2020年）》     大建问题的通知》
     ↑              ↑              ↑                  ↑
        起步腾飞期        收紧调控期       多元调整期         深化转型期
  1988 ─────────── 2006 2007 ────── 2013 2014 ────── 2020 2021 ──────── 至今
        旧改飞速推动，    无序扩张降温，    长期更新兴起，      严控大拆大建，
        无序扩张明显     住区改造开启     多元赛道布局        行业变革加深
```

图 1　城市更新影响下的房地产发展历程阶段

资料来源：作者自绘。

《外商投资开发经营成片土地暂行管理办法》等相关文件，标志着我国土地开发制度的初步建立，房地产企业可在法律约定框架内进行城市建设开发。房地产起步拉动了以旧城改造为主的城市更新，如深圳大冲村改造等，更新项目多聚焦写字楼、酒店、商业或住宅，以商业开发带动住宅或旧城改造为主，通过高强度建设来平衡拿地、拆迁的各种费用。这时期房地产行业急速增长，并逐渐成为我国经济的支柱产业。与此同时，以权力下放、分税制、住房改革为特征的改革道路极大地推动了政府由"守夜人"向"经济人"的角色转变，地方政府对 GDP 的追求引发了一系列政府圈地、低价卖地、无序招商引资等争议性现象。房地产开发增长迅猛也带来大量无序扩张和历史破坏，以北京为例，2000 年随着《北京市加快城市危旧房改造实施办法（试行）》的出台，"房改带危改"的改造思路使得政府与开发商结盟，"推平头"拆除式的改造方式导致城市建设严重雷同化[1]。专家对此联名上书，建议"立即停止二环路以内所有成片的拆迁工作"，北京随后撤销了 40 片危旧房改造项目，转为推行小规模、渐进式改造，以促进旧城有机更新和文化复兴[2]，大规模无序改造项目逐渐降温。

2. 2007~2013 年的收紧调控期

到 2004 年前后，房地产行业已经暴露出房价过高、结构和融资途径不合

---

[1] 郭晋生、陈建明、董新华：《我国城市住宅维修改造的历史与现状》，《城市建筑》2008 年第 1 期，第 14~15 页。
[2] 刘欣葵：《北京城市更新的思想发展与实践特征》，《城市发展研究》2012 年第 10 期，第 129~132、136 页。

理等问题，并连带形成明显的社会冲击，国家为此进行多次宏观经济调控。2007年党的十七大的召开表明我国住宅改造进入转折期，这是我国住宅改造工作的重要推进点。住建部出台《关于开展旧住宅区整治改造的指导意见》，对老旧住区的改造内容、工作机制、资金筹措、维护管理等进行了规定。到2008年，房地产行业逐渐从卖方市场转换为买方市场，加之金融危机的爆发，我国房地产业整体进入严寒期，经过2009~2010年的恢复调整之后才慢慢步入平稳。此时期，城市更新领域涌现出大量传统"拆除重建"之外的改造探索，如老旧厂房更新在我国一二线城市如火如荼地开展，诞生了广州TIT、成都东郊记忆、北京768等诸多优秀的文化创意园区。但房地产行业在这个阶段的城市更新项目仍以旧改开发为主，重心仍是增量建设。

3. 2014~2020年的多元调整期

2014年《国家新型城镇化规划（2014-2020年）》的出台，以及2015年12月中央城市工作会议的召开，表明我国城镇化发展进入质量提升的战略性调整阶段。城市更新作为大中城市发展的主要路径被明确，提升城市特色与内涵、改善城区品质、促进产业优化和转型等越来越受认可，房地产开发进入减速提质的新阶段。《国务院关于加快棚户区改造工作的意见》《国务院办公厅关于推进城区老工业区搬迁改造的指导意见》等重要文件相继出台，表征了国家对城市更新工作的高度认可和积极推动。这个时期，城市更新与房地产的结合点主要聚焦老旧小区改造、老旧厂房改造和城中村改造等，房地产行业的城市更新赛道需要更多地承担社会责任和服务城市长远发展。因此，城市更新的大规模房地产开发趋势被逐步遏制，房地产参与的更新活动也变得更加多元，如以"政府引导、市场运作"推动老旧小区改造和危旧楼房改建，从拆除重建转变为注重物业服务、社区运营、空间功能改变、楼宇升级等。

4. 2021年至今的深化转型期

党的十九届五中全会首次提出"实施城市更新行动"，为创新城市建设运营模式、推进新型城镇化指明了方向；与此同时，新冠肺炎疫情的突袭而至对社会经济各个方面造成全面冲击。2021年8月，住房和城乡建设部发布《关于在实施城市更新行动中防止大拆大建问题的通知》，"严格控制大规模拆除、严格控制大规模增建、严格控制大规模搬迁"三条底线的划定，明确不鼓励以城市更新为名开展拆除后高强度开发的更新改造。保留城市记忆、稳定城市形态和容量、提高城市韧性的新目标对步入新阶段城市更新领域的房地产行业提出了更高要求。房地产行业面对更新项目投入大、周期长、产权协调困难等挑战，亟须酝酿和实现新的盈利方式升级，以解决增值红利不足等关键困境。

三 房地产转型趋势：从"传统地产"走向"多面地产"

房地产业主要是指房地产开发企业进行的房屋、基础设施建设等，以及转让、销售、租赁、中介、物业等活动①。我国大型房地产企业，尤其民营企业，大多通过住宅地产起家。在1988~2006年房地产的起步及红利期，净地上的增量开发、存量上的旧城旧村整体改造，让诸多房地产企业习惯了传统的高杠杆、高流动性的住宅开发模式，一定程度上助推了房地产泡沫和金融风险等潜在危机的产生。当前时期城市更新影响下的房地产行业，需要转移到"开发建设"与"经营管理"一体化的综合业务上来，万科为此已将企业定位从"城市配套服务商"转变为"城乡建设与生活服务商"②。与传统"房企"业务相对单一地集中在人们熟知的新区建设或"旧改"开发中不同，新时期城市更新领域的新型房地产模式需要从大规模拆改转型为多渠道、多行业、多路径的"多面地产"。

事实上，从国家强调"构建以国内大循环为主体、国内国际双循环相互促进的新发展格局"等政策导向来看，近期房地产业并非如大众认为的那样单纯地被限制，而是在存量时代被社会各界赋予众望，期待其能在存量空间中科学着力以提升城市品质和地块价值，通过有限改造创造更多财富并拓展新的增长点，缓解城市病和改善居民生活条件，进而发展出一条有前景、可持续的新赛道。概括起来，城市更新影响下的房地产转型趋势主要包括下述几方面。

1. 项目周转长期化

与过去占主导地位的增量开发不同，城市更新的项目周期普遍从曾经1~2

---

① 国民经济行业分类，http：//www. stats. gov. cn/tjsj/tjbz/hyflbz/201905/P020190716349644060705. pdf，最后检索时间：2022年3月20日。

② 《万科定位从"城市配套服务商"转变为"城乡建设与生活服务商"》，http：//news. officese. com/2018-6-7/65145. html，最后检索时间：2022年3月18日。

年的高周转转变为5~10年的长期资金回收过程。各地有关城市更新的政策制度尚在建构期，城市经济水平、发展阶段、历史文化、社会人情等亦各不相同，使得城市更新项目进程中，房地产企业与原产权方的对话协商、与政府就规划和土地要求等进行沟通交流的交易成本走高，项目落地时间也常常因此进一步延长。故而，房地产企业需要克服低周转率的资金压力，并探索长期盈利模式。

2. 参与企业多样化

城市更新项目呈现的周期长、轻资产化运营等特点，使得在大型房企外，更多中小型房企、工业企业自身，乃至创新型文化运营企业等都可以进入，赛道竞争呈现参与主体更加多样化的态势，这有利于城市空间的差异化建设，推进和优化城市更新从规划、建设到运营的全生命周期运作。

3. 融资模式多元化

很多城市更新项目不再是"一次性"的再开发，而是渐进式的空间换新过程。一些渐进式更新多为轻资产运营，其资金需求量变小，但同等利润下整体资金需求量明显高于高杠杆、金融化的传统房地产操作模式。随着PPP、EPC（Engineering-Procurement-Construction，设计—采购—施工）等模式进入城市更新领域，更新项目的风险降低，并有助于房地产企业争取银行贷款。大量更新改造项目还能获得明确的政府政策和公共资金支持，居民出资、产权方出资等路径也处在不断实践探索中，这无疑为房地产企业参与城市更新提供了更加多元化的融资渠道。

4. 收益结构丰富化

在城市更新中，传统的"开发—销售"盈利路径开始向租赁、物业管理、服务置入等"持有型"长期利润路径转变。科技、文旅、康养、文创、商贸、服务等新兴产业升级下的混合功能置入，既增加了投资成本回收途径，也丰富了城市旧区的功能及活力。考虑到老旧小区改造等一些民生类的更新项目收益过低，"成本—收益"的平衡需要依靠跨项目、跨片区、跨流程的更新统筹来解决。

5. 工程建设一体化

城市更新的EPC建设模式，使得更新项目由过去的分阶段建设、管理逐渐向"工程总承包"转变。这有助于保障设计建造质量、推进政府和房地产企业的深度合作，并通过一体化承包减少衔接成本、缩短更新工期等。受既有建筑空间和产权主体的制约，城市更新类项目较新开发类项目更为复杂，工程难度大，以EPC为主的一体化模式可以使参与企业通过总体协调、规划项目周期和预算，谋划长期运营得益等来实现投资获利。

四 典型存量空间更新的房地产企业介入情况

简要分析商业办公、老旧住区、老旧厂房三种典型存量空间更新的房地产企业介入情况（见表1），可以明显看出上述房地产行业转型趋势。2021年，国家政策提出"不沿用过度房地产化的开发建设模式"做城市更新，是为了避免前阶段出现过的大规模拆建，以及对历史文化和城市环境等的破坏，而非限制房地产企业这股重要的市场力量参与城市更新。

表1 三类典型存量空间更新的房地产企业介入特点

类型	商业办公类存量更新	住区类存量更新	工业类存量更新
参与企业	大型房企、小型房企、创新型文化运营企业等	老旧小区改造中的国企与民企参与	企业自行更新；产权方选择轻资产运营企业合作更新等
收益结构	出售、物业、租赁	物业、服务置入	物业、租赁、服务置入
收益周期	中长期	长期	中长期
转变趋势	·办公空间共享化 ·闲置商办空间功能转型 ·网红化商业改造和更新 ·商业空间复合化、品质化转型或重装修等	·老旧小区片区打包整体平衡盈利 ·长期服务置入，微利可持续 ·养老、社区商业、停车等新功能进入等	·改造为文创园 ·改造为科创园或工业升级 ·更新为Mx、M0等新兴产业用地等

1. 商业办公类存量空间更新

商业房地产的供需关系已经发生变化。商业地产对建成环境要求高，并随着时间的推移，品质下降较其他类型的房地产资源更快；同时，商业办公类建筑普遍需要较好的区位，而我国各大城市的商业用地基本趋于饱和，因此商业

办公类存量空间的更新逐渐成为房地产企业的重要工作对象。总体上,城市第三产业的蓬勃发展对商业办公类产品的品质提出了越来越高的要求。将人性化、智能化、绿色化、体验化等概念充分纳入空间改造,转变过去商业和写字楼冰冷、单一的空间和功能结构成为新方向,增强用户的体验感更是互联网时期线下空间升级的重要目标。宝钢大厦改造项目引入共享空间和商业空间,构造了体验丰富的"垂直社区";从长沙火到深圳的文和友,通过创新景观、特色餐饮等店铺的集聚,创造了市中心特色化的文化餐饮集合体;氪空间、WeWork等企业通过空间设计优化、智能办公系统嵌入、创投与增值服务运营等,将现有办公空间改造为联合办公场所,为小微企业提供高效灵活的办公体验;上海亚洲大厦针对疫情后办公楼空置率增高等问题,在办公楼宇中开设演艺空间,上演音乐剧、脱口秀等,2021年全年演出高达2418场[1]。这些新的商业、办公和空间形式的创造多是跨界企业、小型城市更新或文化运营企业的作品。

2. 住区类存量空间更新

城镇老旧小区改造在当前进入全面提速阶段,待改造老旧小区量大面广,迫切需要吸引社会资本以市场化方式参与改造及后期运营[2]。从政府角度来看,引入社会资本参与能够有效提升资金筹集能力,降低政府财税压力。聚焦存量物业管理与空间改造、通过精细化运营提升物业溢价及其承载内容逐渐成为存量更新时代房地产转型发展的重要命题[3]。老旧小区改造中的存量物业管理与社区增值服务市场,因此将成为市场从"前端开发"转向"后端运营"的主要收益来源,通过服务供给持续提升空间溢价能力成为趋势。麦肯锡研究报告显示,同地段同档次楼盘,凭借更好的社区经营可以帮助开发商获取15%~20%的溢价[4]。传统房企已经开始了老旧小区的社区经营探索,如北京

---

[1] 《从"演艺新空间"看城市更新如何顺应市场规律》,https://www.thepaper.cn/newsDetail_forward_17260837,最后检索时间:2022年3月20日。

[2] 徐晓明、许小乐:《社会力量参与老旧小区改造的社区治理体系建设》,《城市问题》2020年第8期,第74~80页。

[3] 明源地产研究院编著《掘金存量地产,房地产存量经营新生态》,中信出版集团股份有限公司,2017。

[4] 《开启转型序幕:新常态下中国房地产业的商业模式重塑》,https://www.mckinsey.com.cn/,最后检索时间:2022年3月20日。

丰台的"智慧街道"项目，企业与政府出资成立合资公司，以城市运营商的角色承接整个街道内的物业服务，通过微利可持续推行片区提升。此外，房地产企业涉及养老项目已有相当长一段时间，但过去的城市社区型养老服务中心模式通常都有着盈利不佳、进入机制不完善、回报周期长等问题。在我国的家庭观念中，居家养老仍为主流。因此，尽管随着我国老龄化趋势的加剧，适老化更新和养老产业将会有更大市场，但也需要整合资源，探索可持续、易于接受、服务大众的新模式。

3. 工业类存量空间更新

过去房地产对工业用地的更新多采用拆除再建方式，通过"工改商""工改住"等用途转换获取高额收益。当前，城市工业空间主要可分为大规模的城边和城外产业园与中小规模的城内零散工业用地。对于产业园等大面积工业空间，一些地区已经建立了建设用地绩效考核机制，如苏州工业园区通过企业数据分析判断低效用地并推进相应的更新策略。深圳和东莞等城市则在2014年前后推出了MX、M0等新兴产业用地分类，允许这些用地建设一定比例的商业办公、配套住宅、公共服务设施等，最高占比可达30%。通过鼓励用地混合，大型房企和以开发运营为主的中小型房企均可参与更新并找到盈利途径。对于零散工业用地，在城市的退二进三进程中，科技、文化、创意与老旧厂房空间实现了新的匹配，老旧厂房转型而来的科技园、文创园等已成为城市存量资产盘活的亮点，如北京798艺术区、广州TIT创意园、上海8号桥等。因历史原因，老旧厂房产权大部分集中于国有企业，因此现今的老旧厂房改造升级，约一半为原国企自营，一半由房地产企业等参与更新或运营，如上海德必、锦和等介入的老旧厂房更新已形成特色化、可复制的"寻址—改造—招商—运营"长期更新盈利模式，在更新的前中后期各环节建立起长线收益的健全产业链。

五 推进城市更新与房地产发展的协同："主体—资金—空间—运维"维度

由上可见，城市更新与房地产发展二者的结合，能够提升城市环境、增加住房和工作岗位供给，满足人民对美好生活的向往诉求，因此城市需要充分发挥二者的协同作用,促使城市低效用地得到适当有序的更新,并让房地产企业实现长期可持续的项目盈利。一方面,城市更新聚焦存量用地中低效空间的再发展机遇,为房地产行业提供了新的投资领域和发展路径。城市更新使得存量土地与空间资源得以再次优化配置,既避免了已有空间随时间而衰败贬值,也通过道路交通、公服配套设施等的供给带来城市环境整体改善。近年来,房地产行业增速和利润率不断下滑,大小房企都在寻找转型生存的新途径。房地产在经历土地红利、金融红利之后,逐步进入管理红利的新阶段。城市存量用地更新虽然周期较长,但在改变过去粗放、高杠杆、高周转率经营模式的大趋势中,其作为"管理红利"的排头兵,可在长期、创新和精细运营中为房地产企业开辟新的增长点,覆盖拆除重建、持有运营、物业服务等多种细分赛道,一定程度上解决房地产企业的持续发展问题。另一方面,房地产为城市更新提供了有效的操作和实施保障。持续有序的城市更新离不开政府引导、市场运作与公众参与,房地产企业通过对城市建成区的再开发、保护修缮和功能完善等,可以帮助城市达成综合建设目标。房地产企业经过数十年的红利期发展,形成了一套从立项申报、土地取得、融资、工程设计、施工及销售运营等的全流程方法,经优化调整后也将在城市更新领域继续发挥重要作用。

综合来看,我国城市更新在进入高质量、渐进式发展的新时期后,房地产行业参与城市更新面临着"主体—资金—空间—运维"四方面不同的挑战和机遇(见图2)。

从"主体"来看,城市更新不同于过去常见的净地开发,政府、开发商、产权人等多元主体在更新项目中的沟通、谈判和博弈关系复杂,造成时间和人力成本居高不下,一定程度上影响了房地产企业的参与积极性。例如,在老旧小区改造中,一些项目会因为个别居民的不合理要求而陷入谈判僵局;工业园区更新也会因各主体的产权博弈带来巨大的交易成本[①]。城市更新中权责边界的不清晰、多方协作的不畅通等,使得参与主体间的协调和平衡成为长期存在的客观难题,因此构建良好的主体对话和协商环境、构建多方介入的民主决策

---

① 王京海:《产权博弈与重构:城市工业园区转型机制研究——基于新制度经济学的视角》,南京大学硕士学位论文,2017。

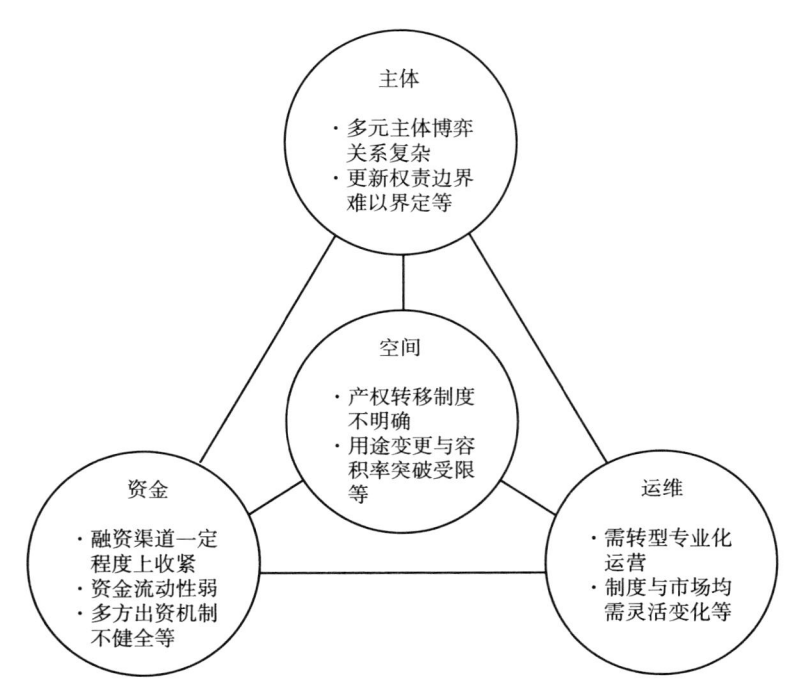

图 2 基于"主体—资金—空间—运维"的房地产参与城市更新挑战

资料来源：作者自绘。

机制是城市更新政策制定的重点。未来，大规模高利润的旧改项目将越来越少，微改造、长运营等形式的更新项目将明显增多，因此习惯大规模开发的大型房地产企业优势可能会变得不再明显，一些中小型企业通过灵活、特色化的经营手段也将在城市更新领域获得成功。

从"资金"来看，近年来各级房地产调控政策让房地产行业的资金流动性减弱，房地产的金融属性降低，房企融资渠道收紧。而存量更新倾向长期持有、渐进盈利，更是加大了房地产企业进入的难度。但与此同时，各类改造政策都在积极推动社会资本参与城市更新，如2019年7月住建部会同国家发改委、财政部联合印发《关于做好2019年老旧小区改造工作的通知》，明确要推动地方创新改造方式和资金筹措机制以积极引入社会资本；2021年，北京市《关于开展老旧厂房更新改造工作的意见》提出，自行改造可成立多元主体参与的平台公司，允许原产权单位按原使用条件通过土地作价形式参

237

与更新改造。政府同时在探索新型房地产行业的金融适配政策，如2022年3月，金融委表示要研究和提出有力有效的方案来防范和化解房地产问题，寻找向新发展模式转型的配套措施①。当前城市更新项目获得来自各级政府的基金、补贴、奖励等支持越来越多，如北京大部分老旧厂房改造项目都获得了"投贷奖"、市区级改造补贴、中关村支持资金等各类经费帮扶。未来，房地产企业需要拓宽融资渠道，积极利用各级政府奖励补贴政策探索可持续的收益来源；政府也需要制定更加有效的利益分配措施，提高企业进入城市更新的积极性。

从"空间"来看，更新空间的"产权—用途—容量"变化情况，很大程度上决定了城市更新增值收益的来源方式或大小，也是政府政策制定重点关注的方面。科学的产权重组、合理的空间用途及容量改变，不但可以促成更新行动发生，也有利于产生增值红利、提升土地价值、实现空间品质的长期维护和优化。现今我国城市更新的空间管控制度仍在建设期，如何处理城市更新中的效率与公平问题也未完全清晰，例如，减量规划导向下的城市建设规模指标如何合理分配仍不明确；划拨工业用地的退出机制尚未建立；工业用地"过渡期"政策期满后的产权确认和转移方式不够明晰；土地用途改变以及项目容积率的合理突破与调整机制仍待研究等。

从"运维"来看，运营和维护将是新阶段城市更新的重点。考察愿景集团参与北京劲松老旧小区改造的情况，其成本回收的途径包括政府资金投入、物业运营、电梯使用收费、停车收费、改造闲置用房为公共服务或商贩经营场所、带动小区整体资产增值以提高该企业开展房地产中介业务收益等②。对北京40多家老旧厂房改造文创园区的调研也表明（见表2、表3），除了房屋租赁这一传统房地产盈利模式外，大部分园区都拓展了物业管理、投资、共享办公、利用闲置空间改为自营商业等其他盈利途径，多元服务、技术化更新将成为新一轮城市更新的亮点和盈利点。运维形成的长期收益可逐渐反哺更新项目的成本开销，但这离不开专业化的空间运营和商业创新能力，以及洞察市场需

---

① 《一个信号，先让房地产活下来》，https://new.qq.com/omn/20220325/20220325A0AYKE00.html，最后检索时间：2022年3月24日。
② 唐燕：《老旧小区改造的资金挑战与多元资本参与路径创建》，《北京规划建设》2020年第6期，第79~82页。

求的判断力。政府在如何确定优质市场主体进驻、保障运维年限、激发业态活力等方面需要提供更多的制度保障。

表2 部分园区运营主体的盈利途径及盈利程度分析

大类	小类	管理模式	盈利程度
房地产持有	房屋租赁	自营	高,大部分园区的主营业务
物业服务	物业管理	自营/外包	普通,小部分收入来源
	停车服务	自营/外包	普通,小部分收入来源
办公配套	投资/孵化	自营	差异大,根据政策、园区运营能力差异很大
	政策宣讲	自营	无,一般为非营利服务
	共享办公/空间	自营	差异大,根据其是否为主营业务以及面积多少
自营文化	博物馆/美术馆	自营/外包	普通/无,小部分收入来源或非营利服务
	剧场/沙龙	自营/外包	差异大,根据其是否为主营业务及演出资质
自营商业	餐饮	自营/外包	普通,小部分收入来源
	文创/纪念品	自营	低,一般为极小部分盈利来源
	其他自营项目	自营	差异大,根据其是否为主营业务

资料来源：作者调研数据。

表3 代表性园区的房屋租赁与其他业务的盈利额之比

代表园区	比值	其他业务项目	入驻业态
园区1	95:5	文创、直播	影视、展览等
园区2	90:10	书店、物业等	影视、消费、设计等
园区3	88:12	增值服务	消费、办公
园区4	20:80	艺术品流通	艺术、教育等
园区5	100:0	—	酒店、教育、消费
园区6	70:30	活动、政策补贴	消费、办公
园区7	15:85	影视	影视
园区8	80:20	投资、物业	互联网、音乐、潮流消费

资料来源：作者调研数据。

结　语

综上所述，城市更新作为推进城市高质量发展的重要行动，政府、房地产企业、社会各方等均在积极关注这一领域的发展动向。城市更新影响下的房地产行业正在从适应"增量扩展"转向适应"存量发展"，并逐步放弃了以大规模拆除重建、旧改开发等为特点的不可持续更新模式。由于我国新一轮城市更新的制度建设及其产业发展尚处于探索起步期，可谓机遇和挑战并存。项目周期逐渐增长、固定成本与交易成本增加、产权和利益博弈难度加大、用途和容量管控约束等都是房地产企业参与城市更新会面临的各种挑战，也是政府更新政策制定的重要考量方面。同时，多元化资金投入机制的建立、迈向轻资产、长期盈利赛道的建立、文旅康养等新兴业态的兴起、鼓励空间改造的功能混合等变化，也增强了城市更新项目的可操作性，扩展了房地产企业盈利结构的丰富度。可以预见，我国城市更新的下一步发展，需要与房地产行业协同共进，通过营造优良的赚"慢"钱的制度环境，来促使房地产业有力地服务于城市长远发展和经济振兴。

B.14
2021年中国高标准物流仓库市场现状及发展趋势

韩 晶*

摘　要： 2021年是高标准物流仓库（简称高标仓）市场既快速发展又面临变革和挑战的一年。宏观经济持续发展、消费升级、第三方物流稳步扩张，电商及新零售成长并逐渐渗透，加之制造业的高速发展，这些均成为高标仓发展的动力。高标仓在投资者间、城市之间、子市场间、运营赛道等四个方面的分化格局将进一步加剧，冷链以及"最后一公里"储配结合或将成为热点。公募REITs的推出使得高标仓的市场化程度更高，"价值锚"的作用使得产品特点更加明确。同时，随着国内外形势变化以及双循环经济的发展，数字化、智慧化、节能减碳、绿色环保、可持续发展等将成为新的发展趋势和增长点。

关键词： 物流地产　高标仓　公募REITs　数智化　双碳

一　高标仓发展背景

在2021年3月公布的《中华人民共和国国民经济和社会发展第十四个五年规划和2035年远景目标纲要》中多次提到了物流及现代物流在远景规划中的支撑性作用和定位，可见其重要性和战略意义。从中国房地产投资市场的占

---

* 韩晶，仲量联行中国评估和咨询服务部资深董事，英国皇家特许测量师资深会员（FRICS）以及中国区考官、中国房地产估价师、中国土地估价师，研究方向为房地产市场以及房地产经济等。

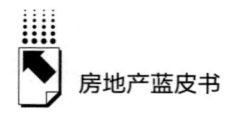

比看，2021年物流地产的投资额占比超过20%，与2019年投资总额占比5%相比有很大程度的提升。2021年6月，首批基础设施公募REITs产品在沪深交易所上市，标志着C-REITs正式启动，在首批发行的9支公募REITs产品中，就有2支是以高标准物流仓库（"高标仓"）为底层资产的REITs。物流地产的热度持续上升。从需求端看，仲量联行在2021年6月出具的《供应链流通视角，透视中国商流之变革》研究报告显示，中国互联网C端市场已逐渐走出流量红利时代，各行各业都在挖掘未来新的业务增长点。每一个行业都在迫切寻找提高产品质量与服务效率的方法，每一个行业也都在利用互联网颠覆和改造传统的供应链模式。以上也都需要仓储物流体系特别是需要高标准的仓库设施来保障高品质、高效率的产业发展。

在上述政策、投资、市场以及需求的变迁过程中，中国物流地产自2000年以来已发展20余年，大致经历了三个阶段，也使得高标仓的标准以及这一细分市场逐渐明确。

（一）探索起步阶段（2000~2008年）

在这一阶段，随着住宅地产"三限"政策的出台，房地产市场开始向非住宅房地产领域拓展，加之进出口贸易增加，对物流设施提出更高要求，这时的物流地产开始被重视起来。这一时期，产品形式以传统仓储物流设施为主，开始出现符合现代物流要求的仓储物流设施。主要的市场参与者分化明显，传统仓储市场以中小型参与者为主，现代仓储物流市场受到大型国有参与者的关注，而其中的高标准仓库以外资参与者为主。市场发展驱动力不足，缺乏发展方向，整体规模小。

（二）快速扩张阶段（2009~2014年）

在这一阶段，政策的优惠也在一定程度上刺激了物流地产的发展。产品也发生了调整和改变，更符合现代物流要求的仓储物流设施规模快速增长，其中高标准仓库市场稳步发展。一些中小型市场参与者逐渐退出市场，大型国有参与者发力现代仓储物流市场。市场规模方面，市场发展的外部驱动力强劲，增长粗放，规模扩张迅速。

（三）优化调整阶段（2015年至今）

经过十几年的发展，物流地产已经进入细分和优化调整阶段。这一阶段，以中大型市场参与者为主，参与者的行业、资本背景呈现更多元化的趋势。符合现代物流要求的高标准仓储物流设施占据主导，虽然规模比较小，但是高标准仓库的市场发展提速。市场进入新旧动能转换阶段，整体规模扩张放缓，但是从普通仓库向高标准仓库改造的趋势日益明显，增长趋于精细化。在这个过程中，除了依据《建筑设计防火规范》对仓库进行划分外，也因为供需、使用功能以及盈利能力等因素逐渐形成了高标仓相对统一的标准（见表1）。

表1 高标仓标准

指标	标准
产权	证件齐全,包括:规划许可证、施工许可证、竣工验收合格证、消防备案证、土地证、房产证等
结构	一般为钢混框架+轻钢结构,有些仓库含坡道以及电梯
消防	具备消防栓、灭火器、防火分区门、火灾报警装置、自动喷淋系统,而且有丙二类及以上消防验收
建筑面积	一般≥8000平方米
净高	单层:≥9米,更加严格的标准为单层≥11米;多层:第一层及第二层≥9米,第三层≥7米
承载力	1楼≥3T/米^2,更加严格的标准是1楼≥5T/米^2,2楼及以上楼层≥3T/米^2
地面	硬化地坪
柱间距	一般要求≥8米,更高要求≥11米
卸货平台	具有标准装卸平台,双边装卸平台好于单边,标准装卸平台包含平台的高度1.3米,还应配备可升降平台
操作系统以及其他	一般会配置安保系统、配电室、动力柜、物流门、应急照明等

资料来源：公开数据，仲量联行中国评估和咨询服务部整理。

自2019年新冠肺炎疫情突袭以来，随着物流行业的迅猛发展，物流地产也随之升温，高标仓这一细分市场具有更统一的标准、更具吸引力的盈利能力以及更有韧性的抗风险能力，这使得资本市场对高标仓的关注和资产配置达到前所未有的高度。国民经济的持续发展、居民消费的不断升级、第三方物流规模的稳步扩张、电商及新零售模式的成长和渗透,以及高新技术产业和装备制造业等产业的高速发展,也将为高标仓的未来发展提供新动力。

二 高标仓发展的驱动因素

(一)经济持续向好驱动

2020年,中国GDP突破了百万亿元,成为全球在当年唯一实现经济正增长的主要经济体。2021年,GDP达到114.4万亿元。按照国际货币基金组织的预测,2022年以及2023年中国GDP走势依然向好(见图1)。

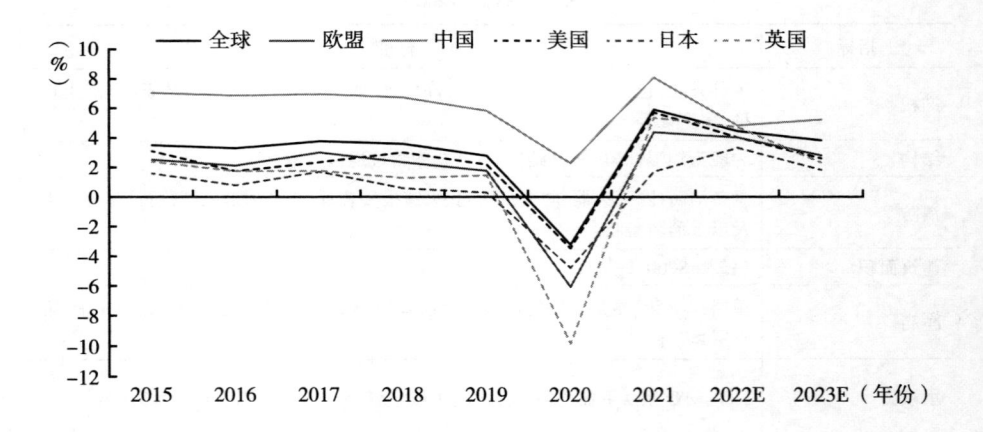

图1 2015~2023年全球主要经济体实际GDP增长率及预测

资料来源:IMF(国际货币基金组织)。

2000年,中国仅有3个城市的社会消费品零售额超过1000亿元,这一数字在2019年猛增至110个。2021年,全国社会消费品零售总额同比增长12.5%,对经济增长的拉动作用明显。

中国经济水平持续提高,消费群体规模、人均可支配收入快速增长,城市消费意愿增强,中高收入群体规模、人均消费支出不断增加,推动物流地产的发展,也催生并加快了对高标仓物流设施的需求(见图2)。

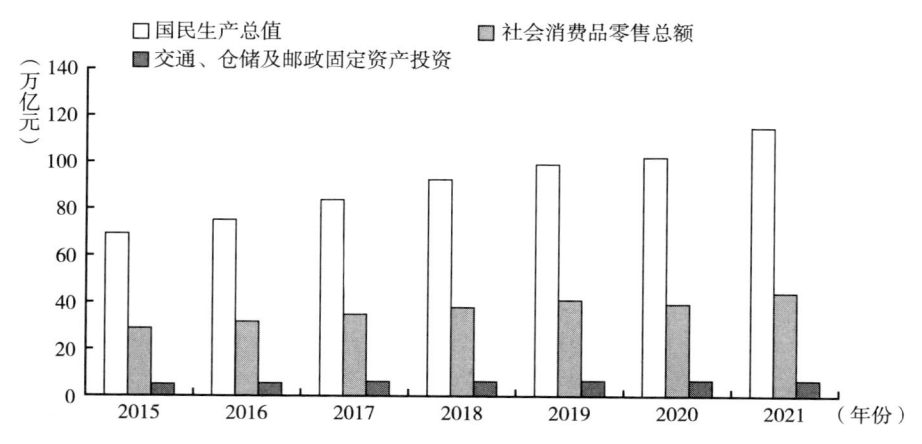

图 2 2015~2021 年中国部分宏观经济指标

资料来源：国家统计局。

（二）电子商务产业繁荣驱动

电子商务的发展得益于居民收入水平的提升以及非必要消费需求的增加。除 2020 年受疫情影响外，中国城镇居民家庭恩格尔系数呈现下降趋势（见图 3）。

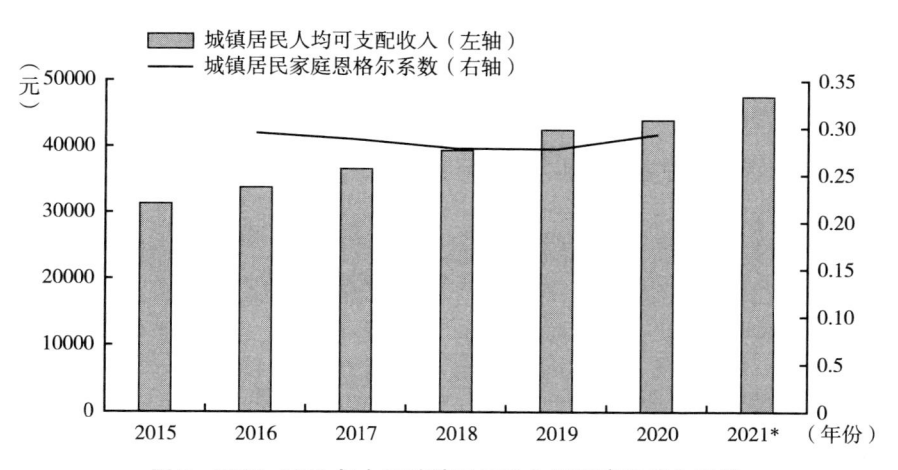

图 3 2015~2021 年中国城镇居民收入及家庭恩格尔系数

*2021 年暂无恩格尔系数数据。
资料来源：国家统计局。

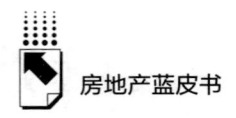

随着恩格尔系数的降低，人们的消费需求逐渐被释放。从消费渠道上看，电子商务降低了消费者线下购物的需要，进一步释放了非必要消费需求，网上购物逐步成为日常消费的主流渠道（见图4）。

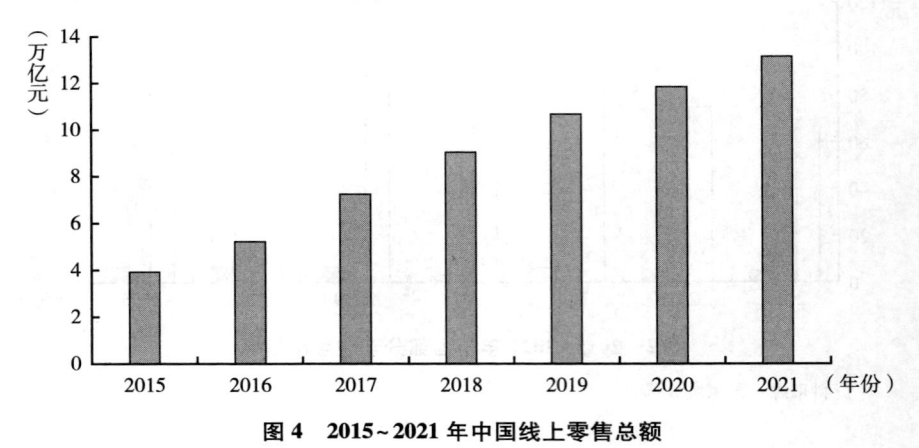

图 4　2015~2021 年中国线上零售总额

资料来源：国家统计局。

目前，中国已经成为全球规模最大且仍增长迅速的电子商务市场，网上购物渗透率在80%左右；2015~2021年，中国线上购物规模复合增长率达到22.4%，其中2019年中国电子商务销售额约占全球市场的44.9%，是美国电子商务销售额的两倍以上。由于网上购物的绝大部分商品都依赖物流配送，该产业的增长毫无疑问将推动物流业、物流地产的发展。

（三）第三方物流行业发展驱动

第三方物流是企业降低物流成本的首选，其中的快递行业对于电子商务产业的作用至关重要，是物流行业的关键领域，也因此成为物流地产最大的需求方之一。

2015~2021年，第三方物流行业规模年均复合增长率约为8.8%，快递行业规模年复合增长率约为22.8%（见图5）。伴随宏观经济与社会消费的增长，以及线上渠道的拓展，这些对于第三方物流的需求将持续扩大，不断推动物流地产发展。同时，第三方物流企业也对运营效率、供应链布局和管理提出更高的需求，这些也推动了高标仓的发展。

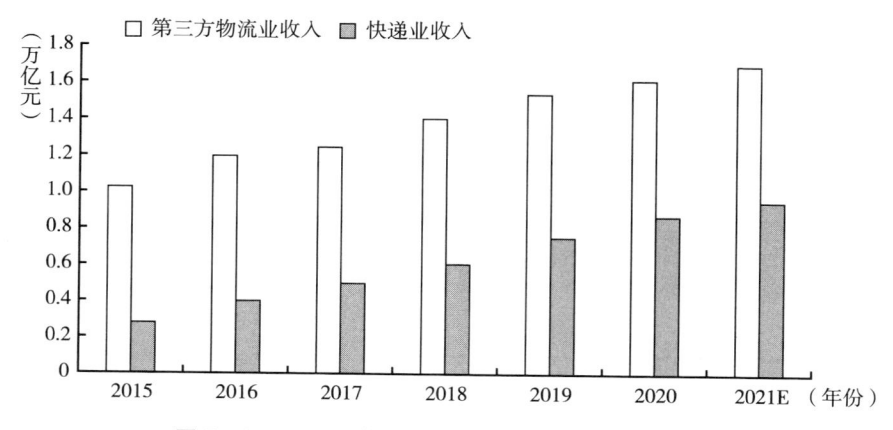

图 5　2015~2021 年中国第三方物流及快递产业规模

注：2015~2020 年为中国物流与采购联合会以及国家统计局公布数据，2021 年为推算值。
资料来源：中国物流与采购联合会，国家统计局。

（四）制造业升级驱动

根据国家行动纲领，中国将制造业作为长期持续发展的基石，并计划在2025 年左右实现制造业的转型升级。依据国家统计局公布的《中华人民共和国2021 年国民经济和社会发展统计公报》，第二产业增加值比重为 39.4%。新产业新业态新模式加速成长。全年规模以上工业中，装备制造业增加值增长 12.9%，占规模以上工业增加值的比重为 32.4%。工业领域是中国经济增长的重要推动力，未来，中国政府将进一步实施供给侧结构性改革，推动传统产业向新兴产业转型，并促进产业升级及实体经济发展。因此，产业集群升级及先进制造业集群培育有望推动产业集群的扩张。创新能力的不断提高将加速智能制造的发展，地方政府亦可能支持互联网、大数据及人工智能与工业类别的深度融合。因此，制造业，特别是先进制造业，仍将是引领工业类别未来发展的重要推动力。

2021 年，中国电气机械和器材制造业、汽车制造业、通用设备制造业以及专用设备制造业工业增加值增速显著（见图 6），同时，中国制造业 PMI 在疫情中迅速回升，持续保持在荣枯线以上，说明制造业增长平稳。物流地产是制造业企业的刚性需求，而制造业逐步向产业价值链中高端的迈进，对于现代、高端物流地产无疑将产生长久的促进作用，制造业企业也将长期保持对物流地产的需求。

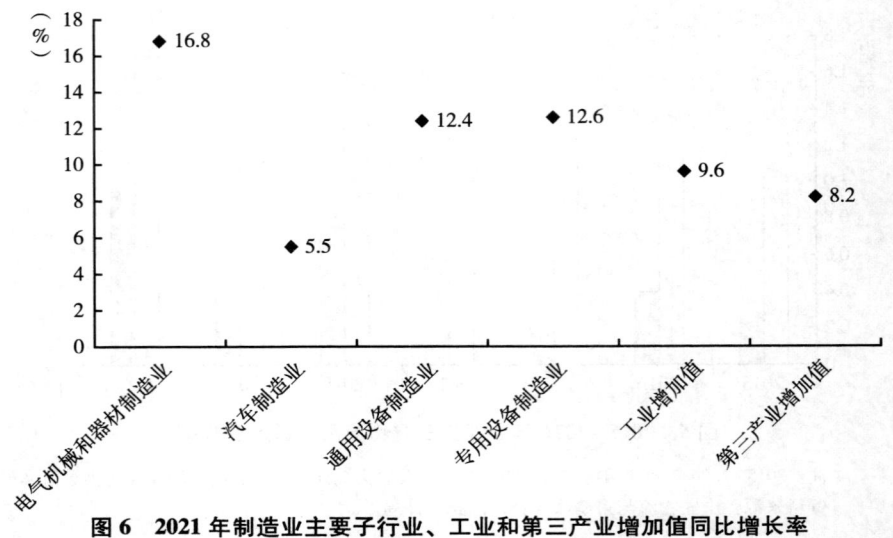

图6 2021年制造业主要子行业、工业和第三产业增加值同比增长率

资料来源：国家统计局。

（五）新兴消费需求驱动

社会消费的发展除了规模增长之外，还包括消费层次的上升，而消费升级的过程也催生了一批新兴消费需求。其中我们发现冷链物流、医药医疗、生鲜电商以及社区团购这四个行业在物流地产中的需求占比稳步提升，有望成为物流地产行业的新兴驱动因素。

1. 冷链物流需求增加

消费者对于商品种类、质量和安全性的要求始终存在，并随生活水平的提高而提高，电子商务产业扩大了消费者可选择的商品范围，而冷链物流的发展则使该商品消费的高层次需求得到迅速释放。2016~2021年，中国冷链仓储总容量的复合年增长率约为20.0%。根据全球冷链联盟的资料，2018年中国内地的城市居民人均冷藏货仓容量为0.132立方米（见图7），低于0.2立方米的全球人均水平，与发达国家存在巨大差距，这其中的高标冷链占比更少，说明冷链物流市场仍有可观的发展潜力。

2. 医药医疗物流需求增加

医药医疗物流是冷链物流中的专业化分支之一，由于医药医疗产品对物流

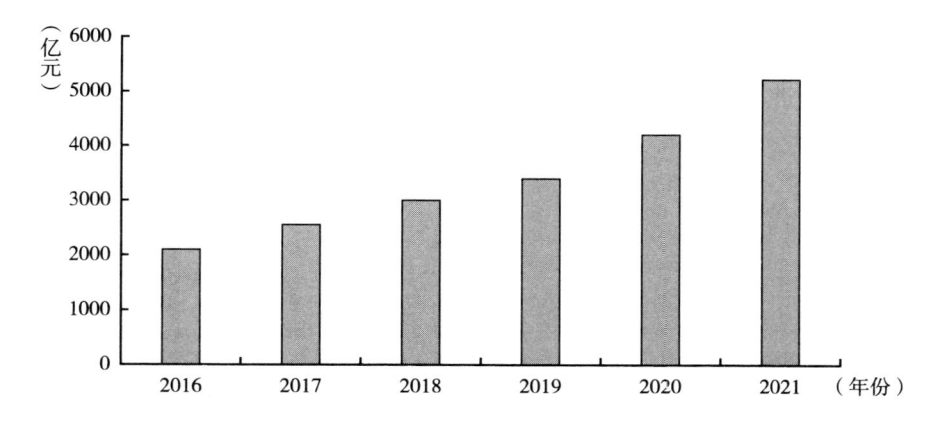

2021年中国高标准物流仓库市场现状及发展趋势

图7　2016~2021年中国冷链物流市场规模

资料来源：全球冷链联盟。

各环节的要求高，政府一方面为医药冷链物流采取更加严格的监管措施，另一方面出台政策以鼓励物流企业向更加专业、更高水平的方向发展，促进了物流地产更大范围的高标准化（见图8）。

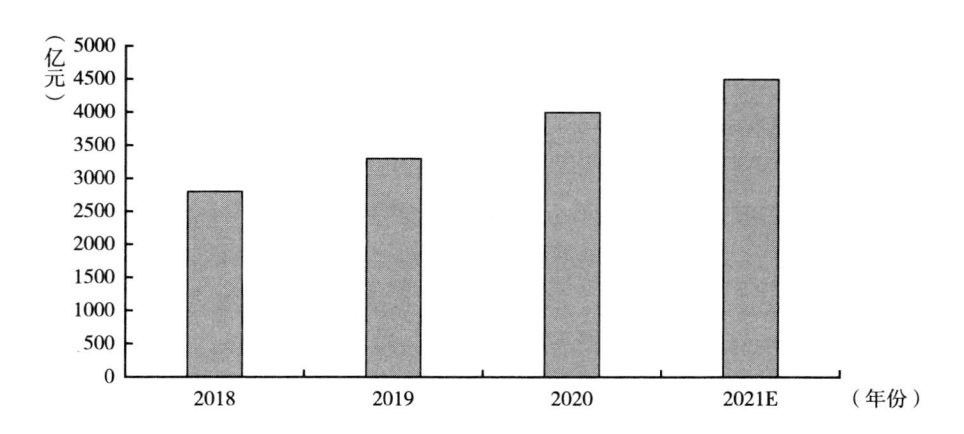

图8　2018~2021年中国医药冷链市场销售总额

资料来源：中物联网医药物流分会。

3. 生鲜电商需求增加

2016~2021年，生鲜电商市场交易规模的复合增长率达到38.5%。

生鲜电商具有时效性、高频次、订单波动性大等特征，对物流地产提出了租赁面积大、多温区、高效分拣分拨及加工处理等需求，传统项目往往难以满足，因此促进了现代高标仓的发展（见图9）。

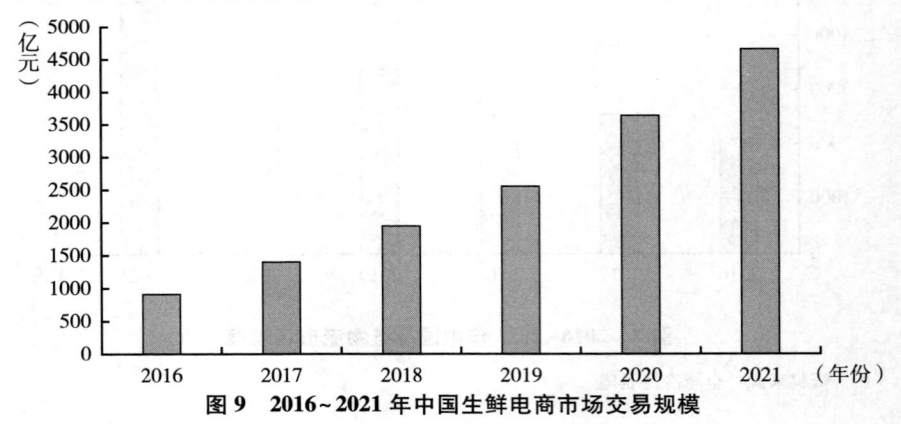

图9　2016~2021年中国生鲜电商市场交易规模

资料来源：电子商务研究中心。

4. 社区团购需求增加

社区团购通过电子商务产业，将更大范围的日常、高频消费行为（包括但不局限于生鲜产品消费）延伸至线上，拓展了物流市场，受到互联网巨头的广泛关注。2019~2021年，社区团购市场规模复合增长率达到62.4%，且规模预计在2022年达到1000亿元（见图10）。

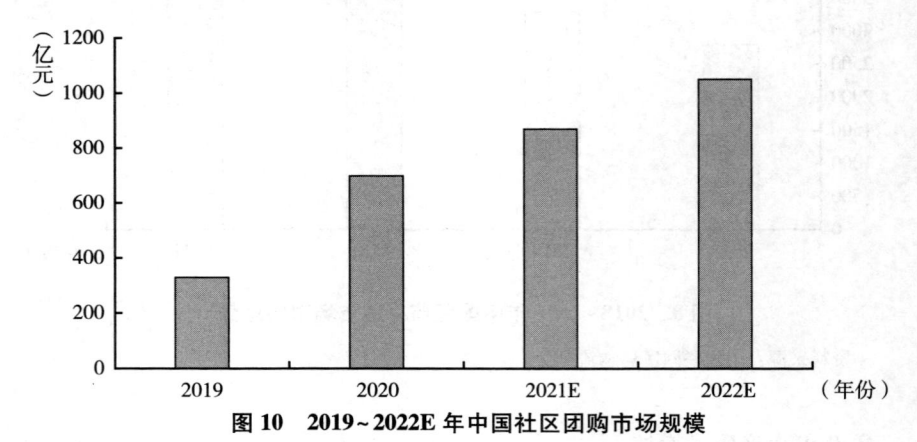

图10　2019~2022E年中国社区团购市场规模

资料来源：艾媒咨询。

社区团购的优势在于集中化订单、通过提升整体履约效率降低采购成本，物流因此成为社区团购强化核心价值的关键环节，也促使物流地产经营方开始思考如何调整经营模式，如何发展高质量的供应链布局和仓库建设，或通过何种更加现代化、信息化的管理手段实现与社区团购的需求对接。

三　高标仓市场概览

（一）高标仓总量

据不完全统计，2021年中国的仓库建筑面积超过3.5亿平方米，截至2021年第四季度，高标仓建筑面积约为9800万平方米，约占仓库总建筑面积的27.61%（见图11）。在高标仓中，保税高标仓约占6%，非保税高标仓约占94%。依据仲量联行中国评估和咨询服务部以及臻量平台的统计分析，前十大开发商存量占全国总量超过60%，是集中度相对较高的市场。

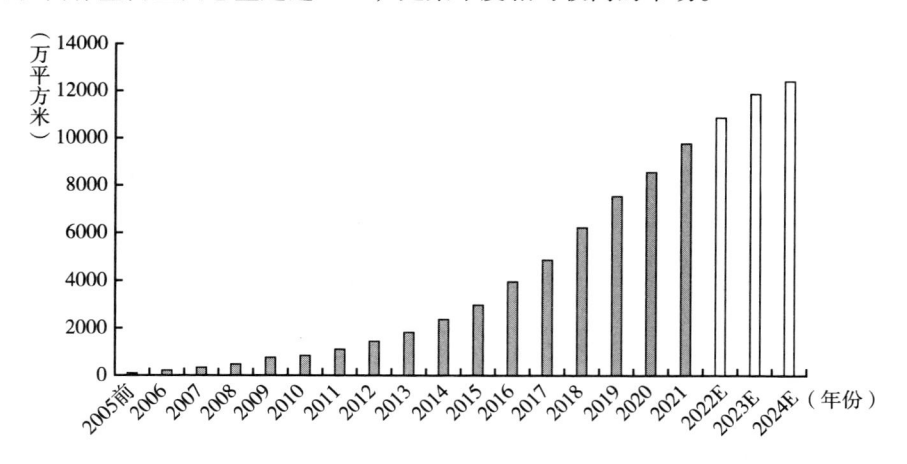

图11　中国高标仓面积总量

注：2021年及以前为仲量联行中国评估和咨询服务部以及臻量平台统计数据，2022~2024年为预测值。

资料来源：仲量联行中国评估和咨询服务部，臻量平台。

虽然高标仓建筑面积占比不高，但是从开发热度、运营稳定性以及投资热度来讲，都是仓储物流的重点。不论是对存量市场中占主导地位的非高标仓进

行改造提升，还是对增量市场的开发建设，最终高标仓产品都将成为主流。在此背景下，预计中国高标仓市场在未来5~10年内将保持较高的增长速度。

（二）高标仓的分布

高标仓的分布还是相对比较集中的，长三角城市群、成渝城市群、京津冀城市群、珠三角城市群是目前非保税高标仓分布最集中的四个城市群，面积合计约占整体高标仓面积的67.6%，其中长三角城市群约占市场的35.3%，也是目前中国非保税高标仓市场最集中的区域（见图12）。

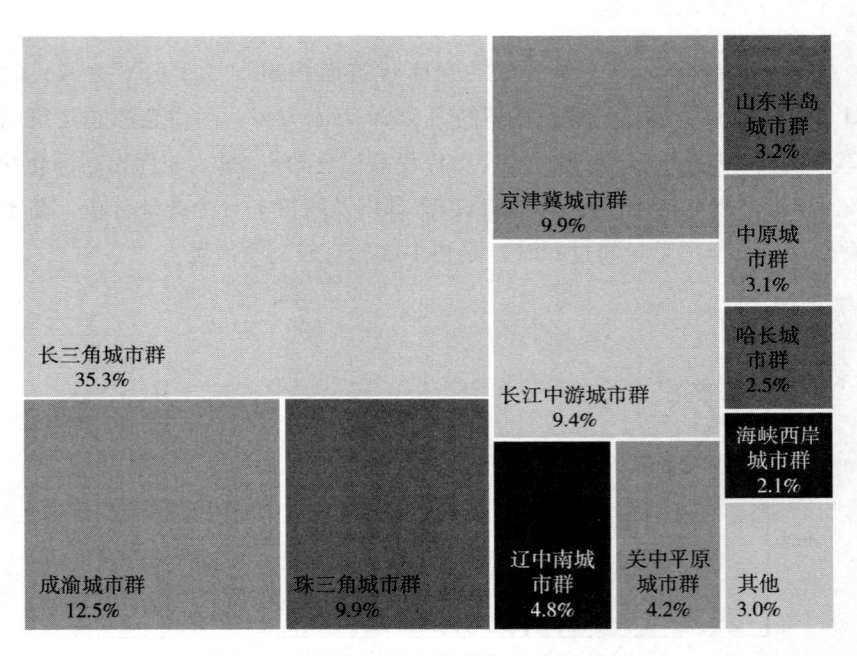

长三角城市群	35.3%
成渝城市群	12.5%
京津冀城市群	9.9%
珠三角城市群	9.9%
长江中游城市群	9.4%
辽中南城市群	4.8%
关中平原城市群	4.2%
山东半岛城市群	3.2%
中原城市群	3.1%
哈长城市群	2.5%
海峡西岸城市群	2.1%
其他	3.0%

图12 中国各区域非保税高标仓存量分布

注：本报告存量数据包含以下45座城市中已建成投用的非保税高标仓存量面积：长三角城市群的上海市、南京市、杭州市、合肥市、苏州市、宁波市、无锡市、南通市、绍兴市、嘉兴市；珠三角城市群的广州市、深圳市、佛山市、东莞市、惠州市、中山市、江门市、肇庆市；京津冀城市群的北京市、天津市、廊坊市、保定市；成渝城市群的成都市、重庆市、眉山市；长江中游城市群的武汉市、长沙市、南昌市、孝感市、鄂州市；海峡西岸城市群的福州市、厦门市、泉州市；山东半岛城市群的济南市、青岛市；关中平原城市群的西安市、咸阳市；辽中南城市群的沈阳市、大连市；哈长城市群的哈尔滨市、长春市；中原城市群的郑州市；北部湾城市群的南宁市；滇中城市群的昆明市；黔中城市群的贵阳市。

资料来源：仲量联行中国评估和咨询服务部，臻量平台。

通过综合分析研究主要物流市场所在城市群或经济圈的经济体量、社会消费品零售总额、第二产业增加值、贸易进出口总额和人均 GDP 等指标不难发现，长三角在多项指标中遥遥领先于其他城市群。珠三角和京津冀贸易进出口和人均 GDP 等指标也明显高于其他城市群，可以看出上述东部三大城市群经济高度集聚，其核心市场及其周边的卫星物流市场对于物流仓储设施的需求也势必更加旺盛。反观中西部及东北地区多个城市群的经济指标，特别是人均 GDP 及贸易进出口等指标则不及东部三大城市群，经济集聚度相对较低且相对缺乏活力，这也从一定程度上限制了这些区域物流仓储市场需求扩张的潜力。

（三）高标仓市场表现

1. 租金水平

截至 2021 年第四季度，租金水平基本遵从重点城市高于低等级城市、沿海城市高于内陆城市的规律。

臻量平台的数据显示，珠三角、京津冀、长三角、成渝等重点城市群租金中位数分别为 1.18、1.16、1.11、0.88 元/（米^2·天），环比而言，除珠三角出现 0.03 元/（米^2·天）的微幅下降外，其余三大城市群的租金中位数均小幅上涨。珠三角的降幅也是因为季度供给量和吸纳量所致，并不能说明珠三角出现了基本面的改变。

从不同城市群来看，珠三角城市群市场表现最好，整体呈现供不应求的态势。近年来随着土地政策收紧，珠三角市场新增供应较少，高标仓储需求缺口较大，导致租金水平较高，空置率也保持在较低水平。与珠三角城市群相比，长三角城市群作为中国对外经济门户，2019 年后受到中美贸易摩擦和新冠肺炎疫情的影响，经济增速减缓，高标仓储需求和吸纳能力下降，空置率出现一定回升。和华东、华南沿海地区相比，其他区域表现较弱，其中仅有北京得益于无可替代的区位条件和有限供应，市场供不应求，平均租金和出租率处于较高水平（见图 13）。

从城市等级看，一线城市的租金表现明显好于其他级别城市，通过表 2 也不难看出，核心物流枢纽以及卫星城的租金表现也呈现明显的上升趋势。从整个产业结构或城市群的结构上看，城市群之间产业链的紧密化和配套，是整

房地产蓝皮书

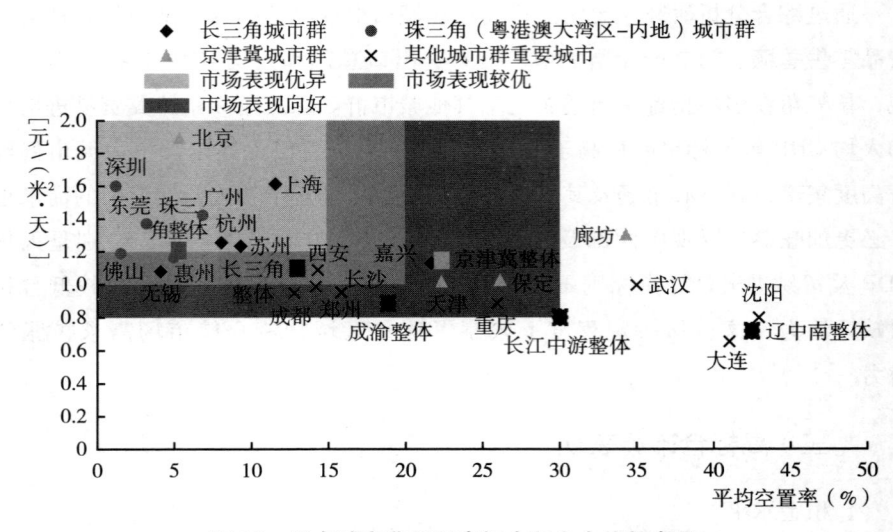

图13　重点城市非保税高标仓租金中位数表现

资料来源：仲量联行中国评估和咨询服务部，臻量平台。

城市链升级不可或缺的核心要素。物流基础设施的建设与发展，或会带动城市集群、城市圈和新兴城市圈，这样的概念应运而生会对未来城市的高质量发展有一定的推动作用。

表2　2019~2021年第四季度各类别城市整体租金中位数对比（按城市等级）

单位：元/米²/天，%

城市类别（按城市等级）	2019Q4	2020Q4	2021Q4	2019Q4~2021Q4两年间租金增长
一线城市	1.40	1.53	1.60	14.29
二线城市	0.98	1.02	1.01	3.06
核心物流枢纽及卫星城	1.07	1.12	1.19	11.21

资料来源：仲量联行中国评估和咨询服务部，臻量平台。

2. 空置率水平

从2021年第四季度的数据分析，成渝城市群当季去化明显，平均空置率有10.2个百分点的明显收缩，降至18.7%；京津冀城市群则回落2.9个百分点至22.1%；长三角城市群当季空置率与上季度持平，维持在12.8%；尽管珠三角城市群受部分城市新增供应影响而当季空置率小幅上升1.2个百分点,但其当季5.0%的平均空置率仍为各城市群中最低。

从城市等级分析看,二线城市空置率水平仍然较高,同时一线及卫星城市空置率小幅上升(见表3)。

表3 2019~2021年第四季度各类别城市整体空置率对比(按城市等级)

单位:%

城市类别(按城市等级)	2019Q4	2020Q4	2021Q4	2019Q4-2021Q4 两年间租金增长
一线城市	7.50	9.20	9.70	+2.2个百分点
二线城市	20.90	20.40	19.30	-1.6个百分点
核心物流枢纽及卫星城	13.50	13.00	14.20	+0.7个百分点

资料来源:仲量联行中国评估和咨询服务部,臻量平台。

3. 大宗交易市场

自2020年以来,由于全国大部分主要城市的办公楼租赁市场进入了供应周期,叠加电商、第三方物流和高端制造业的快速增长刺激物流需求,物流地产越来越多地受到了投资者的青睐。中国物流地产占大宗物业投资的比重较2019年的5%上升到2021年的21%(见图14)。

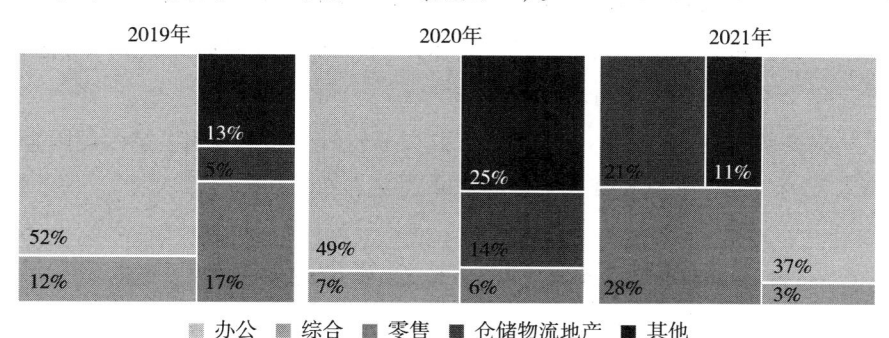

图14 中国分业态大宗物业交易量占比

资料来源:Real Capital Analytics(RCA),仲量联行中国评估和咨询服务部整理。

京津冀城市群近三年物流仓储设施大宗交易数量逐年增长,目前京津冀地区的交易主要以资产包形式完成,而非单一物业的资产交易。截至2021年末,京津冀城市群近三年共成交14笔仓储物流设施的大宗交易,总交易量为40.9亿元。成交的物业中大部分位于北京市与天津市境内,河北区域大宗交易仍然稀少。从主要买家构成来看,京津冀城市群买家较为多元,吸引了诸多国际金融机构以及国内外物流设施管理基金的青睐(见表4)。

表4　2020年2月至2022年2月京津冀城市群主要买家及交易额

主要买家(过去24个月)	成交金额(亿元)
新加坡政府投资公司GIC	6.03
深国际	4.51
深创投	4.41
普洛斯	3.08
领盛	2.79

资料来源:Real Capital Analytics(RCA)。

长三角城市群始终是国内外资本关注的重点,其中物流市场热度近年来持续攀升,机构投资者与开发商积极寻找一线及强二线城市物流资产投资开发机会,长三角城市群近三年物流仓储设施大宗交易数量逐年增长。截至2021年末,长三角城市群近三年共成交44笔仓储物流设施的大宗交易,总交易量为203.0亿元。成交的物业中大部分位于上海市与无锡市内。其中,2021年该地区大宗交易数量较前几年大幅增长,仅2021年交易总量就达到了127.7亿元,占近三年交易量的2/3左右。

从主要买家构成来看,长三角城市群买家较为多元,吸引了诸多国际金融机构以及国内外物流设施管理基金的青睐(见表5)。

表5　2020年2月至2022年2月长三角城市群主要买家及交易额

主要买家(过去24个月)	成交金额(亿元)
普洛斯	14.18
东久新宜	13.84
平安寿险	13.84
韩国国民养老基金	12.89
法国安盛公司	12.89

资料来源:Real Capital Analytics(RCA)。

珠三角城市群近三年物流仓储设施大宗交易数量走势较为波动，2020年交易量突出；近三年间区域内以资产包形式交易完成的物流资产交易和单一物流资产交易各自参半。截至2021年末，珠三角城市群近三年共成交16笔仓储物流设施的大宗交易，总交易量约为153.4亿元。成交的物业主要分布在广州市、东莞市与深圳市，其余地市仅有2笔或以下数量成交。其中，2021年珠三角城市群大宗交易情况较上年有所回落；2021年交易总量约为33.2亿元，仅为2020年交易量的1/3。

从主要买家构成来看，珠三角城市群买家较为多元，同样也吸引了诸多国际金融机构以及国内外物流设施管理基金的青睐（见表6）。

表6 2020年2月至2022年2月珠三角城市群主要买家及交易额

主要买家(过去24月)	成交金额(亿元)
黑石	94.18
Jaguar Growth	16.58
锦海捷亚	16.58
宏利金融	8.46
领展房产基金	7.54

资料来源：Real Capital Analytics (RCA)。

成渝城市群近三年物流仓储设施大宗交易情况较为平稳，目前成渝地区的交易多以资产包形式交易完成，仅有部分单一物业资产交易。

截至2021年末，成渝地区双城经济圈在最近的三年共成交7笔仓储物流设施的大宗交易，总交易量约为18.8亿元。成交的物业中有4笔交易发生在成都市，3笔交易发生在重庆市，经济圈内其余城市没有发生大宗交易。其中2021年该地区大宗交易数量较往年有小幅增长，2021年交易总量为7.2亿元，为近三年交易量之最。

从主要买家构成来看，成渝地区买家有深国际、Jaguar Growth、锦海捷亚、普洛斯等国际知名物流开发商和国际金融机构（见表7）。

表7　2020年2月至2022年2月成渝城市群主要买家及交易额

主要买家(过去24个月)	成交金额(亿元)
深国际	5.82
Jaguar Growth	2.51
锦海捷亚	2.51
普洛斯	1.00

资料来源：Real Capital Analytics（RCA）。

从整体的大宗交易看，交易量以及交易价格双升。2016年至今，伴随着物流地产的快速发展，行业投资规模快速上涨。从买方角度来看，跨境投资者在物业收购方面长期发挥主导作用，而机构投资者近年收购频繁，已经成为不可忽视的资本力量；在卖方角度，跨境及私募基金投资者是主要出售方。从投资趋势看，从资产包交易向合作成立基金或者投资平台公司的方向发展，主流的底层资产仍然以高标仓为主。从资金来源看，内资的投资人比重在增加。

4. 资本化率

资本化率的水平反映市场对该城市投资回报、风险敞口等因素的判断。仲量联行中国评估和咨询服务部数据显示，备受投资人青睐的北上广深的高标库市场平均资本化率为5%左右，明显低于二三线城市资本化率水平。同时，需求外溢驱动核心物流城市周边卫星城发展，其资本化率水平亦低于部分中西部、环渤海二线城市，仅高出一线城市0.25~0.75个百分点。而部分二线城市，如沈阳、重庆等地或由于短期呈现供过于求的风险，投资者在布局该区域时往往要求更高的资本化率。

四 高标仓市场发展趋势

(一) 存量仓库向高标仓改造升级趋势明显

如上文分析，我国仓储物流行业起步较晚，从存量看，大部分仓储设施都是以非高标仓为主。这些仓库存在功能延展性不强、结构不合理、很难满足快速发展的仓储需求等缺陷，同时使用效率不高，也大幅增加了物流过程中的运营成本以及安全隐患。

相比之下，高标仓可以提升使用效率，同时辅以数字化、智能化的管理系统，逐步实现物流规模化、提高运营效率和准确性，从而减少仓储成本，减少库存资金占用率。从土地管理以及发展的角度，高标仓也更加符合土地节约利用的前提。在仓储用地供应持续紧张的背景之下，加快存量仓储向高标仓的改造升级成为重要的发展趋势之一。

（二）冷链以及满足最后一公里配送或成热点

《中华人民共和国国民经济和社会发展第十四个五年规划和2035年远景目标纲要》提出加快建设现代物流体系，加快发展冷链物流，统筹物流枢纽设施、骨干线路、区域分拨中心和末端配送节点建设，完善国家物流枢纽、骨干冷链物流基地设施条件。

行业	占比
第三方物流	39.6%
零售及传统电商	13.2%
能源	10.5%
信息技术及科技新媒体	8.5%
汽车制造/零配件	5.8%
冷链及生鲜电商	5.4%
传统制造业	4.7%
其他	7.0%
机械设备	0.8%
医药/医疗器械	2.9%
贸易	1.6%

图15 中国非保税高标仓租户行业分布（按租赁面积）

资料来源：仲量联行中国评估和咨询服务部、臻量平台。

中国的冷链市场规模正以超过20%的复合年增长率持续扩张，占全球冷链市场的近1/4。冷链仓储设施供应不足、地理分布不均衡，呈现巨大的增长空间。目前市场较为分散，行业标准不理想，新技术将创造新的机遇。随着国民经济的不断发展，人民生活水平需求的不断提高，医药、生鲜、生物等冷链

259

相关需求将不断提升。人们的生活方式也发生了改变，加之疫情的影响，网购、生鲜电商、蔬果宅配等消费方式逐渐增加，对于冷链物流市场的需求也有增加。冷链用户的升级需求十分迫切，尤其是在稳定且可调节的温度控制、产品可追溯性以及分拣和配送速度及效率方面。很多冷链设施供应商正在积极改造现有项目，建立新的设施标准以满足新的市场需求，冷链设施市场将迎来升级转变。

（三）投资需更理性选择和评估

随着市场的发展，表面上看高标仓城市内子市场间分化越演越烈。中国物流地产市场在投资者间、城市之间、子市场间、运营赛道等四个方面的分化格局将进一步加剧。随着分化格局的加剧，分散风险将成为越来越多的投资人选择收购资产包的原因。即使在成熟的物流市场中，子市场的物流租赁表现也因其区位、供需关系、产品设计等因素的不同而呈现分化。此外，当地政府的产业规划等其他因素也可能对子市场的物流发展状况产生影响。随着中国物流市场分化格局的不断推进，稳赚不赔闭眼投资的"躺赢"时代已经过去了。因此，现阶段中国物流投资者在选择项目时，除了应当多维度对比城市基本面外，还需要将城市内的各个子市场状况摸排清楚，谨慎选择适合自己发展策略的区域。

（四）公募REITs推出有利于市场的良性循环

2020年，中国证监会、国家发展改革委联合发布《关于推进基础设施领域不动产投资信托基金（REITs）试点相关工作的通知》，标志着境内基础设施领域公募REITs试点正式起步。第一，公募REITs的发行是从一个封闭的状态走向更加公开的市场。第二，从整个融资结构来讲，公募REITs增加了资本的退出渠道。在此之前类似高标仓这种基础设施资产量很大的资产很难退出，也使得投资风险相对比较高。公募REITs这种新的退出方式的诞生，使得"投融管退"这个投资闭环更完善，可以降低投资系统性风险。另外公募REITs也属于新兴的金融产品，它的诞生拓宽了投资渠道，丰富了投资品类。有了合理的退出渠道，更能够引入投资者、更大资本量，或将使高标仓市场进入更良性循环的阶段。第三，REITs是一种权益而并不是债权，可以使得资产负债率有一个下滑的趋势和作用,从这个角度看,公募REITs的发行在某种程度上,使得物流地产、高标仓市场或者相关产业风险会适当降低,也有助于整个市场的良性循环。第四,已经发行的公募REITs的底层资产有四个特点:一是现金流稳定,二是权益(风险)和收益较为对等,三是快速变现能力或者流动性比较好,四是未来运营可期。这些特点意味着高标仓作为公募REITs的底层资产之一,通过开发建设运营管理,能够发挥资产的"价值锚"的作用。

(五)物流地产将向智慧化、数字化转型

中国已经进入互联网与物联网深度结合的阶段。供应链的发展水平在全球范围内影响着配置能力、协同能力及服务支撑能力。由普洛斯主编的《2021智慧物流园区白皮书》明确了智慧物流园区的概念与内涵:智慧物流园区要紧紧围绕核心业务,以科技手段提高园区内部物流作业效率和运营管理能力,以平台方式链接优质服务资源并提供物流产业服务,打通物流园区上下游环节,实现物流价值链升级,增加物流园区的产业附加值。自动化、数字化、智慧化将在仓储物流以及物流地产的各个领域发挥不同的作用,可以提供更自动化、科技化的解决方案,智慧化、数字化转型已成为行业发展趋势。

(六)"双碳"结合数智化[①]运营将成为物流地产市场新的机会点

2020年9月国家主席习近平在第七十五届联合国大会上宣布,中国力争2030年前二氧化碳排放达到峰值,努力争取2060年前实现碳中和目标;2020年5月14日,中央政治局常委会会议提出,深化供给侧结构性改革,充分发挥我国超大规模市场优势和内需潜力,构建国内国际双循环相互促进的新发展格局。2020年7月30日,中央政治局会议再次提出,加快形成以国内大循环为主体、国内国际双循环相互促进的新发展格局。2021年5月26日,碳达峰碳中和工作领导小组第一次全体会议在北京召开;2021年7月16日,我国碳市场正式开市。"双碳"目标对我国绿色低碳发展具有引领性、系统性,可以带来环境质量改善和产业发展的多重效应,已经成为重要的国家战略。

---

① "数智化"一词最早见于2015年北京大学"知本财团"课题组提出的思索引擎课题报告,是对"数字智商"(Digital Intelligence Quotient)的阐释,最初的定义是:数字智慧化与智慧数字化的合成。

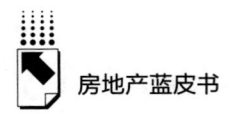

"双碳"背景下,节能减碳、寻求绿色低碳、可持续发展模式成为物流地产、物流园区、供应链的发展重点。2021年,多家企业也相继在该领域提出了战略部署和规划。阿里巴巴集团发布《2021阿里巴巴碳中和行动报告》,响应国家碳中和碳达峰的历史性战略部署;顺丰控股发布业内首份《碳目标白皮书2021》,显示2021年至2030年,顺丰拟通过调整用能结构、升级运输及业务模式、应用科技手段以及林业碳汇和碳交易等途径实现减碳目标;普洛斯一方面通过园区管理及科技手段节能减碳,另一方面投入新能源建设,布局光伏、风电、储能、新能源交通等基础设施。普洛斯旗下的数字科技平台际链科技推出一站式数字化碳管理平台——海纳碳管理平台（Carbon Xpert）,在园区自身运营实现碳中和的基础上,助力租户实现低碳运营,并为其定制减碳方案。

在双循环的背景下,对于物流地产来讲,第一,应推动物流提高效率,降低成本,加快形成高效协调的物流体系;第二,物流地产特别是高标仓因其对区位的要求,大多分布在重要的交通枢纽设施附近,这一特点将助力完善供应链体系、实现供应链优化,强化对产业链的控制能力,增加整体供应链以及产业链的创造力,构架"双循环"的物流体系;第三,通过物流园区服务体系的提升,融合生产制造业、贸易以及服务业等相关产业或行业,有助于中国产业转型升级、经济高质量发展以及居民消费水平的转变与提升。预计未来几年,"双碳"结合数智化运营将成为物流地产市场新的机会点。

B.15
社区居家养老现状及趋势调研报告

闫金强 曹凤娟[*]

摘　要： 快速老龄化加速中国养老居住负担。居住形态方面，家庭结构趋于小型化和核心化，老年人与子女同住的比例有所下降，超六成老年人处于"独立居住"状态。住房状况方面，老年人整体居住环境一般，半数老年人现居房屋建成年数超过20年；老年人居住现代化适应水平较高，大部分住在中低层楼房中，但电梯配置率不高，居住在2层及以上楼房的老年人中，仅有约12%有电梯；老年人主力居住户型为两居和三居室，且居住空间基础设施日趋完善，通电率和自来水覆盖率超过90%，洗澡设施和厕所冲水设施覆盖率均达60%以上。居住痛点方面，当前社区软硬件建设与老龄化发展趋势并不匹配，各项配套缺口明显，其中老年服务设施和无障碍设施成为社区适老化改造的优先环节。营造良好的老年友好居住氛围，需要构建覆盖住宅、室外环境、社区配套三个层面的软性、硬性配套建设。

关键词： 老龄化　社区居家养老　老年人需求

一　快速老龄化加速中国养老居住负担

（一）我国人口老龄化步入快速增长期

中国老龄化进程即将迈入深度老龄化。老龄人口基数大、发展速度快是我

---

[*] 闫金强，贝壳研究院高级研究员，研究方向为消费者与社区；曹凤娟，贝壳研究院研究员，研究方向为养老与社区发展。

国当前面临的严峻人口问题，第七次全国人口普查数据显示，2020年我国65岁及以上老年人口数量达到1.91亿人，相较2010年增长60.3%，且规模增速远远超过总人口数变化。从占比看，2000年我国65岁及以上老年人占比6.96%，初步进入老龄化社会；而到2020年65岁及以上老年人口占比已达13.5%，即将步入深度老龄化社会①（见图1）。中国老龄化进程发展迅速，从步入老龄化到深度老龄化仅用20多年时间，远远快于法国（115年）、瑞典（85年）、美国（72年）、英国（46年）等国家（见图2）。根据预测，我国人口老龄化将步入快速增长期，2025年65岁及以上老年人口数量将突破2.1亿，到2050年65岁及以上老年人预计达到3.8亿，占比接近27.9%②，也即每3个人中将大概有1个老年人。

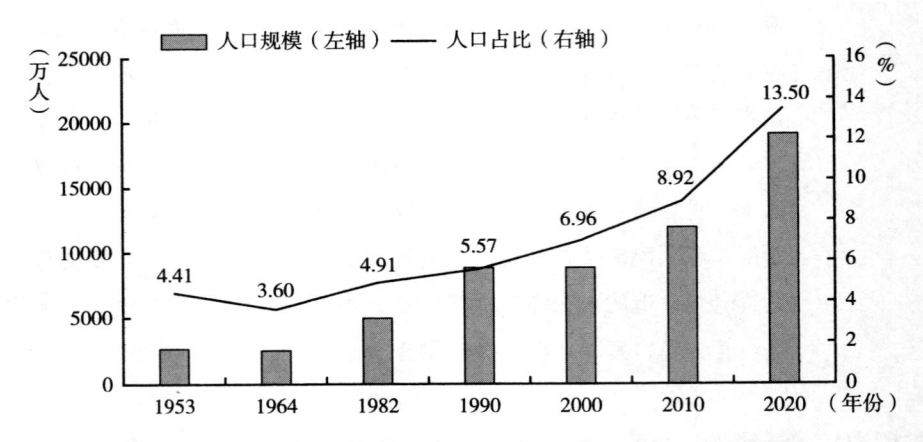

图1 1953~2020年中国65岁及以上老龄人口规模及占比变化走势

资料来源：国家统计局。

快速老龄化源于出生率的下降和人均寿命的延长。在20世纪80年代实施的独生子女政策、科学技术与医疗卫生事业的快速发展、人口生育观念的改变等诸多因素影响下，出生率下降和预期寿命延长同时加剧中国人口老龄化进

---

① 根据1956年联合国确定的划分标准，当一个国家或地区65岁及以上老年人口数量占人口总数的比例超过7%时，则意味着这个国家或地区进入老龄化，超过14%则为深度老龄化。
② 中国发展研究基金会：《中国发展报告2020：中国人口老龄化的发展趋势和政策》，中国发展出版社，2020。

社区居家养老现状及趋势调研报告

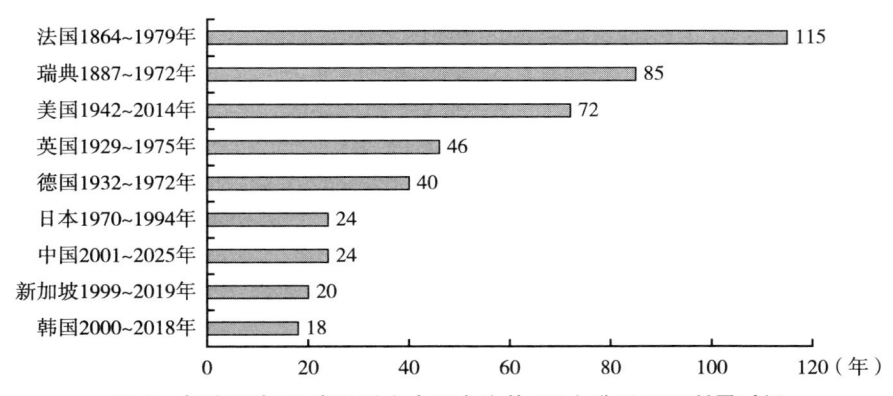

图2　部分国家65岁及以上人口占比从7%上升至14%所需时间

国家	年数
法国1864~1979年	115
瑞典1887~1972年	85
美国1942~2014年	72
英国1929~1975年	46
德国1932~1972年	40
日本1970~1994年	24
中国2001~2025年	24
新加坡1999~2019年	20
韩国2000~2018年	18

资料来源：日本内阁府：《高龄社会白皮书2018》。

程，根据世界银行数据显示，中国人口粗出生率由1963年的43.37‰下降至2019年的10.5‰（见图3），预期寿命从1960年的43.7岁延长至2019年的76.9岁（见图4）。

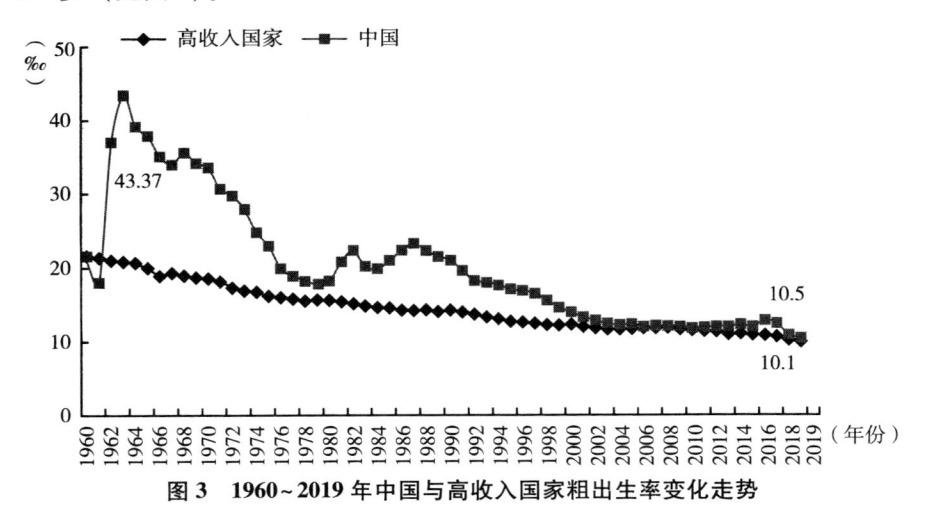

图3　1960~2019年中国与高收入国家粗出生率变化走势

资料来源：世界银行（World Bank）。

人口老龄化趋势特征：高龄化、空巢化。从老年人口内部结构来看，2000~2015年我国高龄人口（80岁及以上）从1199万人增加到2099万人，增幅达75.04%，高龄人口占比由13.61%增长至17.65%，增幅达29.67%，均高于同期

265

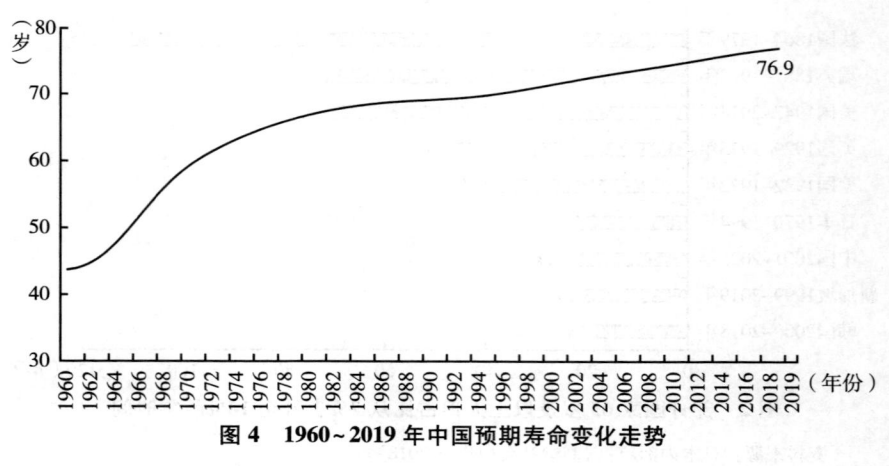

图 4 1960~2019 年中国预期寿命变化走势

资料来源：世界银行（World Bank）。

65 岁及以上老龄人口增幅。伴随着医疗卫生事业的快速发展以及三次生育高峰的出生人口相继进入高龄期，未来老年人口高龄化现象将更加凸显。

在家庭规模小型化发展背景下，老年人独居或空巢居住模式明显提高。根据普查数据显示，65 岁及以上老年人口中，老年人独居与老年人空巢户的比例由 1982 年的 25.9% 上升至 2010 年的 41.7%；而在 80 岁及以上人群中，老年人独居和空巢居住的比例在 2010 年已达到 34.3%，超 1/3 的高龄老年人处于独立生活状态（见表 1）。

表 1 1982~2010 年我国有老年人的家庭户的居住模式占比

单位：%

居住模式	65 岁及以上				80 岁及以上	
	1982 年	1990 年	2000 年	2010 年	2000 年	2010 年
老年人独居	12.2	9.6	9.6	12.5	12.4	17.5
老年人空巢户	13.7	17.1	23.9	29.2	11.2	16.8
老年人与未婚子女同住	11.5	10.4	8.1	5.9	6.3	4.8
老年人与已婚子女同住	3.5	3.7	5.2	6.9	12.3	13.6
老年人与孙子女(隔代户)同住	3.8	3.7	5.2	5.6	6.2	5.0
老年人与子女及孙子女同住	47.2	47.4	41.4	32.8	38.0	30.0

注：老年人空巢户是指仅有老年夫妻双方一起居住的家庭户；老年人独居是指老年人独自一个人居住的家庭户。

资料来源：第三次至第六次全国人口普查数据。

（二）人口老龄化空间分布差异显著

12个省区市进入深度老龄化社会，仅西藏老龄化水平低于7%。从区域分布看，我国人口老龄化水平存在显著的省际差异，总体上呈现东北和东部沿海区域较高、中部次之、西部最低的空间梯度分布格局，辽宁、重庆、四川等12个省份已经步入深度老龄化社会，65岁及以上老年人口占比均超过14%，仅西藏地区65岁及以上老年人口占比未达到7%。东北三省辽宁、吉林和黑龙江人口老龄化形势严峻，其中辽宁省老龄化水平最高达17.42%，究其原因主要是经济发展不振导致大量年轻人口外流，且早期严格计划生育下人口出生率较低，进一步加剧老龄化程度。受传统生育观念影响，西藏、新疆、青海、宁夏等西部经济欠发达地区人口出生率并不低，青少年人口比例均保持在20%以上，老龄化水平相对较低。广东省65岁及以上老年人口占比为8.58%，仅高于新疆和西藏，主要源于经济超强活力对年轻人口的虹吸影响，以及传统生育观念下居民生育意愿相对较高（见表2）。

表2　2020年全国31个省区市65岁及以上老年人口占比

单位：%

省份	65岁及以上	省份	65岁及以上	省份	65岁及以上
辽宁	17.42	河北	13.92	云南	10.75
重庆	17.08	河南	13.49	海南	10.43
四川	16.93	陕西	13.32	宁夏	9.62
上海	16.28	北京	13.30	青海	8.68
江苏	16.20	浙江	13.27	广东	8.58
吉林	15.61	内蒙古	13.05	新疆	7.76
黑龙江	15.61	山西	12.90	西藏	5.67
山东	15.13	甘肃	12.58		
安徽	15.01	广西	12.20		
湖南	14.81	江西	11.89		
天津	14.75	贵州	11.56		
湖北	14.59	福建	11.10		

资料来源：《第七次全国人口普查公报》。

149个城市步入深度老龄化社会，南通老龄化水平居全国首位。受经济发展、自然环境、生育观念、人口基础等多方面因素影响，中国城市老龄化水平也呈现出明显的空间非均衡性，整体上胡焕庸线东南半壁人口老龄化程度显著高于西北半壁。具体来看，149个城市65岁及以上老年人口占比超过14%，11个城市65岁及以上老年人口占比已经达20%及以上（见表3）。老龄化程度严重的城市主要分布在长三角城市群中的非核心城市（江苏的南通、泰州、扬州和盐城，浙江衢州）、四川省的绝大部分地级市、辽宁省的全部地级市、安徽的黄山和宣城等，这些城市老龄化水平高是劳动年龄人口外流和低出生率共同导致的结果。

表3　重点城市65岁及以上老年人口占比

单位：%

地区	65岁及以上	地区	65岁及以上	地区	65岁及以上
南通市	22.67	丹东市	20.00	常德市	19.16
资阳市	22.62	扬州市	19.99	本溪市	19.11
泰州市	22.01	盐城市	19.88	广元市	18.81
自贡市	21.29	锦州市	19.87	衢州市	18.50
乌兰察布市	20.81	遂宁市	19.85	铁岭市	18.49
南充市	20.69	巴中市	19.67	鞍山市	18.43
抚顺市	20.27	广安市	19.57	绵阳市	18.36
德阳市	20.25	辽阳市	19.46	伊春市	18.20
内江市	20.03	威海市	19.26	烟台市	18.12
眉山市	20.02	乐山市	19.19	黄山市	18.11

资料来源：《第七次全国人口普查公报》。

65岁及以上老年人口占比低于7%的城市有24个，这些城市尚未步入老龄化社会，包括人口出生率较高的青海和西藏大部分城市、新疆部分城市，以及人口流入较多的深圳、东莞、中山、珠海、惠州和厦门。

（三）严峻人口形势下养老居住问题备受关注

人口快速老龄化背景下老年人的养老居住问题广受社会关注。自2010年以来，我国推行"以居家为基础，社区为依托，机构为支撑"的养老政策，逐步形成了以上海"9073"模式、北京"9064"模式为代表的养老居住格局,即90%的老年人居家养老、6%~7%的老年人依托社区养老、3%~4%的老年人入住养老机构。社区居家养老将成为未来主流的养老方式,而社区硬性配套建设、软性配套服务的完善,是构筑居家养老体系的重要环节。然而,当前老年人居住环境的适老能力、社区对居家养老的服务支撑能力都还比较弱,有必要对老年群体的住房条件、养老生活配套现状、居住需求与痛点等展开详细的调查,以期共同推动老年友好型社区建设来提升老年群体的居住生活品质。

二 老年人居住现状分析

(一)居住形态:独立居住是老年人的主流居住形态

1. 超六成老年人处于"独立居住"状态

伴随家庭结构趋向小型化和核心化,老年人与子女同住的比例也逐渐下降,根据调研数据,处于独立居住(一个人独居或与老伴同住)状态的老年人占比65.4%,仅26.8%的老年人当前居住状态是与子女同住,甚至在80岁及以上高龄群体中,老年人独立居住比例达48%(见图5)。老年人独居高比例的表面原因是其认为自身身体好、喜欢自由,更根本的原因则是养老观念的变化和拥有较充足的经济资源。如以50后、60后为代表的这一代老年人,其经历了经济实力的增强、住房条件的改善和健康状况的提升,不再仅仅满足于生存型、基本保障型居住需求,开始追求自由、品质的老年生活,在居住形态上则表现为越来越多老年人从被动独居走向主动独居。

2. 距离产生美,超八成老年人与子女住在同一城市

老年人选择独立居住并不意味着远离子女,调查显示老年人与子女非同住的群体中,21.3%住在同一个社区,60%住在同一个城市,老年人与其子女住在不同城市的比例尚不足2成(见图6)。80岁及以上高龄非同住群体中,老年人与其子女同住一个社区的比例高于其他年龄段,但仍以住在同一城市为主,占比过半。老年人与子女之间的这种居住分离模式,不仅能够保证老年人获得及时的照料,又能够满足老年人对于隐私和独立的需求。

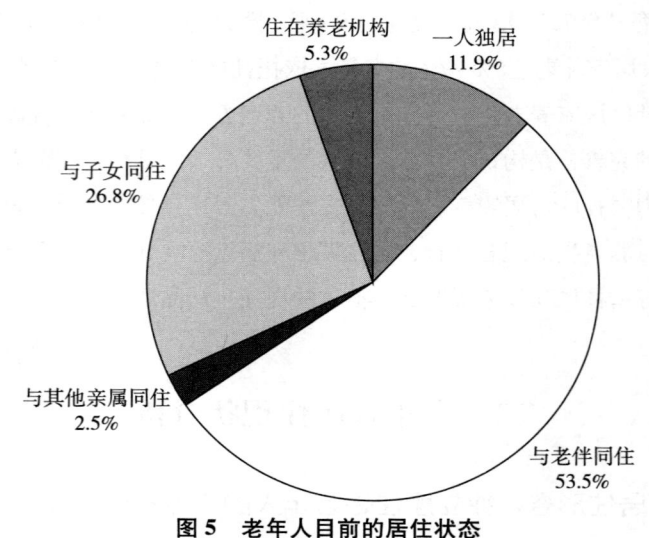

图 5 老年人目前的居住状态

住在养老机构 5.3%
一人独居 11.9%
与子女同住 26.8%
与其他亲属同住 2.5%
与老伴同住 53.5%

资料来源：贝壳研究院调查整理。

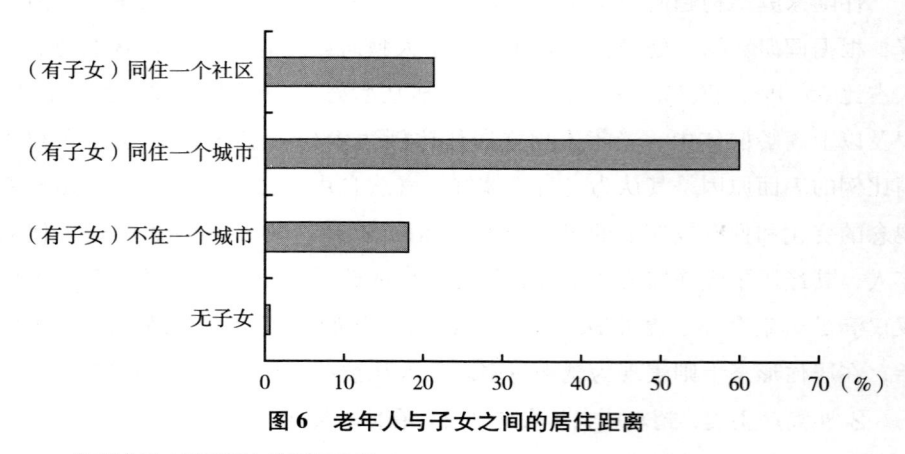

图 6 老年人与子女之间的居住距离

（有子女）同住一个社区
（有子女）同住一个城市
（有子女）不在一个城市
无子女

资料来源：贝壳研究院调查整理。

3. 养老方式偏好：半数老年人希望与子女住同一社区

住房类型方面，44.5%的老年人更倾向于住在普通居民小区，且这种居住偏好在低龄（60~79岁）老年群体中更明显；而在80岁及以上高龄群体中，33.2%倾向于住在专业的养老公寓，高于低龄老年人，这也体现出高龄老年人对专业养老服务的需求更高。低龄老年人行动相对方便，更愿意选择在普通居民小区内养老，因为他们能够从社区参与过程中获得最大化养老需求和心理满足；80岁及以上的高龄老年人身体的感觉机能和运动系统退化，更需要专业化的服务与照料，故而年龄越大的老年人越倾向于选择住在专业养老公寓（见图7）。居住距离方面，老年人偏好与子女就近居住，49.67%倾向于和子女住在同一社区，31.51%倾向于和子女住在同一城市（见图8）。

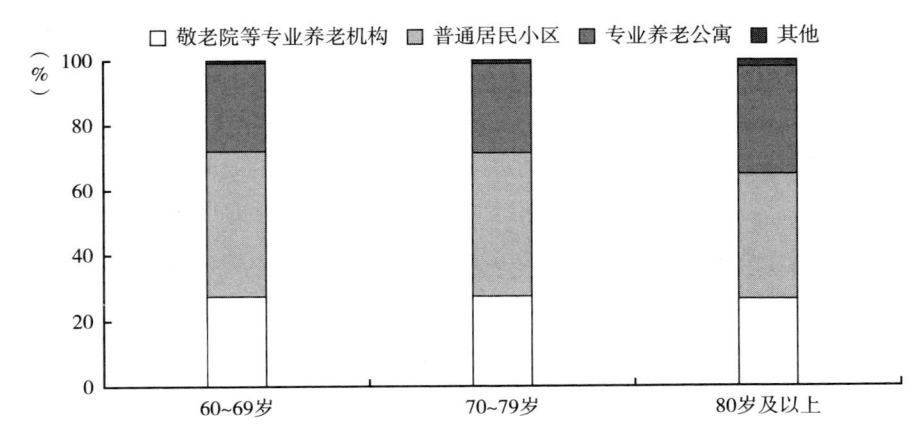

图7 老年人理想养老居住场所

资料来源：贝壳研究院调查整理。

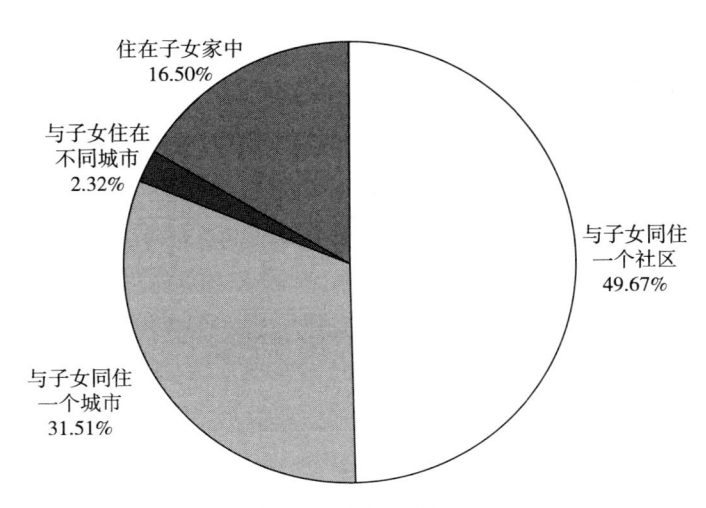

图8 老年人理想养老居住形态

资料来源：贝壳研究院调查整理。

（二）住房状况：高龄老年人居住条件有待改善

1. 住房年代：超半数老年人现居房屋为2000年以前建成

目前中国城市存量住房建成年份在 2000 年前后的比例约为 3∶7，2000 年以前建成的小区距今已超过 20 年，在住宅设计等方面相对劣势明显，设施线路等老化问题也可能导致安全隐患（见图 9）。数据显示①，现居房屋楼龄超过 20 年的老年人约占 54%（见图 10），尤其是 80 岁及以上的高龄老年人中有近 60% 现居房屋已有 20 年房龄，15% 现居房屋已有 40 年房龄（见表 4）。老年人居住房屋老旧，一部分原因是难以承担搬家所花费的时间、经济和精力等成本，另一部分则是由于他们对熟悉的环境产生惯性和依赖，不愿挑战适应新环境的风险，基于这样的老年人住房年代现状，老旧小区的适老化改造对于提升老年群体居家幸福感颇有意义。

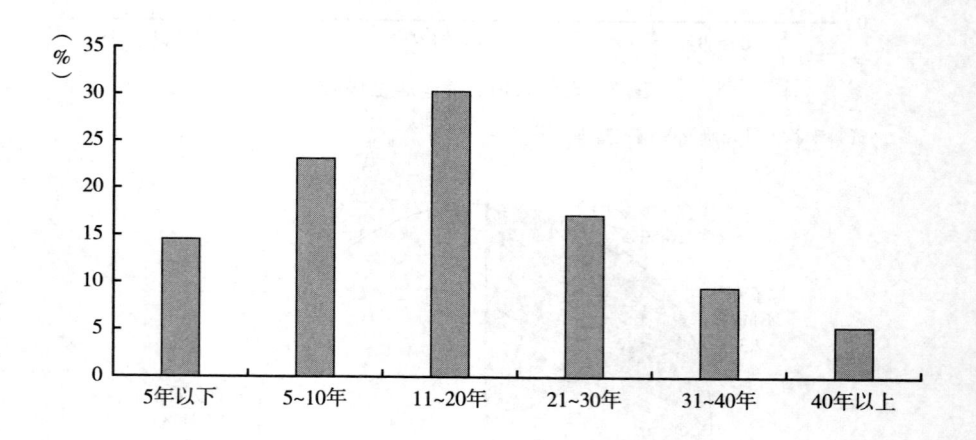

图 9　城市存量住房建成年代占比

资料来源：国家统计局、贝壳研究院。

---

① 感谢北京大学国家发展研究院和北京大学中国社会科学调查中心提供 CHARLS 数据。

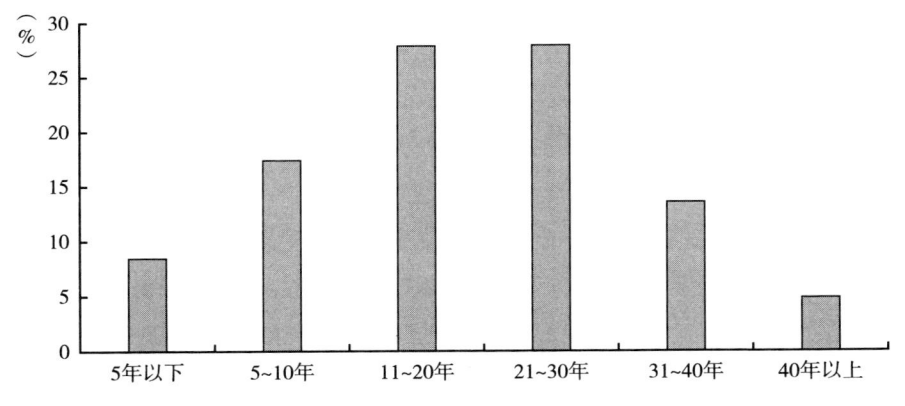

图 10 老年人现居房屋建成年代占比

资料来源：《中国养老与健康追踪调查（2018）》。

表 4 各年龄段老年人住房年代占比

单位：%

房龄	60~69 岁	70~79 岁	80 岁及以上
5 年以下	4.47	4.6	6.56
5~10 年	14.74	11.58	13.86
11~20 年	31.95	25.25	20.57
21~30 年	28.16	28.84	24.74
31~40 年	15.11	19.91	19.23
40 年以上	5.57	9.82	15.05

资料来源：《中国养老与健康追踪调查（2018）》。

2. 住房类型：七成老年人住楼房，居住现代化适应水平高

从现居房屋的建筑类型看，约三成老年人住平房（单层），七成住楼房（两层及以上），其中约70%老年人住一般楼房，约30%住独门独户楼房。

受气候条件和文化等因素影响，老年人住房类型在不同地区体现出不同特征。相较于南方，北方地区有更多老年人居住平房，华北地区老年人住平房的比例最高（40.96%）。南方老年人则更多居住在独门独户楼房中，华南和西南地区住独门独户楼房老年人的比例均超过40%。华北、东北、西北地区住独门独户楼房的老年人均不足5%，这些地区的老年人住一般楼房的比例更高，其中东北、西北地区超过60%（见图11）。住房类型影响居住密度，形成不同的社区形态，继而对周边业态、物业管理等方面都表现出不同的需求特征。

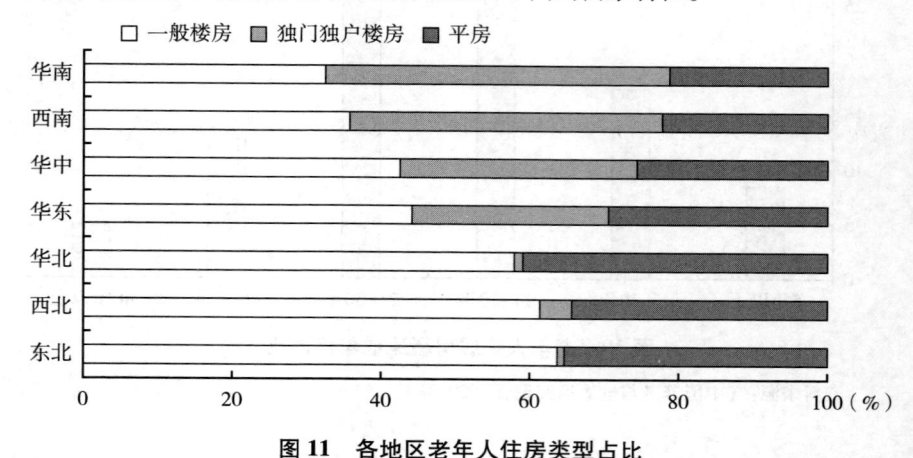

图11 各地区老年人住房类型占比

资料来源：《中国养老与健康追踪调查（2018）》。

分年龄看，各年龄段老年人的住房类型差异较小，相对来说高龄老年人更多居住在一般楼房中，而超1/4的低龄老年人住独门独户楼房（见图12）。中国传统的住房类型以院落为主，多为平房和低矮小楼，而在20世纪上半叶出生的老年人如今近半数住进了一般楼房，体现出了一定程度上的老年人居住现代化适应水平。

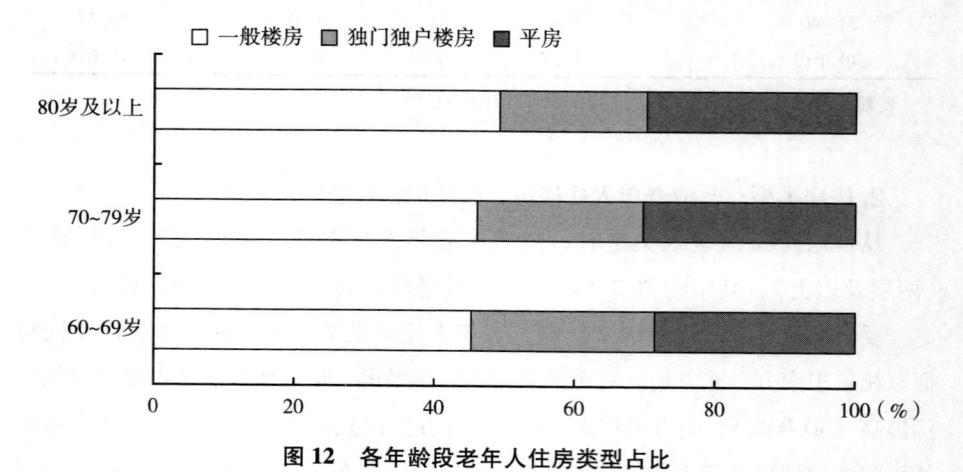

图12 各年龄段老年人住房类型占比

资料来源：《中国养老与健康追踪调查（2018）》。

3. 住房楼层：居家老人住房以中低层楼房为主，超半数住房缺少无障碍通道

调研显示，近八成受访老年人每天至少出一次家门，居住楼房的老年人对于出行安全性和便利性需求较高，约80%受访者理想居住楼层为3层及以下，且对电梯和无障碍通道等设施要求迫切。从总体上看，居住楼房的老年人多数住在中低层，累计九成住在6层及以下，六成住在3层及以下，两成住在底层。高龄老年人住在低层的比例更高，80岁及以上居住楼房的老年人近70%住在3层及以下，60~69岁老年人这一比例约为55%（见图13）。

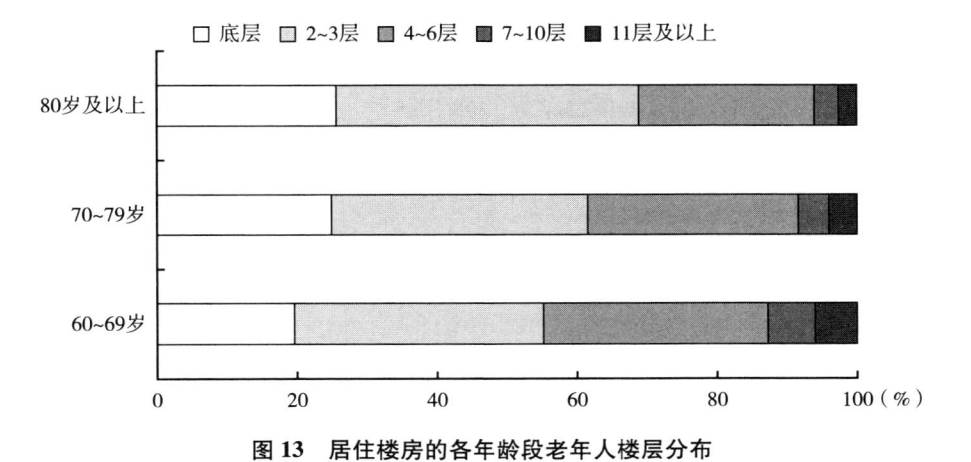

图13 居住楼房的各年龄段老年人楼层分布

资料来源：《中国养老与健康追踪调查（2018）》。

大部分老年人的住房没有配备电梯，居住在2层及以上楼房的老年人中，仅有约12%有电梯。分楼层看，无电梯情况主要集中在中低楼层，住在楼房2~3层、4~6层的老年人分别约94%、85%没有电梯，11层及以上全部配有电梯，而中高层（7~10层）有电梯的比例约为62%（见图14）。对于老年人来说，爬楼梯是否为一项合适的活动尚存在争议，如果条件允许，在居住配套方面，可将乘坐电梯还是爬楼梯作为备选项供老年人根据自身情况选择。

虽然有超两成居住楼房的老年人住在底层，且有些老年人居住楼房配有电梯，但通往家门口的"最后50米"也有可能并不全是平地，例如单元楼门口的外台阶等，对腿脚不便的老年人也存在安全隐患。居住楼房的老年人

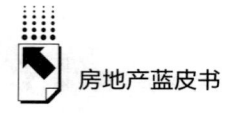

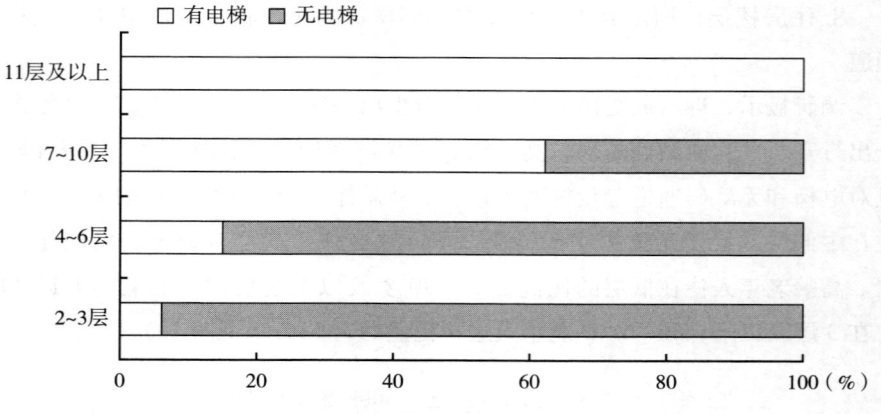

图 14 居住楼房不同楼层的老年人是否有电梯

资料来源:《中国养老与健康追踪调查(2018)》。

中,排除通往家门是平地不需要无障碍通道的情况后,有无障碍通道(例如没有台阶的斜坡等)的比例也仅为 10.81%(见图 15)。而在既没有电梯也没有无障碍通道的老年人中,近半数需步行 25 级台阶以上才能到家门口(见图 16)。

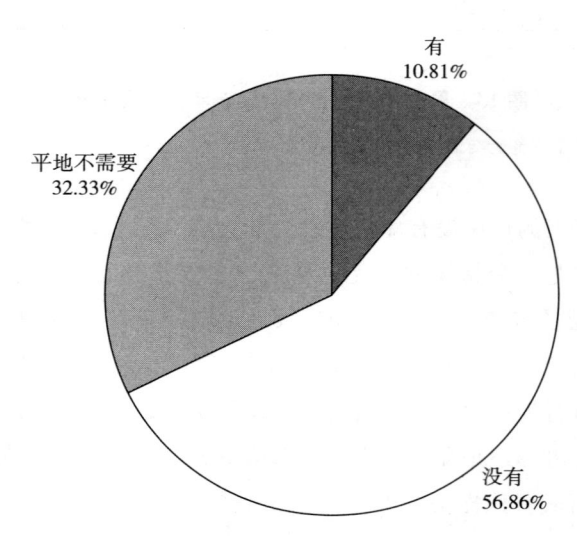

图 15 居住楼房的老年人是否有无障碍通道

资料来源:《中国养老与健康追踪调查(2018)》。

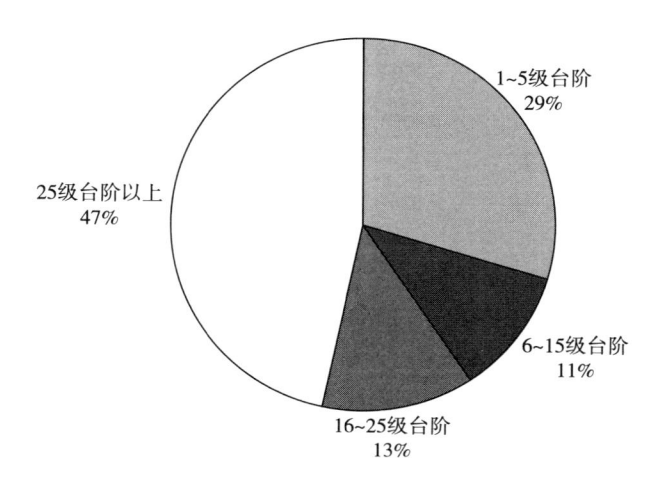

图16 没有无障碍设施的老年人步行到家门口的台阶数

资料来源:《中国养老与健康追踪调查(2018)》。

4. 住房结构：两居、三居室占主导，58%老年人居住房屋有阳台

老年人现居房屋的住房结构为平均2.8个卧室，1.3个厅，1.2个卫生间，1个厨房，0.69个阳台。按居室数算，两居室（37.58%）和三居室（30.38%）是老年人居住的主要户型，两居及以上的比例约为87%（见图17）。尽管超六成老年人处于独立居住状态（一人独居或与老伴同住），但多数老年人居住的房屋有富余的房间供子女临时探望居住或照料者临时或长期居住。而在房间功能方面，约56%的老年人现居房屋"五脏俱全"（卧室、厅、卫生间、厨房、阳台），从单项看，96%有厨房，90%有卫生间，58%有阳台。

5. 室内设施：室内基础设施日趋完备，高龄老年人房屋整洁度低

随着对晚年生活品质的追求，老年人居住房屋的室内设施需求也从刚需型向改善型转变。与基本生活保障相关的设施配置覆盖率较高，通电率达99.5%，自来水覆盖率91.4%。中间层次需求的满足度也在逐步提升，室内有洗澡设施的比例约76%，厕所能冲水的比例约60%。然而适宜老年人居住的健康环境还包括很多方面，例如"看不见"的方面空气质量，"看得见"的方面室内整洁度等。近年来，空气污染问题日益加剧，而老年人家中有空气净化器的比例仅不足5%。从室内整洁度看，总体上约1/4的老年人家中整洁度有

房地产蓝皮书

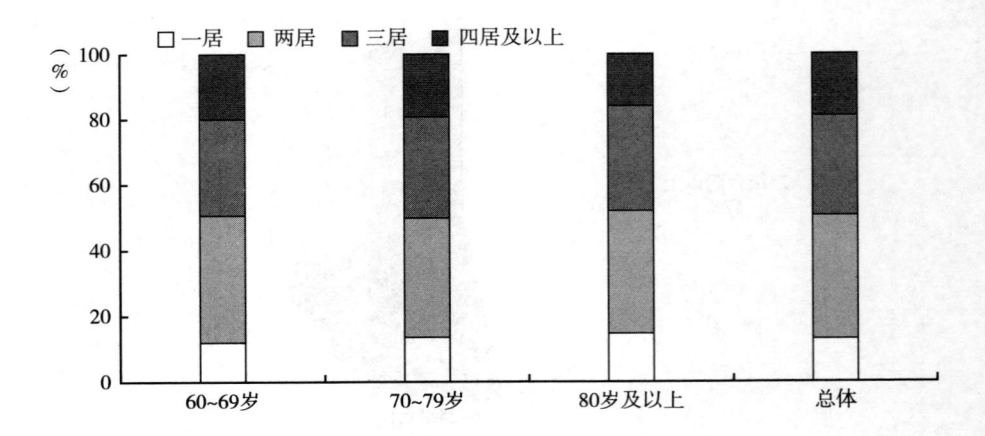

图17 各年龄段老年人住房居室数

资料来源:《中国养老与健康追踪调查(2018)》。

待改善,尤其高龄老年人室内整洁度相对较低(见图18)。由于身体功能逐渐退化,老年人对环境的感知能力不断下降,行动能力也开始受限,但污染、脏乱等因素对老年人健康造成的影响却不会降低,品质养老居住还需要相关配套服务的支持。

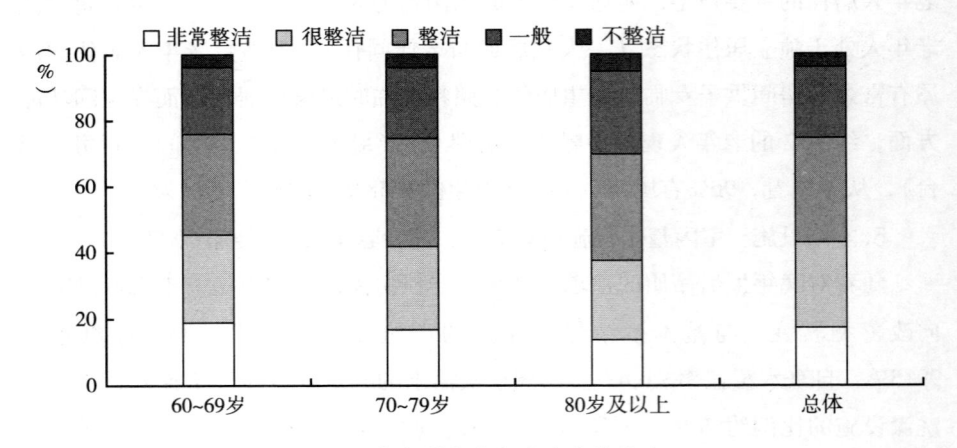

图18 各年龄段老年人室内整洁度

资料来源:《中国养老与健康追踪调查(2018)》。

（三）老龄居住生活圈：生活配套资源空间分布不均

1. 医疗配套：北京、昆明、长沙社区医院一公里覆盖率达80%以上

近两年来，国家卫生健康委全面推进社区医院建设，通过分级诊疗使医疗资源下沉社区，成为居家社区养老服务体系的重要一环。在基于第七次全国人口普查数据公布的21个超大和特大城市（以下简称"21城"）中：从分位数情况看，半数以上社区在半径一公里范围内至少有一家社区医院，其中北京、昆明、长沙八成以上社区至少有一家；从均值情况看，平均每个社区周围一公里的社区医院数量，北京最高，有3.05个，昆明、杭州、上海、长沙、天津、武汉等城市有1.5~2个，大连、佛山、西安、东莞等地不足1个（见图19）。在城市内部，社区医院主要集中在城市中心区，某些区域几乎每个社区都配有一个社区医院，加上社区密度大，一些社区半径一公里范围内有10个以上社区医院，而一些城市边缘社区距离最近的社区医院也远超出步行15分钟可达的范围。

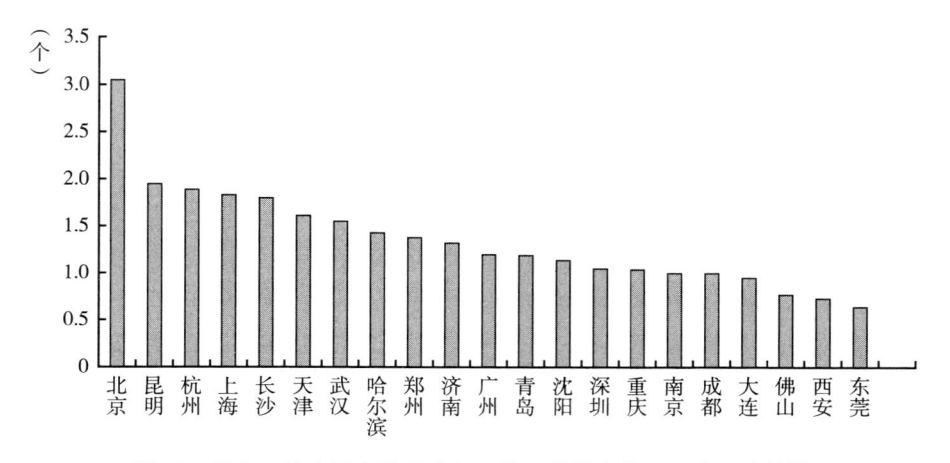

图19 超大、特大城市社区半径一公里范围内社区医院平均数量

资料来源：贝壳研究院。

2. 商业配套：长沙、昆明九成以上社区实现一公里内买菜自由

菜市场不仅是老年人生活物料的主要来源，还是老年人社会交往的重要场所之一。21城中有18座城市75%以上的社区一公里范围内有菜市场，平均来

279

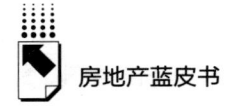

看每个社区周围一公里有 2 个以上。长沙和昆明九成以上社区一公里范围内可达菜市场，全市平均每个社区周边有 4 个，居 21 城中的第一、二位。沈阳、哈尔滨、北京在 21 城中菜市场的覆盖率稍低，但半数以上社区实现了菜市场一公里覆盖，平均每个社区周边的菜市场也大于 1 个（见图 20）。针对菜市场环境嘈杂卫生落后的现状，很多传统农贸市场正在进行标准化、智能化的改造，生鲜超市、智慧菜场等新型市场使老年人享受现代化的配套体验。

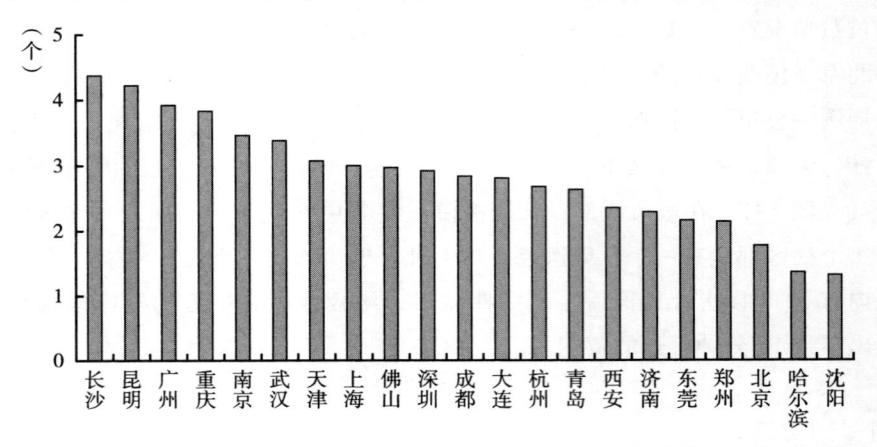

图 20　超大、特大城市社区半径一公里范围内菜市场平均数量

资料来源：贝壳研究院。

3. 休闲配套：深圳 90% 以上社区出家门一公里范围内有公园

社区周边环境影响老年人居住幸福感，公园可以起到净化空气、隔离噪声的效果，还能为老年人提供自然的休闲活动场所。21 城中总体上南方城市的公园覆盖率优于北方城市，北方城市中公园的社区可达情况较好的是北京和大连。据国家统计局年度数据，广东省以近 4000 个公园总数近几年来一直居全国首位，具体到社区可达层面，深圳和佛山分别以一公里范围内平均 3.6 个和 2.6 个公园处于领先，广州和东莞也处于 21 城的中上游水平。公园也存在空间分布不均的情况，21 城中的多数城市有 1/4 的社区在半径一公里范围内没有公园。而深圳 90% 以上的社区出家门一公里范围内有公园，其中社区公园占公园总数的 34%（见图 21），相比于城市公园，社区公园能够满足老年人的基本需求，更贴近老年人的生活。

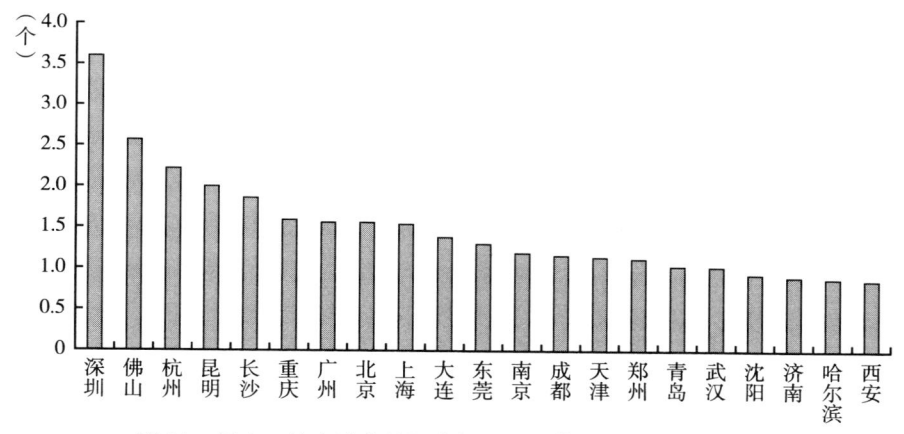

社区居家养老现状及趋势调研报告

图21 超大、特大城市社区半径一公里范围内公园平均数量

资料来源：贝壳研究院。

三 老年人居住需求与痛点分析

（一）室内环境的安全性：防滑地面和呼救系统需求度最高

居住环境是影响老年人生命安全的重要因素，世界卫生组织发布报告指出，每年有30余万人死于跌倒，其中60岁及以上老年人占了一半。而在我国，跌倒也已成为造成老年人伤害的"罪魁祸首"，其中家中（56.41%）、公共居住场所（14.36%）等是老年人跌倒频发的地点[1]。调查显示，老年人对室内居住空间环境应配置的安全设施提出要求，尤其是对室内防滑地面（72.6%）、紧急呼救系统（68.4%）、室内扶手（41.8%）三类无障碍设施的需求度更高（见图22）；分年龄段看，80岁及以上高龄老年人的身体机能下降，相应对防滑地面、呼救系统、扶手的需求度明显高于低龄老年人。

（二）活动场所的交往性：公园/广场成老年人首要活动需求场所

老年人由于身体机能下降、活动能力与活动范围受限，对于社区内部和周

---

[1] 中国疾病预防控制中心2015~2018年全国伤害监测系统≥60岁老年人跌倒/坠落病例发生地点。

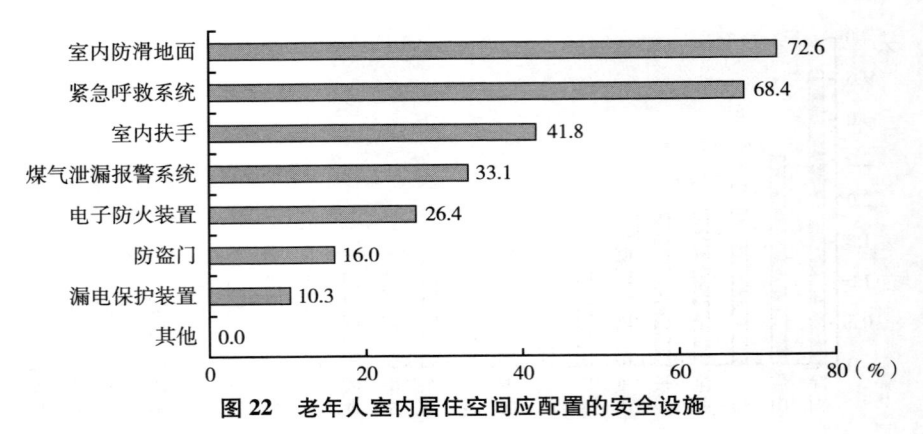

安全设施	比例(%)
室内防滑地面	72.6
紧急呼救系统	68.4
室内扶手	41.8
煤气泄漏报警系统	33.1
电子防火装置	26.4
防盗门	16.0
漏电保护装置	10.3
其他	0.0

图22　老年人室内居住空间应配置的安全设施

资料来源：贝壳研究院。

边的环境、设施配套需求更加突出。老年人出行频率并不低，近八成受访者在社区内或家附近活动的频率为一天一次或一天多次。老年人对公共服务设施有多元化需求，体育锻炼行为占比最高，69.4%的老年群体曾在社区及家附近散步或户外锻炼；其次是休闲娱乐活动，47.4%的老年人偏好在社区公共场所坐着聊天，打牌下棋和遛狗遛鸟也是时常从事的活动；再次是生活必要性活动，44%的老年人经常有买菜等购物行为；而老年人自我提升与社会参与类活动较少，包括去老年活动室读书及运动、参加志愿者活动或慈善活动、参加老年教育课程培训等（见图23）。这也说明老年人比较注重体育锻炼与休闲娱乐活动，能够增强自身健康体质与丰富精神生活。

不同年龄段老年群体日常活动偏好有所差异，相应对社区及周边配套设施的需求亦有不同。60~69岁、70~79岁低龄老年人更偏好散步或户外锻炼、打牌下棋、遛狗遛鸟等活动，相应对运动健身场地的需求度高于高龄老年人；80岁及以上老年人因身体机能下降严重，更倾向于坐着聊天，相应对公园/广场、老年活动室、休息座椅的需求度高于低龄老年人（见图24）。

（三）社区老龄设施服务性：紧急呼叫和走失定位服务需求迫切

社区老龄服务方式多样化已成为老年人生活的必需。老年人对社区老龄服务项目表现出较大的需求，紧急呼叫（68.3%）、走失定位（60.4%）、陪同出行（46.4%）三类服务占比最高（见图25）。分年龄段看，高龄老年人对社区

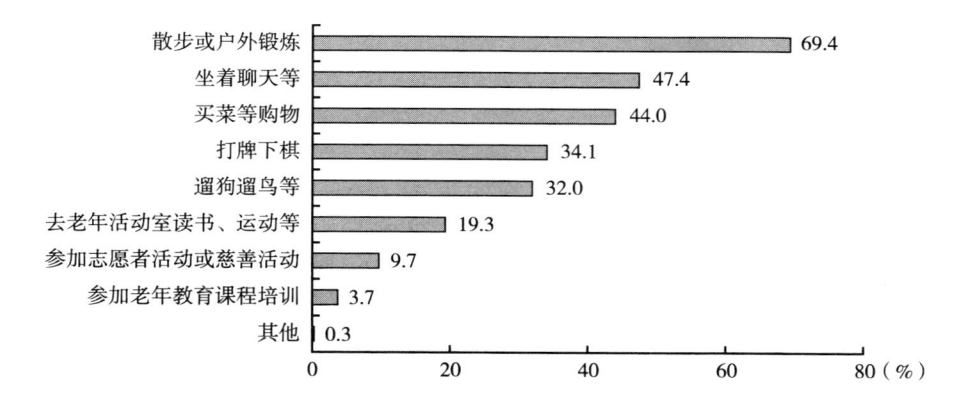

图 23 老年人需求活动偏好

- 散步或户外锻炼 69.4
- 坐着聊天等 47.4
- 买菜等购物 44.0
- 打牌下棋 34.1
- 遛狗遛鸟等 32.0
- 去老年活动室读书、运动等 19.3
- 参加志愿者活动或慈善活动 9.7
- 参加老年教育课程培训 3.7
- 其他 0.3

资料来源：贝壳研究院调查整理。

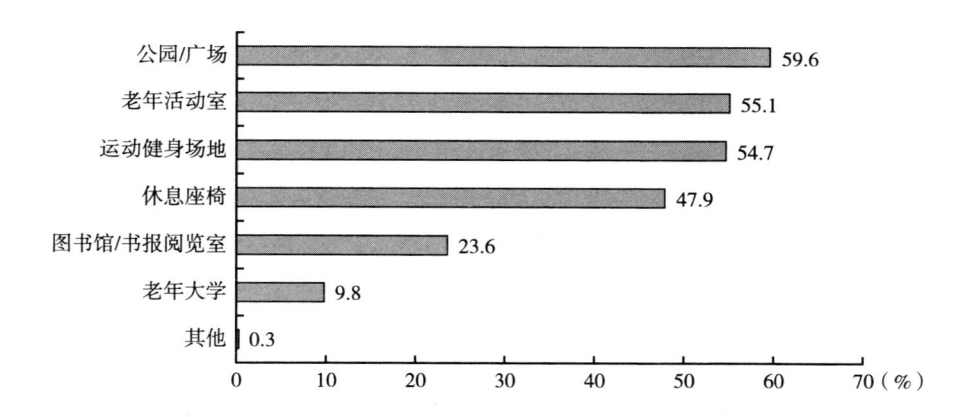

图 24 老年人对社区公共服务设施偏好

- 公园/广场 59.6
- 老年活动室 55.1
- 运动健身场地 54.7
- 休息座椅 47.9
- 图书馆/书报阅览室 23.6
- 老年大学 9.8
- 其他 0.3

资料来源：贝壳研究院调查整理。

老龄服务项目的需求度高于低龄老年人。除室内维修和送餐服务外，80岁及以上老年人对紧急呼叫、走失定位、陪同出行、保洁维护、聊天陪伴的需求度均高于低龄老年人，这也反映出高龄老年人在社区老龄服务需求类别方面的复杂度。

283

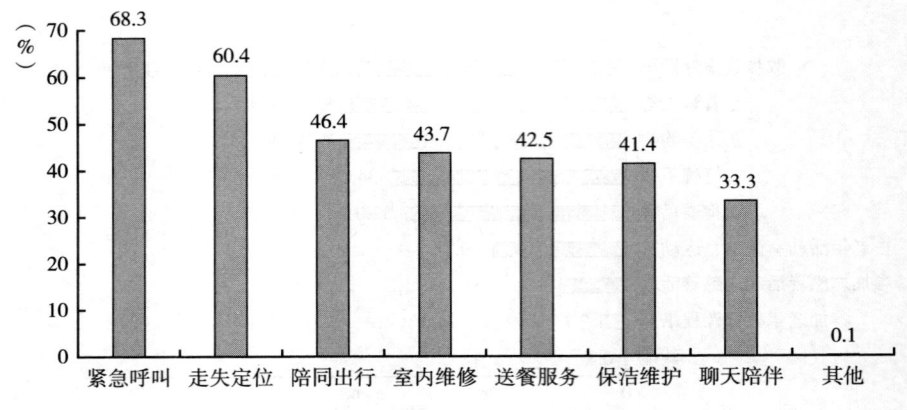

图25 老年人需要的社区养老服务项目

紧急呼叫 68.3
走失定位 60.4
陪同出行 46.4
室内维修 43.7
送餐服务 42.5
保洁维护 41.4
聊天陪伴 33.3
其他 0.1

资料来源：贝壳研究院调查整理。

（四）医疗环境便捷性：健康监测和送医拿药需求较高

相较于年轻群体，老年人的就医频率更高，尤其是患有慢性病的老年人更需要便捷、完善的医疗健康服务。调查数据显示，老年人对社区医疗服务项目的需求强烈，健康监测（59.5%）是各年龄段老年群体最希望配置的社区医疗服务项目，其次是送医拿药（47.7%）和家庭医生（45.8%）（见图26）。分年龄段看，80岁及以上高龄老年人对健康监测、家庭医生、定期体检或保健的需求度明显高于低龄老年群体；60~69岁、70~79岁老年人对送医拿药、康复训练、健康咨询的需求度高于高龄老年人。

（五）居住痛点：社区软硬件设施不适应老龄化发展趋势

在我国老年人居家养老模式为主的背景下，当前社区软性、硬性配套建设与老龄化发展趋势之间的矛盾较为突出。住宅室内环境方面，建筑配套设计未能充分考虑老年人的生理变化特点，地面防滑、扶手设置、呼救设施等均没有满足老年人独立生活的安全方便诉求，调查显示46.4%的老年人认为室内居住空间缺少必要的扶手，46.3%认为室内地面过于光滑易摔倒，42.8%认为住宅内的厕所或浴室不方便，42.8%表示室内没有安装呼叫或报警装置，由此室内空间安全性问题是摆在老年人面前的首要居住痛点。此外，部分老年群体也面

社区居家养老现状及趋势调研报告

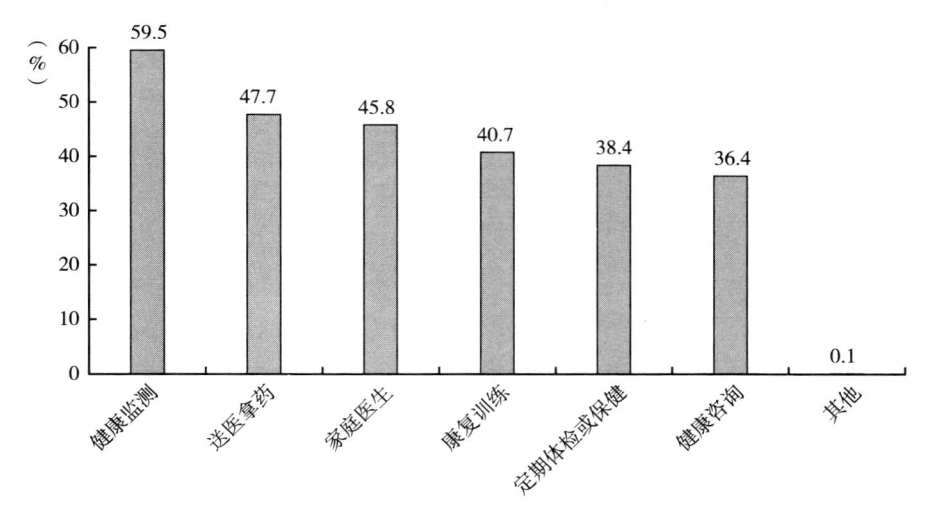

图26 老年人需要的医疗服务设施类别

资料来源：贝壳研究院调查整理。

临着居住空间舒适性不足的问题，主要表现在室内日照通风不好（32.3%）以及室内面积小，居住狭窄（17.2%）（见图27）。随着老年人身体机能的衰退，老年人在生活起居方面更需要舒适惬意的居住环境和安全的无障碍设施，以保证晚年的生活质量。

老年人活动需求与社区活动场所配套不足之间的矛盾。随着生活时间结构的转变，老年群体更加关注余暇时间的生活质量，而社区活动空间为老年人休闲游憩、参与社会活动提供了必要的场所。老年人日常高频活动行为有散步或锻炼身体、坐着聊天、打牌下棋等，但是当前社区配套建设尚不能满足不同层次老年人的多样化需求。社区内部及周边公园/广场的配套率稍高，但仍有36.5%的老年人表示缺少此项休闲配套；运动健身场地、休息座椅、老年活动室的配建比例均不足六成；社区图书馆/书报阅览室、老年大学的建设比例更低（见图28）。

社区老龄服务项目普及度不高。随着人民生活水平的提升和社会生活方式的转变，老年群体在日常生活照顾、紧急救助、精神慰藉等方面呈现出日益增长的需求。但是当前社区老龄服务体制不健全，各项服务项目配置与老年人的实际需求并不匹配，调研数据显示，社区保洁维护、室内维修、紧急呼叫等多

老年人居住室内空间存在的主要问题	比例(%)
缺少必要的扶手	46.4
地面过于光滑易摔倒	46.3
厕所或浴室不方便	42.8
没有安装呼叫或报警装置	42.8
室内日照通风不好	32.3
房屋面积小，居住狭窄	17.2
地面不平坦或有门槛	16.0
噪声太大	9.9
没有什么问题，挺好的	8.6
其他	0.1

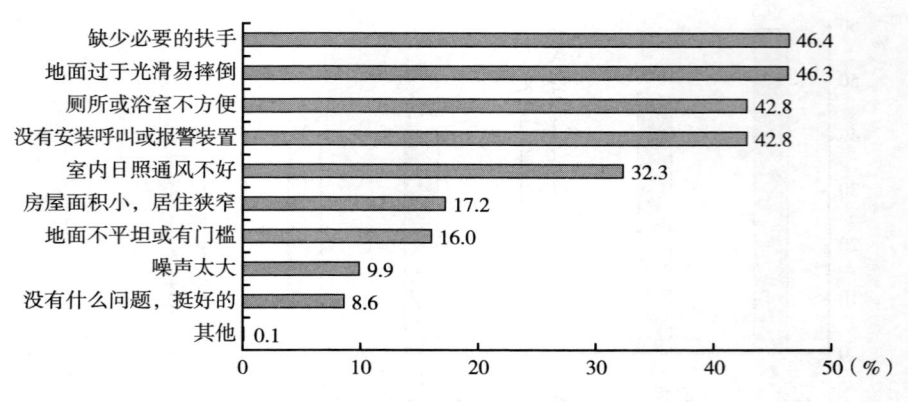

图27　老年人居住室内空间存在的主要问题

资料来源：贝壳研究院调查整理。

老年人居住社区及周边活动场所设施的配置情况	比例(%)
公园/广场	63.5
运动健身场地	57.8
休息座椅	50.1
老年活动室	49.6
图书馆/书报阅览室	28.9
老年大学	12.1
其他	0.3

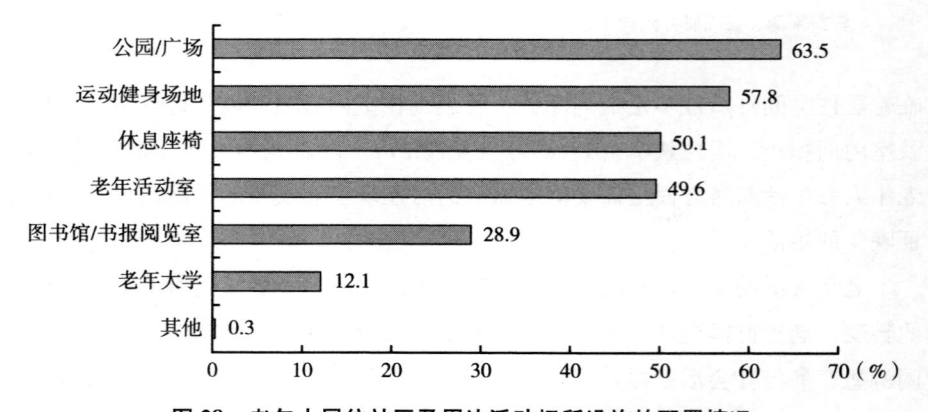

图28　老年人居住社区及周边活动场所设施的配置情况

资料来源：贝壳研究院调查整理。

项老龄服务项目的提供率均不高，其中57%的老年人表示社区没有提供走失定位的服务，55.1%的老年人表示社区没有提供陪同出行的服务（见图29）。

（六）社区适老化改造优先增加老年服务设施和无障碍设施

在人口快速老龄化背景下，老年人居家养老过程中存在的摔倒、居住生活不便等难题日益突出，居住环境适老化改造已成为今后存量更新的重要议程。

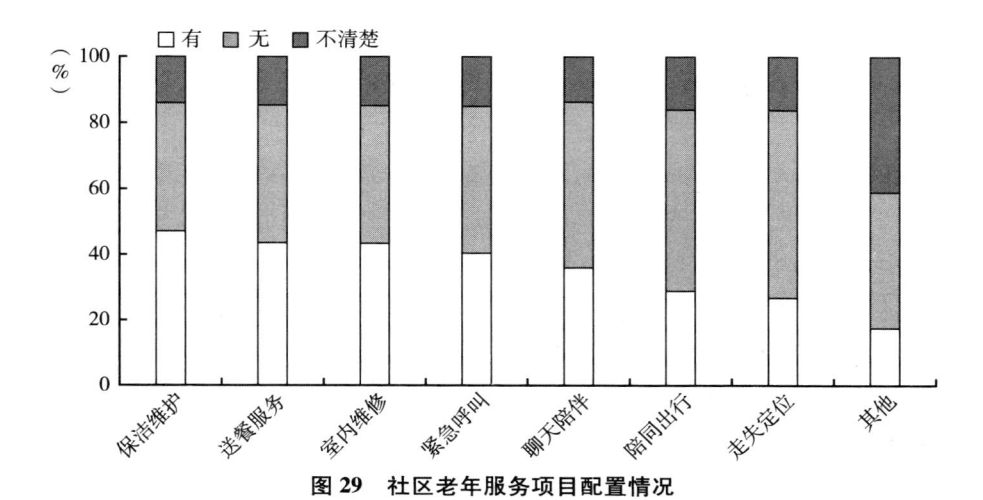

社区居家养老现状及趋势调研报告

图29 社区老年服务项目配置情况

资料来源：贝壳研究院调查整理。

调研发现，针对居住环境的适老化改造，增配老年人服务设施是最迫切的需求，占比58.4%，单调的社区服务设施较难满足老年人对户外活动的需求，社区改造须提供多样化的活动场所，满足老年群体的精神需求和价值实现需要；其次是安装无障碍设施，占比45.6%，比如室内空间加装扶手、社区内部安装指示灯等；最后，44.5%的老年人表示迫切希望对多层住宅楼梯进行改造或加装电梯。此外，公共设施不足或缺少维护、社区公共空间不足、室内公共区域修缮等也是老年人反映需要改造的问题（见图30）。

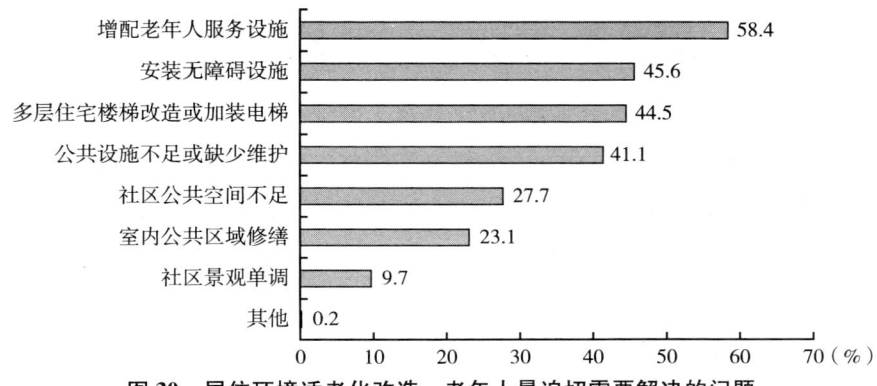

项目	占比（%）
增配老年人服务设施	58.4
安装无障碍设施	45.6
多层住宅楼梯改造或加装电梯	44.5
公共设施不足或缺少维护	41.1
社区公共空间不足	27.7
室内公共区域修缮	23.1
社区景观单调	9.7
其他	0.2

图30 居住环境适老化改造，老年人最迫切需要解决的问题

资料来源：贝壳研究院调查整理。

四 老年友好居住环境的营造策略

我国老年人口规模大、增速快、高龄化特征对社区居家养老模式带来挑战。一方面，社区居住环境的不适老化问题突出，当前城市住宅规划设计更多是从中青年角度出发，并未考虑到老年人的实际生活状况和精神需要，难以满足规模日益壮大的老年人口居住需求；另一方面，公共服务设施体系对老年人居家养老的服务保障能力薄弱，无法满足老年人多样化、复杂的需求。因此，需要构建覆盖住宅、室外环境、社区配套三个层面的软性、硬性环境，以改善老年人现有的居住条件，营造良好的老年友好居住氛围。

（一）围绕"增量开发、存量改造"建设舒适安全的老年居住空间

老年人居住空间改善重点从两方面展开：其一，新建开发居住区内应配建适量老年住宅，建筑规划设计充分考虑老年人居住的舒适性与安全性，采用无障碍设计，减少地面的高低差，设置防滑地面，在走道、门廊、卫生间等区域预留或安装扶手等，且应重视居住空间的可持续性，能够使住宅建设进行灵活性、可改性调整，满足不同生命周期老年人对室内空间布局的多元需求；其二，通过政府补贴、家庭自负等多种形式鼓励居民家庭开展居家环境适老化改造，改善居家老人的居住条件，缓解老年人因生理机能的退化而导致对现有居所的不适性。

（二）完善设施配套，打造老年友好社区生活圈

社区作为老年群体居家养老的重要载体，需要高度优化与整合社区生活圈范围内的助老资源。逐步完善老年社区生活圈范围内的配套设施建设，基于老年群体对户外散步、体育锻炼、休闲娱乐活动的高频需求，在社区内部或周边增设公园/广场、健身场地、休息座椅等适合老年人的配套设施，为老年群体创造适于居家养老、户外活动的空间场所与环境。同时，加强社区内外部公共空间或设施的无障碍改造，对照明设施、监控与求助设备、出入口坡道扶手、出行道路等进行必要的优化，为老年人营造便捷安全的出行环境。老年友好社区生活圈建设应当遵循适度适老原则，充分考虑到社区内部不同年龄段人群居

住需求的差异性与兼容性，构造能够适应住区全龄化的公共服务设施布局，避免社区成为老年住区。

（三）以需求为导向，完善社区支持、健康服务等软性配套

区别于过去依靠家人照料的传统养老模式，当前居家养老更多需要依靠社会化养老服务机构提供生活照料、医疗保障、精神慰藉等社区养老服务项目，满足老年人的日常生活需求。加快社区养老服务体系与服务网络建设，构建涵盖保洁维护、健康咨询、定期体检、家庭医生、送餐服务、陪同出行等多类别服务项目，为老年人提供便捷、全面的养老服务支持。同时，充分利用现代化智能信息技术，将智慧养老应用于老年人的衣食住行、医疗、休闲娱乐等方面，提高老年人的居住生活质量。

参考文献

王雪辉、彭聪：《我国老年人口群体特征的变动趋势研究》，《人口与社会》2020年第4期，第29~45页。

孙鹃娟：《中国老年人的居住方式现状与变动特点——基于"六普"和"五普"数据的分析》，《人口研究》2013年第6期。

王羽、尚婷婷、赫宸、王祎然：《老年友好型住区构建中面临的挑战与思考——基于〈住宅设计规范〉局部修订研究工作》，《上海城市规划》2020年第6期。

B.16
我国就业现状分析及其对房地产的影响

赵彤阳　张　波　盛福杰＊

摘　要： 人口是影响房地产发展的关键要素，就业是促进人口流动的根本动力。就业人口在城市之间分布的差异性，在一定程度上影响了房地产的发展，使得房地产发展在不同城市之间存在分化。本文从就业规模、行业分布等视角，研究了就业与房地产市场规模及房价水平之间的关系。我们发现，就业可以通过影响人口间接影响房地产市场规模，通过影响收入水平间接影响房地产价格水平。在此基础上，我们还进一步分析了产业发展、人才培养、购房条件等因素对就业的影响，建议通过增加保障性租赁住房供应，调整产业结构，加快教育改革、加大人才扶持力度等多重举措，保障就业人员安居乐业，促进房地产市场平稳健康发展。

关键词： 就业　房地产市场　大学生就业

作为国家宏观调控的首要对象，就业是最大的民生，也是经济发展的重中之重。2020年第七次全国人口普查数据①显示，全国流动人口达37582万人，其中，跨省流动人口占33.2%。与2010年相比，全国流动人口增长69.7%。人口流动的背后，是人们对就业的选择。就业如同一只无形的手，将城市、产

＊ 赵彤阳，58同城副总裁，研究方向为房地产营销；张波，58安居客房产研究院首席分析师，研究方向为房地产市场；盛福杰，58安居客房产研究院资深分析师，研究方向为房地产市场。
① 国家统计局：《第七次全国人口普查公报》，http：//www.stats.gov.cn/tjsj/tjgb/rkpcgb/，最后检索时间：2022年4月10日。

业、人口、住房紧密地联系在一起。从某种意义上，乐业为安居提供了机会，安居为乐业提供了保障。

一 我国就业人口现状分析

（一）就业人口规模

随着我国人口增速放缓和老龄化程度加剧，我国就业人员[①]数量也呈逐年下降的趋势。主要原因在于：一方面，代表就业潜力增加的总人口增速在放缓，意味着人口规模将触顶并迎来拐点；另一方面，代表就业能力较弱的老龄人口比重在不断上升，两者叠加导致我国就业人口比重不断下滑。第七次全国人口普查数据显示，2020年我国人口平均增长率比2010年下降0.04个百分点，65岁及以上人口占到总人口的13.5%，比2010年增加4.6个百分点。过去10年，我国就业人数增速持续下降，从2015年开始，增速开始为负值，意味着我国就业人数开始减少。2021年，就业人数增速为-0.6%，比2011年降低0.7个百分点（见图1）。2021年底，我国就业人数达74652万人，占总人口比重为52.8%，比2011年下降3.7个百分点（见图2）。

（二）就业区域分布

我国就业人口主要分布在东部地区[②]，2020年东部地区就业人数达30902万人，占全社会就业人员的比重为41%，西部地区、中部地区、东北地区分别占27%、25%、7%。其中，就业人数在3000万人以上的省份有10个（见图3），分别为广东、山东、江苏、河南、四川、浙江、河北、湖南、湖北、安徽，同时它们也是我国人口最多的10个地区。就业人数不足1000万人的地区有5个，分别是天津、海南、宁夏、青海和西藏。

---

① 就业人员指16周岁及以上从事一定社会劳动并取得劳动报酬或经营收入的人员。
② 东部地区是指北京、天津、河北、上海、江苏、浙江、福建、山东、广东和海南10省（市）；中部地区是指山西、安徽、江西、河南、湖北和湖南6省；西部地区是指内蒙古、广西、重庆、四川、贵州、云南、西藏、陕西、甘肃、青海、宁夏和新疆12省（区、市）；东北地区是指辽宁、吉林和黑龙江3省。

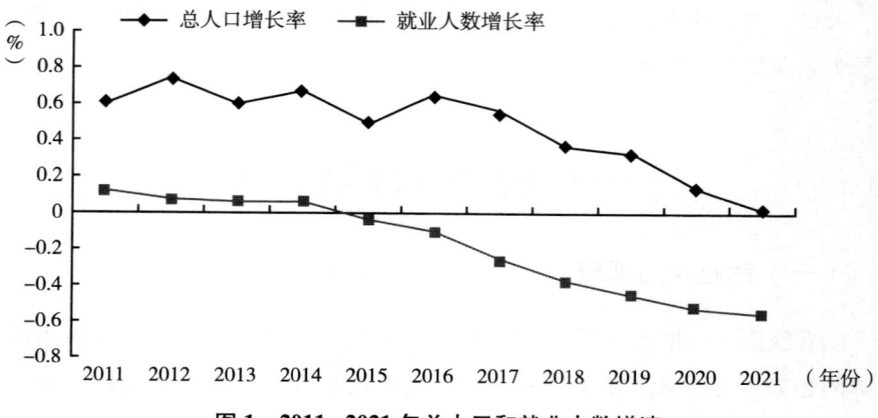

图1 2011~2021年总人口和就业人数增速

资料来源：国家统计局。

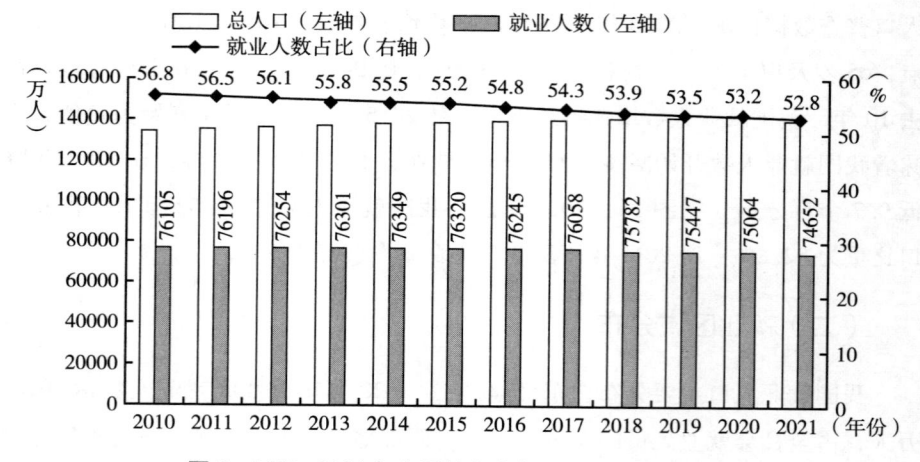

图2 2010~2021年全国就业人数及其占总人口比重

资料来源：国家统计局。

通过对近十年来我国各地区就业人数的变化研究，我们发现东部地区对就业人员保持较强的吸引力，人才聚集优势明显。与2010年相比，2020年东部地区就业人数增长5%，其余三个区域均出现不同程度的减少。31个省份中，就业人数增加的有14个，增长率在20%以上的有5个，其中，东部地区占4个（见图4）。从全国占比情况来看，东部地区占比略有提升，比2010年上升3个百分点，中部地区下降2个百分点，西部地区和东北地区相对较为稳定，占比基本维

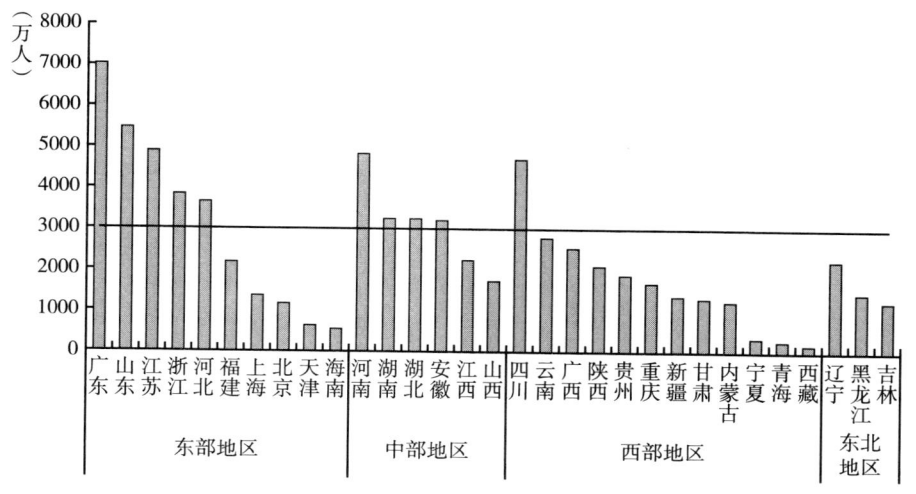

我国就业现状分析及其对房地产的影响

图3　2020年分地区就业人数

资料来源：国家统计局。

持不变。此外，有14个省份的就业规模与全国占比出现双回落，意味着这些地区的就业人口流出大于就业人口流入，其中，河南就业人数流失相对较多，较2010年就业人数减少19.2%，在全国占比也下降了1.4个百分点。

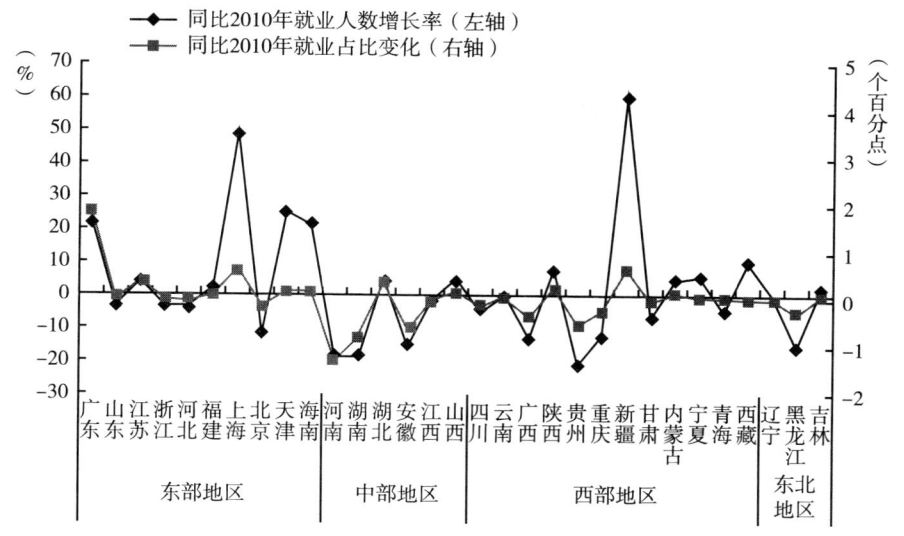

图4　2020年分地区就业人数增长率和就业占比变化

资料来源：国家统计局。

293

（三）就业行业分布

近十年来，我国第一产业就业人数比重明显减少，逐渐向第二、第三产业转移。2020年，第一、二、三次产业就业人数占全部就业人数的比重为23.6∶28.7∶47.7（见图5），其中第三产业比重较2010年提高了13.1个百分点。一方面，我国大力推进基础设施建设，产生了大量的就业机会，同时积极发展战略性新兴产业、高新技术制造产业、现代服务业等，提升了就业质量；另一方面，我国教育水平有了很大程度的提升，九年义务教育全面普及和覆盖，高中以上学历人员不断增加，为现代产业培养了大量的人才。

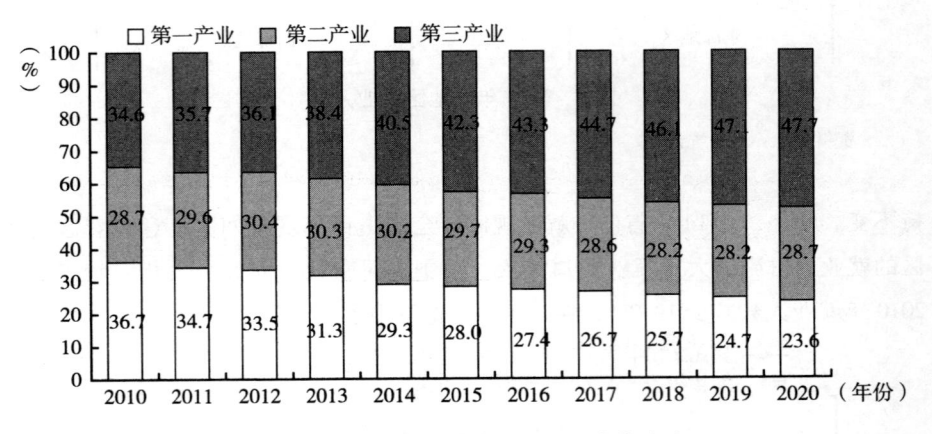

图5　2010~2020年按产业分就业人数占比

资料来源：国家统计局。

从城镇非私营单位就业情况来看，制造业，建筑业，公共管理、社会保障和社会组织，教育四个行业最受就业人员青睐，合计占全部就业人数的58%。其中，制造业就业人数最多，占全部就业人数的22%，较2010年下降6个百分点。从各行业就业人员增长情况来看，信息传输、软件和信息技术服务业，房地产业，租赁和商务服务业，金融业，建筑业这五个行业的就业人员数量增长较快（见图6），其中，信息传输、软件和信息技术服务业增长最快，较2010年增长162.2%。信息传输、软件和信息技术服务业属于战略性新兴产业，房地产业，租赁和商务服务业，金融业属于现代服务业，这些行业都是我国产业转型升级的方向，建筑业则与我国基建事业的大力推进和房地产市场的蓬勃发展有关。

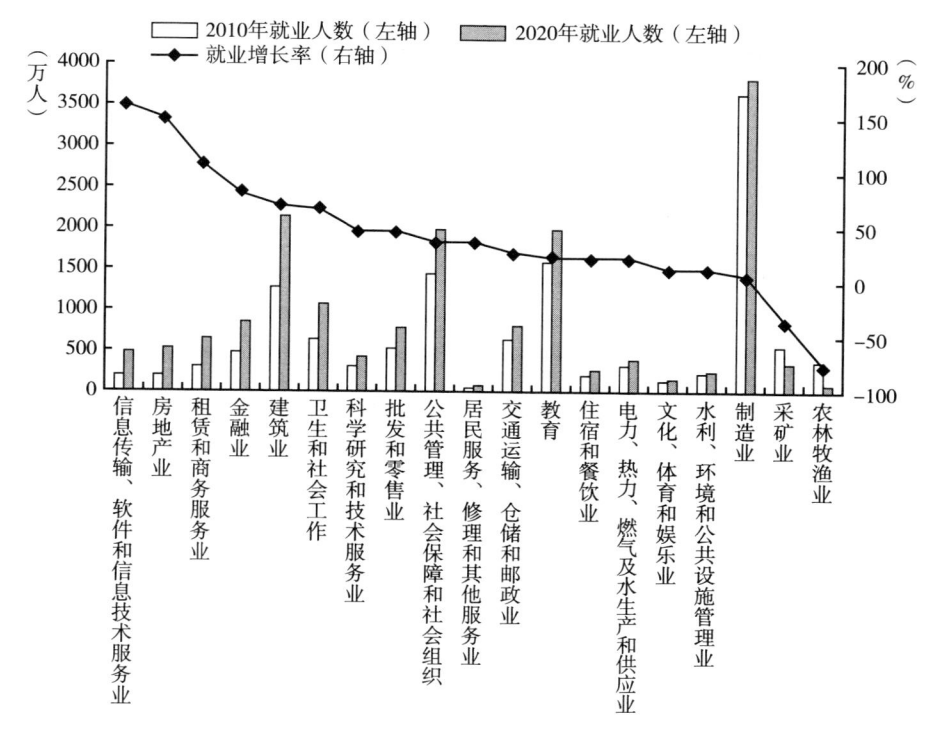

图6 2010年、2020年城镇非私营单位按行业分就业人数及增速

资料来源：国家统计局。

（四）其他分布特征

随着我国城镇化水平不断提高，就业人员逐步由乡村走向城镇，城镇就业人数不断增加。2020年，城镇就业人数达46271万人，较2010年增长33.4%，而乡村就业人数则减少30.5%。城镇就业人数占比由2010年的45.6%提高到2020年的61.6%（见图7），超过乡村就业人数比重。

从就业人员的性别来看，男性就业人数高于女性。2019年我国女性就业人数占全社会就业人数的比重为43.2%[①]（见图8）。根据国家统计局发布的

---

① 国家统计局人口和就业统计司：《中国人口和就业统计年鉴2020》，中国统计出版社，2020。

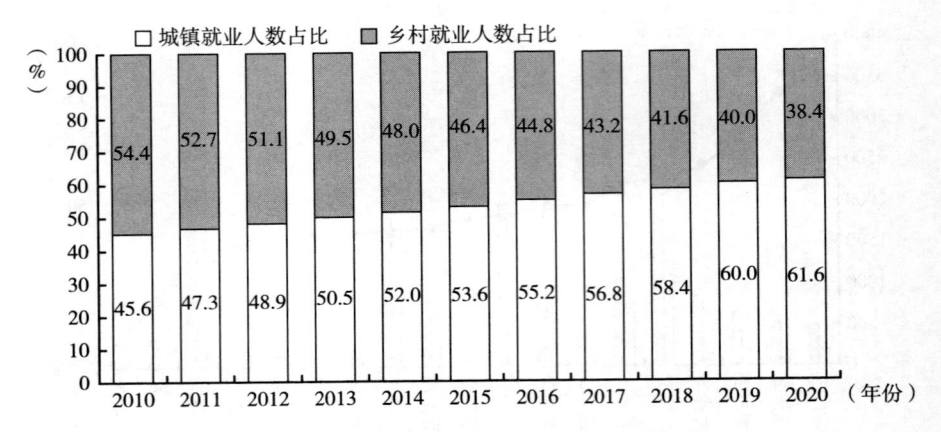

图7 2010~2020年城镇和乡村就业人数占比

资料来源：国家统计局。

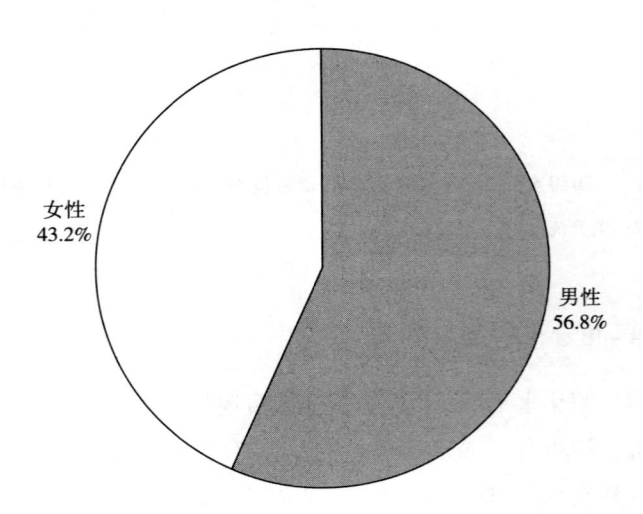

图8 2019年按性别分就业人数占比

资料来源：《中国人口和就业统计年鉴2020》。

《中国妇女发展纲要（2011—2020 年）》终期统计监测报告①，2020 年我国女性就业人员占全社会就业人员的比重为 43.5%，持续保持在 40%以上，女性的就业机会进一步得到提升。

从就业人员的年龄来看，主要集中在 25~54 岁，占全部就业人员的 74.6%。其中，30~34 岁年龄段和 45~49 岁年龄段就业人员数量最多，分别占 13.9%和 13.7%（见图 9）。

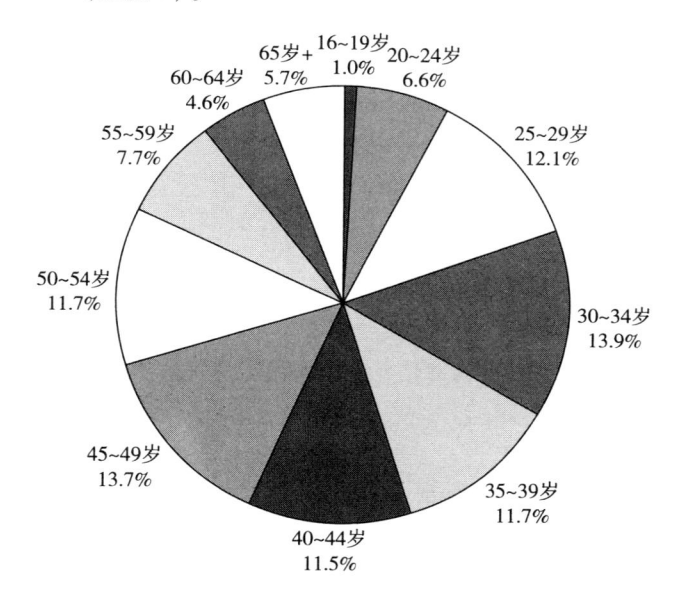

图 9　2019 年按年龄分就业人数占比

资料来源：《中国人口和就业统计年鉴 2020》。

从就业人员的受教育程度来看，大多数就业人员都接受过不同程度的教育，未上过学的仅占 2.2%，这主要得益于我国九年义务教育的大力普及和推广。77.2%的就业人员学历在高中及以下，其中初中学历人数最多，占 40.6%，专科及以上学历仅占 22.8%（见图 10）。

---

① 国家统计局：《中国妇女发展纲要（2011—2020 年）》终期统计监测报告，http://www.stats.gov.cn/xxgk/sjfb/zxfb2020/202112/t20211221_1825526.html，最后检索时间：2022 年 4 月 10 日。

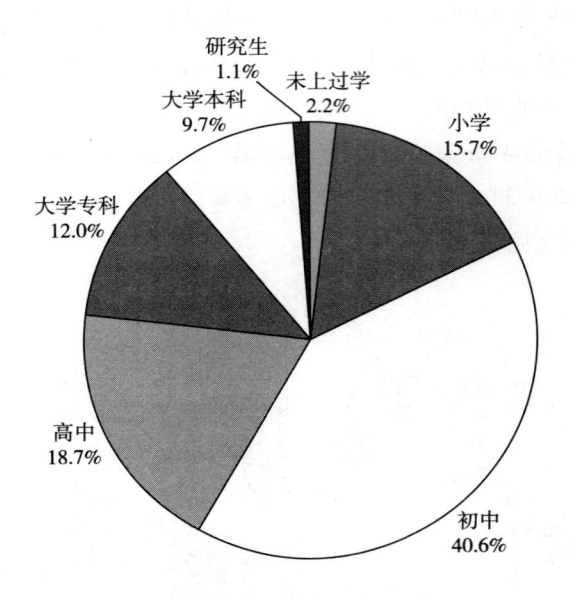

图 10　2019 年按受教育程度分就业人数占比

资料来源：《中国人口和就业统计年鉴 2020》。

二　就业对房地产的影响

（一）就业对市场规模的影响

1. 人口规模对房地产市场规模有正向影响

为研究人口与房地产市场规模的关系，我们从 58 安居客房产研究院重点监测的城市中，选取 35 城①作为研究对象，对人口规模、找房热度②和商品住

---

① 35 城分别是北京、广州、上海、深圳、成都、东莞、杭州、昆明、南京、宁波、青岛、苏州、天津、武汉、西安、长沙、郑州、重庆、福州、佛山、合肥、哈尔滨、海口、济南、兰州、南昌、南通、太原、无锡、徐州、中山、珠海、呼和浩特、洛阳、淄博。
② 找房热度，以平台上房源被购房者访问浏览的次数为统计，访问量越大，意味着该房源的关注度越高，也即热度越高；城市的找房热度指城市内所有房源的访问量总和。

宅成交量进行了相关性分析①。通过分析我们可以看到，人口规模与商品住宅成交规模相关系数为0.6171（见表1），两者呈中等强度的正相关关系，说明人口规模越大，市场规模相对也越大。此外，从人口规模与找房热度的相关系数来看，两者相关系数达到0.6673，这表明人口规模大的城市，购房者找房热度相对也高（见图11）。找房热度反映的是购房需求，同样也可以间接反映人口规模对于房地产市场规模有正向影响。

表1　2020年人口规模对市场规模影响相关系数矩阵

变量	人口规模	找房热度	成交规模
人口规模	1.0000	0.6673	0.6171
找房热度	0.6673	1.0000	0.7767
成交规模	0.6171	0.7767	1.0000

资料来源：国家统计局、58安居客房产研究院数据库。

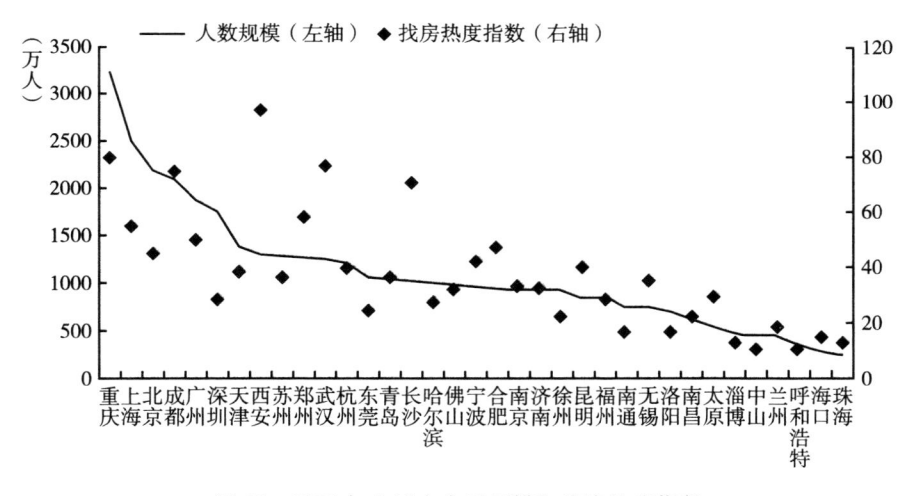

图11　2020年分城市人口规模与找房热度指数

资料来源：国家统计局、地方统计局、58安居客房产研究院数据库。

---

① 相关性分析指研究两个变量之间的相关程度，正值表示正相关，负值表示负相关；|r|<0.3为弱相关，0.3≤|r|<0.5为低度相关，0.5≤|r|<0.8为中度相关，0.8≤|r|≤1为强相关。

人口与商品住宅成交规模之间的关系强度为中等而非强相关，这说明两者的关系会受到住房政策、市场供应、成交结构等扰动因素的影响。对35城数据进行拟合，六成以上的城市呈现较好的拟合度（见图12），基本符合人口越多，市场成交规模相对越大的规律。有些城市如深圳、北京等，人口规模较大但商品住宅成交量却处于低位，而另外有些城市如武汉，人口规模中等但商品住宅成交量却非常抢眼，这些都是受扰动因素影响带来的结果。以深圳为例，2020年人口将近是佛山的2倍，商品住宅成交量却不及佛山的四成。主要原因在于：一方面住宅供应受限制，2020年深圳商品住宅新增供应为493万平方米，与之人口接近的广州，同年新增供应为1294万平方米，成交量也明显高于深圳；另一方面深圳房地产市场以二手房交易为主，新房成交量占比较低，2020年新房成交量占市场总成交量的31%。

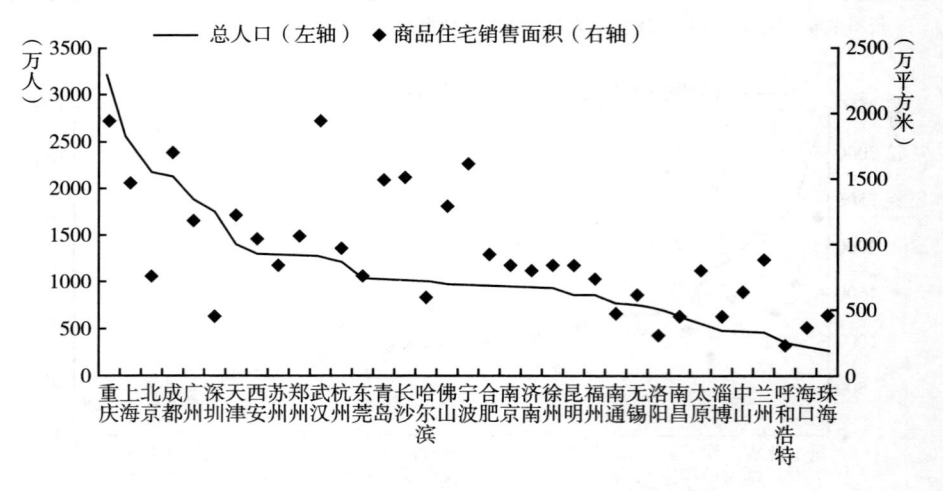

图12 2020年分城市人口与商品住宅销售面积

资料来源：国家统计局、地方统计局。

若以新房成交量加上二手房成交量作为市场总成交量再进行拟合，人口与市场规模的相关系数可提升至0.8325，两者拟合度会进一步提高（见图13）。

2. 就业通过影响人口间接影响市场规模

就业影响社会稳定、经济发展和人民生活，是宏观调控的首要目标。国务

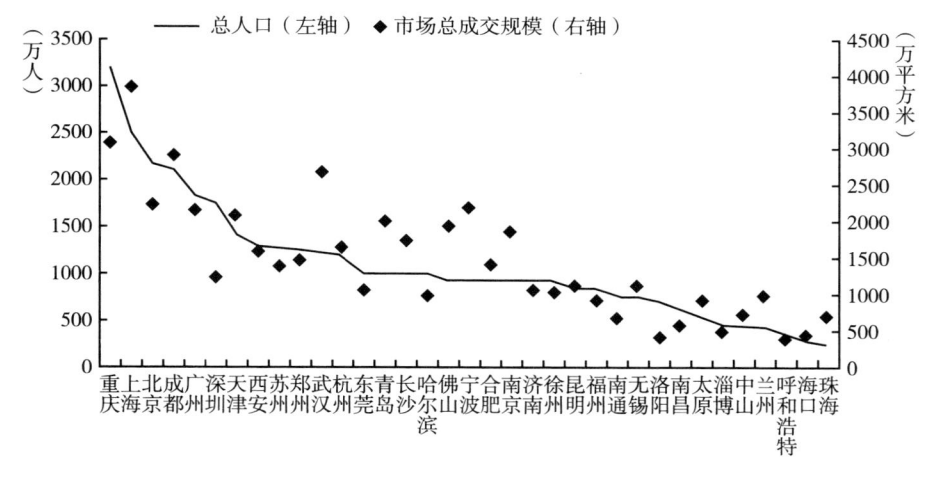

图 13　2020 年分城市人口与市场总成交规模

资料来源：国家统计局、地方统计局。

院总理李克强在 2022 年《政府工作报告》① 中提出，着力稳市场主体保就业，加大宏观政策实施力度，各地都要千方百计稳定和扩大就业。就业对房地产市场的影响，首先体现在对购房需求的影响。从就业人数和人口规模的相关性来看，两者相关系数高达 0.9731（见表 2），这说明两者有着极强的相关性。从某种意义上说，就业人数多的城市，人口规模也相对较大，潜在购房需求也越多。

表 2　2019 年就业人数对市场规模影响相关系数矩阵

变量	人口规模	就业人数	就业占比	成交规模
人口规模	1.0000	0.9731	-0.1073	0.5769
就业人数	0.9731	1.0000	0.1049	0.5033
就业占比	-0.1073	0.1049	1.0000	-0.2543
成交规模	0.5769	0.5033	-0.2543	1.0000

资料来源：国家统计局。

---

① 第十三届全国人民代表大会第五次会议：《政府工作报告》，http://www.gov.cn/xinwen/2022-03/15/content_5679117.htm，最后检索时间：2022 年 4 月 10 日。

就业人员在各地区之间的流动，使得各地区的就业人数和人口比重发生变化。相比2010年，东部地区就业人数增长1589万人，占全国比重由38%上升至41%，增加3个百分点，其他三个地区的就业人数占比和人口占比均呈现不同程度下降（见图14）。人口方面，东部地区人口比重同步提升，由2010年38%上升至40%，增加2个百分点，中部地区、西部地区、东北地区比重变化分别为-0.9%、0.1%、-1.2%，在就业的带动下，人口进一步向经济发达的东部地区集聚。

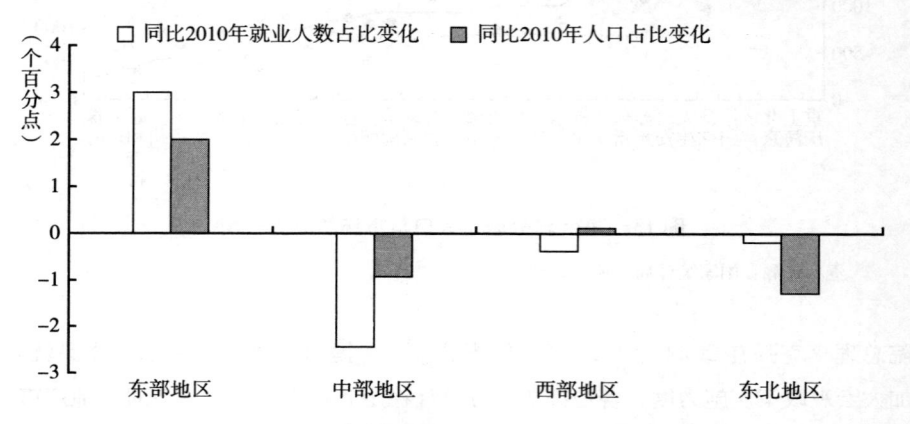

图14 2020年各地区就业人数占比和人口占比变化

资料来源：国家统计局。

就业可以通过影响人口变动对房地产市场规模产生影响，但就业占比的高低对市场规模并没有太大的影响。我国各城市的就业占比大多在60%左右，最高为深圳，就业占比为75%，最低为哈尔滨，就业占比为33%。通过就业占比与成交规模相关性分析，我们发现两者相关性较弱，相关系数仅为-0.2543。

分城市来看，就业人数增长的城市，人口保持同步增长。反之，就业人数减少的城市，人口也同步下降。一线城市和新一线城市人口增长明显，高于二线城市和三四线城市。与2010年相比，35城中有34个城市的人口和就业人数为双增长，仅哈尔滨人口与就业人数双降（见图15）。人口与就业人数双增的城市如广州、成都，商品住宅销售面积大体上呈增长态势，比2011年分别增加127.4%、171.8%；而人口与就业人数双降的城市哈尔滨，商品住宅销售面积增长幅度有限，2011年成交规模与成都、广州相当，2021年成交量比2011年减少51.6%，且成交规模明显低于广州和成都（见图16）。

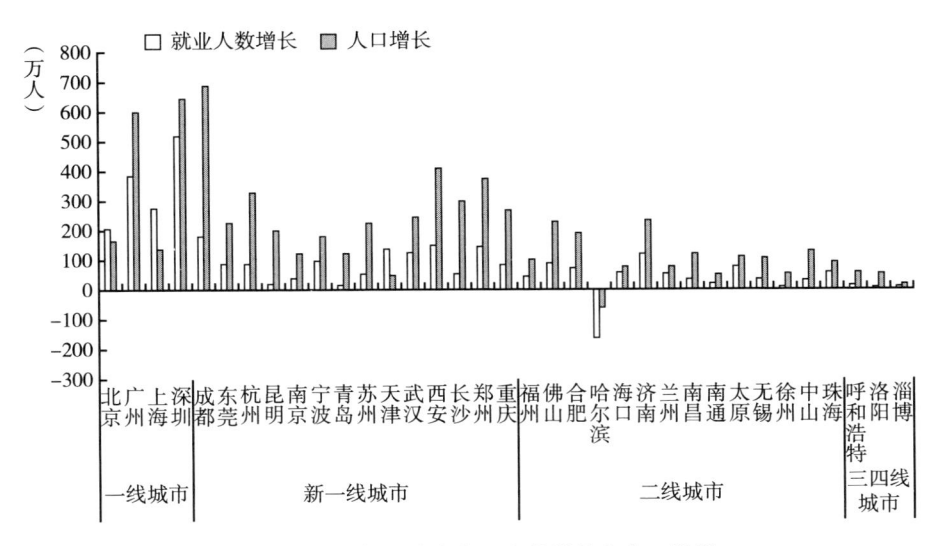

我国就业现状分析及其对房地产的影响

图 15 2020年分城市就业人数增长和人口增长

资料来源：《中国人口和就业统计年鉴2020》。

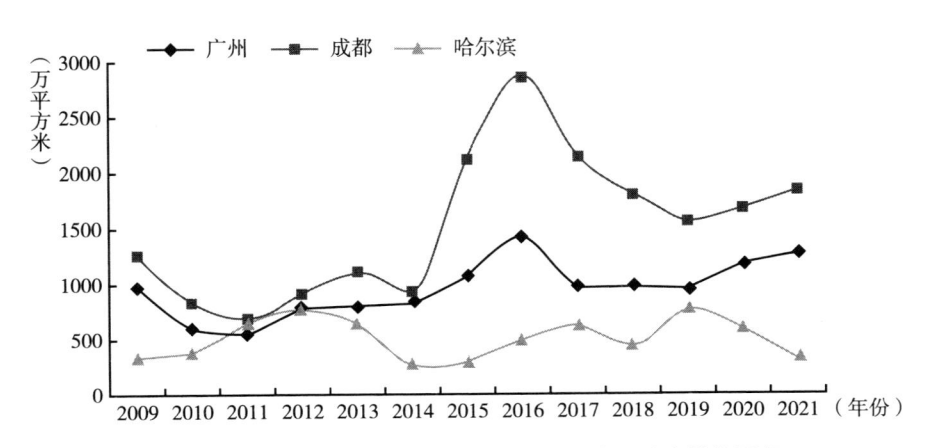

图 16 2009~2021年广州、成都和哈尔滨商品住宅销售面积

资料来源：国家统计局、地方统计局。

（二）就业对房价水平的影响

《中华人民共和国国民经济和社会发展第十四个五年规划和2035年远景目

303

标纲要》①提出，要健全有利于更充分更高质量就业的促进机制，扩大就业容量，提升就业质量，缓解结构性就业矛盾。高质量就业是居民收入和购买力提升的重要保障，通常与居民选择的城市和行业有关。由于各城市之间地理位置、资源禀赋、产业布局、产业政策等方面的差异，选择不同城市就业，将直接影响到居民的收入水平。从总体就业情况来看，我国正处于从传统产业向现代产业转型升级中，制造业仍然是我国当前就业人数最多的行业，大部分城市的制造业可以排在本地就业人数最多的行业的前三名，差别在于占比和行业组合，如上海就业人数最多的三大行业依次为制造业、批发和零售业、租赁和商务服务业，成都前三大行业依次为制造业、建筑业、农林牧渔业，西安前三大行业依次为批发和零售业、农林牧渔业、制造业（见图17）。

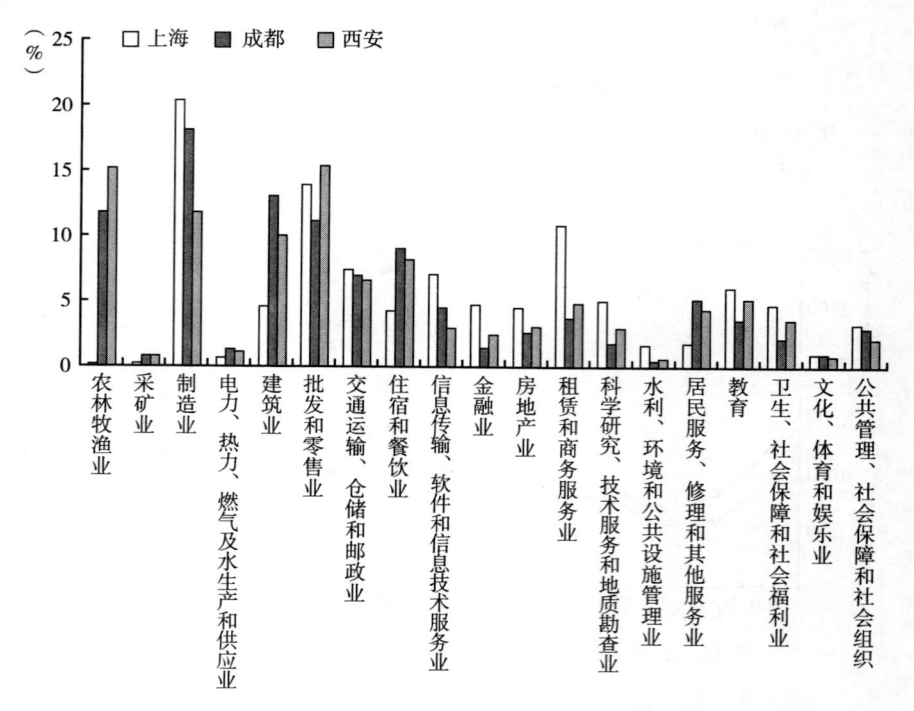

图17 2020年上海、成都和西安各行业就业人数占比

资料来源：国家统计局、地方统计局。

---

① 《中华人民共和国国民经济和社会发展第十四个五年规划和2035年远景目标纲要》，http：//www.gov.cn/xinwen/2021-03/13/content_5592681.htm，最后检索时间：2022年4月10日。

我国就业现状分析及其对房地产的影响

根据行业就业人数排名情况，大体上可将城市分为三类：第一类，弱制造业型城市，即制造业不具备就业优势，如北京、三亚、郴州，其中，北京属于弱制造业强服务业城市，三亚属于弱制造业强旅游业城市，郴州整体产业优势较弱；第二类，制造业强势主导型城市，即制造业就业人数最多且优势明显，如东莞、宁波、青岛、天津、苏州、湖州、潍坊等；第三类，混合型城市，即除制造业外，其他行业也有较大优势，如上海、广州、深圳、成都、杭州、南京、西安、长沙、重庆、合肥等。

不同行业薪资水平存在差异，薪资水平基本上呈第三产业＞第二产业＞第一产业的分布，薪资水平最高的五大行业分别为交通运输、仓储和邮政业，科学研究、技术服务和地质勘查业，金融业，房地产业，租赁和商务服务业，最低为住宿和餐饮业（见图18）。城市之间工资水平也存在差异，主要与城市产业结构、行业分布、就业规模有关。北京就业人员平均工资最高（见图19），其前三大就业行业分别是租赁和商务服务业，信息传输、软件和信息技术服务业，批发和零售业，均为高薪行业；上海、深圳、广州的工资水平同样位居前列，前三大就业行业均是制造业、批发和零售业、租赁和商务服务业，并且都在大力发展战略性新兴产业和高新技术制造产业，如上海重点发展电子信息产品制造业、汽车制造业、石油化工及精细化工制造业、精品钢材制造业、成套设备制造业、生物医药制造业，2020年完成总产值23784亿元，占全市规模以上工业总产值的比重达68.3%；重庆、潍坊工资水平相对较低，从城市产业结构可以看出，重庆是典型的旅游城市，就业人数最多的行业是农林牧渔业，其次是住宿和餐饮业，而潍坊是传统的工业城市，前三大就业行业分别是制造业，教育，公共管理、社会保障和社会组织，其中，制造业以机械装备、纺织服装、盐化石化等传统产业为主。

城市之间房价存在差异，房价高的城市如深圳、上海，商品住宅销售均价在50000元/米^{2}以上，房价低的城市如乌鲁木齐、潍坊，商品住宅销售均价在7000元/米^{2}左右。城市房价差异的背后，一方面与城市的经济水平有关，城市经济高水平、高质量发展，可以提供大量的就业机会，产生人口集聚效应，带动购房需求；另一方面与居民购买力有关，购买力在一定程度上决定了居民所能承受的商品住宅价格，随着收入水平不断提升，居民对住房的购买能力也在不断提升。通过比较城镇人均可支配收入和房价水平，我们发现，两者相关

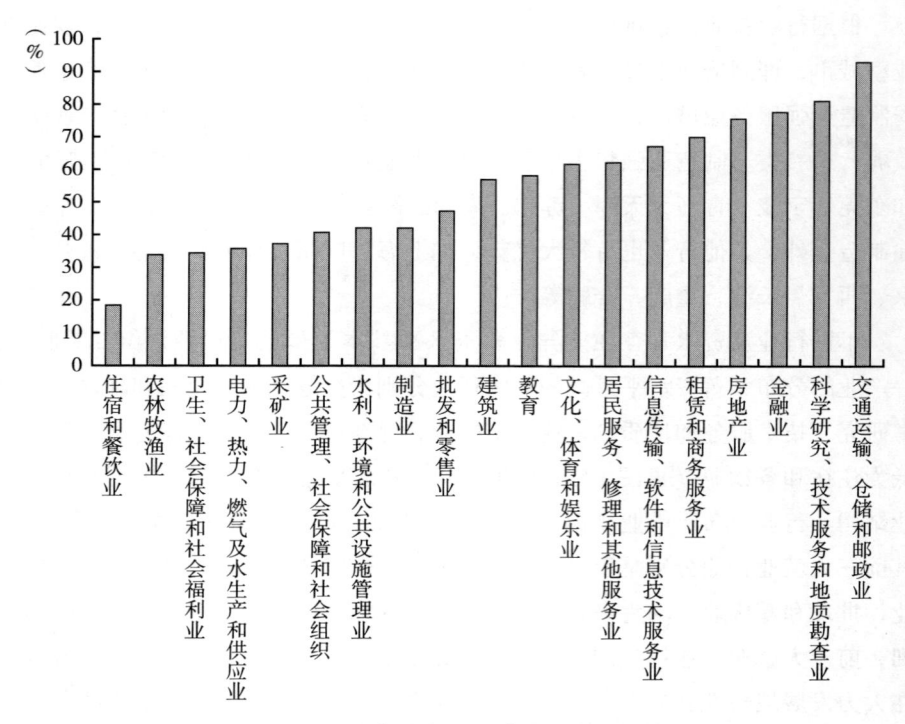

图 18　2021 年分行业招聘薪资水平指数

资料来源：58 同城招聘研究院。

系数达 0.7791，相关性较高，说明人均可支配收入高的城市，房价水平也相对较高（见图 20）。大部分就业人员的收入来源于工资，因而就业人员的工资在很大程度上影响了城市的人均可支配收入，间接表明，工资水平高的城市，能接受的房价水平也相对较高。

就业人员对城市的选择偏好，可以通过求职热度①指数来反映。城市求职热度越高，说明该城市吸引人才就业的能力越强。求职热度与商品住宅价格的相关系数为 0.6401，属于中等强度正相关关系，即城市的求职热度越高，房价水平也相对较高（见图 21）。一线的 4 个城市一直以来都是求职者向往的热土，求职热度明显高于其他城市，与之对应的北京、上海、广州、深圳的房价

---

① 求职热度是根据城市在一段时间内投递求职的人数统计，反映求职者在择业时城市选择偏好。

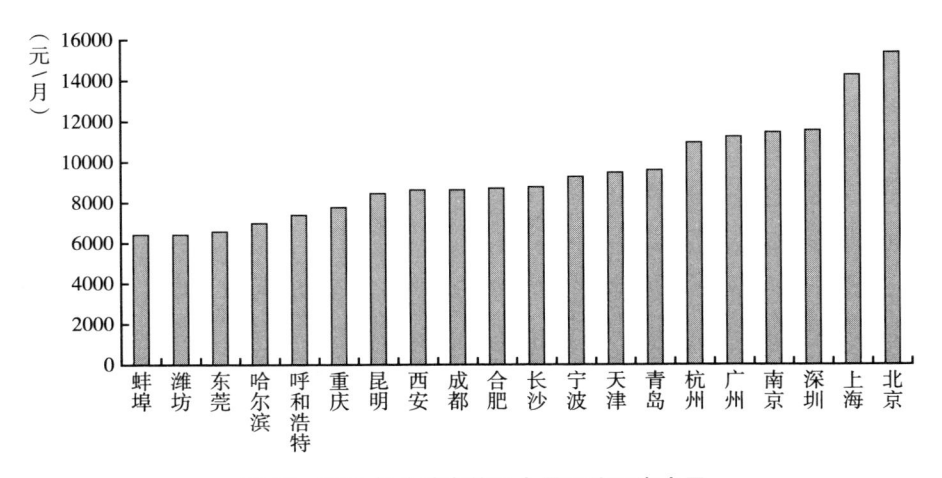

图 19 2021年分城市就业人员平均工资水平

资料来源：国家统计局、地方统计局。

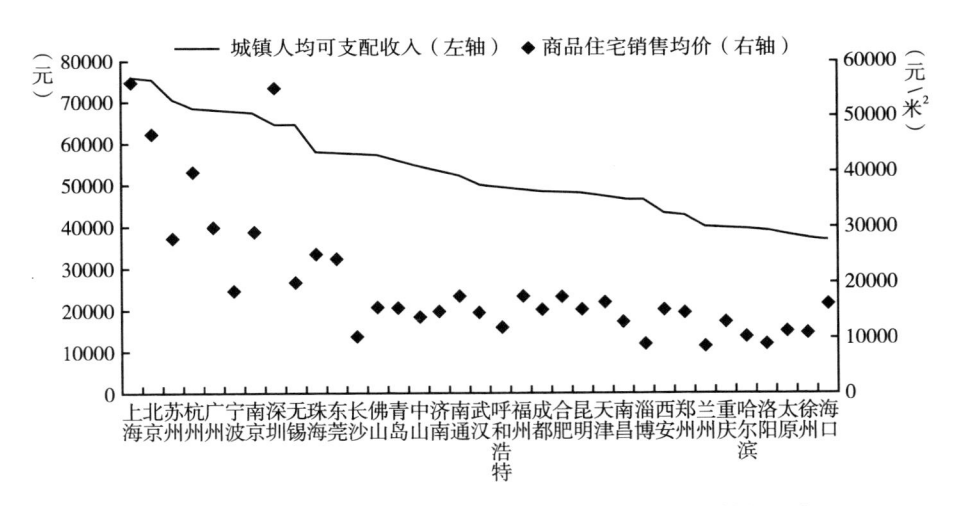

图 20 2020年分城市城镇人均可支配收入和商品住宅销售均价

资料来源：国家统计局、地方统计局。

也处于高位。从2009年到2019年，北京、上海、广州、深圳就业人口分别增长23%、26%、58%、69%，商品住宅销售均价也分别上涨217%、237%、191%、272%。

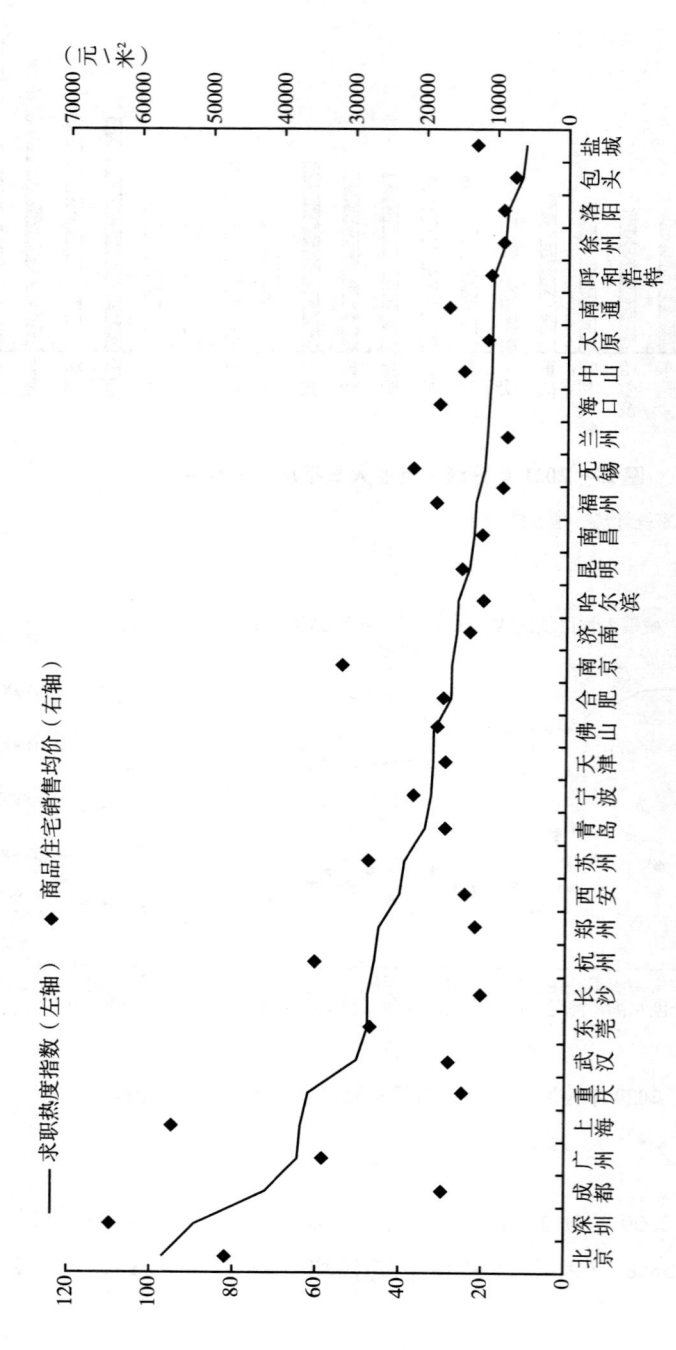

图 21　2021年分城市求职热度指数和商品住宅销售均价

资料来源：国家统计局，地方统计局，58同城招聘研究院。

三 影响就业的相关因素

（一）产业为就业提供机会

中国产业布局主要集中在东部沿海地区和经济发达地区，随着"西部开发""中部崛起"的区域发展战略的持续推进，东部地区部分对资源依赖性较强的产业也开始逐步向中西部转移，中西部迎来产业承接和升级。由于地理位置、资源禀赋、战略定位不同，不同区域呈现不同的产业特征，如纺织服装业多分布在江苏、浙江、福建、广东、山东等东部沿海地区，机械制造业主要集中在湖南、湖北、山西、东北等重工业基础雄厚的地区，石油加工及化学制品制造业则多分布在东北、内蒙古、新疆等资源丰富的地区。

战略性新兴产业、高新技术制造产业是我国当前产业发展的方向，也是各城市产业升级转型的方向，其发展规模和程度极大影响城市对人才的吸引力。目前战略性新兴产业主要集中在东部沿海地区和经济发达地区，中西部地区也在快速崛起。八大战略性新兴产业分别是：分布在长三角、珠三角、环渤海地区和以四川、陕西为主的西部地区的新一代信息技术产业，分布在长三角、环渤海地区的高端装备制造产业，分布在东部沿海地区、中西部地区和环渤海地区的新材料产业，分布在东部沿海地区、中西部地区和东北地区的生物产业，分布在长三角、珠三角和环渤海地区的新能源汽车产业，分布在东部沿海地区和中西部地区的新能源产业，分布在长三角、珠三角、环渤海地区的节能环保产业以及分布在北京、上海、广州、深圳、南京、苏州、杭州、重庆、成都、长沙、武汉等地的文化创意产业[1]。

高新技术制造产业方面，国家发展改革委等六部门联合发布的《中国开发区审核公告目录》（2018年版）[2] 显示，2018年我国共有国家级高新技术产

---

[1] 国家信息中心战略性新兴产业研究组：《中国战略性新兴产业集群的发展历程及特征》，http://www.sic.gov.cn/News/459/10834.htm，最后检索时间：2022年4月10日。
[2] 国家发展改革委等六部门：《中国开发区审核公告目录》（2018年版），https://www.ndrc.gov.cn/xxgk/zcfb/gg/201803/t20180302_961203.html?code=&state=123，最后检索时间：2022年4月10日。

业开发区156个，其中东部地区67个，中部地区37个，西部地区36个，东北地区16个。从各地区高新技术企业数量和就业人数来看，2019年，高新技术企业主要集中在东部地区，高新技术企业数量最多的5个省份分别是广东、江苏、北京、浙江、上海，其中广东高新技术企业数量最多，高新技术企业就业人数位居首位（见图22）。目前，我国已经形成多个高新技术产业集群，如深圳新一代信息通信集群、上海集成电路集群、上海张江生物医药集群、深广高端医疗器械集群、杭州数字安防集群、青岛轨道交通装备集群、西安航空集群、成都高端能源装备集群等。

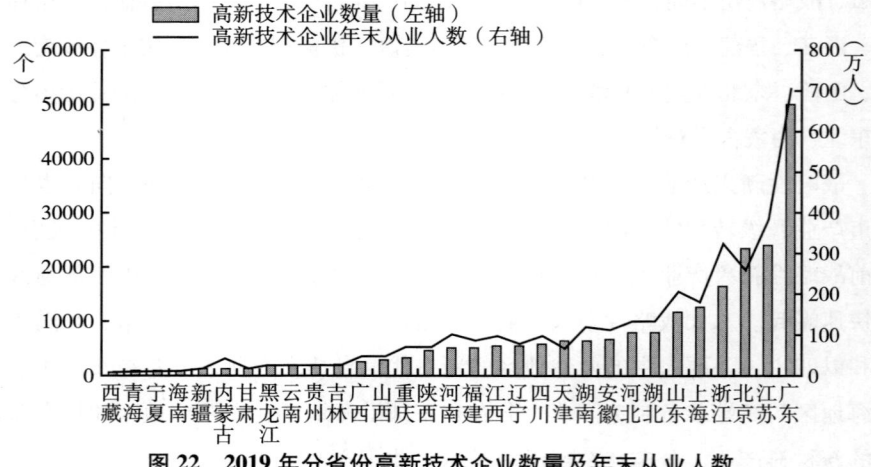

图22　2019年分省份高新技术企业数量及年末从业人数

资料来源：国家统计局、科技部。

优势产业在长三角、珠三角、环渤海等城市群集聚，许多产业优势明显的城市从中脱颖而出，成为众多求职者优选城市。从2021年各城市的求职情况来看，求职热度最高的10个城市分别是北京、深圳、成都、广州、上海、重庆、武汉、东莞、长沙、杭州（见图23），均为经济基础好、产业发展快的城市。企业招聘方面，产业底子好的城市企业活力也强，处在产业转型升级和快速发展时期的城市对人才有着更多的渴求，招聘热度①最高的10个城市分别是成都、北京、深圳、东莞、重庆、广州、武汉、郑州、佛山、上海（见图24）。

---

① 招聘热度是根据城市在一段时间内企业招聘的人数统计，反映企业在招聘时城市选择偏好。

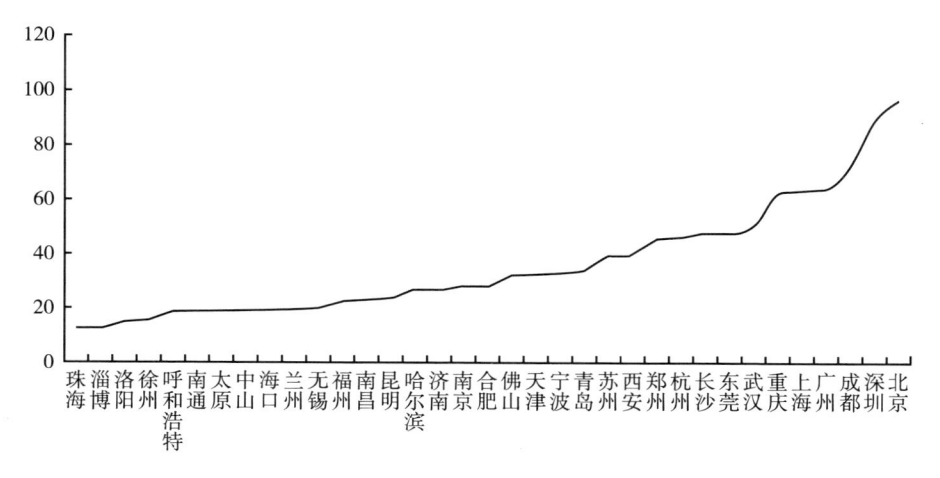

图 23　2021 年分城市求职热度指数

资料来源：58 同城招聘研究院。

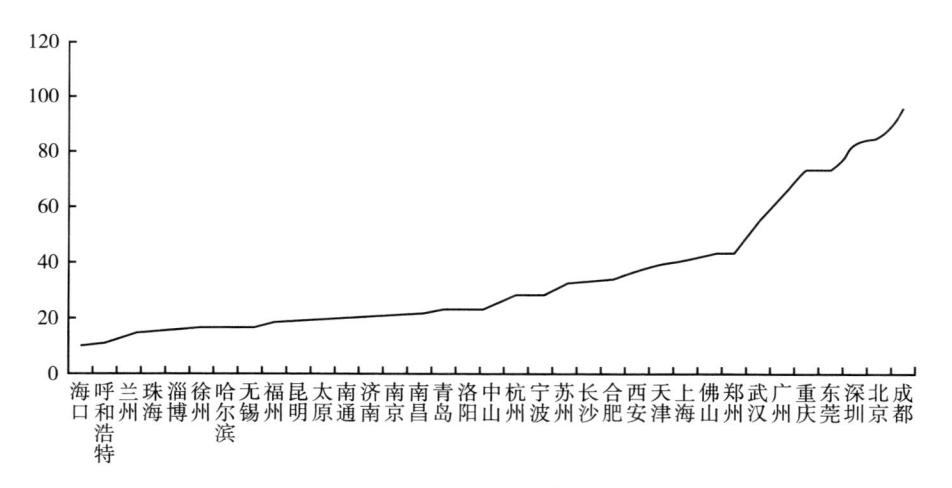

图 24　2021 年分城市招聘热度指数

资料来源：58 同城招聘研究院。

（二）高校为就业培养人才

高校对城市具有双重意义，一方面为城市培养人才，另一方面为城市留下人才。2020 年我国城镇新增就业 1186 万人，高校毕业人数 869 万人，占城镇

新增就业的73.3%，是城镇新增就业的主要力量①。

建设高水平大学既是城市创新驱动的需要，也是城市人才和智力的支撑。2017年，教育部在"211工程""985工程"基础上，遴选出世界一流大学和世界一流学科建设学校（简称"双一流大学"），共137所，其中一流大学建设高校42所，一流学科建设高校95所。从双一流高校分布来看，东部地区"双一流大学"数量优势明显，北京以31所高校数量稳居榜首，其次为上海14所、南京12所，除此以外，3所及以上的城市还有成都、西安、武汉、天津、广州、哈尔滨、长沙、合肥（见图25）。从某种意义上说，城市抢人不如"抢"高校，尤其是优质高校。深圳市教育局在2021年工作要点中提到，要"推进高水平大学建设，争取深圳大学、南方科技大学列入国家"双一流"建设高校，香港中文大学（深圳）等5所高校纳入第三轮广东省高水平大学建设计划"②。

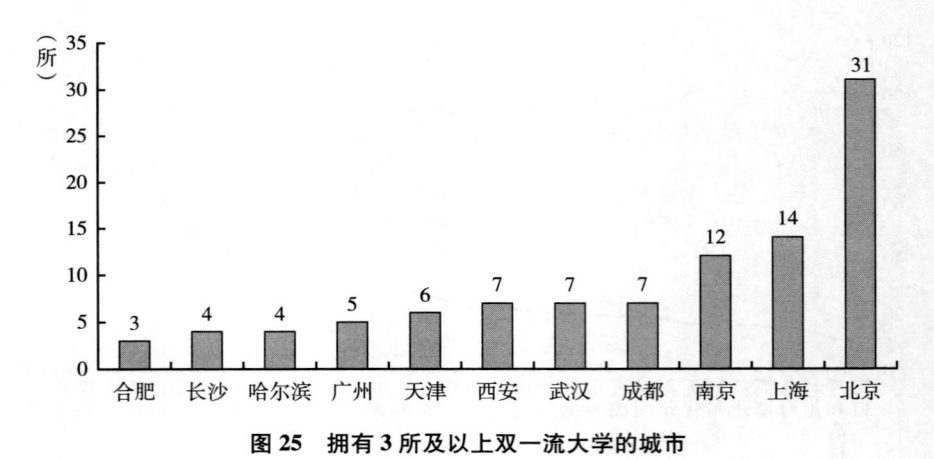

图25 拥有3所及以上双一流大学的城市

资料来源：教育部官网公布的"双一流"建设高校名单。

从2013年开始，教育部开始组织编发高校毕业生就业质量年度报告，报告内容主要包括毕业生就业的基本情况、主要特点、相关分析、发展趋势等。

---

① 数据来自国家统计局、教育部。
② 深圳市教育局：《2021年工作要点》，http：//szeb.sz.gov.cn/home/xxgk/zdlyxxgkzl/fzgh/content/post_8652532.html，最后检索时间：2022年4月10日。

我国就业现状分析及其对房地产的影响

为研究当前高校毕业生在行业选择和区域选择方面的偏好，我们选取42所世界一流大学建设高校作为研究对象，对各高校2021年发布的毕业生就业质量年度报告进行梳理。

在行业选择方面，最受高校毕业生青睐的六大行业分别是信息传输、软件和信息技术服务业，制造业，金融业，科学研究和技术服务业，教育，公共管理、社会保障和社会组织（见图26）。信息传输、软件和信息技术服务业最受欢迎，它是我国战略性新兴产业之一，是数字化时代的重要支撑，具有人才需求大、技术要求高、薪资收入多的特点；在经济全面深化改革带来对人才的需求和企业转型升级带来的不确定性双重作用下，进入高校和政府机构，成为高校毕业生相对比较稳妥的选择；新能源汽车、新材料、生物医药、高端装备等战略性新兴产业的发展，都离不开基础的科学研究和相关的技术服务，在国家自主创新的号角下，科学研究和技术服务业再次迎来了科学的春天；制造业是实体经济的基础，当下高新技术制造产业、先进制造产业快速发展，需要各方面专业人才投入进来。

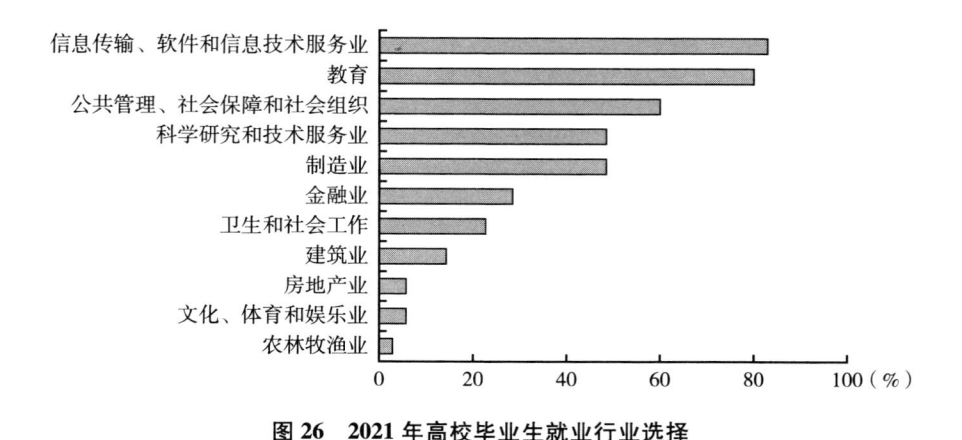

图26 2021年高校毕业生就业行业选择

资料来源：各高校发布的2021年毕业生就业质量年度报告，58安居客房产研究院整理。

在地区选择方面，东部地区凭借雄厚的产业基础和技术资源，吸引着高校毕业生，成为最热门的地区（见图27），其次为中西部地区，在国家政策大力扶持下，承接东部产业转移的同时加速发展高新技术产业，电子信息技术、新材料、新能源等产业迎来快速发展，就业机会多加上生活成本较一线城市低，同样获得高校毕业生的关注。2021年毕业生就业去向排名前八位的省份分别是北京、广东、上海、江苏、浙江、山东、湖北、四川。战略性新兴产业、高新技术产业、先进制造业在这些地区集聚并且取得快速发展，如北京的金融和软件产业，广东的生物医药和智能家电，上海的电子信息和生物医药产业，山东的高端装备制造和海洋装备制造，四川的电子信息产业和智能制造产业等，这些产业与当代高校毕业生行业选择偏好相匹配。

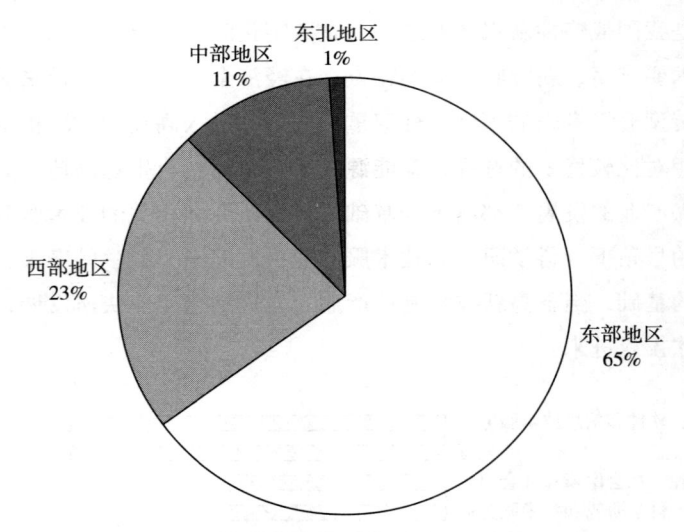

图27　2021年高校毕业生就业地区选择

资料来源：各高校发布的2021年毕业生就业质量年度报告，安居客房产研究院整理。

（三）安居为就业留住人才

拥有高校的城市先天具备对本地区高校毕业生的吸引优势，一方面大部分高校在招生时本地生源占绝大多数，另一方面经过几年的学习和生活，毕业生对其所在城市产生了熟悉度和情感，促使毕业生倾向于留在本地就业和生活。另外还有一些因素，如对家乡的情结、对更大空间的向往、专业的限制、生活成本的考量等，使得部分毕业生选择回到生源地或去其他城市就业。从2021年高校毕业生就业情况来看，上海、河南、北京、浙江、山东、四川、江苏高校毕业生本地区就业比例较高，基本都在50%以上，其中，复旦大学本地就业比例最高，达69%，而东北地区，如辽宁、吉林地区的高校毕业生本地就业比例相对较低，不足30%（见图28）。以吉林大学为例，本地就业仅占25%，去往广东、北京、山东、江苏的就业占比分别为11%、8%、8%、7%。从各高校毕业生回生源地就业情况来看，东部地区尤其是北京、上海、广东，是生源回流就业的主要地区。

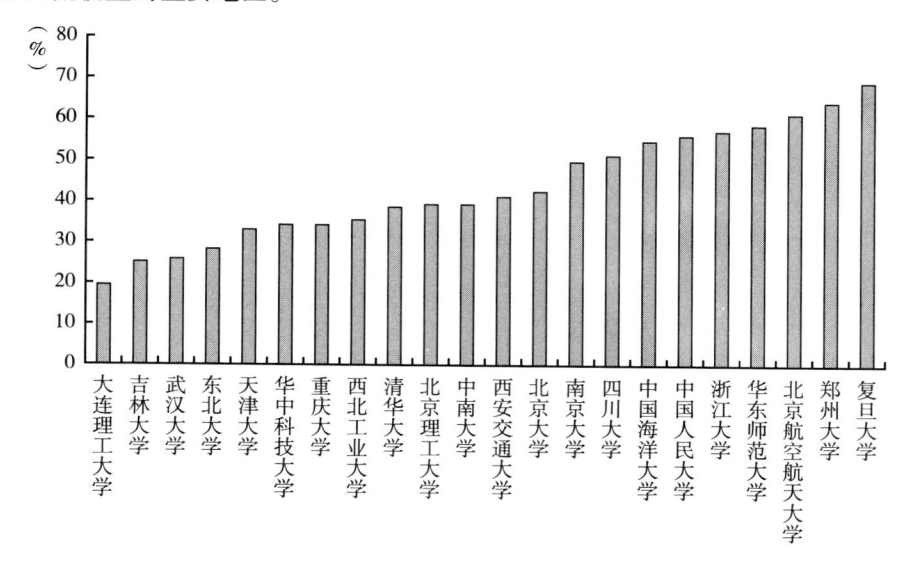

图 28　高校毕业生本地就业情况

资料来源：各高校发布的2021年毕业生就业质量年度报告，58安居客房产研究院整理。

择一理想之城安居乐业，是每个打工人心中的梦想。传闻唐代大诗人白居易初到京城，携诗拜访名士顾况，顾况见其姓名调侃说："米价方贵，居亦弗易"，意思是京城物价比较高，想要在这里生存下来不容易。后来白居易官至校书郎，也只能"始于长安求假居处，得常乐里故关相国私第之东亭而处之"。高房价或高房租都会对就业人员有挤出效应，从而引起职住分离现象，即工作地和居住地分离，严重的职住分离甚至会使就业人员逃离其所工作的城市。以上海为例，内环的黄浦、长宁、徐汇、静安等区域的职住平衡度①明显

---

① 职住平衡度，以工作地和居住地一致人数占总人数比例进行计算，反映工作地和居住地分离程度，数值越接近1，表明工作地和居住地一致性越高，反之则越低。

要比外环的金山、奉贤、嘉定、松江等区域要低（见图29）。目前，上海内环核心区的商品住宅均价在10万元/米²以上，平均租金为120元/（米²·月），而外环郊区的商品住宅均价在4万元/米²左右，平均租金为45元/（米²·月）。核心区的高房价、高房租，使得部分就业人员转向居住成本更低的郊区甚至城市周边区域。开往金山的上海南站小火车，通往昆山花桥的11号地铁，穿梭于上海和苏州的高铁，每天清晨都将5万名打工人从上海周边各角落送到上海，晚上又将他们送回到上海郊区的金山、周边的花桥乃至苏州等。

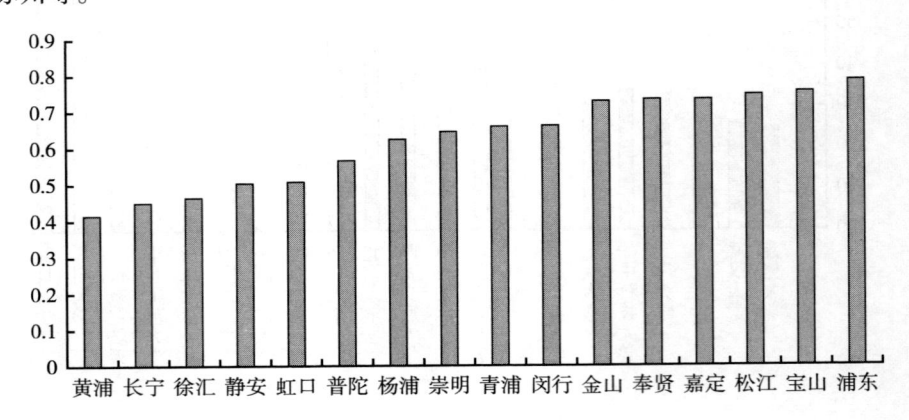

图29　2021年上海市各区职住平衡度

资料来源：58安居客房产研究院数据库。

中国人自古以来就有房子情结，工作一段时间后，出于成家立业、照顾家庭、子女教育等多方面的考虑，大多数人会选择一个城市购置房产并安定下来，因而能否在工作城市购房是个人考虑是否留下的重要考量因素。经济学上讲产生需求要具备两个条件，即购买意愿和购买能力，房子情结使得购买意愿天然存在，因而影响购房需求的因素主要是购房能力。购房能力又主要由两方面因素决定。第一是购房资格，直接决定了购房者是否能买。在房住不炒的定位下，许多城市都出台了限购政策，限购政策与户籍和社保挂钩，限制条件越严苛，购房门槛越高。如北京、上海、深圳等一线城市要求非本地户籍须缴纳5年个税或社保才能买房，合肥、重庆非本地户籍要求1年个税或社保，而太原只要求半年个税或社保，徐州、潍坊则不限购。除了限购政策外，部分城市还出台了积分摇号政策,如北京、上海、杭州、西安、东莞等,对于热门楼盘购房者需要达到积分入围并参与摇号才有可能购得,摇号政策使得购房门槛进一步提高。第二是收入水平,决定了购房者能否买得起。收入水平和房价的匹配程度可以通过房价收入比来衡量,通过比较不同城市之间的房价收入比,能够看出居民购房的难易程度。根据重点监测城市的房价收入比数据显示,房价收入比最高的十个城市全部分布在东部地区,其中深圳最高,2020年房价收入比达33.9,上海、北京紧随其后,是名副其实的购房难城市(见图30)。中西部地区、东北地区城市的房价收入比相对较低,新一线城市如武汉、苏州、西安、成都、青岛、长沙等,房价收入比均在10以内,相比一线城市的高房价收入比相对合理许多。城市经济实力不断提升,产业升级和转型带来更多的就业机会,使得这些城市正逐渐成为众多新市民①的理想之城。

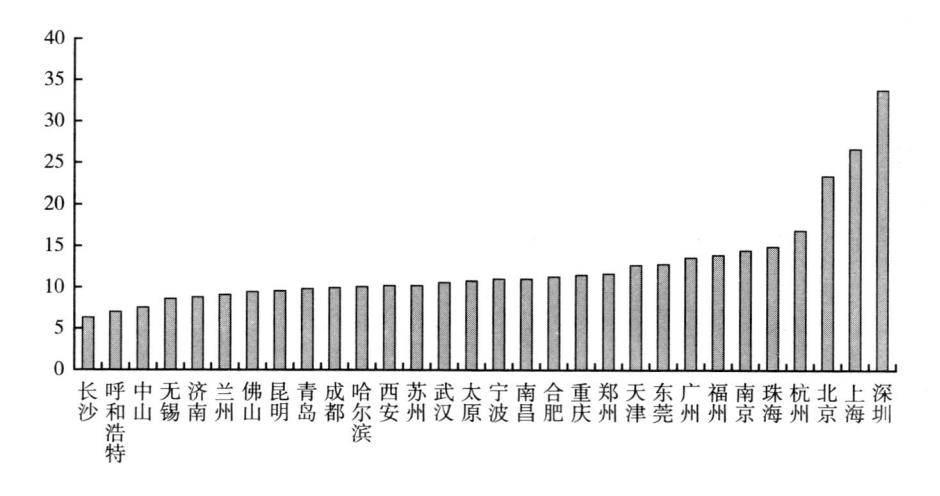

图30 2020年分城市房价收入比

资料来源:国家统计局、各地统计局、58安居客房产研究院数据库。

---

① 新市民主要是指因本人创业就业、子女上学、投靠子女等原因来到城镇常住,未获得当地户籍或获得当地户籍不满三年的群体,包括但不限于进城务工人员、新就业大中专毕业生等。

四 结语

随着人口增速在放缓，老龄化程度进一步加深，城市化进程日趋成熟，我国房地产行业拐点已至，进入了一个新的发展阶段。从2016年开始，商品房销售增速逐年下滑，17.9亿平方米的销售规模已接近天花板，我国房地产行业从增量时代进入存量时代。每年约900万的高校毕业生步入社会，他们是新就业人员也是未来购房的潜在需求者，同时还有3亿新市民的住房问题也亟待解决。存量时代，住房问题已经不能单靠商品房销售来解决，多元化住房供应将是解决住房问题的关键，2022年住建部将"大力增加保障性租赁住房供给""加快发展长租房市场"列为工作重点，提出将以人口净流入的大城市为重点，大力增加保障性租赁住房供给，租售并举将是这一时期的新常态。

就业人数不断减少，东部地区产业集聚，第三产业就业比重上升，城镇就业人口增加，是我国当前就业的主要现状。就业人员是各城市人口的主力军，他们的住房需求对房地产市场具有重要的影响，就业规模影响房地产市场规模，就业质量影响房地产价格水平。在就业人数日益减少的情况下，如何让就业人员"留下来""住得好"，是当前各地政府都在考虑的重要课题。"留下来"需要的是更多的就业机会，"住得好"需要的是更高质量就业。各地政府在制定产业发展策略时需要因地制宜、因城施策，一方面借助劳动密集型行业扩大就业规模，吸纳更多人来就业，另一方面推动传统产业转型升级，积极引入战略性新兴产业、高新技术制造产业、现代服务业、数字经济等高质量产业，打造更多高质量就业增长点。

租售并举措施为就业人员提供更多元的住房机会，产业发展为就业人员提供更多高质量的就业机会，教育改革和人才扶持政策则为就业人员提供更多保障。人才培养方面，当前人才培养培训不适应市场需求的现象进一步加剧，高校应充分结合市场需求对专业进行调整和升级，培养多层次、多类型的创新型、应用型、技能型人才。人才支持方面，各地可以根据自身发展需要配套相关人才扶持政策，如适当放宽落户条件、降低购房限制门槛、提供人才安居补贴、优化创业环境等，通过解决人才最急迫最关心的问题，将人才引进来并留下来。

B.17
住房公积金运行情况和发展展望

汪为民 吴义东*

摘 要： 住房公积金制度是中国住房制度体系的重要构成部分，为推动城镇住房市场化改革和促进城镇职工住房消费等发挥了重要作用。"十三五"时期，我国住房公积金事业保持着稳中有进的发展态势，特别是有效克服了新冠肺炎疫情的负面冲击，展现出了发展定力和制度韧性，在资金归集、资金使用、风险管控、信息化建设等方面都取得了显著发展成绩。经过30年发展历程，住房公积金制度已成为缴存职工解决住房问题的重要资金来源、我国住房金融体系中的重要组成部分、住房保障的重要支持资金。在"十四五"期间及至更长一段时间内，仍需要进一步改革完善住房公积金制度，健全缴存、使用、管理和运行机制，在探索住房发展新模式下，科学推动住房公积金制度创新。

关键词： 住房公积金 公积金贷款 公积金缴存 增值收益

"十三五"时期，住房公积金系统深入贯彻习近平总书记关于住房和城乡建设工作的重要指示批示精神，认真落实党中央、国务院决策部署，围绕住房工作大局，坚持以人民为中心的发展思想，坚持稳中求进的工作总基调，推动住房公积金工作取得显著成效，为实现"房住不炒"和"三稳"目标发挥了重要积极作用。

---

* 汪为民，中国房地产业协会房地产金融与住房公积金和担保研究分会秘书长，高级工程师，研究方向为住房政策；吴义东，博士，安徽工业大学商学院资格教授，研究方向为房地产经济与金融。

本文基于国家住房城乡建设部、财政部、中国人民银行每年发布的《全国住房公积金年度报告》，对"十三五"期间全国住房公积金运行情况进行系统性分析，归纳新情况新特征，并对住房公积金制度建立30年以来的发展进程进行梳理，对未来我国住房公积金制度改革与发展进行前瞻性展望和评估。

一 "十三五"期间全国住房公积金运行情况分析

"十三五"时期，我国住房公积金事业保持着稳中有进的发展态势。在资金归集、资金使用、风险管控等方面都取得了良好的发展成绩。

（一）住房公积金缴存情况

"十三五"时期，住房公积金实缴单位和实缴职工人数逐年稳步增长。具体而言，2016年末全国住房公积金实缴单位238.25万个，实缴职工13064.50万人；2020年末全国住房公积金实缴单位365.38万个，实缴职工15327.70万人（见图1）。

图1 "十三五"时期全国住房公积金实缴单位和实缴职工人数

资料来源：2016~2020年《全国住房公积金年度报告》。

这意味着，当前住房公积金制度已经覆盖全国超过1.5亿城镇在职职工，"十三五"期间全国住房公积金实缴职工人数增加了2263.20万人，平均每年新增实缴职工超过450万人；全国住房公积金实缴单位数量增加了127.13万个，平均每年新增实缴单位超过25万个。与此同时，根据国家人力资源和社会保障部每年发布的《人力资源和社会保障事业发展统计公报》，2016年末全国城镇就业人员41428万人，2020年末全国城镇就业人员46271万人，因此"十三五"期间住房公积金覆盖全国城镇就业人员的比例从31.54%提高到33.13%，住房公积金制度覆盖面进一步扩大，越来越多的城镇职工正通过缴纳住房公积金享受制度红利。

从住房公积金缴存额度来看，"十三五"时期全国住房公积金年度缴存额逐年提高，由2016年的16562.88亿元增长到2020年的26210.83亿元，住房公积金年度缴存额提高了接近1万亿元。虽然住房公积金年度缴存额增长率呈现放缓态势，但是"十三五"末年度缴存额增长率依然高于10%（见图2），显示出我国住房公积金资金归集的强大韧性。

图2 "十三五"时期全国住房公积金年度缴存额及其增速

资料来源：2016~2020年《全国住房公积金年度报告》。

除了上述有关住房公积金缴存的总量指标之外，本文进一步测算和比较了全国层面和地区层面住房公积金缴存额的平均指标。由图3可知，2016~2019年住房公积金实缴单位平均缴存额逐年提升，由695189元提升至735412元。但2020年这一指标出现下滑，降低至717358元。这可能是由于受到新冠肺炎疫情等因素的影响，工资增速放缓、扩面难度增大，以及住房公积金监管部门为了降低企业复工复产压力，采取了诸如缓缴或降低缴存比例等相关阶段性应急政策调整，从而导致了单位平均缴存额有所下降。与此同时，"十三五"时期全国住房公积金实缴职工平均缴存额稳步提升，由2016年的12678元提升至2020年的17100元，提升幅度接近4500元。由此可见，住房公积金已经成为城镇职工收入的重要组成部分，"十三五"时期我国住房公积金实缴职工的"钱袋子"不断充实，单从住房公积金缴存这一维度来看，住房公积金就能够为城镇职工带来实实在在的收入提升，显著增强城镇职工的获得感。

图3 "十三五"时期全国住房公积金实缴单位与实缴职工平均缴存额

资料来源：2016~2020年《全国住房公积金年度报告》。

（二）住房公积金提取情况

依法依规提取住房公积金账户资金是缴存职工享受制度红利的直接体现，"十三五"期间全国住房公积金提取运行平稳，切实保障了实缴职工的合法权益。图4反映了2016~2020年全国住房公积金提取额和提取率变化情况，总体而言，提取额逐年稳步增加，从2016年的11626.88亿元提升到2020年的18551.18亿元，"十三五"期末相比较期初住房公积金年度提取额增长了接近7000亿元，有效满足了缴存职工的住房消费和其他提取需求。从提取率指标来看，该指标反映的是当年提取额占当年缴存额的比例，"十三五"期间全国住房公积金提取率在67%~71%的区间浮动，总体保持平稳，一方面表明了市场对于住房公积金的需求总体平稳且稳中有增，另一方面也说明了住房公积金资金规模的持续累积和壮大。

从住房公积金提取用途来看，大致可以划分成住房消费类提取以及非住房

住房公积金运行情况和发展展望

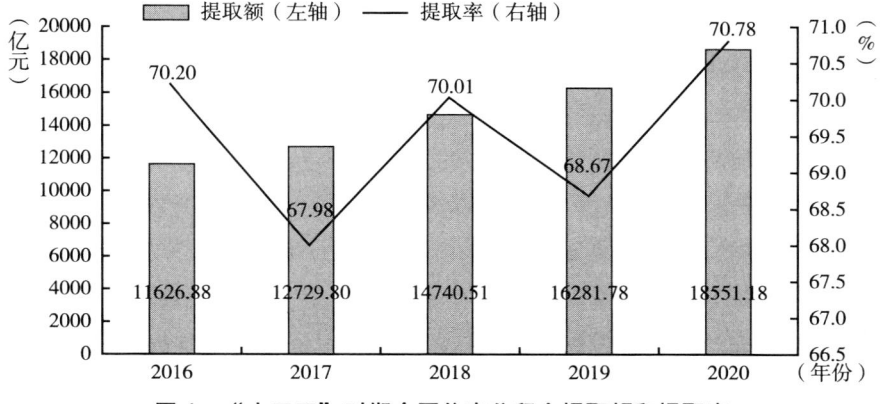

图4 "十三五"时期全国住房公积金提取额和提取率

资料来源：2016~2020年《全国住房公积金年度报告》。

消费类提取。"十三五"时期，全国住房公积金住房消费类提取金额逐年稳步增长，从2016年的9397.14亿元提高到2020年的15130.52亿元。住房消费类提取金额占比总体上保持稳定，保持在79%~82%的区间运行。与之相对应的是，"十三五"期间全国住房公积金非住房消费类提取金额所占比例大致处于18%~21%的区间，所占比重保持相对平衡，后期呈现下降态势（见图5）。由此可见，住房公积金在促进城镇职工住房消费、改善居住条件等方面持续发挥积极作用。

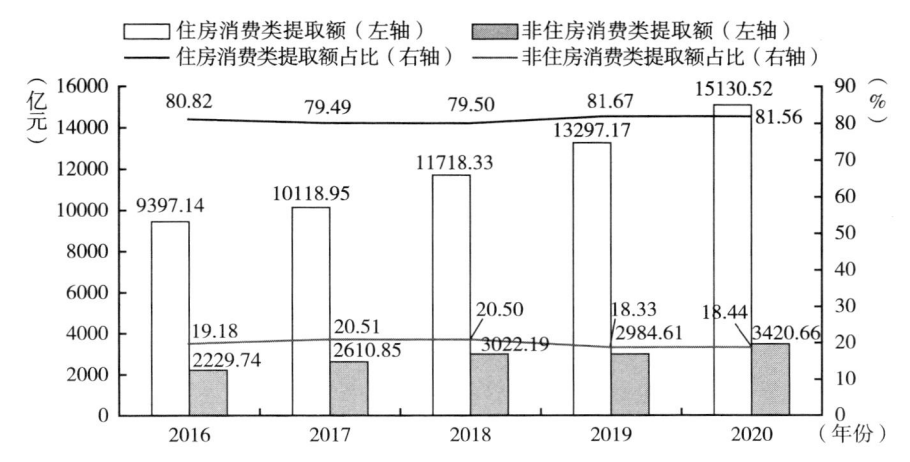

图5 "十三五"时期全国住房公积金不同用途提取金额和占比情况

资料来源：2016~2020年《全国住房公积金年度报告》。

323

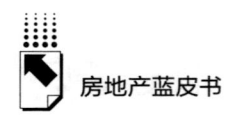

（三）住房公积金贷款发放情况

申请获取住房公积金低息购房贷款，是当前阶段缴存职工享受住房公积金制度红利的最重要方式。根据《全国住房公积金 2020 年年度报告》，"十三五"期间全国累计发放住房公积金个人住房贷款 1423.64 万笔、57954.19 亿元，年均发放 284.73 万笔、11590.84 亿元。图 6 展示了"十三五"时期全国住房公积金放贷笔数和年度贷款发放额情况，总体来看，住房公积金各个年度贷款发放笔数和贷款发放额都呈现"U"形的变化轨迹，2016 年放贷笔数为 327.49 万笔，这可能与当时的楼市去库存政策相关，多地不同程度放宽了住房公积金贷款条件。但 2017 年住房公积金放贷笔数大幅减少至 254.76 万笔，同比跌幅超过了 22%。随后几年住房公积金放贷笔数逐年回升，2020 年再次突破 300 万笔。类似地，住房公积金贷款发放额由 2016 年的 12701.71 亿元大幅下降到 2017 年的 9534.85 亿元，同比跌幅接近 25%。随后几年住房公积金贷款发放额逐年回升，2020 年贷款发放额达到 13360.04 亿元，超过了"十三五"期初水平。

图 6　"十三五"时期全国住房公积金放贷笔数和年度贷款发放额

资料来源：2016~2020 年《全国住房公积金年度报告》。

从平均指标来看，"十三五"期间全国住房公积金平均每笔贷款额度在经历了 2017 年的短期下跌之后，总体上呈现增长态势。平均每笔贷款额度从

2016年的387850.32元上涨到2020年的441260.36元。换句话说，"十三五"末住房公积金对贷款职工的平均购房支持力度已经超过了44万元，这显然有助于支持城镇职工实现住有所居。尤其对于房价相对不高的三四线城市缴存职工，这无疑能够极大地缓解他们的购房压力。而且，从住房公积金平均每笔贷款额度的同比变化率来看，除了2017年出现短期为负的情况之外，其他年份变化率均为正值（见图7），这意味着住房公积金对贷款职工的支持力度不断加大，且在未来仍有可能继续适度增加。

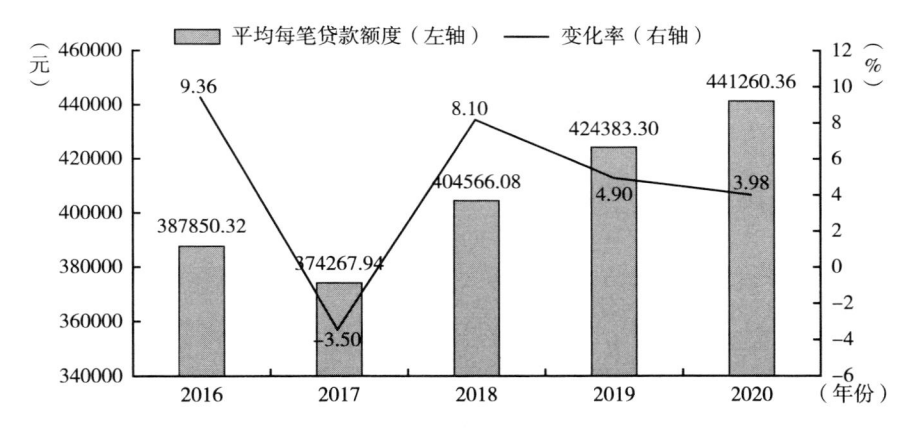

图7 "十三五"时期全国住房公积金平均每笔贷款额度及其变化率

资料来源：2016~2020年《全国住房公积金年度报告》。

从存量指标来看，"十三五"时期全国住房公积金贷款总额和贷款余额稳步提升。其中，住房公积金累计贷款总额已于"十三五"末突破了11万亿元，即从2016年的66061.33亿元持续增长到2020年的111337.58亿元，五年累计增长幅度超过了68%。与此同时，住房公积金贷款余额也逐年稳步增加，从2016年的40535.23亿元增加到2020年的62313.53万亿元（见图8），即"十三五"期间全国住房公积金贷款余额增长幅度超过2万亿元。这表明住房公积金对促进住房消费做出了重要贡献。

不仅如此，个人住房贷款率能够更加直观地反映出住房公积金资金的使用情况。根据2020年《全国住房公积金年度报告》，"十三五"期末住房公积金个人住房贷款余额较"十二五"期末增长了89.61%，个贷率从"十二五"期末的80.80%提高到85.31%。由此可见，相比较"十二五"期末，"十三五"

期间全国住房公积金的资金运用效率大幅度提升。从图8的各年度住房公积金个人住房贷款率来看,"十三五"期初全国住房公积金个贷率骤然提升至88.84%,这与当时的楼市去库存政策和住房公积金放宽贷款条件等密切相关。随后,多地住房公积金出现流动性不足的风险,部分城市的住房公积金个贷率甚至一度超过100%。在此之后,多地陆续出台住房公积金流动性风险管控措施,个贷率随后出现逐年稳步下降趋势。到"十三五"末,住房公积金个贷率回落至85.31%的水平。显然,从住房公积金资金利用效率视角来看,"十三五"末我国住房公积金个贷率处于理想水平。而且,从住房公积金流动性风险的视角来看,85%左右个贷率水平无疑能够避免住房公积金出现流动性危机。综上所述,"十三五"期间住房公积金监管部门积极通过政策优化,使得住房公积金存贷关系回归合理区间,既有效盘活了住房公积金存量资金,也有效化解了住房公积金流动性风险。

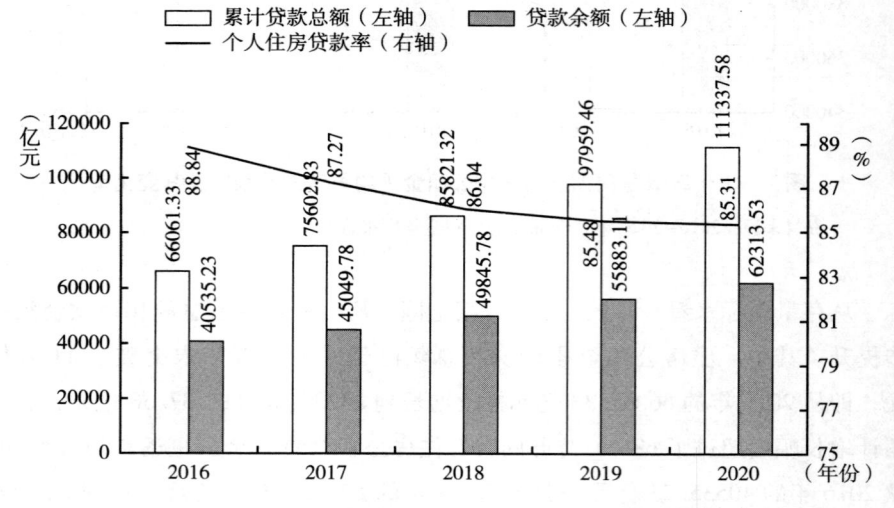

图8 "十三五"时期全国住房公积金贷款总额、贷款余额和个贷率

资料来源:2016~2020年《全国住房公积金年度报告》。

(四)住房公积金业务收支及增值收益情况

住房公积金业务收入主要来源于存款利息、委托贷款利息、国债利息等,其业务支出主要包括支付缴存职工利息、支付受委托银行归集手续费、委托贷款手续费等。"十三五"时期，全国住房公积金业务收入和业务支出均呈现逐年稳步上涨的态势。其中，住房公积金业务收入从2016年的1521.26亿元增长到2020年的2316.85亿元，累计增幅接近52.30%；住房公积金业务支出从2016年的833.54亿元增长到2020年的1203.68亿元，累计增幅接近44.41%（见图9）。由此可见，"十三五"期间全国住房公积金业务收入增长速度高于业务支出增长速度，说明了我国住房公积金运作效率显著提升。与此同时，"十三五"时期我国住房公积金增值收益呈现逐年稳步提升态势，从2016年的687.72亿元增加到2020年的1113.17亿元，累计增幅达到61.86%。而且全国住房公积金增值收益率（增值收益与月均缴存余额的比例）基本稳定在1.56%~1.59%区间。

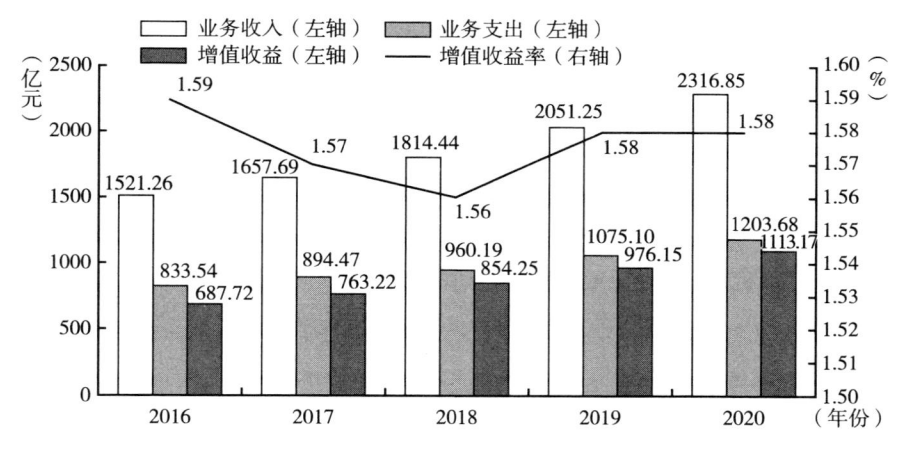

图9　"十三五"时期全国住房公积金业务收支及增值收益

资料来源：2016~2020年《全国住房公积金年度报告》。

住房公积金增值收益的用途主要是用于提取住房公积金贷款风险准备金、提取管理费用以及城市公共租赁住房（廉租住房）建设补充资金等。具体来看，"十三五"期间全国住房公积金提取贷款风险准备金额度总体增加，有效防范了贷款信用风险；包括提取人员经费、公用经费、专项经费等在内的管理费用金额稳中略增，表明了住房公积金管理成本大体稳定，而住房公积金资金规模等不断扩大，意味着管理效率不断提升；提取城市公共租赁住房（廉租住房）建设补充资金逐年稳步增加，从2016年的371.66亿元提高到2020年的688.54亿元（见图10），累计提高幅度达到85.26%。"十三五"期末，提取城市公共租赁住房（廉租住房）建设补充资金占当年住房公积金增值收益分配的61.85%，累计提取4692.16亿元。因此，住房公积金在通过发放低息贷款支持城镇职工实现住有所居的同时，还通过为城市保障性住房建设提供补充资金等方式，发挥制度的保障功能，从而为更多城市中低收入者实现安居梦做出积极贡献。

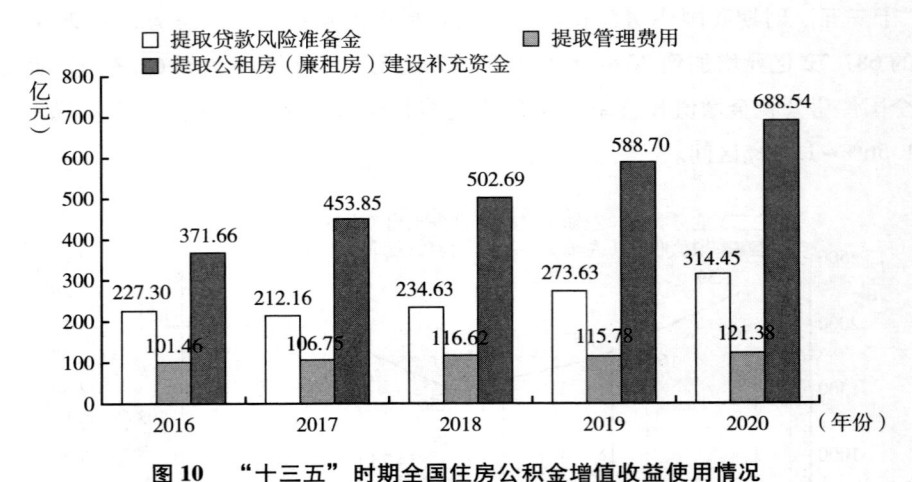

图10 "十三五"时期全国住房公积金增值收益使用情况

资料来源：2016~2020年《全国住房公积金年度报告》。

（五）住房公积金资产风险情况

随着住房公积金贷款笔数和贷款资金的不断增加，"十三五"期间个人住房贷款逾期额也呈现一定的上涨态势，逾期额由2016年的7.86亿元上涨到2020年的21.97亿元，累计上涨比例超过了179%。但事实上，我国住房公积金个人住房贷款逾期率水平非常低，且各年度保持平稳，2016~2020年住房公积金个贷逾期率保持在0.02%~0.04%的区间（见图11），贷款信用风险可控。

从全国住房公积金贷款风险准备金余额来看，"十三五"期间这一指标逐年上升，由2016年的1473.39亿元提高到2020年的2466.92亿元，累计上涨幅度超过67%。住房公积金个人住房贷款逾期额与风险准备金余额比例总体偏低,"十三五"期间,除2019年之外,这一比例均低于1%(见图12)。综合上述分析,当前我国住房公积金资产风险水平很低。

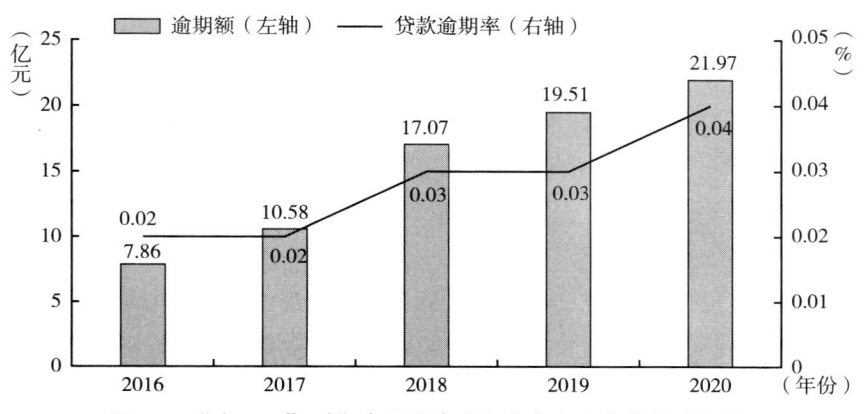

图11 "十三五"时期全国住房公积金个人住房贷款逾期情况

资料来源:2016~2020年《全国住房公积金年度报告》。

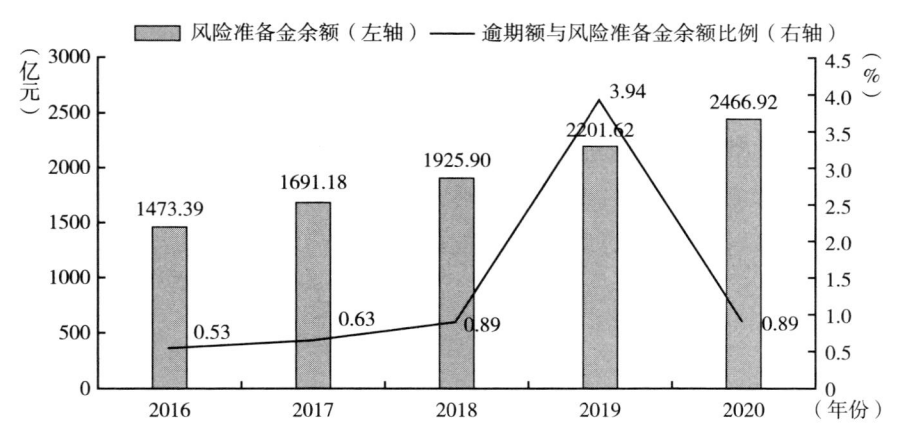

图12 "十三五"时期全国住房公积金风险准备金余额及逾期比例

资料来源:2016~2020年《全国住房公积金年度报告》。

二 "十三五"期间全国住房公积金运行特征分析

"十三五"时期,我国住房市场调控政策密集出台,长效机制建设取得长足进展，住房公积金发展面临新环境新要求，尤其在新冠肺炎疫情的负面冲击之下，住房公积金制度转型发展存在诸多外部压力。但总体而言，挑战与机遇并存，住房公积金在稳步开展各项业务的同时，也在积极适应新环境，满足新要求，谋求改革突破点，不断提质增效。住房公积金在扩大制度覆盖面、支持合理住房需求、推动区域一体化发展、坚持因城因企施策、推动信息化建设等方面呈现出发展新特征，展现出制度新优势。

（一）住房公积金扩面力度不断强化

为了让更多城镇在岗职工能够享受到公积金制度红利，帮助新市民、青年人等群体解决住房问题，"十三五"时期住房公积金系统大力推动扩面建制工作，这也成为"十四五"时期住房公积金制度改革的一个重要发力点。"十三五"时期，全国住房公积金实缴单位和实缴职工数量均稳步增长。其中，实缴单位年度增长率由2016年的2.98%快速提升至2020年的13.33%，意味着每年有大量的用人单位开始为职工缴存住房公积金。而且，在新冠肺炎疫情等负面因素的冲击下，住房公积金实缴职工年度增长率虽然近两年有所回落，但依然以年均3%左右的速度增长（见图13）。随着"十四五"期间各地区住房公积金建制扩面的深入推进，尤其在鼓励灵活就业人员参加住房公积金制度等政策背景下，我国住房公积金制度必将覆盖更多的就业群体。

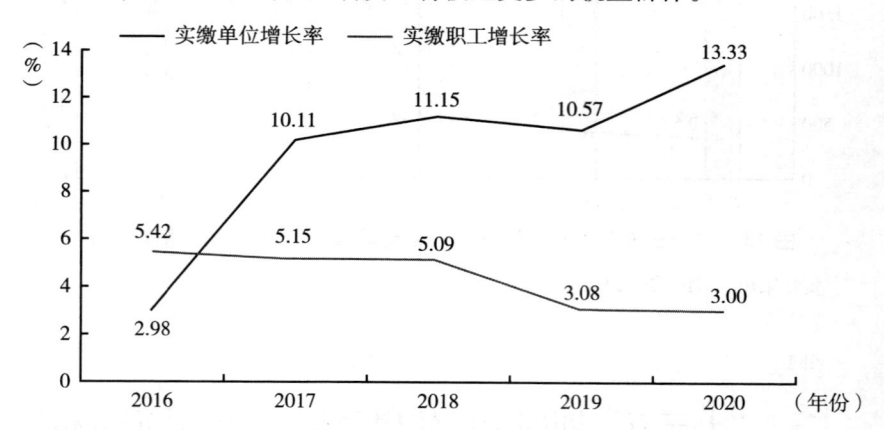

图13 "十三五"时期全国住房公积金实缴单位和实缴职工增长率

资料来源：2016~2020年《全国住房公积金年度报告》。

从"十三五"时期全国住房公积金按缴存单位性质人数分类情况看（见图14），国有机关和事业单位、国有企业、城镇集体企业、外商投资企业的缴存职工人数占比总体上呈现显著递减趋势。相反，城镇私营企业及其他城镇企业等缴存职工人数占比总体上呈现显著递增趋势。而且，从新开户人数分类情况看（见图15），也同样呈现出上述类似趋势。这表明我国住房公积金制度扩面主要面向广大体制外单位及其职工，这些单位吸纳了大量新市民群体，因而在扎实推进共同富裕的时代背景下，更好地推动城镇私营企业及其他城镇企业等缴存，是维护职工权益、解决新市民住房问题、实现全体人民住有所居的有力之举。

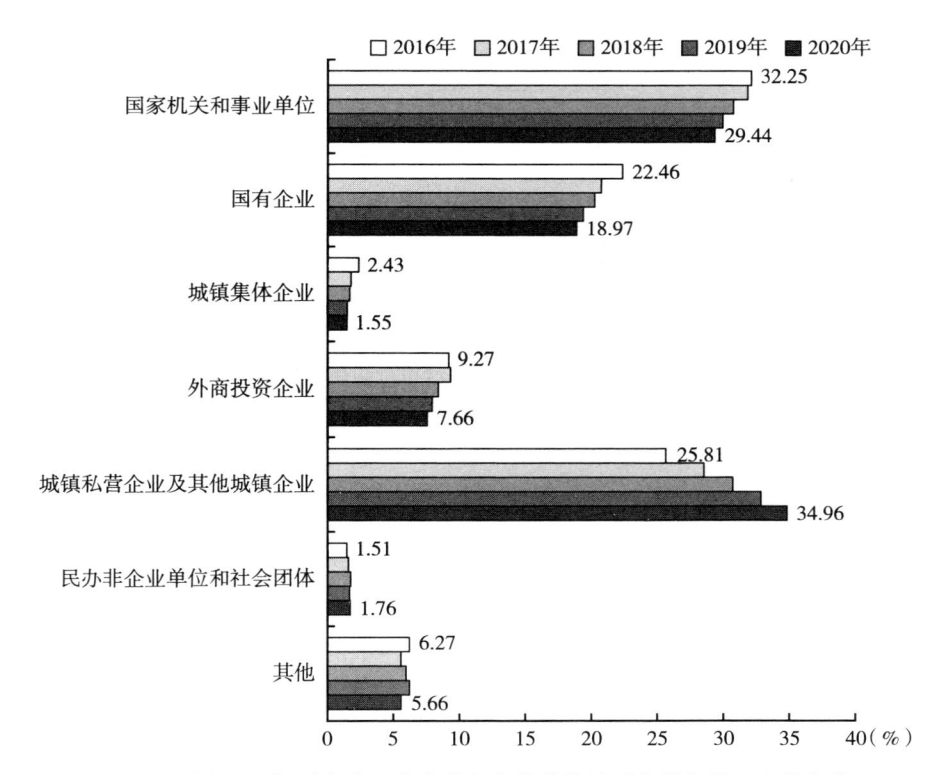

图14 "十三五"时期全国住房公积金按单位性质分缴存职工人数占比

资料来源：2016~2020年《全国住房公积金年度报告》。

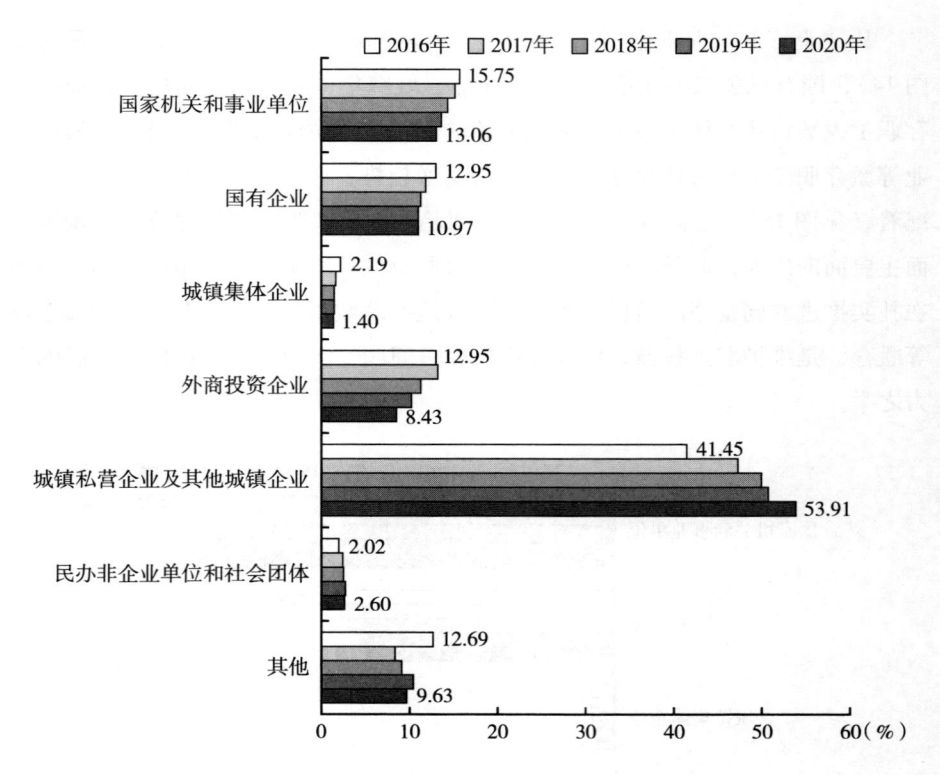

图 15 "十三五"时期全国住房公积金按单位性质分新开户职工人数占比

资料来源：2016~2020 年《全国住房公积金年度报告》。

（二）住房公积金对职工合理住房需求的支持作用不断凸显

培育和发展住房租赁市场是化解我国住房市场发展不平衡不充分问题的重要举措，也是落实"房住不炒"和推动租购并举的具体行动。"十三五"期间，住房公积金对住房租赁市场发展的支持力度逐步加大，租赁住房提取金额由 2016 年的 363.92 亿元提升至 2020 年的 1188.51 亿元，五年累计提升幅度超过 226%，租赁提取金额占当年提取总额的比重也由 3.13%提升至 6.41%。而且，租赁住房提取人数也由 2017 年的 495.52 万人增加到 2020 年的 1226.42 万人，四年累计增长幅度超过 147%，租赁提取人数占比由 10.57%增长到 20.16%（见图 16）。

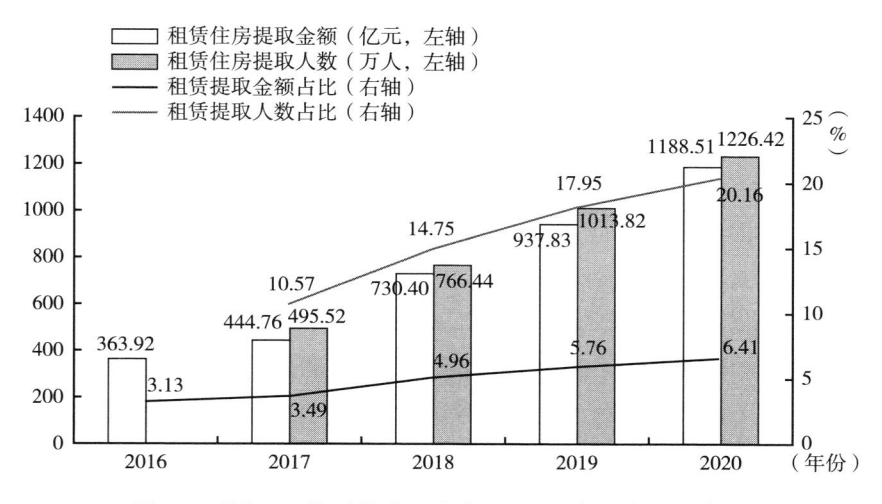

图 16 "十三五"时期全国住房公积金租赁住房提取情况

资料来源：2016~2020年《全国住房公积金年度报告》。

2021年中央经济工作会议指出，要支持商品房市场更好满足购房者的合理住房需求。显然，住房公积金在实现这一目标方面具有天然的制度优势。"十三五"时期，住房公积金支持职工合理的住房需求不仅表现在租赁住房提取方面，还表现在对合理住房购买需求的支持方面，特别是对中低收入职工的购房贷款支持等方面。表1展示了"十三五"末住房公积金个人住房贷款情况。具体而言，从房屋类型来看，住房公积金贷款主要用于支持职工购买新建商品房，相对应的贷款发放笔数占比和贷款发放金额占比分别为70.36%、67.82%，剩余住房公积金贷款则主要用于支持职工购买存量商品住房。从房屋建筑面积来看，近2/3的住房公积金贷款用于支持职工购买90~144平方米（含）的商品住房，近1/4的住房公积金贷款则用于支持职工购买90平方米（含）以下的商品住房。从支持购房套数来看，超过86%的公积金贷款用于支持缴存职工购买首套住房，这足以表明公积金对于职工解决住房刚性需求发挥了重要作用。从贷款职工来看，双缴存职工申请住房公积金贷款金额的比例为56.77%，单缴存职工获取公积金贷款金额的比例为42.98%。从贷款职工年龄来看，40岁（含）以下年轻群体成为住房公积金贷款的主力军，住房贷款资金累计占比超过77%，40~50岁（含）职工获取的公积金贷款资金比例为

18.25%，50岁以上职工获得的贷款资金比例则低至4.47%，由此可见，住房公积金贷款资金为青年群体解决住房问题发挥了建设性作用。此外，从收入水平来看，中、低收入职工获取的住房公积金贷款总额占比高达94.11%，仅有不到6%的贷款资金被高收入职工获得，可见住房公积金对于中、低收入职工实现住有所居发挥了重要的推动作用。

表1　"十三五"末不同类型住房公积金个人住房贷款情况

类别		发放笔数（万笔）	占比(%)	金额(亿元)	占比(%)
房屋类型	新房	213.02	70.36	9060.78	67.82
	存量商品住房	87.43	28.88	4162.99	31.16
	建造、翻建、大修自住住房	0.4	0.13	14.7	0.11
	其他	1.92	0.63	121.58	0.91
房屋建筑面积	90平方米(含)以下	75.11	24.81	3563.12	26.67
	90~144平方米(含)	199.86	66.01	8509.01	63.69
	144平方米以上	27.8	9.18	1287.91	9.64
支持购房套数	首套	261.25	86.29	11524.37	86.26
	二套及以上	41.52	13.71	1835.67	13.74
贷款职工	单缴存职工	146.25	48.3	5742.15	42.98
	双缴存职工	155.8	51.46	7584.49	56.77
	三人及以上缴存职工	0.72	0.24	33.4	0.25
贷款职工年龄	30岁(含)以下	99.09	32.73	4293.92	32.14
	30~40岁(含)	128.4	42.41	6030.72	45.14
	40~50岁(含)	58.93	19.46	2438.21	18.25
	50岁以上	16.35	5.4	597.19	4.47
收入水平	中、低收入	289.19	95.51	12573.13	94.11
	高收入	13.58	4.49	786.91	5.89

资料来源：《全国住房公积金2020年年度报告》。按照住房公积金年度报告中的解释，中、低收入指的是职工收入低于上年当地社会平均工资3倍，高收入则是指职工收入高于上年当地社会平均工资3倍（含）。

由于住房公积金贷款遵循"限高"的原则，而商品房价格总体性上涨，从而使得"十三五"时期全国住房公积金个人住房贷款的市场占有率表现出轻微下降，由2016年的17.48%降低至2020年的15.30%（见图17）。从五年平均值来看,"十三五"时期全国住房公积金个人住房贷款的市场占有率为16.33%。而且,由于我国住房价格存在显著的区域分化现象,住房公积金贷款的市场占有率也存在明显的区域差异。其中,一、二线城市市场占有率相对较低,三、四线则相对较高。由此可见,虽然居民获得住房贷款的主要渠道是商业银行住房按揭贷款,但住房公积金贷款的市场份额十分显著,能够对住房贷款市场起到很好的补充作用,也能够为城镇职工提供大量的低息购房贷款资金,这有利于促进住房市场良性循环与健康发展。

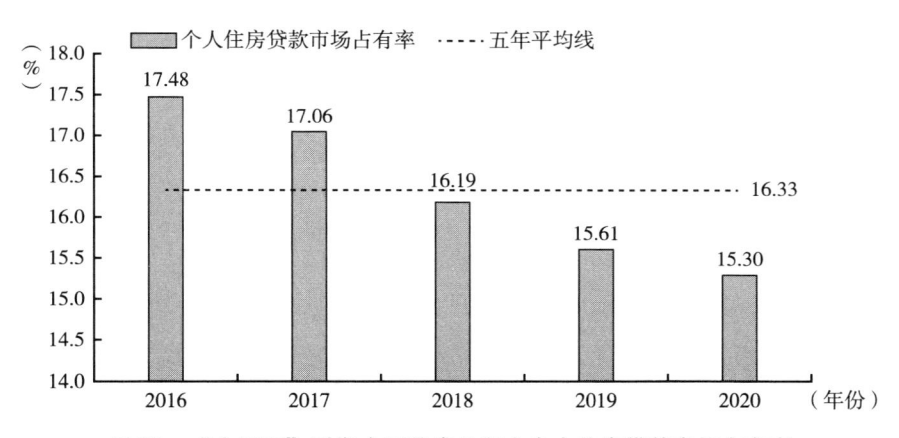

图17 "十三五"时期全国住房公积金个人住房贷款市场占有率

资料来源:2016~2020年《全国住房公积金年度报告》。根据年报的解释,个人住房贷款市场占有率是指住房公积金个人住房贷款余额占全国商业性和住房公积金个人住房贷款余额总和的比例。

(三)住房公积金区域一体化程度不断推进

实施区域协调发展战略对于促进我国经济社会高质量发展具有极为重要而深远的意义。"十三五"期间,全国住房公积金区域一体化发展步伐明显提速,全国多个城市群、都市圈、经济圈等陆续开展磋商,签署了相关合作协议和框架,积极探索实现住房公积金区域化信息共享、政策协同,并通过建立资金统筹、调整异地贷款政策等改革创新,打破地区封锁和利益藩篱,全面提高资源配置效率,一体化高质量发展已经成为现阶段我国住房公积金制度改革的重要取向。如2020年,上海市、江苏省、浙江省和安徽省住建部门共同签署了《长三

角住房公积金一体化战略合作框架协议》，有力地推动了长三角住房公积金一体化加速落地。三省一市的公积金管理部门率先从9个方面开展合作，包括长三角跨地区购房信息协查、异地贷款证明信息互认、购房提取异常地区警示公告、"12329"服务热线知识库共享、以铁路职工为对象试点异地贷款冲还贷业务、在长三角生态绿色一体化发展示范区内试点统一购房提取政策、按照国家标准分步推进业务同质规范化等。武汉、长沙、合肥、南昌、黄石、岳阳、九江、黄冈、株洲、抚州、咸宁、湘潭、宜春、宜昌、荆州、孝感、鄂州、天门、仙桃、潜江等20个长江中游城市住房公积金管理中心共同签署了《长江中游城市群住房公积金管理中心合作公约》。四川省和重庆市在全国率先实现跨省域住房公积金信息数据直联共享，这标志着川渝地区双城经济圈住房公积金一体化发展向前迈出了历史性一步。徐州、淮北、宿迁、宿州、菏泽、济宁、临沂、连云港、枣庄、商丘10个城市签署合作备忘录和有关协议，推进住房公积金缴存信息互享互认、贷款异地互认互贷、提取联查联防、征信信息互通互用、数据共享等。2021年，洛阳、三门峡、济源公积金管理中心同步开通异地个人账户信息查询、异地共享公积金业务信息、公积金异地缴存申请提取等业务。

（四）住房公积金在因城施策因企施策中的功能发挥不断提升

因城施策是近年来我国住房市场调控的基本原则，住房公积金具有较强的属地化运行特征，在因城施策方面具有天然的制度优势。不仅如此，住房公积金还在因企施策中发挥了建设性作用，尤其在疫情冲击之下，住房公积金因企施策为企业纾困做出了积极贡献。例如，2016年，住房和城乡建设部、国家发展改革委、财政部、中国人民银行印发《关于规范和阶段性适当降低住房公积金缴存比例的通知》（建金〔2016〕74号），《通知》规定凡是公积金缴存比例高于12%的，一律予以规范调整，生产经营困难的企业不仅可以降低缴存比例，而且可以申请暂缓缴存公积金。2017年，各省（区、市）依据当地房地产市场发展状况以及公积金流动性风险情况等，积极调整公积金使用政策，持续加强流动性管理。2018年，住房和城乡建设部会同财政部、中国人民银行联合印发《关于改进住房公积金缴存机制进一步降低企业成本的通知》（建金〔2018〕45号），明确将阶段性适当降低企业缴存比例政策执行期限再延长2年，将缴存基数上限规范到上年度职工月平均工资的3倍，扩大缴存比例浮动区间，用人单位可在

5%至当地规定上限区间内自主确定缴存比例,提高公积金审批缓缴以及降低缴存比例的效率,旨在进一步减轻企业负担。2020年,住房和城乡建设部会同财政部、中国人民银行出台应对新冠肺炎疫情住房公积金阶段性支持政策,政策实施至当年6月底。除此之外,住房公积金还为56.62万名受疫情影响的职工提高租房提取额度,增加职工租房提取10.16亿元。

(五)住房公积金信息化建设不断加快

"十三五"期间,住房公积金系统积极推动数字赋能和信息化建设,积极应用大数据、区块链等现代化技术,逐步扩大住房公积金"一网通办"业务范围,努力实现让信息多跑路、让群众少跑腿,信息化建设驱动下的住房公积金跨部门协同治理机制不断完善。

2016年,监管部门落实《住房公积金基础数据标准》与结算应用系统接入工作,144个住房公积金管理机构完成标准贯彻和系统接入,与受委托银行建立实时结算通道,公积金管理信息化水平不断提升,业务管理、风险防控能力不断增强。2017年,全国366个住房公积金中心、分中心完成基础数据标准贯彻以及公积金结算应用系统接入工作。与此同时,推进住房公积金综合服务平台建设,当年全国105个城市基本建成包含全部8种服务渠道的综合服务平台,其他城市也建成部分服务渠道。2018年,继续贯彻落实住房公积金基础数据标准和结算应用系统接入,开展检查验收工作,加大标准贯彻工作力度。升级改造住房公积金结算应用系统,发布新版接口标准。2018年末,443个住房公积金管理中心及分支机构完成基础数据标准贯彻和结算应用系统接入工作。与此同时,开发住房公积金电子检查工具并投入使用,全面检查住房公积金缴存、提取、贷款、核算等业务,对发现异常的数据进行线下核查和处置。2019年,应用区块链技术,全面建成全国住房公积金数据平台,并且和国家税务总局实现总对总对接。同时,与国家政务服务平台、国务院客户端实现对接。而且,与全国组织机构统一社会信用代码数据服务中心实现数据共享,向公积金管理中心提供缴存单位信息核验服务。全国299个设区城市建成住房公积金综合服务平台,缴存单位和职工可依托"12329"服务热线、网上营业厅、手机App等多种服务渠道,方便快捷地办理住房公积金业务。此外,326个设区城市实现了与全国转移接续平台的直连。2020年,完善公积金数据

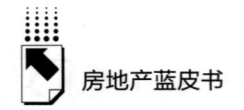

平台，开发建设了公积金监管服务平台，在北京、山西、黑龙江等10个省（市）先试先用，运用信息化手段实施线上动态监管，提高监管工作效能。探索建立与公安、税务、市场监管等部门数据共享机制。并且，全部设区城市（地、州、盟）住房公积金管理中心实现了与全国异地转移接续平台直连。

三 住房公积金制度30年发展与启示

2021年是我国建立住房公积金制度30周年。住房公积金制度于1991年在上海率先试行，1999年在全国正式推行。住房公积金制度建立30年来，虽面临一些质疑和争议，但制度不断发展壮大，管理运行日渐规范，对解决职工基本住房问题发挥了不可替代的作用。对住房公积金制度，我们既不能忽视其强大的制度优势和社会基础，简单以"存废"而论，也不能无视制度发展存在的内在问题，迟缓改革进程，而是需要"压茬拓展改革广度和深度"。在坚持"房住不炒"、探索新的住房发展模式之当下，回顾住房公积金发展历史，思考住房公积金未来发展的主题，把握住房公积金改革方向，探索住房公积金改革路径，有着极其重要的意义。

（一）重要作用

住房公积金制度建立之初是作为中国取消实物分房，实行住房货币化、市场化改革的一项配套制度，此后，随着我国住房制度的改革发展，住房公积金制度功能也因之变化，且随着资金积累和规模扩大，影响越来越大、作用越来越重要。

1. 住房公积金已成为缴存职工解决住房问题的重要资金来源

住房公积金主要通过以下四种方式帮助居民家庭解决住房问题：一是作为专项用于职工住房消费的工资性收入，享有税收优惠、单位补贴，经过一定时期的积累形成居民家庭有效的住房购买力；二是居民家庭在购房、租房时，可以提取公积金账户资金用于支付购房款、租金等，直接支持住房消费；三是缴存职工通过申请公积金贷款购买住房，相较于商业银行贷款，具有低成本的利率优惠，研究统计显示，住房公积金贷款利率和商业住房贷款基准利率基本保持2个百分点左右的利差；四是通过提取用于偿还住房公积金住房贷款和商业银行按揭贷款本息，减轻居民家庭的还款负担。截至 2020 年底，全国缴存住房公积金的职工中累积有 1.47 亿人次提取过住房公积金，约 6000 万缴存职工贷款过住房公积金，占缴存职工总人数的 34%。

2. 住房公积金已成为我国住房金融体系中的重要组成部分

截至 2020 年底，发放的住房公积金个人贷款余额 62313 亿元，相当于商业银行个人住房按揭贷款的 1/4，个人住房贷款余额远超任何一家商业银行，处于个人住房贷款业务"老大"的地位，当年净增个人住房贷款金额上也是最多的。有 36 个三、四线城市当年发放住房公积金个人贷款的市场占有率超过 50%，充分说明了住房公积金在住房金融中的重要性在增强。贷款发放对象中，中低收入家庭占 92%，特别是购买首套的家庭占到纯公积金贷款总量的 74.4%，充分体现了公积金支持以自住、刚性需求为主的基本住房消费需求。

3. 住房公积金已成为住房保障的重要支持资金

1999~2006 年，累计提取廉租房建设补充资金 53.6 亿元，占全国同期廉租住房建设资金 71 亿元的 75%。2007 年以来，各级财政加大了住房保障投入力度，截至 2020 年末，从住房公积金增值收益累计提取公共租赁住房（廉租房）建设补充资金 4692.16 亿元。住房公积金是购买保障性住房贷款的最大提供者，北京、上海等地购买共有产权住房贷款 90% 以上由住房公积金提供。2009 年开展住房公积金支持保障性住房建设项目贷款试点，截至 2020 年末，累计向 373 个试点项目发放贷款 872.15 亿元。

住房公积金制度建立 30 年来，资金规模持续增长，各项业务呈现高速发展态势，为后续制度改革发展奠定了坚实基础。但与此同时，发展不协调、不充分的问题逐步显现，突出表现在现行住房公积金的普惠性定位与公共住房政策的公平性相背离，也不适应住房问题从改革之初所有人普遍存在演变为现在部分人解决住房支付能力不足的变化，并且在目前商业住房金融市场已能发挥其市场机制作用的情况下，住房公积金应集中为需要得到社会帮助来解决住房问题的这部分人服务，并将之纳入国家基本住房保障的范畴。

（二）经验启示

1. 珍惜利用住房公积金制度资源，探索构建新的住房发展模式

住房公积金已成为我国覆盖面广、持续时间长并受到广大职工认可的一项

重要公共政策。目前住房公积金已拥有超过1.53亿的实缴职工,近20万亿元的累计缴存总额,超过7万亿元的缴存余额和6万亿元的个人住房贷款余额,以及超过1万亿元的结余资金。广大职工对住房公积金制度高度认可。《条例》立法后评估调查显示,85.8%的职工认为住房公积金制度对解决职工住房问题起到了作用。住房公积金制度是基于我国历史和国情而产生与发展的,应充分珍惜和利用好住房公积金现有非常良好的制度基础与物质资源。

基于新时代对住房发展新要求,在"十四五"时期乃至更长一段时间,需要加快住房供给侧结构性改革,构建与时代相适应的中国住房发展新模式。构建新的住房发展模式,是基于当下住房需求的结构变化以及当前房地产开发、供给以及政策的有效性方面所存在的问题,以"房住不炒"为中心,以供给侧改革为切入点,以租购并举为核心内容,对开发模式、供给模式、消费模式、融资模式、管理模式等做出必要的改革和调整,让住房市场供给和需求更趋平衡。

从住房公积金制度已经取得的历史成绩以及住房公积金制度设计的政策优势来看,住房公积金在构建住房发展新模式中具有很好的基础和前景。住房公积金存贷结合模式具有居住属性,支持具有稳健性、可偿性特征的家庭消费,尤其是配置给满足居民家庭自住和普通改善性住房需求,契合"房住不炒"理念,低贷款价值比有利于住房信贷杠杆的降低;国际经验表明,非银行主导的多元化住房信贷融资体系可以增强金融体系稳健性,降低系统性风险,相对固定的贷款利率,较好地切割了货币政策变动对住房市场的波动;住房公积金制度在房地产市场周期波动中体现的政策性和稳健性,可成为供给侧结构性改革的有效机制之一;住房公积金属地化管理,对应地方事权,适合因城施策,促进房地产业健康发展和良性循环,还可以作为地方政府解决发展和民生问题的抓手,更好地发挥公共政策作用;住房公积金持有的规模超6万亿元低风险标准化贷款资产,再通过市场化手段配置资源(如个人贷款资产证券化方式),可为发展租购并举提供稳定资金来源。

2. 牢记住房公积金制度建立初心使命,坚持制度改革正确方向

住房公积金制度建立是住房制度改革产物,同时,也是收入分配制度改革的重要内容。住房公积金在当时的企业劳动成本分配中,法定增加了职工住房收入,为住房货币化提供了基础,打通了职工住房收入、住房资金池、职工住房支出等全链条运作机制,并通过发放住房建设贷款、住房抵押贷款实现了住房金融功能。

虽然当前外部环境发生深刻变化,但制度立足于解决缴存人的基本住房问题的初衷及目标定位,对下一步制度改革完善仍具有着指向性作用。坚持政策性住房金融改革方向,与完善收入分配制度改革相结合,是住房公积金制度守初心、担使命的重要体现。

要将制度改革完善放在住房金融体系建设和住有所居大盘子里谋划推进。无论是发达国家,还是发展中国家,都有专门的政策性住房金融机构,通过发放低息贷款、担保、资产证券化等方式,支持中低收入家庭购买自住住房,或在供应端对可支付租赁住房建设和运营提供融资支持。住房公积金必须坚持政策性住房金融改革方向,以金融手段支持保障性住房供给和消费,面向特定人群提供明确的政策性房地产金融制度安排,满足缴存人的住房需求,实现全体人民住有所居的政策目标。政策性住房金融体系的设立,要在服务对象、产品设计上体现差异化,与商业性住房金融应有一个合理的分工与合作,包括对商业性住房贷款贴息、担保,充分利用金融市场融资等。另外,政策性住房金融机构要界定清楚与财政的界限,应按自我循环机制运作,实现财务可持续经营。

要坚持以人民为中心的发展思想,把促进共同富裕作为制度改革完善的出发点和着力点。共同富裕要求收入分配制机制从效率优先向保持效率和公平间的平衡转变,更加注重分配正义。要通过缴存扩面,将非公企业、进城务工人员、灵活就业人员等各类人群纳入住房公积金制度受益范围,享受均等化公共政策;研究住房公积金制度的收入分配效应及其影响机制,从解决现行制度公平性入手,完善住房公积金缴存、使用和收益分配机制;发挥住房公积金互助功能,按照"保障基本居住、改善居住条件"的民生定位,通过信贷支持中低收入家庭合理自住需求,缩小财富差距,推动形成以中等收入群体为主体的橄榄形社会结构。

3. 把握稳妥渐进的改革步调,统筹处理好改革与发展的关系

目前全国住房公积金缴存职工已达到 1.53 亿人,缴存余额 7.30 万亿元,个人贷款余额 6.23 亿元(2020 年末统计数),制度改革涉及面广,又关系缴存人切实利益,改革具有长期性、艰巨性。住房公积金制度在当前稳房价、稳

增长方面发挥着重要作用，在没有新的机制替代情况下，仍需要发挥住房公积金在住房资金积聚和住房信贷上的作用。住房公积金制度改革，需要本着不立不破、先立后破的原则推出改革措施。对已达成共识、易于操作的改革措施，要加快实施，率先突破；对存在较大争议、暂时不具备实施条件的改革方案，要在深入研究论证的基础上择机启动。

要统筹处理好改革与发展的关系。一是要注重权益保障。住房公积金制度作为一项互助金融制度的安排，涉及广大缴存职工的切身利益，在改革政策设计中，应注重对缴存职工知情权、参与权的保障，做好政策调整后"新""老"职工之间的政策衔接以及对未享受政策收益公积金缴存群体的补偿机制。二是要处理好中央与地方在推进制度改革方面的关系。中央层面要做好改革的顶层设计，并着重在住房金融二级市场发挥主导作用，同时，通过提供相关保险担保服务对住房金融体系实施间接干预；鼓励地方层面以建立和完善政策性住房金融体系为支撑，在管理机制方面大胆创新，完善住房公积金政策，切实落实在住房保障和房地产调控方面的主体责任。三是要处理好改革推进与风险防范的关系。一方面，要重视防控好改革过程中可能出现的各种风险，加强资金监管，统一规范贷款资产管理模式；另一方面，要坚持将风控作为制度设计的前提，防范出现系统金融风险，建立完善的监管体系，研究保险担保机制在分散风险和违约救济中的作用。

四 住房发展新模式下住房公积金制度创新的着力点

（一）从"非公企业建制"到"灵活就业人员缴存"，推进住房公积金惠及更多新市民群体

推动非公企业建制扩面、推进灵活就业人员参加住房公积金制度，不仅实现对社会各类就业群体全覆盖，拓展制度受益群体，还有利于扩大资金来源，缓解流动性紧张，强化住房公积金制度保障功能，更重要的是，将解决新市民、青年人等住房困难问题作为发挥制度作用新的着力点，契合"房住不炒"和"住有所居"政策导向，提升了制度生命力。

加强灵活就业人员参加住房公积金制度试点工作的制度创新、理论创新、

实践创新。灵活就业人员缴存还处于探索试点阶段，在诸多方面还有待进一步突破和创新。灵活就业人员缴存既是扩面工作，又是对现行缴存机制的补充。我们应按照住房公积金制度向政策性金融方向改革的目标及路径，去探索完善缴存机制。灵活就业人员参制的核心是将缴存人纳入制度覆盖范围，享受相应权益和公共服务。资金使用必须限制在中低收入人群解决可支付住宅范围，未使用贷款的灵活就业缴存人可允许其自愿退出缴存，并可尝试通过增值收益分配适当提高其存款收益；政府支持主要体现信用支持、特许经营、税收减免等方面，以及与当地积分落户等民生保障政策的集成。同时，地方政府可设立担保基金或担保费、贷款贴息、保障房资格优先权等激励措施作为支持或补充，这既是公共住房政策工具"政策性"体现，也是应用金融融资工具确保其收益性和控制其风险的前提条件。

（二）优化住房公积金使用政策，从支持解决住房总量短缺向解决租购结构矛盾和提升居住品质转型

按照保基本的要求，优化住房公积金使用政策，切实保障缴存人提取需求，重点支持住房租赁，坚持供需双向、租购并举，解决缴存人不同需求阶段的住房问题。

供需双向支持缴存人租赁住房。加大对缴存人租房提取的资金保障力度，推行约定提取直接支付房租，提高提取服务便利性。从制度功能完善上看，对大城市的新市民来说，根本买不起房，自然就无法使用贷款，如仅在需求端提供支持，这部分群体只能缴存，无法贷款，这会形成制度内在的不公平性。可行的办法是发挥住房公积金长期、稳定、低息优势，在人口净流入的大城市探索支持租赁住房特别是长租房、保障性租赁住房发展。所支持的租赁住房优先供应无房缴存人，并鼓励给予缴存人租金优惠、免交押金、按月付租等租房便利。包括结合地方政策，实施对人才安居住房、公务员宿舍、老年公寓等专项支持计划，探讨向专业化住房租赁企业和以经营租赁房源的稳定租金收入（由公积金支付）为基础资产的支持证券或房地产投资信托基金（REITs）进行投资等。

实施差异化个人住房贷款政策。按照"因城施策"要求，落实城市主体责任，因地制宜实施差异化个人住房贷款政策。重点支持缴存人贷款购买首套

普通自住住房，严禁用于投资炒房。加大对购买共有产权房、安置房、棚改住房等保障性住房和绿色低碳住房、精装修住房的贷款支持力度。引导住房问题突出的大城市，统筹当地房地产调控要求和缴存人贷款需求，合理确定贷款首付款比例和最高贷款额度。完善缴存贡献与贷款权益相匹配的存贷挂钩机制，切实规范人才住房贷款政策。

（三）从探索贷款资产证券化业务切入，破解资金流动性瓶颈，建立全国层面和地方政府共同推进的有区别的政策性住房金融体系

发展住房公积金抵押贷款证券化业务着眼点不仅限于解决资金流动性紧张的目标，而且应将其作为一种创新的融资方式，实现资金从资本市场向住房公积金系统流动，优化资产负债结构，支持低息个人住房贷款和保障性租赁住房建设贷款的发放，服务于住房公积金制度演变为公共住房金融体系建设的长远目标。

政策性住房金融机构建立需要一个实践探索过程，应按照"合规、效率、安全"的原则积极推动体制创新；同时，基于金融市场是全国性的，住房保障主体责任是地方政府，以及住房公积金地方封闭管理运行现状，我们需要建立一个全国层面和地方政府共同推进的有区别的政策性住房金融体系。

从全国层面，可以探讨先设立政策性抵押贷款专门机构。建议由住建部发起成立一个特殊的法人公司或设立一个担保基金，享有一定的政府信用支撑，专门发行住房公积金资产证券化并提供担保，拓展融资渠道，降低融资成本。在此体系下，住房公积金管理中心可以发行住房公积金抵押贷款支持证券，也可以购买住房公积金抵押贷款支持证券，可有效协调各公积金中心资金需求，减少资金闲置，也更方便借款人权益保障。该机构还可以对新增贷款提供担保产品，为包括进城农民工在内的新市民购房提供融资支持，化解区域性风险。

（四）进一步提升贷款风险防控能力，坚决守住不发生系统性风险的底线

住房公积金风险防范化解工作是防范化解重大风险的重要组成部分，事关维护广大缴存职工合法权益、促进社会和谐稳定大局。随着资金规模越来越大，风险隐患也不断积累，同时，随着灵活就业人员参加住房公积金制度及贷款需求增加，需建立相应的贷款风险防控机制。目前各地住房公积金管理能力

参差不齐，全国尚没有形成一套完整、有效的风险管理制度。另外，由于和商业银行治理结构不同，住房公积金贷款系统性风险也具有其自身特点。如果住房公积金风险不能得到有效化解，容易对社会形成误导，产生"破窗效应"，动摇住房公积金制度根基，最终演变成社会问题。

当前加强住房公积金个人住房贷款风险管理工作应从"面、线、点"三个方面切入，一是坚持全面风险管理理念，不断完善风险管理体系建设，全面提升管理中心风险管理能力；二是坚持重点风险管理原则，切实加强贷款业务全流程风险控制，有效遏制贷款逾期增长态势；三是坚持问题导向，着力解决当前风险管理中存在的突出问题，加强住房公积金个人住房贷款规范化管理。其中，重点加强期房贷款、异地贷款、保障性住房贷款等重点领域风险排查，以及对存量担保责任履行的监督。

（五）扎实推进住房公积金数字化转型，提升住房公积金高质量发展整体治理水平

数字化转型为住房公积金服务改革提供了新思路，应充分发挥住房公积金"双贯标"打下的数据、技术架构基础，围绕场景牵引和数字赋能"双轮驱动"的发展主线，提高服务和监管的预见性、时效性、科学性，从职能驱动到需求驱动，让创新更灵活，同时，用数字化手段推动住房公积金一体化发展。

搞好顶层设计。数字化改革是涉及体制机制、服务流程、建设架构、数据治理的系统性改革。监管部门应做好大数据应用的顶层设计，如规划清晰的路线图，统一技术架构设计，推动大数据应用持续健康开展。

重视数据共享。打通各类业务系统，建立一个集成化、可拓展的数据中台，激活沉淀数据资产，实现各类数据的智能分析、灵活应用，成为数据归集汇聚的总仓库、数据共享交换的总通道、数据治理清洗的总平台和数据安全开放的总闸门。

深挖场景应用。包括创新智能综合服务体系，为缴存单位和职工提供更高质量的服务体验；打造多层次智能风控体系，强化数据中台赋能，将风险防控关口从事后分析扩展到事中控制、事前预测；深化运营数据模型应用，全面挖掘业务领域数据价值，提升运营的业务服务反哺能力；推动智能决策，实现从经验决策向数据决策转变。

参考文献

住房和城乡建设部住房公积金监管司：《全国住房公积金年度报告汇编》，中国建筑工业出版社，2016~2021。

刘洪玉主编《推进与完善住房公积金制度研究》，科学出版社，2011。

王先柱等：《建立公开规范的住房公积金制度研究》，经济科学出版社，2020。

中国房地产业协会编著《房地产供给侧结构性改革探索与实践》，中国建筑工业出版社，2017。

吴义东、陈杰：《保障性抑或互助性：中国住房公积金制度的属性定位与改革取向》，《中国行政管理》2020年第9期。

张建锋编著《数字政府2.0》，中信出版集团，2019。

B.18
恒大风险事件及房企违约形势研判

蔡 真[*]

摘 要： 2021年恒大风险事件持续发酵并给房地产市场和金融市场造成较大负面影响，恒大风险事件的原因是主业大肆加杠杆并盲目多元化经营，这是资本无序扩张的重要表现。除恒大风险事件外，房企的各类债权类产品都出现了大量违约，这意味着行业风险远比市场感受的还要严重；究其原因，是房地产市场的长期基本面发生了变化，并且我国的融资制度与当下这种转变并不匹配。尽管监管当局采取了稳预期和信贷托底的措施，但市场依然存在下行压力，房企爆雷违约现象还会时有发生。鉴于此，短期政策目标依然要坚持"稳字当头"，尤其是防止泡沫破裂；长期政策目标应适应基本面的变化并进行相应的制度改革。

关键词： 恒大风险事件 房企违约 制度改革

一 恒大风险事件

2021年中国房地产市场最大的风险点莫过于恒大风险事件。2021年6月恒大被爆出部分商票逾期未兑付的消息，7月又出现广发银行宜兴支行冻结恒大相关公司存款新闻，此后事件进一步发酵。恒大作为一家资产2万亿元以上的房企，其违约产生的影响引起了市场人士和监管层的高度关注，一些市场人士将"恒大风险事件"类比成"雷曼时刻"，中国人民银行和银保监会在8月

---

[*] 蔡真，经济学博士，中国社会科学院金融研究所副研究员，国家金融与发展实验室房地产金融研究中心主任，研究方向为房地产金融。

19日约谈了恒大高管。中央银行和金融监管机构直接约谈一家实体企业（非金融机构），这在历史上是极为罕见的。本节首先分析恒大风险事件的性质，其次讨论其产生的影响，最后分析恒大风险事件的原因。

（一）恒大风险事件的性质——是流动性危机还是资不抵债

1. 流动性风险分析

恒大2021年半年报显示，现金及现金等价物金额为867.72亿元（已扣除受限现金），短期借贷及长期借贷当期到期金额为2499.49亿元。因而现金短债比为0.34，其含义是：一年内有100元债务到期，而恒大目前手头只有34元可用于还债。

实际的流动性风险比上述数值反映的还要大。由于管理层对短期偿债能力提出了监管要求，恒大采取了用其他应付款借入现金的方法规避监管。由于其他应付款不计为短期有息负债，但实际上依然是负债。恒大一年到期的应付贸易款及其他应付款为5824.31亿元，如果扣除掉一年到期的应收贸易款416.45亿元，净的一年到期其他应付款为5407.86亿元，考虑这部分短期负债后，修正的现金短债比为0.11，这实际上意味着恒大9/10的短期债务还不上，短期流动性缺口规模达到7039.63亿元。恒大的流动性问题岌岌可危。

2. 资产负债分析

负债分析：（1）表内负债：①合约负债1857.46亿元，指恒大销售住房但还没交付形成的负债，相对应地，资产中的持作出售竣工物业和受限制现金两个科目规模为1704.65亿元，这一项净负债152.81亿元，相对于2万亿资产规模风险不大。②应付贸易款及其他应付款共计8384.52亿元，相对应地，预付款和应收贸易款及其他应收款共计2999.81亿元，这一项净负债5384.71亿元，规模较大且一年期到期占比高，是主要债务风险，应引起高度重视。③借款，包括银行贷款、交易所和银行间市场的债券，共计7165.32亿元，其中一年期到期占比达到46.8%，且违约会影响到金融市场和银行体系稳定，也应引起高度重视。以上三项负债规模达到1.27万亿元，考虑现金及现金等价物1587.52亿元，表内的还款缺口为1.11万亿元。（2）表外负债：恒大的表外负债主要包括两项：对合作方、合营、联营公司担保294.84亿元，已订约但没有拨备的承诺4396.15亿元。表内表外两项合计的还款缺口为1.57万亿元。

资产分析：负债对企业而言是硬约束，资产则会随公允价值的变化而变化，因此重估资产价值是资产分析的重点，是判断恒大是否有能力偿债的关键。①开发中物业账面价值为1.26万亿元，占总资产的54.7%，是重点分析对象。这一科目包括在建工程以及土地储备，在建工程已经按市价估值，土地储备按原值计价，需重估。恒大年报显示，2020年底恒大土地储备原值4901亿元，同时年报还给出一二三线土地储备占比和各自的楼面地价，我们计算当前楼面地价相对于购地时楼面地价的增速，并按各级城市权重求得土地储备的估值，其结果为7296.75亿元。开发中物业的估值为（1.26−0.49）+0.73＝1.5万亿元。②厂房、设备、使用权资产、投资性物业合计2601.42亿元，已按市价计量，但有高估可能性，按八折计值为2081.14亿元。③以权益法入账的投资，这其中恒大持有的盛京银行股份以及恒大人寿股份具有变现价值。恒大持有盛京银行36.4%股份，盛京银行股东净资产为821.54亿元，则恒大持有盛京银行股份的市值为299.04亿元。恒大持有恒大人寿50%股份，恒大人寿股东净资产为218.78亿元，则恒大持有恒大人寿股份的市值为109.39亿元。两者合计市值408.43亿元。④体现在商誉和无形资产中以非控股权益进行的投资，主要包括三家公司：恒大物业、恒大汽车以及恒腾网络，三者的市值分别为631亿元、591亿元和328亿元，恒大间接持有的股份分别为60.84%、74.95%和55.64%，三者合计市值1009.35亿元。其他资产因变现较为困难暂不考虑，以上资产合计1.85万亿元，总体上可以应对表内表外负债。

专栏：恒大流动性危机爆发始末

2021年6月初，恒大集团被爆出部分商票逾期未兑付。

2021年6月7日，恒大发布辟谣公告，承认个别项目公司存在极少量商票未及时兑付的情况，集团高度重视并安排兑付。

2021年6月22日，惠誉国际将恒大集团的长期外币发行人违约评级由"B+"下调至"B"，评级展望为"负面"。

2021年7月13日，江苏省无锡市中级人民法院批准广发银行宜兴支行诉讼前财产保全的申请，裁定冻结中国恒大旗下子公司宜兴市恒誉置业、恒大地产集团共1.32亿元人民币的银行存款。7月19日，多家与中国恒大有关的上市公司股票大幅下跌。中国恒大于同日下午3时发表声明，指广发银行宜兴支

行滥用诉讼前保全。7月22日，恒大集团发表声明指广发银行申请财产保全一事已妥善解决。

2021年7月26日，《明报》报道"锄Dee会"成员持有的上市公司在6月和7月分别买入中国恒大发行的债券和票据，包括中誉集团和泛海国际。

2021年7月27日，中国恒大宣布取消此前公布的特别分红方案。同日，新闻报道标准普尔将中国恒大的信贷评级由"B+"下调两级至"B-"，评级展望为"负面"，中国恒大旗下的恒大地产、天基控股的评级展望亦同样被评为"负面"。

2021年7月28日，惠誉国际再次调低中国恒大的评级，由"B"下调至"CCC+"。

2021年8月2日，中国恒大向腾讯出售恒腾网络7%股份，总代价20.685亿元。同时向独立第三方出售4%股份，总代价11.82亿元。中国恒大同时向恒腾网络提供一笔共20.7亿元的五年期无抵押无息股东贷款。

2021年8月6日，财新网报道，中华人民共和国最高法院要求所有涉及中国恒大的案件须移交由广州市中级人民法院集中管辖。同日，标准普尔将中国恒大、恒大地产及天基控股的信用评级由"B-"下调两级至"CCC"及展望负面，属于标准普尔的"垃圾债券"评级，只比正式债务违约高四级。

2021年8月11日，《香港01》独家报道中国恒大计划将恒大物业出售给以万科牵头的企业。翌日，《财联社》报道万科、碧桂园曾与中国恒大洽谈，因价格不合而退出收购事宜。

2021年8月17日，恒大地产董事长由集团董事局主席许家印改为赵长龙，集团总经理及法人亦从柯鹏变为赵长龙。

2021年8月19日，中国人民银行、银保监会相关部门负责人约谈恒大集团高管，强调恒大集团必须认真落实中央关于房地产市场平稳健康发展的战略部署，努力保持经营稳定，积极化解债务风险，维护房地产市场和金融稳定；依法依规做好重大事项真实信息披露，不传播并及时澄清不实信息。

2021年9月8日，有传媒报道中国恒大停止支付两家银行于9月21日到期的贷款利息。多家评级机构调低中国恒大的信用评级。穆迪将信用评级由"Caa1"下调至"Ca"，惠誉将中国恒大的信用评级由"CCC+"下调至"CC"。

2021年9月8日,《财新》指恒大集团旗下的投资理财公司"恒大财富"已暂停部分兑付。9月10日,董事局主席许家印召开"恒大财富专题会",来自中国各地的投资者到恒大位于深圳的总部及分公司抗议,要求赎回理财产品,并高叫"许家印,还我血汗钱!"等口号。会上恒大财富执行董事兼总经理杜亮承认5月31日因家中有急事已提前赎回所投资的理财产品。

2021年9月13日,由于恒大财富爆发兑付危机,有多名投资者包围了恒大在广东深圳的总部大楼进行抗议。恒大晚间发布声明称:"公司目前确实遇到了前所未有的困难,但公司坚决履行企业主体责任,全力以赴复工复产,保交楼,想尽一切办法恢复正常经营,全力保障客户的合法权益。"而此时有6名高管提前赎回恒大财富。恒大集团随后责令6名管理人员提前赎回的款项必须限期返还。2021年9月13日,恒大集团提供现金分期兑付、实物资产兑付、冲抵购房尾款兑付三种方式供投资者选择。

2021年9月14日,恒大集团在向香港交易所提交的公告中承认,恒大物业合约销售金额在2021年6~8月呈下降趋势,并预测在9月将继续大幅度下降。

2021年9月15日,标普再次下调恒大集团信贷评级,由"CCC"下调至"CC",并指其流动性和融资渠道严重萎缩。同日,中诚信国际将恒大地产的信用等级由"AA"调降至"A"。

2021年9月16日,恒大集团所有存续的公司债券停牌1个交易日。

2021年9月29日,恒大宣布出售盛京银行19.93%股权给沈阳市一家国企,共作价99.93亿元人民币,全部用作偿还对盛京银行的债务。

2021年10月4日,香港联交所披露,中国恒大的股票于10月4日上午九时起短暂停止交易。

2021年10月10日,恒大集团称,提前赎回恒大财富投资产品的6名高管,已经在10月8日前将所有提前赎回的款项全数归还至恒大财富指定账户,并已对6名高管进行问责惩处。

2021年10月15日,中国人民银行金融市场司司长邹澜在第三季度金融数据统计发布会上表示,恒大集团问题是个别现象,其金融风险外溢性"可控"。

（二）恒大风险事件的影响

若恒大因流动性问题倒闭，将产生广泛和深远的负面影响。第一，影响地方政府税收收入，截至2020年底恒大应付土地增值税749亿元，而广东省2019年的土地增值税收入只有1403亿元。第二，影响债券市场稳定，2021年上半年恒大优先票据和债券存量余额为1778亿元，而2020年债券市场总体违约额为2315亿元，恒大一家倒闭在债券市场的影响接近于上年整个市场的影响。第三，形成大量银行不良贷款，2021年恒大半年报显示，恒大的银行贷款3520亿元，主要涉及民生银行、中国农业银行、浙商银行、中国光大银行、中国工商银行等，国有和股份制银行占比较大，冲击银行体系稳定。第四，影响上下游企业正常经营，目前恒大上下游合作企业接近上万家，若恒大倒闭将对经济平稳健康运行造成冲击。第五，影响社会稳定，恒大存在大量已售未交楼的商品房，若恒大倒闭将导致数百万业主面临无法收楼的风险，严重影响社会稳定。

市场并不能确定恒大风险事件的性质是流动性风险还是资不抵债风险，即使市场确定恒大面临的是流动性风险，也不能确定恒大会不会因为流动性问题倒闭。如若恒大倒闭，鉴于其倒闭可能产生的广泛而深远的影响，金融市场出现了典型的负面情绪传染的现象，具体表现为如下三点。第一，债券市场针对房企已出现典型的"投资安全转移"（Flight to quality）现象，国内债券市场AA级房企的信用利差出现高位剧烈波动的特征，最高点于7月1日达到377个BP（见图1）；境外债券市场上，同一信用主体债券的折价率明显高于境内债券，平均差异达到10%以上。第二，股票市场地产板块高度敏感，9月23日救恒大传闻一出，许多困境地产股大幅上涨，反映出二级市场焦虑的情绪。第三，信用评级机构近期下调了多家房企评级，包括银城国际、新力控股、花样年、建业地产、华南城等，这与危机中评级机构的"墙倒众人推"的操作手法极为类似。

由于恒大面临的主要问题是流动性危机，央行在2021年9月24日的货币政策委员会第三季度例会中表示：维护房地产市场的健康发展和维护住房消费者的合法权益[①]；10月15日，在人民银行2021年第三季度金融统计数据新闻发布会上，央行相关负责人表示：部分金融机构对于30家试点房企"三线四

---

① 参见人民银行网站，http://www.pbc.gov.cn/goutongjiaoliu/113456/113469/4350647/index.html。

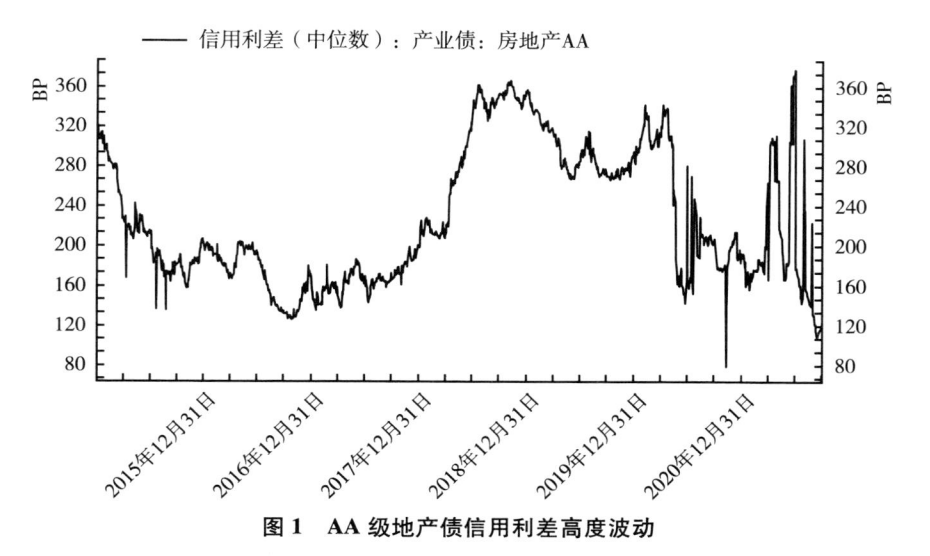

图1 AA级地产债信用利差高度波动

资料来源：Wind。

档"融资管理规则也存在一些误解，将要求"红档"企业有息负债余额不得新增，误解为银行不得新发放开发贷款，企业销售回款偿还贷款后，原本应该合理支持的新开工项目得不到贷款，也一定程度上造成了一些企业资金链紧绷[①]。随着监管层的相关表态，个人住房按揭投放明显加速，保利发展和招商蛇口等房企在银行间市场发债获批，房企融资环境边际改善，流动性问题逐步得到缓解。

（三）恒大风险事件原因分析

恒大风险事件的首要原因是地产主业大举加杠杆盲目扩张。在地产去库存和棚改货币化安置背景下，恒大在2016年和2017年大肆扩张，新增拿地金额分别达到2044亿元和2380亿元［见图2（b）］。扩张主要依靠加杠杆驱动，恒大的净负债率由2015年的136%上升至2016年的175%，2017年一举超过200%，高达240%；尽管2017年后恒大的净负债率有所下降，但同期应付账款及其他快速从2017年的3995亿元增长至2021年上半年的9511亿元，年均复合增长率高

---

① 参见中国人民银行网站，http://www.pbc.gov.cn/goutongjiaoliu/113456/113469/4361524/index.html。

达24.2%［见图2（a）］。这实际上是将原来对金融机构负债转移到产业链合作企业，这也导致出现流动性危机的时候商票兑付较金融负债更早爆发。

2017年之后货币化棚改逐渐退出，而恒大在三四线城市布局较多，这导致恒大净利润及归属母公司利润从2018年峰值后快速下滑，2020年公司净利润降至314亿元（仅为2018年的一半），归属母公司净利润仅有81亿元，严重缩水［见图2（c）］。由于恒大扩张依靠短期融资，融资成本大幅高于同样民营性质的房企，在毛利率下行叠加融资成本高企的作用下，2020年公司净利率仅为6%，大幅低于同行［见图2（d）］。

（a）公司2017年净负债率大幅提升

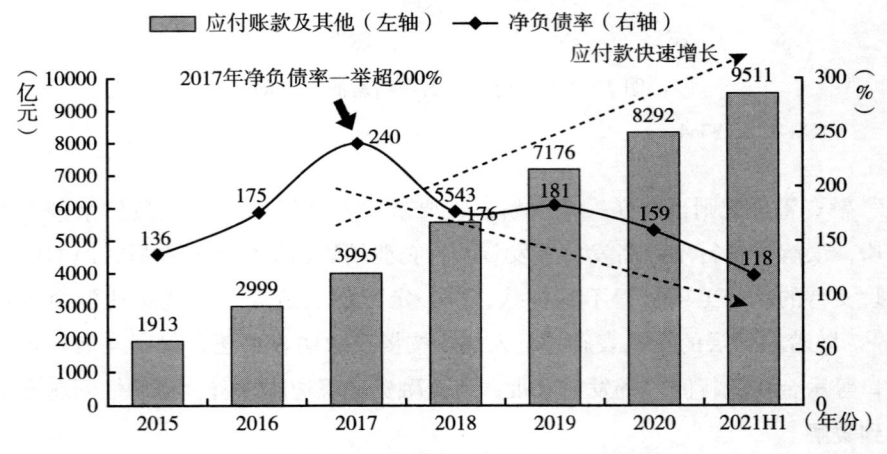

应付账款及其他（左轴）　净负债率（右轴）

年份	应付账款及其他（亿元）	净负债率（%）
2015	1913	136
2016	2999	175
2017	3995	240
2018	5543	176
2019	7176	181
2020	8292	159
2021H1	9511	118

2017年净负债率一举超200%　应付款快速增长

（b）公司2017年新增拿地金额及土储达顶峰

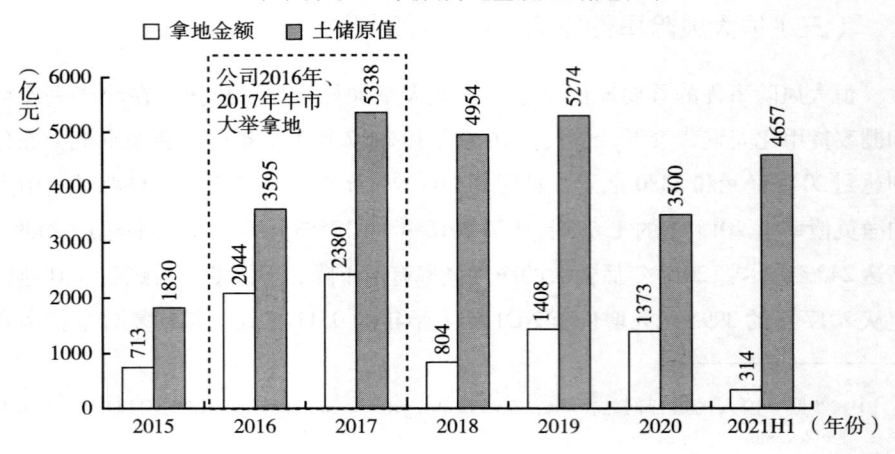

拿地金额　土储原值

年份	拿地金额（亿元）	土储原值（亿元）
2015	713	1830
2016	2044	3595
2017	2380	5338
2018	804	4954
2019	1408	5274
2020	1373	3500
2021H1	314	4657

公司2016年、2017年牛市大举拿地

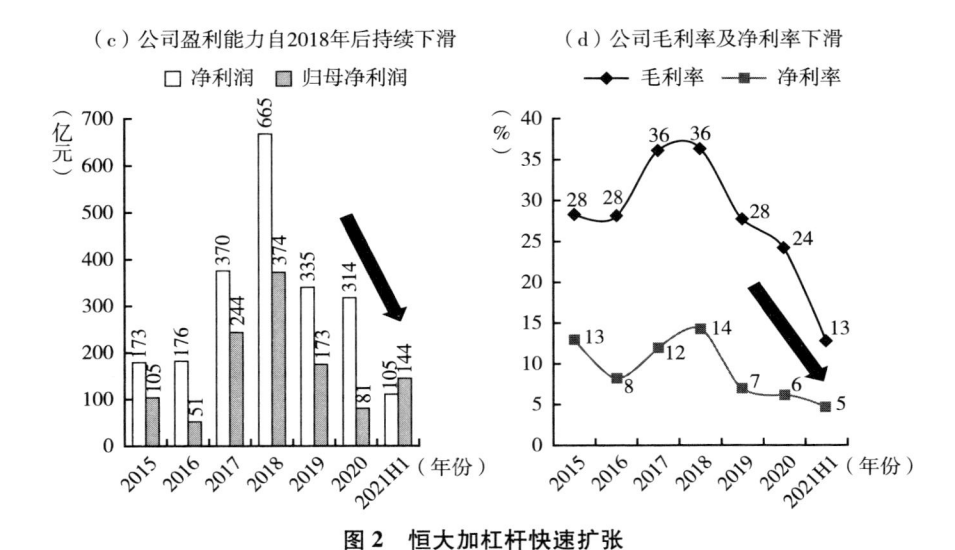

(c) 公司盈利能力自2018年后持续下滑　　　　(d) 公司毛利率及净利率下滑

图 2　恒大加杠杆快速扩张

资料来源：根据恒大各年年报整理。

导致恒大风险事件的第二原因是盲目多元化经营。恒大的业务多元化已形成"八轮驱动"（包括地产、汽车、物业、文旅等），但多元化上市平台在2016年至今归属母公司净利润为-139亿元。以恒大新能源车业务为例，2016年至2021年上半年公司归属母公司利润累计亏损177亿元，经营性现金流和投资性现金流净额持续为负，业务开展完全靠融资支持，但目前距离量产还有很长路要走。

除了公司经营层面的问题外，实控人许家印家族持续高比例分红政策也削弱了公司现金流。2013年至今许家印家族持股比例不低于63%（2020年末该比例高达77%），近十年来恒大集团累计分红超过1000亿元，2013~2020年恒大累计分红724亿元，股利支付率高达48%，远高于同行（见图3）。2021年7月15日，恒大突发公告商讨派发特别股息，市场质疑此举"掏空上市公司"，随后公告决定取消特别分红。

二　房企违约形势

2021年恒大风险事件成为整个行业最引人注目的事件，然而除此之外，实际上针对房企的各类债权类产品都出现了大量违约，这意味着行业风险远比

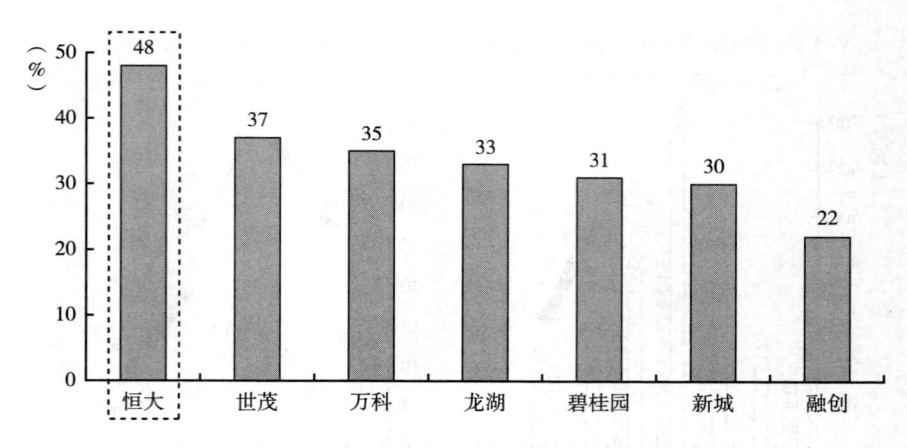

图3 2013~2020年部分上市房企股利支付率对比

资料来源：根据公司各年年报整理。

市场感受的还要严重。仅从债券市场的违约情况来看，房企违约与前三年相比无论是数量还是金额都表现出激增的态势。2021年，房企境内信用债违约数量为69只，占境内债违约数量的27.49%，涉及重庆协信、天房集团、华夏幸福（包括子公司九通基业投资）、泰禾集团、泛海控股、新华联、四川蓝光、三盛宏业、正源地产、鸿坤伟业、华业资本、阳光城、花样年、新力地产14家债券发行主体，违约规模（违约日债券余额）为759.15亿元，占境内债总违约规模的29.27%（见表1）。

表1 房企信用债违约情况

年份	房企境内信用债违约数量(只)	违约数量占比(%)	房企境内信用债违约金额(亿元)	违约金额占比(%)
2018	6	3.64	34.90	2.30
2019	14	5.71	87.06	4.51
2020	19	8.09	269.89	10.68
2021	69	27.49	759.15	29.27

资料来源：Wind。

银行开发贷比债券市场更能说明问题，毕竟能公开发行债券的房企是少数，大部分开发商的主要融资渠道还是银行贷款。从表2反映的情况看，国有银行中工商银行和交通银行的不良余额成倍上升,股份制银行中的中信银行和招商银行也表现出这样的趋势,这说明房企违约早有苗头,只是2021年集中爆发。从不良率数据来看,中国工商银行、中国银行、中信银行、光大银行、浦发银行房地产贷款不良率较高,分别为4.29%、4.91%、3.31%、3.10%和3.03%,这一数值大约是正常时期不良率的3~4倍。城商行数据主要反映了地区开发贷的情况,除重庆银行的开发贷不良率较高外,上海银行和杭州银行的情况也不乐观(见表2)。

表2 部分上市银行房地产开发贷不良情况

单位:亿元,%

银行	房地产贷款不良余额(亿元)			房地产贷款不良率(%)		
	2021年上半年	2020年	2019年	2021年上半年	2020年	2019年
中国工商银行	319.11	162.38	109.36	4.29	2.32	1.71
中国银行	334.91	—	—	4.91	—	—
中国建设银行	115.64	90.11	52.74	1.56	1.31	0.94
中国农业银行	132.70	142.09	100.38	1.54	1.81	1.45
交通银行	64.61	47.11	8.77	1.69	1.35	0.33
中国邮储银行	0.12	0.17	0.12	0.06	—	—
中信银行	92.35	96.33	34.26	3.31	3.35	1.19
民生银行	43.49	30.4	13.25	1.04	0.69	0.28
中国光大银行	13.66	16.29	9.51	3.10	—	—
招商银行	43.28	11.90	16.36	1.07	0.30	0.44
浦发银行	104.64	71.72	87.90	3.03	2.07	2.63
平安银行	16.61	5.71	26.98	0.57	0.21	1.18
上海银行	47.16	37.47	1.54	2.73	2.39	0.10
浙商银行	10.42	1.46	4.28	0.61	0.09	0.27
杭州银行	10.93	12.79	0.92	2.63	2.79	0.27
重庆银行	8.11	5.65	2.46	6.28	1.79	2.09

信托从一个侧面反映了影子银行流向房地产的资金情况,因为在银行正规渠道管控的条件下,开发商主要从信托机构借入资金。房地产信托的不良情况也不乐观,2021年已有中信信托、光大信托、国民信托、民生信托等机构房

地产相关产品出现违约，金额合计480亿元，占整个信托违约比例高达42.8%（见图4）。P2P及私募理财则是另一个影子银行渠道，且借贷成本更高，2021年恒大财富、锦恒财富（为佳兆业融资）、尚智逢源（为ST中迪融资）等机构产品相继出现兑付危机。

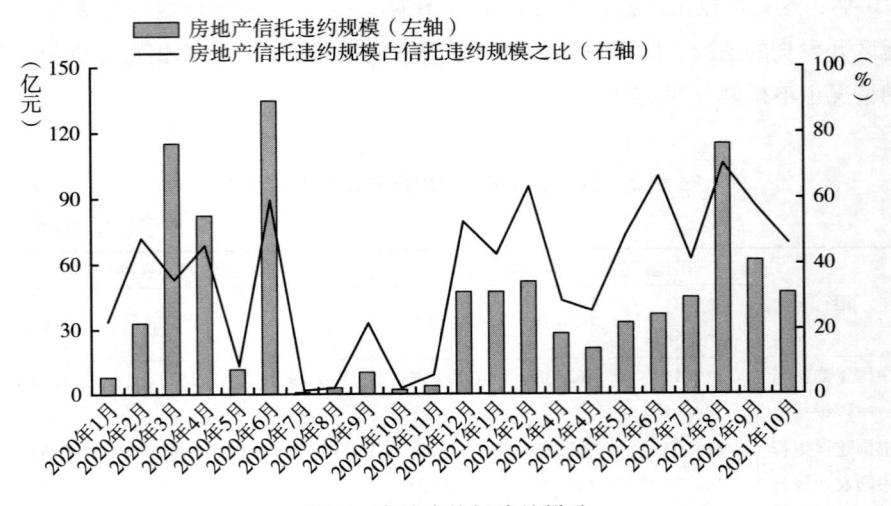

图4 房地产信托违约攀升

资料来源：用益信托研究院不完全统计。

三 未来走势研判

（一）短期走势研判

短期看房企违约扩大化的趋势会有所遏制。因为金融监管当局采取了针对性的措施，房地产下行压力会有所缓解，主要包括两个方面。

第一，引导市场预期。恒大风险事件导致了购房者较浓的观望情绪，房企销售回款不畅，加之风险通过合作开发商、债权人、供应商形成网络传导态势，因此从源头遏制市场悲观情绪至关重要。2021年9月29日，人民银行和银保监会在联合召开的房地产金融工作座谈会表示，围绕"稳地价、稳房价、稳预期"目标，准确把握和执行好房地产金融审慎管理制度，并要求金融机构按照法治化、市场化原则，配合相关部门和地方政府共同维护房地产市场的平稳健康发展，维护住房消费者合法权益。2021年10月20日，金融街论坛年会召开，中国人民银行副行长潘功胜表示，在金融管理部门的预期引导下，金融机构和金融市场风险偏好过度收缩的行为逐步得以矫正，融资行为和金融市场价格正逐步恢复正常。国务院副总理刘鹤表示，目前房地产市场出现了个别问题，但风险总体可控，合理的资金需求正在得到满足，房地产市场健康发展的整体态势不会改变。来自监管当局及其主要负责人的表态有效引导了市场预期，尽管信贷投放的行动还在进行中，但市场悲观情绪已大幅缓解。

第二，信贷托底。个人按揭贷款、开发贷、房地产信托贷款的一致性收缩导致市场下行和房企流动性紧张，因此向房企注入流动性成为当务之急。2021年10月15日第三季度金融统计数据新闻发布会召开，中国人民银行金融市场司司长邹澜表示，部分金融机构对房企"三线四档"融资管理规则存在一些误解，并已于9月底指导主要银行准确把握和执行好房地产金融审慎管理制度，保持房地产信贷平稳有序投放。2021年11月19日，中国银保监会新闻发言人答记者问时表示，10月末，银行业金融机构房地产贷款同比增长8.2%，整体保持稳定。与此同时，银行间债券市场重新对房企开放，11月共有招商蛇口、保利、中海等16家房企发行306.7亿元信用债。这些措施都使得房企流动性得到明显改善。

（二）长期走势研判

长期看房地产市场并不乐观，市场依然存在下行压力，房企爆雷违约还会时有发生。这主要取决于两大因素：第一，基本面的长期因素；第二，金融层面的制度因素。

1. 基本面的长期因素

基本面首先从供给侧也即存量的角度分析，我国早在2016年城市人均住房面积就已达到40.8平方米，同时期俄罗斯人均居住面积只有24.9平方米，从户均角度计算甚至高于德国、荷兰这两个发达国家[①]。从国际比较的视角看我国住房整体上并不存在供给缺口，这也是2016年之后房价缺乏上涨动力的

---

① 参见蔡真等《中国住房金融发展报告（2019）》，社会科学文献出版社，2019，第6页。

重要原因之一。

其次从需求侧展开分析,大致包括五方面的慢变量发挥着决定性作用。

其一,经济增速持续下行。我国经济增长已由高速转为中高速的新常态,居民收入在GDP中份额没有明显上升趋势,这意味着居民收入增速将更快趋于稳态。缺乏收入面的支撑,加之居民债务堆积,对房地产市场而言意味着加速下行。

其二,人口红利逐步消失。西方近百年的历史经验表明,房价与人口红利存在典型正相关关系。当经济处于人口红利期时,社会的总抚养比低,整个社会的储蓄水平较高,加之年轻人口对住房需求大,自然伴随着房地产市场的上升行情;当人口红利逐渐消失时,一方面直接导致需求萎缩,另一方面经济增长逻辑转变以及债务堆积,导致房地产下跌力量集中释放。2013年是我国人口红利窗口关闭年,之所以房地产市场未出现下行是因为城镇化进程还未完结,这一滞后效应未来一定会得到体现。此外,一胎化的计划生育政策导致住房在代际传承中大量过剩,两因素叠加形成螺旋式下行压力,须高度警惕。

其三,城镇化进程明显放缓。城镇化是房价上涨的另一动因,一方面,城镇化使得人口由农村向城市聚集,导致住房需求增加;另一方面,城镇化过程中伴随着大量的基础设施建设,这些投资最终都会内化到住房价格中。国际经验表明,当城镇化率达到65%~70%后,城镇化进程将明显放缓,即人口不再表现为集聚,而是由城市中心向郊区和城市带扩散,当城市规模不再扩张时基础设施建设也相应停滞。2020年我国城镇化率达到63.9%,这意味着我国城镇化进程距第二阶段结束至多还有3~4年,我国城镇化建设将进一步降低,房价上涨失去动力。

其四,房地产税加速推进。2021年10月全国人大授权国务院在部分城市开展房地产税改革试点,这意味着存量房地产税将成为影响房地产市场的一个长期制度性因素。市场普遍预测税率在1%左右。从投资角度看,我国住房租金资本化率普遍不到2%,1%的持续税收成本将引致大量的住房抛售行为。目前市场只是在传闻的情况下已出现上海抛售93套房、苏州拙政别墅陡增10套挂牌房源、深圳一次性挂牌23套学区房的现象,这对当下的脆弱市场无异于雪上加霜。从消费角度看,一年我国房价收入比为30(一线城市更是高达50),倒算过来,一年的住房持有成本在2%~3%,在此基础上加上1%的税收成本将加剧普通居民家庭负担。考虑到我国住房自有率在80%以上，房地产税开征必须有较大免征额，否则将产生较大负面影响。

其五，教育"双减"政策对学区房影响明显。近年来房价上涨的一个重要因素是学区房，即教育投入资本化到住房价值中。2021年5月中央政治局会议点名学区房炒作后，各地相继出台多校划片、教师轮岗制度，7月针对校内校外课业负担的"双减"政策出台，这些政策使得学区这一结构性因素从房价中釜底抽薪。2021年8月，作为学区房风向标的北京德胜片区二手房成交量减少五成，房价下跌近10%；北京蜂鸟家园因对口中关村三小被视为海淀学区房"天花板"，自9月至今成交不超过5套。

2. 金融层面的制度因素

金融层面的制度因素主要集中于房企的融资模式，对房企进行信贷融资是中国一大特色。从国际经验来看，房地产开发经营要么通过REITs募集资金，要么通过股票IPO或发行债券融资，这些融资方式都属于直接融资，很少使用贷款这种间接融资方式。

贷款这种间接融资对房企的最大弊端是期限短，容易导致期限错配。当经济衰退或行业进入下行周期时，债务人期限错配的到期债务会面临快速放大的还债压力；同时风险传导机制的存在，也使得向债务人发放贷款的机构变得脆弱。我国房企的一年期以下贷款占大部分，长期贷款非常少。以某头部房企2019年融资情况为例，1年期以下贷款占比高达57.23%，3年以上贷款占比仅为7.51%[①]；因此当销售端疲软时，这样的融资结构不仅不能帮助房企渡过难关，反而会加速风险暴露。

中国金融体系的一大特色是影子银行盛行，而其主要的投放对象是房地产市场。它对房企融资的不利影响表现在：第一，利率成本高，在房企的高利润时代这不是个问题，但在整个市场面临长期拐点的时候它就成为不稳定的因素。第二，"刚兑"诉求，这一方面使得风险难以出清，另一方面也使得在处置问题房企时面临社会风险。2016年以来，随着影子银行体系的发展，房企融资也走向灰色地带，从贷款到信托融资再到P2P理财，呈现出清晰的发展路径；同样以上文所述某头部房企为例，其2019年正规渠道（银行贷款+债

---

① 蔡真等：《中国住房金融发展报告（2021）》，社会科学文献出版社，2021，第306页。

券）的融资占比40%不到，非正规渠道融资占比高达61.43%[①]，由此足见影子银行对房企融资的渗透作用。然而从2016年开始，上市房企销售毛利率与净资产收益率出现背离，两者走势呈"喇叭口"形态[②]，这已然反映了高利率成本对房企的利润侵蚀；随着近年来涉嫌违规产品逐渐进入金融治理框架，早年间房企种下的影子银行的"因"于是在当下结出频频爆雷的"果"。

四 政策建议

尽管监管当局采取了稳预期和信贷托底的措施使得房企违约趋势有所遏制，但基本面和金融制度等问题的解决不可能一蹴而就，因此短期政策目标依然要坚持"稳字当头"，尤其是防止泡沫破裂，具体措施包括三点。第一，对自住性购房者加大房贷力度，只要有工作（即有稳定收入）即可房贷，其目的是防止出现负资产情况。第二，对房企注入流动性或进行债务展期，其目的包括两点：其一，维持房企稳健经营，推进"保交楼"活动顺利推进；其二，避免恐慌情绪向整个金融市场蔓延。当然，在注入流动性过程也应要求房企提供高质量抵押品。第三，对房企无序扩张进行严惩，其目的是防止流动性注入带来的道德风险，具体措施包括三点：其一，限制房企经营杠杆和财务杠杆；其二，严惩开发商财务造假行为；其三，剥离房企多元化经营中的金融相关业务。

从中长期看，政策目标应适应基本面的变化并进行相应的体制改革。第一，坚持"房住不炒"精神，大力发展住房租赁市场，通过相关财税金融措施将需求引导至住房租赁市场。第二，改变房企融资制度，减少房企信贷投放，防止金融波动与房价波动形成正反馈机制；推行和完善REITs制度，形成直融机制，盘活存量资产。第三，稳步协调推进房地产税制改革，综合考虑房地产税改革对地方财政的增量作用、居民负担增加以及对银行体系产生的负面影响。

[①] 蔡真等：《中国住房金融发展报告（2021）》，社会科学文献出版社，2021，第306页。
[②] 蔡真：《中国住房金融报告（2019）》，社会科学文献出版社，2019，第202页。

B.19
我国房地产政策的逻辑分析

牛凤瑞*

摘　要： 住房保障是社会保障体系建设的组成部分，本质上是一项公共服务。住房保障是对低收入且住房困难群体居住权利的保障，而不是对住房产权的保障，也不应是对部分住房产权的保障。要把保障性租赁住房建设好事办好，还应在严格政策边界、精细操作程序上下功夫。要把"房住不炒"方针落到实处，还应进行理性思维和系统性的细致谋划。要全面准确理解"房住不炒"方针、精准划定炒房边界、准确判断炒房根源、精准遏制炒房、全面认识炒房。房地产当是应对国内需求收缩、减缓供给冲击、对冲预期转弱的重要力量，也是构建以国内循环为主、国内国际双循环高质量发展新格局的重要平台。

关键词： 住房保障　保障性租赁住房　房价调控　楼市供求

房地产健康稳定发展有赖于政策的引导和规范，但房地产政策必须与房地产发展规律相契合，方能发挥预期的政策效力。房地产调控是一个政策集合，各项政策之间存在相互影响、彼此制约的逻辑联系，其前后政策也存在相互作用、相互承传关系。防止出现政策效力相互抵消、合力为零，或者政策效力过度叠加转化为反向，应成为政策设计的基本遵循。房地产是国民经济体系的子系统，确保系统内各项政策全方位相互协调，是实现房地产与国民经济社会发展良性循环的重要前提。

---

* 牛凤瑞，原中国社会科学院城市发展与环境研究中心主任，研究员。

一 从住房常识到住房保障

自人类走出洞穴择地结草为庐而居以来，住房就成为人类生存的特定物理空间。在一个人的生命周期中，有 2/3 以上时间是在住房内度过的。自家庭产生之日住房就作为排他性的独立生活空间，承载着家庭繁衍生息、世代更替、积累财富的功能。居住是人类生存的基本需求。通常所说的安居乐业，安居在前，乐业在后；过去说民以食为天，今天说民以房为地，都是现实社会生活的基本逻辑。由于社会阶层的分化，对收入低下、居住困难群体实施住房保障，实现全民住有所居，是社会安定、社会和谐的稳定器，也是建设全面小康社会和实现社会主义现代化的必然要求。但住房保障只能惠及少数社会群体，对大多数居民实行住房保障不具可能性，也不具合理性和可持续性。住房保障是社会保障体系建设的组成部分，本质上是一项公共服务。住房保障要由公共财政兜底，保障目标、范围、规模、标准要与经济社会发展水平相适应，要在公共财力可承受限度内与其他社会保障统筹兼顾。住房保障是对低收入且住房困难群体居住权利的保障，而不是对住房产权的保障，也不应是对部分住房产权的保障。保障性住房要随着家庭收入水平的提高而退出，是住房保障制度应有之义。保障性住房在被保障人居住期间即属私人空间，具有排他性，断言保障性住房属公共物品或准公共物品，混淆了住房保障与保障性住房的概念，逻辑上不通。同时也应明确，任何住房都是排他性的耐用消费品，属于私人物品，个性化强、选择空间大，消费弹性也大，发挥市场在住房资源配置中的决定性作用，大多数人通过市场满足住房需求更有效率，也更有社会公平性。这是我国 20 世纪末实施住房制度市场化改革的基本依据所在。

我国目前正在推进的保障性租赁住房建设是落实多主体供给、多渠道保障、租购并举的住房制度必然之举，也是对以往住房保障制度建筑的改进和完善。作为住房制度市场化改革的配套措施，我国先有廉租房政策，但未见实质性进展。后有经济适用房、双限房、共有产权房等政策推出，实质上都是以公共财政增支或者以公共财力减收为支撑的住房产权保障或部分住房产权保障，其利弊得失虽然未见全面评估，但现在有被保障性租赁住房建设取代之势。吸取以往教训，要把保障性租赁住房建设好事办好，还应在严格政策边界、精细操作程序上下功夫。一是精准确定准入门槛。住房的保障性决定了保障性租赁住房的服务对象是低收入且住房困难的市民群体和新市民中的住房困难群体。准入门槛要与房源供给能力相匹配，即根据房源供给数量确定准入标准，防止轮候多年而不得房的现象发生。二是保持非营利性。保障性租赁住房建设资金主要来源于财政，国家作为持有的主体，既欢迎非营利性社会资金进入，又要拒绝营利性社会资本渗入。为此，利用农村集体土地建设保障性租赁住房要慎之又慎。三是坚持非卖性。保障性租赁住房的基本特点是其住房产权的非保障性，要与住房产权的买卖彻底脱钩。同时要与一般公共租赁房、经济适用房、人才房、拆迁安置房等严格区别开来。四是有较高的居住功能。保障性租赁住房为满足居住困难群体而建设，要尽可能选择交通便利、公共设置配套较为完善、距离就业中心较近的区位。例如轨道微中心附近、交通便利的市中心区边缘地区。建筑质量要过关，室内配置要相对齐全，但套内面积不宜过大，标准不宜过高，以增加租赁者在条件具备时退出的动力。五是合理的租金水平。保障性租赁住房租金应低于同地段同品质住房市场租金水平，既可体现其保障性，又可减轻住房维护的财政负担。六是建设规模要适度。保障性租赁住房建设规模总体上要以满足本地低收入水平的住房困难群体基本居住需求为上限。年度计划则应以财政可支持能力确定建设规模，进而确定准入门槛标准。建设规模过小，不足以满足保障需求，也不足以彰显政策的公平。建设规模过大，一将影响社会保障体系建设和公共基础设施建设的协调性；二将扩大政府直接掌控的住房资源规模，增加腐败空间，降低效率；三将降低城市住房整体品质水平。须知，按城市常住人口20%~30%进行保障性租赁住房规划建设经不起科学的论证，"租购并举"方针也没有租赁和自有各占一半的含义。

二 从"房住不炒"到楼市"五限"

"房子是用来住的，不是用来炒的"是中央对住房本质属性的重申和再确认。由此"房住不炒"成为房地产政策的主基调。限购、限售、限价、限贷、限商等"五限"成为楼市调控的主旋律。楼市"五限"政策实施数年，其成效如何、利弊得失未见权威评估。这是一项暂时的应急之策，还是一项必须长期坚持的社会政策尚不明确。要把"房住不炒"方针落到实处，还应进行理

性思维和系统性的细致谋划。

首先,全面准确理解"房住不炒"方针。"坚持房子是用来住的,不是用来炒的"作为加快住房制度建设的前缀,被置于党的十九大报告"加强社会保障体系建设"一节,表明"房住不炒"是一项社会政策,必须长期坚持。这一让住房回归居住本义的定位是告诫民众,实现全体人民住有所居的目标必须从住房的居住属性出发谋划解决之道,而不能围绕住房的金融和资产属性作文章。房地产包括住房开发建设、住房产权交易、售后服务等部门,出台相关政策遏制炒房责无旁贷。但楼市"五限"则有得有失。限购,排除部分购房者,减轻供给压力;限售,抑制住房市场有效供给;限价,有利于防止房价大涨大落;限贷,削弱住房建设和购买能力;限商,可以抑制商改住,也可以抑制商业用房市场热度。楼市"五限"对遏制炒房、限制房价过快上涨,对楼市降温具有正向作用,但也有积累矛盾、激化矛盾、诱发矛盾的负向效应。楼市"五限"的最大问题是以行政手段排除部分群体购房资格,限制住房市场交易价格,扭曲了正常的市场秩序和供求关系,阻碍了住房正常流通和改善性住房合理需求,干预了企业的正常经营,并出现了身份造假、资格造假、婚姻造假、为设租寻租提供机会等现象,社会成本极高。所以为落实"房住不炒"而设的房地产"五限"政策要站位经济社会发展的全局,进行全方位评估。

其次,精准划定炒房边界。炒是一种为卖而买的商业行为。任何一种商品只要在不同时间、不同地点存在差价,就会有炒的行为发生。炒是商品流通中的普遍现象,也是商品流通的动力。炒房是低价买房、高价卖房,赚取差价的行为。由此推论,为出租而买房不是炒房,而是投资性买房,投资性买房有利于增加租赁住房供给;已经拥有住房的再购房,只要为自住也不是炒房。房子是人类建造的活动场所,能够遮风避雨、空间相对封闭是房子的基本物理特征。居住是房子的基本功能,但不是唯一功能。住房是房子的重要构成,但不是全部。学校、医院、幼儿园、商铺、餐馆、礼堂、会议室、体育馆、写字楼等都是房子,但不能称之为住房。生产性用房、公共设施用房均不在禁炒范围之内。所以,与"房住不炒"相比,"住房不炒"有更准确的政策含义。

再次,准确判断炒房根源。炒房的目的是赚取住房倒手的差价,炒房存在的前提，一是房价大幅上涨。只有房价上涨才有赚取倒手差价的可能。二是有人接盘。因为住房有效供给不足，购房者缺少选择空间，不得已接盘所炒之房，所以房价大幅度上涨的根源在于住房市场供不应求。在房价上涨时期，炒房对房价上涨火上浇油，但炒房既是房价上涨之因，更是房价上涨之果。冀希遏制炒房达到限制房价上涨，只能扬汤止沸，难以达到持久遏制炒房的目的。

又次，精准遏制炒房。房价大幅度上涨是炒房的根源和存在的前提。遏制炒房的釜底抽薪则是控制房价上涨。但房价是配置住房资源的决定性杠杆，也是楼市的风向标，我国房价长期上涨走势是大概率事件。在这种背景下，对满足合理住房消费需求和合理的住房投资与遏制炒房必须做出统筹安排。例如在住房转手环节征收增值税，比一般性的限购更能对炒房行为实施精准限制。在大数据时代，精准识别炒房行为并不难做到，其中最为关键的是遏制机构炒房，阻断金融资本参与炒房的通道。

最后，全面认识炒房。炒房对高涨的房价和过热的楼市推波助澜，为公共舆论所鄙视，但炒房又有发现住房价值、引领房地产投资方向的作用。炒房加快开发企业资金回流，增加二手房市场供给。炒房者有较雄厚财力，市场嗅觉灵敏，应对市场能力较强，规避市场风险的能力较强。楼市"五限"政策对炒房者的实质性打击有限，而对普通购房者和开发企业的伤害却始料不及。实际上，利用自有资金炒房，虽然令人嫌弃，但掀不起大浪，也左右不了楼市大局。只要自有资金来源合法，政策上即应允许用于炒房。所以对楼市"五限"政策向房地产长效机制转变应有更多的期待。

三 从房地产"三稳"到国民经济稳字当头，稳中求进

房地产的稳房价、稳地价、稳预期的"三稳"政策与2021年底中央经济工作会议确定的国民经济"稳字当头、稳中求进"方针都是以稳字为中心，似乎高度契合，但两者的逻辑内涵、预期目标并不相同。房地产"三稳"政策实施已经数年，但何为稳，其数量边界何在，至今未见权威解释。这里尝试作一分析。其一，变是房地产常态，稳只是一种短期状态或者是一种希望。所以这里的稳应理解为房地产不发生大起大落，小变也应视为稳。其二，地价占

建房成本的大头，稳地价是稳房价的前提。土地一级市场掌控在地方政府之手，若真想稳地价，通过调整土地批租数量和把控批租节奏实现稳地价当无大难，但会受到土地财政支付压力的困扰。而土地供应两集中政策又可能增加稳地价的不确定性。其三，在通胀存在的情况下，与通胀水平相匹配的房价上涨应视为稳，或者低于国民经济增速和人均可支配收入增速的房价上涨也应在可以接受的范围内。市场房价大起难以大落都会引发一系列的负面经济社会问题，稳房价政策因而也占据了社会道德高地，但房价大起大落的数量边界在哪里，始终难以达成共识。其四，预期是影响楼市走势的重要因素。房地产的稳预期可以理解为未来楼市既不会发生过热，也不会有过冷，引导楼市供求双方以平和心态对待未来。从房地产"三稳"政策出台的时机和内涵来看，防范楼市过热、为楼市降温是主要目标。在国内不确定因素增强、经济下行压力加大的背景下，中央提出的稳字当头、稳中求进是以稳为基础，同时强调稳中求进。显然这两者目标并不完全契合。

房地产是重要的供给侧。目前年投资已达15万亿元之多，是国内第一大固定资产投资领域，商品房年销售额更达17万亿元之巨，是国内第一大消费市场。房地产当是应对国内需求收缩、减缓供给冲击、对冲预期转弱的重要力量，也是构建以国内循环为主、国内国际双循环高质量发展新格局的重要平台。房地产是改善居住民生、为人民美好生活提供物质保障的基础产业之一。这一功能不会随着时代的变迁而消失。城市是产业中心和创新中心，任何城市的外在形态都是各种房屋建筑物的不同排列组合。在城市化进程中房地产是先导产业，在实现城市化之后是维系城市正常运行的不可或缺的支柱产业。房地产的这一地位也不会因时代的发展而改变。在国民经济稳字当头之际，房地产健康稳定发展发挥着重要的压舱石作用；在国民经济稳中求进之时，房地产健康稳定发展发挥重要推动作用。认清房地产在国民经济和社会生活全局中的功能与作用，把房地产业作为国民经济体系中平等的一员，既不因种种原因受到政策的刻意限制和挤压，也不以种种理由享受倾斜和优惠，我国应对经济下行压力将会有更多的胜算，调节涉及住房的各种经济社会关系的成本将大大降低。同时也应清醒认识到，房地产建设周期长，资金密集，一旦开工，中间任何转型转产都将支付极高的成本。对房地产政策的应急效应也不应有过高的期待。

四　从房地产调控到房价调控

　　我国真正意义上房地产市场形成于 20 世纪末住房制度改革之后，房地产调控政策大约始于 2005 年。近 20 年来从房价合理回归到控制房价过快上涨，再到现今的稳房价，除少数年份外，控制房价始终是房地产调控的主要目标。尽管调控措施不断加码，步步收紧，但政策效果始终不尽如人意。2000~2020 年全国商品房成交均价增长 3.8 倍，年均增速达 7.8%。其间只有 2008 年房价出现 2.2% 的小幅下降，但既有 2007 年达 15.4% 的增速基数，又有 2009 年 23.6% 的补涨跟进。房价关系民生，高房价增加居民生活成本，要求提高工资水平，增加企业成本，削弱企业竞争力，进而影响城市活力；低房价则抑制住房有效供给，削弱住房品质改善的物质基础，有出现无房可购、无房可租的可能。对房价适度控制是政府应尽责任，但房价调控要与房地产市场规律相一致，才能事半功倍，取得预期的政策效果。我国房价长期控而不降反升的原因错综复杂，其中有政策自身的原因，也有政策不可改变的历史大趋势原因。

　　其一，我国经济持续快速增长，人民改善居住需求持续提高，住房需求阶段性集中释放与住房供给相对不足成为楼市的主要矛盾。面对这种时代大趋势，房地产调控政策只能是如何适应、如何更好适应问题。货币超发、通货膨胀是当代各国普遍现象，在经济全球化的背景下我国难以独善其身，成为例外。伴随通货膨胀的住房建设成本增加有其必然性。房价随住房建设成本、市场交易成本和住房品质的提高而上升，是增加住房有效供给和提高住房整体品质的动力，房价调控政策只能顺应这一客观规律。

　　其二，我国房价上涨的重要推手是地价的高涨，推动地价高涨的是住房建设用地制度，而住房建设用地制度又关乎土地财政。商住建设用地出让金 70 年一次性征收制度、商住建设用地高价者得的招投标制度，以及本应由财政支付的各类公共设施配建要求等制度性安排推高了建房用地价格，高地价必然要由高房价承接。我国的高房价、高地价隐含着复杂的社会再分配关系和代际承传关系。住房建设用地制度和土地财政体制是我国基本国情和特殊发展阶段的产物，有利也有弊，很难简单判断是与非和对与错，关键在于合理的节奏和度的把握。对此必须在国家层面上系统谋划、统筹兼顾，方能做出相应调整。否

则控制房价政策目标只能是美好愿望。

其三，房地产调控是一系列政策的集合，各项政策协调发力方能达到控制房价的效果。应该承认，我国的房地产政策方向与控制房价目标较少一致性。既有政策之间效力相互抵消、合力为零，也有政策作用叠加后的反向转化，还有前后政策方向截然相反的情形。例如，十多年前关紧房地产用地和资金两个闸门，于防止宏观经济过热有益，但也限制了住房有效供给，加剧了供求矛盾，成为房价上升的推手。目前的房地产企业资金"三条红线"，建房用地供给"两集中"，虽有利于防范房地产金融风险、土地市场降温，但也压缩了房地产企业腾挪的空间，束缚了企业脱困手脚，对稳房价和稳预期并非全是利好。所以房地产调控政策还需在整体的系统协调性上多下功夫。

其四，住房是商品，房价涨涨落落是调节楼市供求关系的杠杆。房价时时都在发生变化，而房价控制政策从制定到出台再到发挥效力总要经过一个过程。房价上升在先，房价调控政策滞后是必然现象，从而给人以房价越调控越上涨的印象。要做到限制房价上涨唯有增加住房有效供给。在社会多元化的今天，不同的社会群体对房价水平的感受和诉求不同，难以达成社会共识。所谓房价合理回归，何为房价合理？又回归到哪里？其实合理房价既不是买房者说了算，也不是售房者说了算，政府说了也难以算数。市场交易双方经过博弈形成的房价才是真实的房价。相对于政策定价，通过市场发现房价、形成房价更具可操作性，也更有效率。

其五，房地产是区域性市场。住房不能随人口流动而流动，在国内区域发展不平衡、人口布局和经济版图重构的背景下，我国房地产市场区域分化不可避免。分区调控、因城施策更具针对性和有效性，由此国家层面的调控政策相应减少则是顺应形势之举。各级房地产调控政策的出台，应加强与企业的沟通，进行充分的系统论证，减少乃至杜绝政策的"一日游"或"几日游"问题的出现，以维护政策的严肃性和政府的权威。

其六，房地产调控政策是产业政策，与住房制度的逻辑起点、目标原则并不完全相同。住房是房地产的主产品，在贯彻落实住房制度上负有重要责任。但房地产调控政策的目标应是引导住房资源配置方向，提高住房资源配置效率，为房地产健康稳定发展提供保障。而住房制度是社会保障体系的组成部分，目标是让全体人民住有所居，强调社会公平，促进社会和谐发展。房地产调控政策方向应与住房制度建设相一致，但并不承担住房制度建设全部责任。在住房保障制度逐步完善、全面落实之际，退出对房价的调控、聚焦于市场失灵领域、构建良好的房地产市场环境当是房地产政策未来调整的方向。

五 从基本判断到正本清源

房地产成为我国社会舆论关注的焦点已有十余年，对于房地产长期乱象，舆论界和理论界也有一定责任。这里择其要者进行分析，以辨明是非，正本清源。

第一，对住房存量的误读。住房存量是过剩还是不足是确定房地产政策调控方向的逻辑起点。住房存量过剩，抑制住房投资建设顺理成章；住房存量不足，房地产当然要继续发展。我国城市化和城市现代化正在进行中，城市化率还有30个左右百分点上升空间，城镇人口还将增加数亿，基本住房需求和改善性住房需求双旺盛还将持续几十年。按人均居住建筑面积40平方米估算，考虑周转需求，我国城镇住房存量当达500亿平方米以上。若以发达国家人均住房使用面积为参照，我国城镇住房存量还将翻番。计入非住宅用房，我国城镇房屋存量将超千亿平方米。面对未来全国房屋的增量需求、存量房的更新提质改造需求和房屋的区域性调整需求三者叠加，我国的房地产业仍有较大空间。无论是住房存量过剩论，还是房地产"拐点"来临论，都可能会误导政策和舆论。

第二，对房地产性质和定位的误解。住房具有金融属性，有较高的保值升值概率，但也有很大不确定性。住房的本质属性是居住，其金融属性依附于居住属性。我国房地产并未高度资本化，自住型购房是楼市的主体，绝大多数存量住房流动性差，不具变现的可能性。房地产开发商把各种建房要素组合起来建设成实实在在的房子，满足市场需求，是名副其实的实体经济。把房地产认定为虚拟经济是误判，以资本应脱虚就实为名挤压房地产投资是逻辑错误。房地产是资金密集型产业，离不开金融的支持。但把房地产视为防范金融系统性风险的主要对象并不准确。住房消费是家庭生活消费支出的组成部分，决定购房时间、大小和品质高低的是购房者支付能力和消费偏好。战略新兴产业在投资上与房地产存在竞争关系，但其发展也需要厂房、试验室和办公楼，从业者

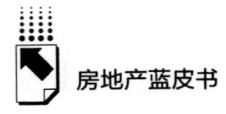

也需要满足住房居住需求，要求房地产提供相应的服务。把两者对立起来，断言房地产挤压战略新兴产业发展，逻辑上不成立。房地产是国民经济的一个行业，对国民经济发展的促进作用有目共睹，正确认识到房地产为国民经济不可或缺的一员，房地产政策才有正确的调整方向。

第三，对住房制度改革的错误认识。我国住房制度市场化改革 20 多年来，城镇居民人均住房建筑面积每年大约增加 1.2 平方米，城镇居民住房条件整体上大有改善的事实证明，我国住房制度改革基本上是成功的。城镇居民住房条件整体上大有改善并不等于所有居民都有改善，部分社会群体住房依然困难，房价高涨造成部分社会群体买不起住房是客观事实，但不足以否定住房制度市场化改革的成功。在我国这样一个发展中大国，城镇居民住房条件的改善是一个由较低水平的改善到较高水平改善的长期的渐近过程，是一个先有部分居民改善，到大多数居民改善，再到全体居民都获得改善的过程。住房制度也有一个由相对不完善到相对完善的过程。多主体增加住房有效供给，是达到全民住有所居的物质前提；多渠道住房保障，将提高住房困难群体满足居住需求的安全系数；租购并举满足居民多样化居住需求，体现了住房体制对现实问题的针对性。我国居民对拥有住房产权有着强烈的偏好，但任何国家、任何时代都不可能做到人人买得起住房。房价高时有人买不起，房价低时同样有人买不起，这是难以改变的事实。高房价的城市持币待购者众，低房价的城市又无人问津，虽有房价调控，但难遂人愿。2000~2020 年我国房价增速高于城镇居民可支配收入增速的有 5 年，而低于收入增速的有 16 年；全国商品房成交均价年均增长 7.8%，而城镇人均可支配收入年均增速为 10.4%；按一家三口人、人均建筑面积 30 平方米计，我国城镇房价收入比已由房改初期 5 年平均 9.5 下降到最近 5 年的平均 6.6。我国城镇居民收入增速跑赢房价的上涨，居民购房能力在增强是不争的事实。

Abstract

China Real Estate Development Report No. 19 (2022) continues to adhere to the purpose and principle of objectivity, impartiality and scientific neutrality, track the latest developments of China's real estate market, deeply analyze market hot spots, look forward to the development trend in 2022, and actively plan countermeasures. The book is divided into general report, market, service and hot topics. The general report makes a comprehensive and comprehensive analysis of the current development trend of the real estate market, and the other articles make an in-depth analysis of the development of the real estate market and hot issues from different angles.

In 2021, the background of real estate market regulation policies changed significantly. From the "three red lines" at the beginning of the year to September, the people's Bank of China and the China Banking and Insurance Regulatory Commission proposed "two maintenance", and the policy wind direction began to warm. The operation of the real estate market presents the following characteristics: in the sales market, the increase of the average sales price of commercial housing continued to decline, and the downward trend of the market in the second half of the year was obvious; The growth rate of commercial housing sales area further narrowed, and the residential area for sale increased for the first time in six years. In terms of the rental market, housing rent rose slightly, which has been lower than the increase of CPI for three consecutive years. In terms of the land market, the land purchase area has been reduced for three consecutive years, and the transaction price has increased structurally driven by high-quality plots and hot cities. In terms of investment and financing, the growth rate of investment in real estate development was the lowest in six years, and the proportion of domestic loans in the funds in place of development enterprises hit a record low. In terms of housing supply, the new construction area of houses has decreased significantly, and the new construction area of various properties has decreased across the board for two consecutive years.

At present, the main problems faced by the real estate market are lack of market confidence and serious structural surplus; At present, the main problem faced by housing policy is the direct administrative control means, which is lack of flexibility and can not be adjusted in time according to the changes of market situation. In terms of regulation and control of the real estate market, it is suggested to further improve the urban implementation objectives and means, improve and improve the housing demand control policies, actively resolve the risks of real estate enterprises, promote the reasonable reduction of housing loan interest rates, optimize the preferential policies of housing transaction value-added tax and personal income tax, promote the recovery of market confidence and the rationalization of expectations, and promote the virtuous circle and healthy development of the real estate industry. In terms of the development of real estate enterprises, it is suggested to change the inherent development mode of "high debt, high leverage and high turnover", reduce the dependence on financial leverage and prevent financial risk infection. In terms of industry development, it is suggested that all entities in the real estate industry seize industry opportunities and strengthen their comprehensive ability.

In 2022, on the premise of adhering to the target positioning of "housing, housing and speculation", in the face of a more severe stable growth situation, the importance of the "three stability" target of "stabilizing land prices, house prices and expectations" will become more prominent, "supporting the commercial housing market to better meet the reasonable housing needs of buyers" will be the theme throughout the year. Looking forward to 2022, the real estate regulation policy is expected to continue to improve. The local auction rules may continue to be optimized based on the three batches in 2021, and the margin ratio and supporting public buildings may be improved. Under the general tone of the "three stability" policy, the local auction market is expected to remain "stable". With the improvement of the credit environment at the end of 2021 and the relatively loose credit line in the first quarter of 2022, the real estate market continues to recover. It is expected that the real estate trading market will be gradually repaired in 2022, the trading volume can be bottomed in the first quarter, and the transaction price will stop falling in the second quarter. The second-hand housing market took the lead in launching, accelerating the demand for house replacement into the new housing

Abstract

market, driving the bottom recovery of new housing trading volume, accelerating the deconvolution of the sales end, relieving the financing pressure of real estate enterprises, normalizing the turnover efficiency of real estate enterprises, substantially alleviating the pressure on capital liquidity, restoring the confidence in land acquisition step by step, and driving the repair of the land market. It is expected that in 2022, the national real estate market will show the characteristics of "the growth rate of sales area will decline steadily, the average sales price will rise slightly, the newly started area will continue to decline, and the growth rate of investment will drop significantly".

Keywords: Real estate land market; Commercial housing sales; Real estate development investment; Housing Supply

Contents

I General Reports

B.1 Review of China's Real Estate Market in 2021 and Trend Forecast in 2022

                        Compilation Group of "Blue Book of Real Estate" / 001

    1. Overall Operation Characteristics of Real Estate Market in 2021 / 002

    2. Problems and Counter Measures of Real Estate Market in 2021 / 017

    3. Forecast of Development Trend of Real Estate Market in 2022 / 021

Abstract: in 2021, the policy background of the real estate market changed significantly, the rise of commercial housing prices continued to fall, and the downward trend of the market was obvious in the second half of the year. At present, the main problem faced by housing policy is the direct administrative control means, which is lack of flexibility and can not be adjusted in time according to the changes of market situation. It is suggested to further improve the urban implementation objectives and means, improve and improve the housing demand control policies, polarize the risks of real estate enterprises, promote the reasonable reduction of housing loan interest rates, optimize the preferential policies of housing transaction value-added tax and personal income tax, promote the recovery of market confidence and the rationalization of expectations, and promote the virtuous circle and healthy development of the real estate industry. With the improvement of the credit environment at the end of 2021 and the relatively loose credit line in the first quarter of 2022, the real estate market continues to recover. It is expected that in 2022, the national real estate market will show the characteristics of "the growth rate of sales area will decline steadily, the average sales price will rise slightly, the newly started area will continue to decline, and the growth rate of investment will drop significantly".

Keywords: Land Market; Regulatory Policies; Sales Area of Commercial Housing

B.2 Forecast of Main Indexes of China's Real Estate Market in 2022 　　　　　　　　　　　　　　　　　　　*Zhang Zhi* / 028

Abstract: In 2022, China's real estate market environment is in turmoil and change, the short-term impact and the medium-term impact of the epidemic are still continuing, and the geopolitical conflict between Russia and Ukraine will seriously impact the global economy. The price of the means of production in the domestic circulation field still has a continuous rising trend after the large fluctuations in the early period, and the rising pressure of the construction and operation costs of real estate development enterprises increases. Data analysis shows that the development of China's real estate industry is transforming, and China's real estate market is entering a new stage of high-quality development of reducing quantity and improving quality. The model predicts that in 2022, fixed asset investment and real estate development investment will increase by 4.6% and 0.8% respectively, the land purchase area will fall by 12.7% but the average transaction price will increase by 24.1%, and the commercial housing sales area will grow by 1.7% and 4.5% respectively. The average sales price of new commercial housing will reach 10419 yuan / m2, up 2.8% compared with 2021.

Keywords: Bulk Commodity Price; Real Estate Product Market; High-quality Development

377

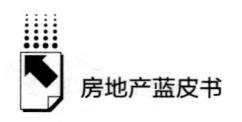

Ⅱ Market Reports

B.3 Analysis Report of National Land Market in 2021

China Index Academy / 051

Abstract: In 2021, the centralized land supply policy in key cities has had a significant impact on both supply and demand of the land market. Both the supply and demand areas of the residential land in 300 cities across the country decreased YOY, and the average land floor price has seen a structural increase. Among them, the first-tier cities increased the scale of land supply. The supply and demand areas of the residential land have both increased YOY. The second-tier, the third-and fourth-tier cities have decreased in terms of supply and demand YOY. The transaction areas of the second-tier cities in 22 key cities across the country has decreased by 9.5% YOY, and the transaction areas of other second-tier cities fell by nearly 50% YOY. The third-and fourth-tier cities fell by 26.2% YOY. On the whole, the land market was active in the first half of 2021. In the second half of the year, affected by factors such as the downturn in the sales market and greater financial pressure forenterprises, real estate companies were more cautious in acquiring land, and the land market has cooled down significantly. The numbers of land auction failures and withdraws in some cities have increased, and the land premium rates have fell to the lowest level in recent years. It is expected that in 2022, the land market will still be dominated by "stable".

Keywords: Land Market; Centralized Land Supply Policy; Scale of Land Supply; Land Auction Rules

B.4 Housing Market Analyses Report in 2021

Xu Xiaole, Liu Lijie / 069

Abstract: In 2021, China's residential real estate market has maintained stable as a whole. Both area sold and transaction volume of new homes reached a record high, while the transaction volume of existing houses decreased on a YoY basis.

During the first half of the year, the market was quite vibrant, however, the market turned cold rapidly after June. During the fourth quarter, the real estate market bottomed out as the financial and credit environment began to improve. By and large, we expect that the residential real estate market will gradually recover in 2022. However, the future development of the real estate industry could still be plagued by risk factors, such as weakening investment by real estate companies and intensified differentiation of the urban market. We suggest that public policies could improve in terms of coordination, gradualism, and stability, and be more targeted. We also suggest that the authorities consider further optimizing the design of existing long-term mechanisms, such as the "three red lines", real estate loan concentration management, and centralized land transfer.

Keywords: Housing Market; Real Estate Market; Mortgage Loan; Real Estate Credit

B.5 The Development of China's Housing Rental Market in 2021 and Its Future Prospects *Wang Xia, Wei Yang* / 087

Abstract: In 2021, with the easing of the COVID-19 and the strong support of national policies, the housing rental market has gradually recovered. The total supply and demand have increased. Both transaction volumes and rents are picking up and the number of enterprises has increased significantly. On the policy side, Policy support system of the housing rental market has taken shape. Accelerating the development of affordable rental housing has become the most important highlight and the business environment has been effectively improved. In 2022, a large number of affordable rental housing will enter the market, housing rental demand is expected to be better met, and the market-oriented rental market turnover and rent are expected to be stable and downward. Enterprises will pay more attention to the improvement of management capabilities. Investment and financing policies, market supervision and support policies will continue to exert efforts, and the housing rental development policy system will be further improved. In addition, issues such as the connotation of long-term rental housing and the definition of the relationship with affordable rental housing, the relationship between affordable rental housing and market-oriented rental housing still need to be further clarified, and the issues of housing rent and its increase restriction policy, "Net booking room" supervision and other issues still need to be further improved, and at the same time, it is also necessary to accelerate the preparation of standards and norms related to housing rental to promote the sustained and healthy development of the housing rental market.

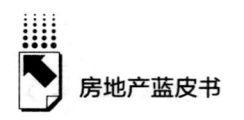

Keywords: Housing Rental Market; Long-term Rental Housing; Affordable Rental Housing

B.6 2021 China Commercial Real Estate Market Analysis and 2022 Market Forecast   *Yang Zexuan, Meng Lei* / 106

Abstract: In 2021, global economic growth slowed, while China's continued economic recovery has driven investment confidence. However, the COVID-19 outbreak lasted for more than two years and the country is increasingly strict in the implementation of real estate "de-leveraging" regulation strategy. As a result, the market became more conservative, and the commercial real estate market continued to be under pressure and still had not recovered to pre-pandemic levels by the end of the year. As for the shopping mall market, the growth rate of the stock market is decreasing, and the vacancy rate is gradually approaching the pre-epidemic level. As for office buildings market, the overall demand rebounds periodically. Its intake is at a new high and its vacancy rate is down slightly and rents continue to fall. As for hotel market, the overall recovery is beginning and investment is active. Its head companies still maintain the advantage and speed, while the mid-end hotels still lead the way. As for apartment market, housing rental policies are fully standardized, and the number of rooms is increasing rapidly. With real estate brands leading the way, rents have increased, but they are still not back to pre-epidemic levels. Looking ahead to 2022, the complex international situation brought about by the Russia-Ukraine war and the uncertainty of the domestic epidemic situation will have a great impact on the commercial real estate. It is expected that the shopping center pressure will continue to rise, but the concentration degree will further increase. The absorption of office building supply increases, but the vacancy rate continues to rise. The hotel market is expected to recover slowly as before due to the impact of the epidemic. The apartment market continues to be highly active and the model will evolve to be lighter or heavier.

Keywords: Real Estate Market; Commercial Real Estate; Shopping Mall; Office Hotel

B.7 Operation Report of Real Estate Development Enterprises in 2021　　　　　　　　　　　　*Hui Jianqiang, Qu Yanling* / 137

Abstract: in 2021, deleveraging and risk reduction in the real estate industry ran through the whole year. In the first half of the year, the "three red lines" of real estate enterprise financing, the management of housing loan concentration continued to make efforts, and the financing environment was tightened. In the second half of the year, the market turned cold obviously, the capital chain of real estate enterprises was further tightened, and default events occurred in the debt risk exposure of some real estate enterprises, which frustrated market confidence. In the third quarter, the central bank's regular meeting set the tone to maintain the steady and healthy development of the real estate market and safeguard the legitimate rights and interests of housing consumers. The Politburo meeting first mentioned promoting the virtuous circle of the real estate industry. After moderately correcting the deviation of the real estate credit policy, the real estate financing environment was relaxed. Throughout the year, the sales amount and area of the real estate market increased slightly and reached a record high, but the monthly indicators continued to fall, so it is difficult to be optimistic about the real estate market in the short term. 2021 is the first year of the implementation of the centralized land supply mode. In the first round of centralized land supply, regional deep ploughing real estate enterprises and large-scale real estate enterprises have performed more actively, while the participation of many private enterprises in the second and third batches of centralized land supply has decreased, and state-owned enterprises and local platform companies have become the main force in land acquisition.

Keywords: Real Estate Market; Centralized Land Supply; Debt Thunderstorm

Ⅲ Service Sections

B.8 China's Real Estate Brokerage Industry in 2021 and
Prospects for 2022　　　　　　　*Cheng Minmin, Tu Li* / 153

Abstract: In 2021, the growth of the scale of real estate brokerage institutions remained stable, affected by the downward pressure of the real estate market, the operating income of representative brokerage institutions declined in the second half of the year; based on solving industry pain points and standardizing the development of the industry, new rules and new models emerged, caused great repercussions in the industry; the development of Internet platforms gradually returned to rationality. In 2022, under the influence of multiple factors such as the implementation of new industry rules, and the rectification of market order, the development environment of the industry will be improved.

Keywords: Real Estare Market; Real Estate Brokerage; Internet Platform

B.9 Development Report of Real Estate Appraisal Industry
in 2021　　　　　　　　　　　　*Song Mengmei, Liu Duo* / 167

Abstract: In 2021, the scale of real estate appraisal enterprise will continue to grow. Affected by the reform of the professional qualification system of real estate appraisers and the epidemic situation, the number of examination registrations and qualified appraisers has decreased, the average operating income of the first tier valuation institutions steady declined, but the head enterprises showed obvious growth. The traditional appraisal business has decreased, and the related consulting business has increased steadily, actively serving the new field of economic and social development. In 2022, under the normalization of epidemic prevention and control and the new development stage, the scale of the real estate appraisal enterprise will continue to expand, emerging business areas continue to expand, and the industry standard system continues to improve. The real estate appraisal industry will actively explore transformation and upgrading to a new level.

Keywords: Real Estate Appraisal; Emerging Business; Urban Renewal and Transformation

B.10 2021 Property Management Industry Development Report

Liu Yinkun, Wu Yifan / 186

Abstract: 2021 marks the 100th anniversary of the founding of the Communist Party of China and the 40th anniversary of the reform and development of China's property management industry. Under the background of the implementation of the civil code, policy guidance and support, and supply side structural reform, the property management industry has accelerated the expansion of management scale, continuously extended the service boundary, continued efforts in urban services, continuously optimized the business structure of the industry, maintained a stable growth rate, and continuously improved the quality of development. During the 14th Five Year Plan period, the property management industry was also given a new mission in promoting the prosperity and development of the service industry, improving the government's economic governance capacity, comprehensively improving the quality of the city, and building a new pattern of grass-roots social governance.

Keywords: Property Management; Grass-roots Social Governance; Urban Renewal

B.11 Real Estate Investment and Financing in 2021 and its Forecast in 2022

Liu Lin / 198

Abstract: The real estate market fluctuated sharply in 2021, with a rapid growth in the first half of the year to a deep drawback in the second half of the year. The growth rate of real estate investment fell month to month to 4.4%, the lowest level in recent 5 years. In the second half of the year, the financing data of real estate enterprises plummeted. Renminbi domestic bonds, oversea bonds, domestic loans, real estate trusts, and sales receipts declined monthly on a YoY basis. Various payables decreased YoY in most months, and the liquidity pressure of real estate enterprises increased rapidly with some private real estate enterprises defaulted on their debts. In 2022, under the goal of stable economic growth, the policy environment for the real estate market shall be relaxed, reasonable financing shall be supported, and the process of marketing clearing of defaulted real estate enterprises shall gradually proceed. It is expected that the scale of real estate investment and financing will remain basically stable.

Keywords: Real Estate; Investment and Financing; Liquidity Pressure

B.12 Analysis Report on the Operation of Real Estate Financial Market in 2021   *Cai Zhen* / 210

Abstract: The growth rate of outstanding residential mortgage loans continued to slow in 2021, reaching 11.3% in the fourth quarter. The main reason for the slowdown in personal mortgage is that some banks' mortgage have reached the upper limit of policy. The growth rate of development loans continues to decline, reaching a record low of 0.02% in the third quarter, mainly due to the impact of the "three red lines" policy. Since then, the central bank has stated that financial institutions misunderstood the "three red lines" and tried to reverse expectations, but the effect was not obvious. 2022 will be the year of correction of policies. We expect the growth rate of outstanding residential mortgage loans to change from the decline in 2021, and the interest rate of residential mortgage loans to further decline. Housing enterprise financing has given more policy support, but the market is not expected to see stabilization, the situation of housing enterprise financing is not optimistic, its recovery may need longer time. Real estate financial risks are mainly concentrated in real estate enterprises. Although the momentum of large-scale default will be curbed, the default events of real estate enterprises will continue to break out. Special attention should be paid to enterprises with program heavily distribution in the third and fourth tier city.

Keywords: Real Estate Finance; Residential Mortgage Market; Financing of Housing Enterprises

Ⅳ Hot Topics

B.13 Real Estate Development and Transformation in the Era of Stock Renewal *Tang Yan, Shao Xutao and Liu Silu* / 226

Abstract: Real estate industry is inseparable from urban development. In recent years, China's urban development has gradually transformed from incremental expansion to stock renewal, especially in large and medium-sized cities. The real estate industry, which used to be characterized by new land development, is facing many difficulties such as prolonged construction periods, reduced investment returns, and complicated property rights disposal in the process of social and economic changes. It is urgent to find new operation and investment models. This paper focuses on the transformation demands and practical exploration of the real estate industry in the era of stock renewal, compares it with the incremental expansion period, and discusses the future trend and challenges of the real estate industry from the perspective of urban renewal.

Keywords: Urban Renewal; Stock Renewal; Real Estate

B.14 Development Status and Trend of High Standard Logistics Warehouse in 2021 *Han Jing* / 241

Abstract: 2021 is a year when the high standard position market not only develops rapidly, but also faces changes and challenges. Sustained macroeconomic development, consumption upgrading, steady expansion of third-party logistics, growth and gradual penetration of e-commerce and new retail, coupled with the rapid development of manufacturing industry, have become the driving force for the development of high-standard warehouse. The differentiation pattern of high-standard positions among investors, cities, sub markets and operating tracks will be further intensified, and the combination of cold chain and "last kilometer" storage and distribution may become a hot spot. The launch of public REITs makes the marketization of high-standard positions higher, and the role of "anchor" makes the product characteristics more clear. At the same time, with the changes in the situation at home and abroad and the development of double circular economy, digitization, intelligence, energy conservation and carbon reduction, green environmental protection and sustainable development will become new development trends and growth points.

Keywords: Logistics Real Estate; High Standard Warehouse; Public Offering REITs; Digital Intelligence; Double Carbon

B.15 Research Report on the Status and Trend of Community Home-based Aged Care in 2021

Yan Jinqiang, Cao Fengjuan / 263

Abstract: Rapid aging accelerates the burden of elderly care housing in China. In terms of residential form, the family structure tends to be miniaturized and core, the proportion of the elderly living with their children has decreased, and more than 60% of the elderly are in the state of "independent living". In terms of housing conditions, the overall living environment of the elderly is general, and half of the elderly live in houses that have been built for more than 20 years; The elderly have a high level of adaptation to living modernization, Most of them live in middle and low-rise buildings, but the elevator allocation rate is not high, Only about 12% of the elderly living in buildings with two floors or more have elevators; The main residential types of the elderly are two bedroom and three bedroom, and the living space infrastructure is becoming more and more perfect, with the power on rate and tap water coverage of more than 90%, and the coverage of bathing facilities and toilet flushing facilities of more than 60%. In terms of living pain points, the current community software and hardware construction does not match the development trend of aging, and there is an obvious gap in various supporting facilities. Among them, elderly service facilities and barrier free facilities have become the priority of community aging transformation. To create a good elderly friendly living atmosphere, we need to build soft and hard supporting construction covering three levels: residence, outdoor environment and community supporting.

Keywords: Aging; Community Home-based Aged Care; Elderly Needs

B.16 Analysis on the Current Situation of Employment in China and Its Impact on Real Estate

Zhao Tongyang, Zhang Bo and Sheng Fujie / 290

Abstract: Population is one of the most important elements that has impact on real estate development. Employment plays a crucial role in motivating population movements. The divergence of employed population distribution among cities results in the difference in the levels of real estate development. Thus, this paper investigates the relationship among employment, real estate market scale and housing price, from the perspectives of employment and industrial distribution. The finding reveals that employment opportunity as a stimulator causes population agglomeration and increasing income level, which results in expanding market size and boosting housing price. This paper also explains the effects of industrial development, talent cultivation and housing purchase policy on employment. We suggest that policymaker should focus on increasing the supply of affordable rental housing, adjusting the industrial structure, improving educational reform and providing supports for talent in order to maintain stable and healthy development of real estate market.

Keywords: Employment; Real Estate; Colleges and Universities

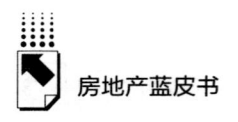

B.17 Operation and Prospects of China's Housing Provident Fund
Wang Weimin, Wu Yidong / 319

Abstract: The housing provident fund (HPF) system is an important component of China's housing system, and it has played an important role in promoting the market-oriented reform of urban housing and promoting urban workers' housing consumption. During the "13th Five-Year Plan" period, China's HPF maintained a steady and progressive development trend, especially effectively overcoming the negative impact of the Covid-19 epidemic, showing development stamina and institutional resilience. The HPF has achieved remarkable development results in the collection of funds, the use of funds, risk management and control, information construction, etc. After 30-year's of development, the HPF has become an important source of funds for employees to solve housing problems, has become an important part of China's housing financial system, as well as an important support fund for housing security. During the "14th Five-Year Plan" period and even a longer period of time, it is still necessary to further reform and improve the HPF system, improve its deposit, use, management and operation mechanisms, and scientifically promote the innovation under the exploration of new models of housing development.

Keywords: Housing Provident Fund; Provident Fund Loans; Provident Fund Deposit; Value Added Income

B.18 Evergrande Risk Event and Default Situation of Real Estate Enterprises
Cai Zhen / 347

Abstract: In 2021, Evergrande risk event continued to ferment and had a great negative impact on the real estate market and financial market. Evergrande risk event was caused by high leverage and blindly diversified operation. Besides Evergrande risk events, a large number of real estate companies' defaults occurred, which means that the industry risks are far more serious than the market perception. The reason is that the long-term fundamentals of the real estate market have changed, and China's financing system does not match the current change. Despite the measures taken by the authorities to stabilize expectations and prop up credit, there is still downward pressure on the market and defaults of real estate companies will still occur from time to time. In view of this, the short-term policy goal should still adhere to the "stability", especially to prevent the bursting of bubbles; long-term policy objectives should adapt to fundamental changes and carry out corresponding institutional reforms.

Keywords: Evergrande Risk Event; the Default of Real Estate Enterprises; Institutional Reform

B.19 Logical analysis of China's Real Estate Policy

Niu Fengrui / 363

Abstract: housing security is an integral part of the construction of social security system, which is essentially a public service. Housing security is the protection of the housing rights of low-income groups with housing difficulties, not the protection of housing property rights, nor should it be the protection of some housing property rights. To do a good job in the construction of affordable rental housing, we should also work hard on strict policy boundaries and fine operating procedures. To implement the policy of no speculation in housing, we should also carry out rational thinking and systematic and detailed planning. We should fully and accurately understand the policy of housing non speculation, accurately delimit the boundary of real estate speculation, accurately judge the root causes of real estate speculation, accurately curb real estate speculation and fully understand real estate speculation. Real estate should be an important force to deal with the contraction of domestic demand, slow down the impact of supply and hedge against the weakening of expectations. It is also an important platform to build a new pattern of high-quality development based on domestic circulation and domestic and international double circulation.

Keywords: Housing Security; Indemnificatory Rental Housing; House Price Regulation; Property Market Supply and Demand

社会科学文献出版社

皮 书

智库成果出版与传播平台

❖ 皮书定义 ❖

皮书是对中国与世界发展状况和热点问题进行年度监测，以专业的角度、专家的视野和实证研究方法，针对某一领域或区域现状与发展态势展开分析和预测，具备前沿性、原创性、实证性、连续性、时效性等特点的公开出版物，由一系列权威研究报告组成。

❖ 皮书作者 ❖

皮书系列报告作者以国内外一流研究机构、知名高校等重点智库的研究人员为主，多为相关领域一流专家学者，他们的观点代表了当下学界对中国与世界的现实和未来最高水平的解读与分析。截至2021年底，皮书研创机构逾千家，报告作者累计超过10万人。

❖ 皮书荣誉 ❖

皮书作为中国社会科学院基础理论研究与应用对策研究融合发展的代表性成果，不仅是哲学社会科学工作者服务中国特色社会主义现代化建设的重要成果，更是助力中国特色新型智库建设、构建中国特色哲学社会科学"三大体系"的重要平台。皮书系列先后被列入"十二五""十三五""十四五"时期国家重点出版物出版专项规划项目；2013~2022年，重点皮书列入中国社会科学院国家哲学社会科学创新工程项目。

皮书网

（网址：www.pishu.cn）

发布皮书研创资讯，传播皮书精彩内容
引领皮书出版潮流，打造皮书服务平台

栏目设置

◆ 关于皮书
何谓皮书、皮书分类、皮书大事记、
皮书荣誉、皮书出版第一人、皮书编辑部

◆ 最新资讯
通知公告、新闻动态、媒体聚焦、
网站专题、视频直播、下载专区

◆ 皮书研创
皮书规范、皮书选题、皮书出版、
皮书研究、研创团队

◆ 皮书评奖评价
指标体系、皮书评价、皮书评奖

◆ 皮书研究院理事会
理事会章程、理事单位、个人理事、高级研究员、理事会秘书处、入会指南

所获荣誉

◆ 2008年、2011年、2014年，皮书网均在全国新闻出版业网站荣誉评选中获得"最具商业价值网站"称号；
◆ 2012年，获得"出版业网站百强"称号。

网库合一

2014年，皮书网与皮书数据库端口合一，实现资源共享，搭建智库成果融合创新平台。

皮书网　　"皮书说"微信公众号　　皮书微博

权威报告·连续出版·独家资源

皮书数据库
ANNUAL REPORT(YEARBOOK) DATABASE

分析解读当下中国发展变迁的高端智库平台

所获荣誉

- 2020年，入选全国新闻出版深度融合发展创新案例
- 2019年，入选国家新闻出版署数字出版精品遴选推荐计划
- 2016年，入选"十三五"国家重点电子出版物出版规划骨干工程
- 2013年，荣获"中国出版政府奖·网络出版物奖"提名奖
- 连续多年荣获中国数字出版博览会"数字出版·优秀品牌"奖

皮书数据库　"社科数托邦"微信公众号

成为会员

登录网址www.pishu.com.cn访问皮书数据库网站或下载皮书数据库APP，通过手机号码验证或邮箱验证即可成为皮书数据库会员。

会员福利

- 已注册用户购书后可免费获赠100元皮书数据库充值卡。刮开充值卡涂层获取充值密码，登录并进入"会员中心"—"在线充值"—"充值卡充值"，充值成功即可购买和查看数据库内容。
- 会员福利最终解释权归社会科学文献出版社所有。

社会科学文献出版社 皮书系列
SOCIAL SCIENCES ACADEMIC PRESS (CHINA)
卡号：425341776818
密码：

数据库服务热线：400-008-6695
数据库服务QQ：2475522410
数据库服务邮箱：database@ssap.cn
图书销售热线：010-59367070/7028
图书服务QQ：1265056568
图书服务邮箱：duzhe@ssap.cn

S 基本子库
SUB DATABASE

中国社会发展数据库（下设 12 个专题子库）

紧扣人口、政治、外交、法律、教育、医疗卫生、资源环境等 12 个社会发展领域的前沿和热点，全面整合专业著作、智库报告、学术资讯、调研数据等类型资源，帮助用户追踪中国社会发展动态、研究社会发展战略与政策、了解社会热点问题、分析社会发展趋势。

中国经济发展数据库（下设 12 专题子库）

内容涵盖宏观经济、产业经济、工业经济、农业经济、财政金融、房地产经济、城市经济、商业贸易等 12 个重点经济领域，为把握经济运行态势、洞察经济发展规律、研判经济发展趋势、进行经济调控决策提供参考和依据。

中国行业发展数据库（下设 17 个专题子库）

以中国国民经济行业分类为依据，覆盖金融业、旅游业、交通运输业、能源矿产业、制造业等 100 多个行业，跟踪分析国民经济相关行业市场运行状况和政策导向，汇集行业发展前沿资讯，为投资、从业及各种经济决策提供理论支撑和实践指导。

中国区域发展数据库（下设 4 个专题子库）

对中国特定区域内的经济、社会、文化等领域现状与发展情况进行深度分析和预测，涉及省级行政区、城市群、城市、农村等不同维度，研究层级至县及县以下行政区，为学者研究地方经济社会宏观态势、经验模式、发展案例提供支撑，为地方政府决策提供参考。

中国文化传媒数据库（下设 18 个专题子库）

内容覆盖文化产业、新闻传播、电影娱乐、文学艺术、群众文化、图书情报等 18 个重点研究领域，聚焦文化传媒领域发展前沿、热点话题、行业实践，服务用户的教学科研、文化投资、企业规划等需要。

世界经济与国际关系数据库（下设 6 个专题子库）

整合世界经济、国际政治、世界文化与科技、全球性问题、国际组织与国际法、区域研究 6 大领域研究成果，对世界经济形势、国际形势进行连续性深度分析，对年度热点问题进行专题解读，为研判全球发展趋势提供事实和数据支持。

法律声明

"皮书系列"(含蓝皮书、绿皮书、黄皮书)之品牌由社会科学文献出版社最早使用并持续至今,现已被中国图书行业所熟知。"皮书系列"的相关商标已在国家商标管理部门商标局注册,包括但不限于LOGO( )、皮书、Pishu、经济蓝皮书、社会蓝皮书等。"皮书系列"图书的注册商标专用权及封面设计、版式设计的著作权均为社会科学文献出版社所有。未经社会科学文献出版社书面授权许可,任何使用与"皮书系列"图书注册商标、封面设计、版式设计相同或者近似的文字、图形或其组合的行为均系侵权行为。

经作者授权,本书的专有出版权及信息网络传播权等为社会科学文献出版社享有。未经社会科学文献出版社书面授权许可,任何就本书内容的复制、发行或以数字形式进行网络传播的行为均系侵权行为。

社会科学文献出版社将通过法律途径追究上述侵权行为的法律责任,维护自身合法权益。

欢迎社会各界人士对侵犯社会科学文献出版社上述权利的侵权行为进行举报。电话:010-59367121,电子邮箱:fawubu@ssap.cn。

社会科学文献出版社